광개토태왕비문

廣開土太王碑文

쟁점에 대한 완전 해석

광개토태왕비문(廣開土太王碑文) 쟁점에 대한 완전 해석
광개토왕비와 장군총과 태왕릉을 파괴하려는 음모가 진행되고 있다.

초판 1쇄 발행 2018년 10월 15일
개정증보판 1쇄 발행 2025년 6월 30일

지은이 홍재덕
펴낸이 장길수
펴낸곳 지식과감성#
출판등록 제2012-000081호

교정 이주희
디자인 오정은, 김희영
편집 오정은
검수 한장희, 윤혜성
마케팅 김윤길

주소 서울시 금천구 벚꽃로298 대륭포스트타워6차 1212호
전화 070-4651-3730~4
팩스 070-4325-7006
이메일 ksbookup@naver.com
홈페이지 www.knsbookup.com
저자 이메일 jokbo119@naver.com

ISBN 979-11-392-2645-4(03910)
값 28,000원

• 이 책의 판권은 지은이에게 있습니다.
• 이 책 내용의 전부 또는 일부를 재사용하려면 반드시 지은이의 서면 동의를 받아야 합니다.
• 잘못된 책은 구입하신 곳에서 바꾸어 드립니다.

지식과감성#
홈페이지 바로가기

광개토태왕비문

廣開土太王碑文
쟁점에 대한 완전 해석

著者 洪 在 德

광개토왕비와 장군총과 태왕릉을
파괴하려는 음모가 진행되고 있다.

개정증보판

自 序

　고구려 광개토태왕廣開土太王훈적비는 414년에 고구려 국내성 동강에 세워지고 1877년에 만주 지방의 봉금이 해제되고 회인현이 설치됨에 따라 비의 존재 사실이 세상에 다시 알려지는 계기가 되었다. 1,600여 년이라는 세월 동안 돌보는 이 하나 없는 이국땅에 홀로이지만 당당하게 서 있는 그 위용은 고구려의 기상을 보는 것 같아 감개가 무량하다.

　세계 최초 최대 최고의 비석으로 사면환각으로 각자가 되어있고 제도와 규율에 얽매이지 아니하고 자유분방하게 써 내려간 비문은 고구려의 독특한 문화를 보여 주고 있다. 우리는 비가 재발견된 사실을 바다 건너 일본보다도 30년이나 지난 1905년에야 최초로 접하게 되었으나 혼란스러운 시국으로 인하여 관심을 가지기에도 어려운 시기였다.

　일본의 참모본부에서는 1880년에 이미 탁본을 입수하여 10년 동안이나 비밀리에 연구개삭을 하면서 일본에게만 유리한 비문이 되도록 변조·개찬한 4대 악서를 1889년에 『회여록』 제5집에 발표함으로써 비문의 변조에 대한 논쟁의 불씨가 되었다. 한·중·일 3국의 석학들이 100년이 넘도록 논쟁에 휘말리고 있다는 사실을 이미 알고는 있었으나 그동안 3국의 석학들의 노력으로 모두 다 정리가 끝났을 것으로 믿고 관심도 두지 않고 잊고 있었다. 그런데 50년이나 지난 현재까지도 논쟁 중에 있다는 소식을 내 나이 80이 넘어서야 다시 접하고 놀라움을 금할 수가 없었다.

　비문에 대한 논쟁은 '비문변조설'과 '32자설'에 대한 문제라고 하지만 기라성 같은 3국의 석학들이 100년이 넘도록 풀지 못하고 논쟁 중에 있다는 난제를 역사학자도 아니고 다만 한학漢學에 대해서만 조금 안다고 말할 수 있을 뿐 문장의 표현력도 어눌한 필자로서는 감히 논쟁에 나설 엄두도 내지 못하고 홀로이 가슴앓이만 하고 있었다.

　그러면서도 한편으로는 혹시나 하는 마음에 몇 편의 논문을 더 열람해 보니 아직도 풀지 못하고 있다는 난제들의 해답이 훤히 다 내다보이는 것이었다. 이에 필자는 올바른 해답을 모두 다 밝혀낼 수 있다는 자신감이 발동하여 이 글을 쓰기로 결심을 하게 되었다.

그러나 필자는 1990년에 『南陽洪氏遡源錄』 700쪽 분량을 출판하였고, 2001년에는 『南陽洪氏族譜』 전 5권 3,000쪽 분량을 편술 발행하였으며, 2005년에는 『韓國姓氏總監』 編輯委員長으로 우리나라 성씨를 총망라하는 3,300쪽 분량의 총감 상하권을 편집·발행한 바 있다. 2011년에는 『성경의 족보』 400쪽 분량을 편술한 바 있고, 2014년에는 성균관대학교 동아시아학술원에서 발행하는 『대동문화연구大同文化硏究』 제86집에 「원효대사元曉大師의 오도설화悟道說話에 대한 연구」논문을 발표하였다. 2018년에는 본고의 일부인 비문의 변조설과 논쟁에 대한 논문을 모 연구원에 투고하였으나 자료의 미비로 출판되지 못하고 이제야 단행본으로 출판하게 된 것이다.

광개토왕비가 재발견된 지 약 140년이나 지난 오늘날까지도 한·중·일 삼국의 석학들이 풀지 못하고 있는 문장들을 살펴보니 문제로 제기될 문제가 아니고 지극히 정상적인 문제들에 대하여 논쟁을 벌이고 있는 근본적인 원인은 한문의 문의를 올바르게 이해하지 못하기 때문이라는 것을 발견하고 이를 차마 간과할 수가 없었다. 왜곡이나 오류가 있다면 당연히 논쟁으로 풀어야 하겠지만 지극히 정상적으로 쓰인 문장을 가지고 논쟁을 벌이는 것은 문제가 아닐 수 없다.

비문논쟁의 중심에는 비문변조설이 있고 신묘년조의 핵심에는 8대 쟁점이 있어 이를 풀기 위해서는 신묘년조의 범위를 32자가 아닌 327자까지로 해야 완성되는 문장인데도 불구하고 일본의 횡정충직橫井忠直이 자기 나라에게만 유리한 문장이 되도록 서론에 불과한 32자에서 끊고 "도해파渡海破"라는 3자를 변조·삽입하여 문맥이 어불성설이 되었는데도 이를 인식하지 못하고 오히려 32자설에 부화뇌동하며 농락을 당하고 있는 것을 차마 묵과할 수가 없었다.

물론 신묘년조의 범위가 327자까지라는 것은 새로운 사실이 아니고 비문에 이미 다 그렇게 기록이 되어 있지만 천여 편의 논문들 중에서 327자까지로 인식하는 논문은 단 한 편도 없고 모두가 다 32자설에만 현혹되어 부화뇌동해 오는 것이 문제를 풀지 못하는 근본적인 원인이라는 사실이 이제야 밝혀지는 것이다.

이를 지금 바로잡아 놓지 않고 간다면 한문세대가 지나간 뒤에 한글세대에서는 영원히 바로잡을 기회가 없을 것 같고, 또 130년이나 지나도록 광개토왕의 시호의 글자 하나도 올바르게 인식하지 못하고 <u>국강상國罡上</u>이라고 쓰고 있으면서도, 그 글자가 오기라는 사실을 아무도 인식하지 못하고 있는 것을 차마 방치할 수가 없었다. 그렇기 때문에 국강상國罡上이 아니고 국강상國罡上이라고 써야 옳다는 사실을 밝혀 놓고 가야 하겠다는 노파심에서 90이 다 된 늙은이가 주책없이 분연히 일어나 이 글을 쓰는 것이다.

또한 연구자들은 32자설을 정설로 믿고 32자 내에서 "구시속민舊是屬民 유래조공由來朝貢"이라고 하는 문제를 풀지 못하게 되자, 이를 역사적인 사실이 아닌 것을 고구려에서 과장하여 기록한 위서쯤으로 여기는 것이 연구자들의 공통된 견해라고 하니 이 얼마나 부끄럽고 서글프고 통탄할 일인가? 구시속민舊是屬民 유래조공由來朝貢에 대한 해답은 병신년조에서 이미 궤왕자서跪王自誓 영위노객永爲奴客이라고 결론을 맺고 있는데도 이를 이해하지 못하고 있으니 말이다.

이에 대하여 현재까지 아무도 이해하지 못했던 새로운 해석을 필자가 새로이 찾아내어 8대 항목으로 분류하여 쟁점의 핵심 문제들을 모두 다 명쾌하게 밝혀 놓음으로써 비문논쟁에서 제기되었던 모든 문제들이 모두 다 말끔하게 해소가 되었다.

그러나 본서의 내용은 필자의 창작이 아니고 비문에 이미 다 그렇게 기록이 되어 있는 것을 필자가 올바르게 해석을 하고 이론적으로 정리를 해 놓은 것뿐이다. 라는 사실을 먼저 밝혀 두고 진행을 하고자 한다.

비문에는 일자 일구도 하자가 없이 완벽하게 작성이 되어 있는데도 불구하고 논쟁이 야기된 근본적인 원인은 일본의 橫井忠直이 다음과 같이 조작을 해놓았기 때문이다.

첫째, 일본에서 『會餘錄』제5집에 변조·개찬한 4대 악서를 발표했기 때문이다.

둘째, 광개토왕비문에 '渡海破'라는 3자를 변조하여 삽입했기 때문이다.

셋째, 신묘년조의 범위를 서론에 불과한 32자로 조작해 놓았기 때문이다.

이상의 3개 항목으로 인하여 논쟁의 원인이 된 것으로 신묘년조의 범위를 애당초부터 32자가 아닌 327자로 이해만 했더라도 비문에 대한 논쟁 자체가 야기되지도 아니했을 것이고 8대 쟁점도 부각되지 아니했을 것이다.

이제 필자가 새로이 주장하는 이론으로 신묘년조의 8대 쟁점을 비롯하여 비문의 변조설까지 모든 쟁점들을 모두 다 말끔하게 해소를 하였으므로 비문에 대한 논쟁의 종결을 선언해도 좋을 것으로 믿고 이에 비문논쟁의 종결을 선언하고자 한다.

80이 넘으면 절필을 하는 것이 도리일 것이나 지금 바로잡아 놓아야 할 문제가 태산 같아 이를 신속하게 바로잡아 놓고 가야 하겠다는 노파심에서 서두르다 보니 논리적이지 못한 경우도 있을 것이다. 그러나 그것은 90이 다 된 늙은이가 정신이 흐려진 상태에서 쓴 탓으로 돌리시고 너그러이 보아주시길 바란다.

끝으로 130년 동안이나 논쟁 중에 있는 난제들이 필자의 획기적인 해석으로 모두 다 풀릴 수 있고, 논쟁이 종결될 수 있는 자료가 마련되는 데 큰 기대를 가지고 여러 가지로 도움을 주시고 최종 감수를 보아 주기로 약속을 했으나 출판을 보지 못하고 고인이 되신 고 홍일식洪一植 박사님(前 高麗大學校 總長) 영전에 감사의 말씀을 드립니다.

古典에 이르기를
"無美而稱之는 誣요, 有善而不知는 不明이요, 知而不傳은 不仁이니 此는 君子之所恥也라."
즉, 없는 사실을 말하는 것은 남을 속이는 것이요, 있는 사실을 알지 못하는 것은 밝지 못함이요, 알고 있는 것을 후세에 전하지 않는 것은 어질지 못함이니, 이는 君子가 부끄러워해야 하는 것이다. 라고 하였다.

2024년 3월 13일
저자 洪在德 謹識

광개토왕비문 논쟁에 대한 종결선언문

고구려 광개토태왕비는 서기 414년에 국내성의 동강에 세워지고 1877년에 봉금이 해제됨에 따라 비문이 재발견된 이후 불순한 세력들이 비문을 변조·개삭하여 1889년에 일본에서 발행한 『회여록』의 4대 악서에서 비문을 변조한 증거가 발견되어 논쟁으로 비화된 것이다.

한·중·일 3국의 석학들이 100년이 지나도록 풀지 못하는 난제들을 살펴보니 그에 대한 해답이 훤히 다 내다보이는 것이었다. 이에 이 논쟁을 종식시킬 수 있다는 자신감으로 80이 넘은 나이도 잊고 이 글을 쓰기로 작심을 하게 되었다.

신묘년조의 범위는 327자까지로 해야 완성되는 문장인데도 불구하고 일본의 橫井忠直이 자기 나라에게만 유리한 문장이 되도록 서론에 불과한 32자에서 끊고 "渡海破" 3자를 변조·삽입하였기 때문에 논쟁의 발단이 된 것이다.

이제 비문의 쟁점들을 모두 다 밝히고 정리하여 한·중·일 3국의 석학들이 130년 동안이나 풀지 못한 난제들을 모두 다 명쾌하게 해석하여 종결을 보게 된 것을 다행으로 여기는 바이다.

이에 이를 널리 알리기 위해 한 권의 책으로 엮어 비문의 논쟁이 종결되었음을 만천하에 선언하는 바이다.

2018. 10. 15.

著者 洪在德 謹白

목 차

自 序 ··· 1
광개토왕비문 논쟁에 대한 종결선언문 ··· 5

제1장 광개토왕비문廣開土王碑文의 진실   17
1. 비의 건립과 재발견 ·· 17
   1) 광개토왕릉의 설치와 비의 건립 ·· 17
   2) 만주 지역의 봉금제 실시 ·· 17
   3) 봉금해제와 회인현懷仁縣의 설치 ··· 18
   4) 광개토왕비廣開土王碑의 재발견 경위 ···································· 19
   5) 광개토왕릉廣開土王陵의 소재지 ·· 19
   6) 광개토왕비廣開土王碑의 명칭 ··· 20
   7) 비의 형태 ··· 21

제2장 초기의 탁본   24
1. 제1차 탁본拓本 ··· 24
   1) 관월산關月山의 동정 ··· 24
   2) 관월산關月山의 수탁수자手拓數字와 전체 탁본 ······················ 25
      [표 1] 현의 설치 이전에 발견했다는 자료   25
      [표 2] 비의 재발견에 대한 자료   26
         (1) 이초경李超瓊의 발문   28
         (2) 이초경李超瓊의 요좌일기遼左日記   29

2. 제2차 탁본拓本(『회여록』에 수록된 비문) ································ 30
   1) 성경장군 좌씨설(천진탁공 4인설) ·· 30
   2) 진사운陳士芸의 탁본설 ·· 30
   3) 오대징吳大徵의 『황화기정皇華紀程』 ····································· 34
   4) 영희榮禧의 탁본설 ·· 36

3. 제3차 탁본拓本 ··· 37
1) 반조음潘祖蔭本 광서 11년(1885년) ······································ 37
(1) 섭창치葉昌熾의 발어跋語　37
(2) 장연후張延厚의 발어跋語 1885년　39

4. 제4차 탁본拓本(1889년, 盛昱본 劉承幹 崔右年의 跋) ············· 40
1) 유승간劉承幹의 발문跋文:『海東金石苑補遺』1922년 ············ 40
2) 최우년崔右年의 발문跋文 ··· 40
3) 오중희吳重熹의『고구려호태왕비석문 찬고후발』················· 41

5. 탁본의 유형별 탁본 시기 ·· 42
1) 초기의 탁본에 대하여 ··· 42

6. 탁본이 우리나라에 전래된 경위 ··· 43
1) 비문이 우리나라에 최초로 알려지는 과정 ···························· 43
2) 계연수桂延壽의 탁본 ··· 44
3)『황성신문』의 기사(「遊帝室博物館 관람기」) ······················· 45
4) 1905년 10월 31일 자『황성신문』의 기사 ··························· 46
5) 광개토왕비문이 최초로 수록된 문헌 ···································· 48

제3장 광개토왕비문에 대하여　　　　　　　　　　　　　49

1. 비문의 실체 ·· 49
1) 비의 실체에 대하여 ··· 49
2) 비문의 문체 구분 ·· 50

2. 광개토대왕비의 원문廣開土王碑의 原文 ································ 51
1) 비의 원문 ·· 51
2) 고문으로 작성된 부분 ··· 53
3) 금文으로 작성된 부분 ··· 53
4) 파손된 글자가 많아 기타로 처리 ··· 54
5) 금文으로 작성된 부분 ··· 54
6) 고문으로 작성된 부분 ··· 55
7) 금文으로 작성된 부분 ··· 55

[표 3] 비문의 행별 자구수 및 오기 파손된 글자　57
[표 4] 금文의 字句 통계표　58

3. 비문의 번역에 대하여 ··· 58
   1) 번역에 대하여 ·· 58
      [표 5] 書頭 20자에 대한 번역문   60
4. 광개토왕비문 역주문 ··· 61
   1) 제1면의 번역문 ·· 61
   2) 제2면의 번역문 ·· 64
   3) 제3면의 번역문 ·· 66
   4) 제4면의 번역문 ·· 68
5. 결자에 대한 필자의 復元 ··· 69
   1) 결자 복원에 대한 서론 ·· 69
   2) 來渡海破[來□□□] 百殘[□□]의 공란에 대한 필자의 복원 ········ 70
   3) 필자가 교정 복원한 문자와 번역문 ···································· 72
      [표 6-1] 필자가 복원한 글자 (고딕체)   73
      [표 6-2] 필자가 복원한 글자 (고딕체)   74
6. 비문의 난해한 글자 ··· 74
   1) 변조된 난해 문자 ·· 74
   2) 廣開土王 諡號의 罒 자에 대하여 ······································· 75
   3) 주구신라住救新羅의 주[住] 자에 대하여 ··························· 78
   4) '釋文'이라는 용어에 대하여 ·· 78

제4장 비문변조와 참모본부   81

1. 일본의 정세와 탁본 입수 ··· 81
   1) 일본의 명치유신明治維新과 밀정 파견 ······························ 81
   2) 주구경신酒勾景信의 첩보활동 기간 ···································· 84
      [표 7] 주구경신酒勾景信의 약력   85
   3) 1884년 5월설은 조작된 가설이다 ······································ 86
      [표 8] 1884년 12월 이전에 저술된 논문   87
   4) 탁본을 최초로 가지고 간 자의 이름 ································ 87
      [표 9] 탁본을 참모본부에 최초 전달한 자   90
2. 쌍구가묵본의 초기 유행에 대하여 ······································· 91
   1) 초기에 쌍구가묵본이 유행된 것은 중대한 사건이다 ········ 91

2) 천진탁공 4인설의 정체 ··· 96
　　3) 수십 차 독촉에 대한 의미 ·· 97
　　4) 쌍구가묵본이 만들어지는 과정 ·· 98

3. 천진탁공 4인설은 위설이다 ·· 101
　　1) 쌍구가묵본은 비문변조를 목적으로 제작된 것이다 ······················ 101
　　2) 원석탁본은 모두 소각되었을 것이다 ·· 103

4. 『회여록』의 출판 ·· 104
　　1) 탁본 입수부터 『회여록』이 출판되기까지의 비밀 ·························· 104
　　　　[표 10] 『회여록』 발표 이전에 작성된 자료 (1884~1888년)　107
　　　　[표 11] 酒勾景信이 참모본부장 大山巖에게 보낸 서신　108
　　2) 왜구가 자기들을 유리하게 하고 고구려를 폄훼하기 위해 계획적으로 변조한 글자　109
　　　　[표 12] 변조 또는 삭제한 글자　110

5. 『회여록』의 4대 악서 ·· 110
　　1) 『회여록』에 수록된 4대 악서 ·· 110
　　2) 제1의 惡書 「고구려 고비문」 사진석판본(쌍구가묵본) ···················· 112
　　3) 제2의 악서惡書 「고구려비高句麗碑 출토기出土記」 ························ 113
　　4) 제3의 악서 「고구려高句麗 고비고古碑考」 ································ 118
　　　　(1) 「고구려고비고高句麗古碑考」에서 문제 항목에 대한 해설　119
　　　　(2) 비문의 발취문　121
　　5) 제4의 악서惡書 「고구려고비석문古碑釋文」 ································ 125

6. 비문변조의 주모자 ·· 126
　　1) 비문변조의 주모자는 횡정충직橫井忠直이다 ······························ 126
　　2) 특정 비문의 변조자 비교 검증 ·· 127
　　　　[표 13] 특정비문의 변조자 집계표　129

7. 任那日本府說 ·· 130
　　1) 임나일본부설의 변조 과정 ·· 130
　　　　[표 14] 來□□□ 百殘□□에 대한 일본인들의 주장　132
　　　　[표 15] 3차에 걸쳐 변조한 글자　133
　　　　　　(1) 비문의 원문　134
　　　　　　(2) 변조된 비문　134
　　2) 왜구들의 침입은 도적질이 목적이다 ·· 134

제5장 비문변조설　　　　　　　　　　　　　　　　　　　**136**

1. 변조설의 제기 ·· 136
1) 비문변조설의 제기 ·· 136
2) 최초의 비문변조설 ·· 137
3) 비문의 오자誤字는 화란火亂으로 인한 것이 아니다 ················ 142
4) 변조된 글자의 수 ·· 143
　　[표 16] 비문의 변조자 수에 대한 각자의 주장　　144
5) 서평자들의 서평에 대하여 ··· 144
6) 변조자의 판단은 잔획이 아닌 문맥으로 해야 한다 ················ 148
　　[표 17-1] 제1~2면 正誤字 추종실태　　149
　　[표 17-2] 제3~4면 正誤字 추종실태　　150
7) 정오자의 판단은 4자성어로 확인해야 한다 ··························· 150
　　[표 18] 변조자 문자 구성의 고증　　152
　　[표 19] 국내 소장 탁본의 誤記字 실태　　153

2. 변조에 대한 한중일 3국의 주장 ·· 154
1) 한국 측 주장 ·· 154
　　(1) 李進熙 씨가 주장하는 변조설　　154
2) 일본 측 주장 ·· 157
　　(1) 일본 측의 반론　　157
　　(2) 日本 측에서 변조설을 긍정적으로 인정하는 증언들　　160
3) 中國 측의 주장 ··· 163
　　(1) 榮子玕의 증언: 『朝鮮上古史』191쪽　　163
　　(2) 경철화耿鐵華『광개토왕비 신묘년 구절의 고증과 해석』, 1992년, 430쪽　　164
　　(3) 林基中 徐建新이 발견한 탁본　　164

제6장 비문에 대한 논쟁　　　　　　　　　　　　　　　　　**166**

1. 신묘년조의 쟁점 ·· 166
1) 辛卯년조에 대한 논쟁 ··· 166
2) 신묘년조의 기본 문장 ··· 167
　　[표 20-1] 辛卯年條의 기본 문장 원문　　168
　　[표 20-2] 辛卯年條의 기본 문장 번역문　　169
3) 신묘년조의 범위는 旋師還都까지 327자다 ··························· 171

2. 신묘년조의 본질과 문체 ··· 172
  1) 신묘년조의 본질 ·· 172
  2) 신묘년조의 문장 구성 ··· 173
  3) 비문의 서체에 대하여 ··· 174

3. 문체에 대하여 ··· 175
  1) 비문의 문체에 대하여 ··· 175
  2) 문체의 변천 과정 ·· 177
      [표 21] 문체의 변천 과정   180

4. 신묘년조의 쟁점 ··· 180
  1) 비문에 대한 논쟁의 원인 ····································· 180
  2) 비문논쟁의 8대 쟁점 ·· 181

5. 8대 쟁점에 대한 해설 ·· 183
  1) 구시속민舊是屬民 유래조공由來朝貢에 대하여 ········ 183
  2) 이왜이신묘년而倭以辛卯年에서 '而' 자에 대하여 ····· 184
  3) 래도해파來渡海破에 대하여 ································· 185
  4) 百殘破倭에서 '破倭' 자를 삭제(□□)한 것에 대하여 ··· 186
  5) 以爲臣民에서 '以爲'에 대하여 ······························ 186
      [표 22] 以爲에 대한 번역문 사례   187
  6) 신묘년조의 32자설 ··· 188
  7) 以六年丙申에서 '以' 자에 대하여 ·························· 189
  8) 跪王自誓 永爲奴客에 대하여 ································ 191
      [표 23] '歸王自誓 永爲奴客'의 번역   193
      [표 24] 궤왕사서 여위노객의 번역   195

6. 來渡海破에 대한 추가 해설 ···································· 197
  1) 래도해파來渡海破에 대한 추가 해설 ······················ 197
      [표 25] 來渡海破와 百殘□□에 대한 韓國의 주장 (年度順)   198
      [표 26] 來渡海破와 百殘□□에 대한 日本의 주장 (年度順)   199
  2) 래도해파에 대한 李進熙의 비판 ····························· 200
  3) 來渡海에 대한 金錫亨 씨의 비판 ··························· 201
  4) 비문논쟁의 핵심문제에 대한 해석 ·························· 202
      [표 27-1] 첫 구절의 구두점을 2자에 찍는 경우   203
      [표 27-2] 첫 구절의 구두점을 6자에 찍는 경우   203

[표 27-3] 첫 구절의 구두점을 7자에 찍는 경우   204
[표 27-4] 첫 구절의 구두점을 7자에 찍는 경우 (북한)   205
[표 27-5] 첫 구절의 구두점을 8자에 찍는 경우   205
[표 27-6] 첫 구절의 구두점을 9자에 찍는 경우   206
[표 27-7] 첫 구절의 구두점을 10자에 찍는 경우   206
[표 27-8] 첫 구절의 구두점을 7자에 찍는 경우 (중국)   207
[표 27-9] 첫 구절의 구두점을 9자에 찍는 경우 (일본)   207
[표 27-10] 신묘년조 문자구성 통계표   208

5) 古典에서의 來渡海의 用例 ·· 209
　　(1) 『後漢書』 권115, 東夷列傳 倭人條(440년경 편찬)   209
　　(2) 『三國志』 권30 魏書 권30, 東夷傳 倭人條(290년경 편찬)   209
　　(3) 『通典』 邊防一 東夷上 倭條(801년 편찬)   209

6) 신라에서 조공한 사실 ·· 210

제7장 왕건군 씨의 주장에 대하여　　212

1. 래도해파에 대한 해석 ··· 212
1) 비문에 대한 왕 씨의 해석 ··· 212
2) 래도해파來渡海破에 대하여 ··· 213

2. 신묘년조의 8대 쟁점에 관한 왕씨의 해석 ······················· 216
1) 신묘년조의 8대 쟁점이란 ··· 216
2) 구시속민舊是屬民 유래조공由來朝貢에 대하여 ······················· 216
3) 이왜이신묘년而倭以辛卯年에 대하여 ······································· 216
4) 래도래파來渡海破에 대하여 ··· 216
5) 이위신민以爲臣民에 대하여 ··· 217
6) 이육년병신以六年丙申에 대하여 ··· 217
7) 跪王自誓 永爲奴客에 대한 해석 ··· 217

3. 난해한 글자에 대하여 ··· 218
1) 주구신라住救新羅에서 住 자에 대하여 ··································· 218
2) 일팔성壹八城과 영팔성寧八城에 대하여 ································· 218

4. 신묘년조의 명칭말살기도 ··· 222
1) 辛卯年條의 명칭에 대하여 ··· 222
2) 辛卯年條의 名稱말살기도에 대하여 ······································· 223

5. 초천부 씨에 대한 왕 씨의 주장 ·· 226
1) 기록에 의한 초천부의 인물 ·· 226
2) 왕 씨가 주장하는 초천부의 비문변조설 ······················· 227
  Ⓐ 初鵬度의 증언　227
  Ⓑ 關野貞의 소감 기사　228

6. 쌍구가묵본에 대하여 ·· 235
1) 쌍구가묵본이 최초로 만들어진 경위 ······························· 235
2) 쌍구가묵본의 제작에 대한 왕 씨의 주장에 대하여 ······ 239
3) 왕 씨의 주장에 대한 총평 ·· 241

제8장 고구려의 왕릉과 비의 고증　242

1. 왕비에 대한 고증 ··· 242
1) 비문 하단의 기사로 광개토왕비 확인 가능 ····················· 242

2. 국내성의 주산과 국강상의 위치 ······································ 244
1) 주산과 국강상國罡上의 위치 ·· 244
2) 광개토왕릉廣開土王陵의 소재지 ······································· 246
  (1) 古書에 기록된 왕릉의 위치　247
3) 우산하 540호분에 대한 고증 ·· 250
4) 540호분의 규모에 대하여 ··· 253

3. 훈적비와 주변의 능묘와의 관계 ······································ 255
1) 태왕릉과의 관계 ··· 255
  (1) 태왕릉의 피장자는 동천東川王으로 비정하는 것이 타당하다　255
2) 장군총과의 관계 ··· 256
  (1) 장군총의 피장자는 고국원故國原으로 비정하는 것이 타당하다　256

4. 왕호와 장지와의 관계 ·· 257
1) 각 왕릉의 비정에 대하여 ·· 257
2) 장지명과 왕호에 대하여 ·· 258
  [표 28] 국내성시대 왕릉의 소재지　260
  [표 29] 고구려 평양시대 왕릉의 소재지　261

5. 역대 왕릉의 소재지 ·· 261
1) 동명왕릉의 소재지 ··· 261
2) 유리명왕릉의 소재지 ··· 262

3) 제9대 고국천왕故國川王의 장지에 대하여 ·· 263
　　4) 제10대 산상왕의 능 ·· 264
　　5) 제11대 동천왕東川王의 장지에 대하여 ·· 264
　　6) 제12대 중천왕릉에 대하여 ·· 265
　　7) 제13대 서천왕릉에 대하여 ·· 265
　　8) 제14대 봉상왕릉에 대하여 ·· 265
　　9) 제15대 미천왕릉에 대하여 ·· 266
　　10) 제16대 고국원왕릉에 대하여 ·· 267
　6. 고분군의 분포지구 ·· 268
　　1) 고분군의 분포지구 설정에 대하여 ·· 268
　　　　[도 1] 왕릉과 묘역의 위치도　269
　　2) 국내성의 주산과 계룡산 신도안의 주산 ···································· 270
　7. 세계문화유산에 등재 ·· 272
　　1) 세계문화유산에 등재된 고구려 유적 ·· 272
　　　　[표 30] 세계문화유산에 등재한 광개토왕비 1기　272
　　　　[표 31] 세계문화유산에 등재한 산성 3기　272
　　　　[표 33] 세계문화유산에 등재한 왕릉 11기　272
　　　　[표 33] 세계문화유산에 등재한 귀족묘 26기　273
　　　　[표 34] 북한에 현존하는 고구려유적　274
　8. 광개토왕비와 장군총과 태왕릉을 파괴하려는 음모가 진행되고 있다 ···· 274
　　1) 광개토왕비의 파괴공작 ·· 274
　　　　[도 2] 광개토왕비각과 태왕릉을 통과하도록 설계된 도로　276
　　2) 장군총의 파괴공작 ·· 277
　　　　[도 3] 장군총을 통과하도록 설계된 도로　277

제9장 비문 연구의 140년사　　　　　　　　　　　　　　　278
　1) 서 론 ·· 278
　2) 비문 연구 140년사 ·· 279
　3) 광개토왕비에 관한 저술현황 [표 35-1~15] ··· 281

결 론 ··· 296
참고 목록 ·· 298

제 1 장

광개토왕비문廣開土王碑文의 진실

1. 비의 건립과 재발견

1) 광개토왕능의 설치와 비의 건립

광개토왕비廣開土王碑는 서기 414년에 중국 길림성 집안시 국내성 동강에 세워지고 비문에는 "갑인년(414) 9월 29일 을유천취산릉어시입비"라고 명기되어 있으나 현재까지도 왕의 능을 특정하지 못하고 있다.

668년에 고구려가 패망한 이후에는 돌보는 이 하나 없는 이국땅에 외로이 홀로 서 있으며 1678년부터는 만주 지역에 봉금제도를 시행함에 따라 거주와 경작과 통행이 금지되어 1877년까지 200년 동안이나 인적이 끊긴 황무지 속에 은둔해 있다가 봉금이 해제됨에 따라 1878년에 이르러서야 재발견이 된 것이다.

2) 만주 지역의 봉금제 실시

봉금제도라고 하는 것은 청나라에서 송화강 동남쪽에 있는 백두산의 장백산맥의 정기를 받고 태어난 인물이 청나라를 탄생시킨 신성한 용맥이라고 주장하면서, 신성한 땅에서 사람들이 거주하며 경작을 하는 것은 땅을 더럽히는 결과가 된다는 이론을 내세워 한족과 몽고족은 물론이고 조선족과 일반 거주민들까지도 모두 다른 지역으로 이주시키고 일체 출입과 경작을 금지하고 인적이 없는 황량한 무인 지대가 되도록 하여 1678년부터 1877년까지 200년 동안이나 경작과 출입을 금지해 온 것을 봉금제도라 하는 것이다.

1712년부터 청나라는 백두산으로부터 두만강, 압록강 이북 지역을 무인 완충지대로 하여 봉금제도를 강화하였다. 1737년 건륭제 때부터는 봉금 지역에 출입을 막기 위해 통순회초統巡會哨를 두어 조·청 양국의 경리警吏를 배치하여 공동으로 순시하는 제도를 두었다는데 이 자체가 간도 지역은 조선의 연고지라는 것을 의미하는 것이다.

비석이 다시 발견되는 1877년까지 아무도 돌보는 이 없는 황야에 200년 동안이나 누구의 비석인지도 모르고 있어 만주의 향토지에는 물론이고 역대 어느 문헌에도 기록된 바 없이 비석은 방치되어 온 것이다.

3) 봉금해제와 회인현懷仁縣의 설치

봉금제도가 처음에는 강력하게 시행이 되다가 시일이 경과함에 따라 경계가 해이해져서 밀경하는 자의 숫자가 수만 명에 이르게 되자 더 이상의 봉금이 무의미해져 광서 2年(1876)에 성경성 장군 숭실이 봉금을 해제하고 농민들로 하여금 경작을 할 수 있도록 허용하여 세수를 증대하는 것이 좋겠다는 뜻을 중앙정부에 청원하므로 청나라 조정에서는 이를 받아들여 1876년에 봉금제도를 해제하기로 공포하였다.

1877년(광서 3년) 2월에 진본식陳本植을 총변으로 대동구에 파견하여 그 지역의 치안을 정비하고 회인현과 각 현의 구획을 측량·조사하여 구획을 확정했다. 이 시기에 이초경李超瓊이 막료로 있어 뒷날에 광개토왕릉비문의 탁본에 관련하게 된다.(徐建新,「고구려 호태왕비 초기탁본연구」, 215쪽)

이와 같이 1877년에 봉천성 회인현이 설치되고, 진본식과 이초경은 봉황성으로 전임되었다. 7월에 장월章越이 초대 지현으로 부임하고 관월산關月山이 서계관으로 임명되어 비로소 회인현의 업무가 개시되었다. 특히 북간도·동간도·서간도에는 우리 조선족 주민이 약 60% 이상 거주하고 있어 사실상 우리나라가 지배하고 있었다. 이 때문에 1712년부터 1910년까지 200년 동안이나 청나라와 조선 압록강의 북쪽 간도 지역의 국경선에 대한 협의가 진행되어 오다가 일본日本의 개입으로 중단되었다.

4) 광개토왕비廣開土王碑의 재발견 경위

만주 지역의 봉금이 해제되어 농지를 개간하던 농민들이 비석을 발견하고 관아에 신고하여 회인현의 서계관 관월산이 현지에 나가 확인한 결과 광개토호태왕비라는 사실이 최초로 확인이 되었다. 이때부터 비문의 탁본이 이루어지고 활자화되었는데 우리나라나 중국보다도 바다 건너 일본에서 가장 먼저 관심을 가지고 탁본을 입수하여 연구를 주도했기 때문에 일체가 비밀에 싸여 있어 이를 밝히고자 하나 전해지는 자료의 부족으로 밝힐 수 없는 것이 아쉬울 뿐이다.

5) 광개토왕릉廣開土王陵의 소재지

광개토왕릉의 소재지를 현재까지도 특정하지 못하고 있으니 참으로 안타까운 일이다. 그러나 1895년에 저술된 왕지수王志修의 『고구려영락대왕비고高句麗永樂太王碑考』에 의하면 "비석의 서쪽 1리쯤 되는 곳에 왕의 능이 있다."(碑西里許卽其陵)라고 하였으니 이는 현재 우산 하 540호분을 지칭하는 것이 분명하다.

또한 중국으로 망명한 김택영 씨가 저술한 『한국역대소사』(1922)의 기록에 의하면 "묘의 크기는 1묘(240평)쯤 되고 (묘의) 동쪽으로 5리쯤 되는 곳에 비석이 있다."(墓大畝餘 東距墓五里有碑)라고 하여 이도 역시 현재 우산 하 540호분을 지칭하는 것이 분명하다.

또 『집안현지』에 의하면 "호태왕의 묘는 호태왕비의 서쪽 약 200보 지점에 있다 하였다."(好太王墓在城東九里 好太王碑西約二百步)라고 하였다.
호태왕비의 서쪽에는 오직 우산하 540호분이 있고 태왕릉은 비의 남쪽, 장군총은 비의 동북쪽에 있어 광개토왕의 묘와는 무관하다는 입증이 되는 것이다.

이상에서 3개 문장을 살펴본 바와 같이 우산하 540호분이 광개토왕의 묘라는 사실이 이미 100여 년 전부터 기록으로 전해지고 있었는데도 아무도 이를 발견하지 못하고 현재까지도 광개토왕릉을 특정하지 못하고 있으니 안타까운 일이다.

그러나 그것은 이 문장을 발견하지 못해서가 아니고 발견은 하였으나 그 문장이 순 한문으로 작성되고 너무 짧고 간략하게 기록이 되어 있어 그 문의를 올바르게 해석 하지 못한 연고라고 보는 것이 올바른 판단일 것이다.

<u>따라서 우산하 540호분을 광개토태왕릉으로 지정하여 보전하는 것이 타당하다고 사료되는 것이다.</u> 이에 대하여는 제8장에서 상술하였으니 참고하기 바란다.

6) 광개토왕비廣開土王碑의 명칭

비석은 414년에 세운 것이 사실이나 비의 주변에는 왕릉으로 인정할 만한 능묘가 없어 비의 성격을 규정하는 데 어려움이 있다. 비석이 능의 경내에 있다면 당연히 능비라고 해야 하는 것이나 그렇지 않으므로 능비라는 명칭을 사용해서는 안 되는 것이다.

능의 경내가 아닌 외지에 신도비神道碑와 훈적비勳績碑, 선정비善政碑, 공덕비功德碑 등을 세워 찬양하는 경우도 있으나 비의 성격에 따라 세우는 방법이 다르다. 신도비는 묘의 손巽방에서 가장 번화한 거리에 세워 묘의 소재지를 알리는 이정표의 역할을 겸하는 것이고, 훈적비와 선정비, 공덕비 등은 방향이나 지역이나 거리에 관계없이 왕의 훈적과 관계가 있는 번화한 곳에 세워 왕의 업적을 널리 홍보할 목적으로 세우는 것이다.

그러나 현재까지는 능비냐 신도비냐 훈적비냐에 대한 구별도 없이 다양하게 호칭해 왔다. 그 이유는 비의 주변과 비의 건방에는 왕의 능묘라고 특정할 만한 능묘가 없어 능비나 신도비라고 명명할 수 없는 어려움이 있기 때문이다.

그러나 비문에 의하면 "갑인년 九月二十九日을유 천취산릉遷就山陵 어시입비於是立碑 명기훈적銘記勳績 이시후세언以示後世焉"이라고 명기하여 비의 성격을 훈적비라고 분명하게 밝히고 있으므로 훈적비勳績碑라고 명명하는 것이 가장 정확하다 하겠다.

또한 훈적비는 진시황의 순수비의 훈적 중심의 각서 문화가 동한시대에 유행된 것으로, 묘나 사당의 입구 번화한 거리에 세워 공적을 찬양하는 것이다. 따라서 "광개토왕훈적비廣開土王勳績碑"라고 명명하는 것이 가장 타당하다고 하겠다.

훈적비로 세운 것이 분명하다고 할 수 있으므로 묘와의 거리와 방향에 관계가 없는 것이다. 그러나 풍수 이론에 근거하여 살펴보면 한 가지 문제가 되는 것은 비석의 방향을 건좌손향으로 세웠다는 것이다. 따라서 이는 훈적비로 세우되 묘와의 거리가 가까우므로 신도비의 성격을 가미해서 건좌손향으로 세운 것으로 이는 우산하 540호분의 신도비의 목적으로 세운 것이 분명하다는 것이다.

능비가 아니라는 것은 서평자들의 서평에서도 잘 나타나고 있다. 묘비문에는 일정한 형식이 있는데 광개토왕비문은 묘비문의 형식을 취하지 아니했다고 논평하는 것을 볼 수 있다. 그러나 그것은 묘비로 세운 비문이 아니고 훈적비의 목적으로 세운 신도비문이므로 묘비의 형식을 따르지 아니한 것은 당연한 것이다.

"광개토왕릉비"라고 주장하는 경우도 있으나 절대로 능비陵碑라고 '능'자를 부기해서는 안 되는 것이다. 왜냐하면 이는 능의 경내에 세워진 능비가 아니고 신도비의 성격을 띤 훈적비이기 때문이다.

따라서 '광개토왕비廣開土王碑' 또는 '광개토태왕비廣開土太王碑' 또는 '광개토태왕훈적비廣開土太王勳績碑' 등 세 가지로 통용하는 것이 가장 현명한 방법이라고 할 것이다.

더 널리 국제적으로 공감하기 위해서는 "광개토호태왕비廣開土好太王碑"라고도 해야 할 것이다. 왜냐하면 중국과 일본에서는 이미 '호태왕好太王비'로 인식이 되어 있어 이를 수용하는 의미도 있기 때문이다.

1996년 제2회 고구려 국제 학술대회에서 '광개토호태왕'으로 명명하기로 결의한 바 있으나 적극적으로 시행이 되지 않고 있다.

7) 비의 형태

비의 형태는 방주형方柱形으로 정교하게 다듬지 아니한 자연석에 가깝다. 세워진 위치는 국내성의 주산이 되는 용산의 내룡이 서남향, 즉 간좌곤향으로 흘러내리는 약간의 구릉지 위에 비의 방향은 남에서 동쪽으로 45° 방향, 즉 건좌손향으로 세워졌다. 글씨는 비의 사면환각으로 새겼는데 동남쪽에서부터 시작하여 서남, 서북, 북동쪽순으로 하고, 제1면에는 11행에 매 행마다 41자씩 451자, 제2면에는 10행에 410자, 제3면에는 14행에 574자, 제4면에는 9행에 365자, 도합 44행에 1,798자가 새겨져 있다. 제자題字는 없고, 종횡으로 선을 그어 4각 안에 글자를 새겼는데 예서체로 음각을 하여 글자의 크기는 일정하지 않아 큰 글자는 16cm, 작은 글자는 11cm 정도가 되고, 대체로 14cm~15cm이고 깊이는 0.5cm~1cm

정도이다.

　비문의 서체는 엄숙하고 정중하게 쓰는 것이 보편적이라고 할 수 있으나, 이 비문의 서체는 예서체부터 행서체까지 넘나들고 정체와 간체 대소가 혼재하고 자획을 임의로 가감하여 규칙에 얽매이지 아니하고 호탕하고 자유분방하게 써 내려간 것을 알 수 있다.

　비의 높이는 6.39m(22척)이고 폭은 일정하지 않으나 대략 1.5~2m로 제1면의 폭은 1.48m(5척 1촌), 제2면의 폭은 1.35m(4척 5촌), 제3면의 폭은 2.00m(6척 7촌), 제4면의 폭은 1.46m(4척 5촌)이다. 비의 무게는 37t이고, 좌대 위에 세워져 있는데 좌대의 길이는 3.35m이고 폭은 2.70m로 해발 195m 지점에 세워져 있다.

　서체는 예서와 전서, 간체와 이체가 고박하고 중후하여, 가히 진품이라 할 만하다고 평하고 있다. 장수왕이 부왕의 공적을 돌에 새겨 세계에서 가장 웅대한 능비를 세워 만대에 전하고자 묘비가 아닌 훈적비의 목적으로 세워진 것이 분명하다.

　특히 수묘제도에 관한 법령까지 제정하고, 330명의 수묘인으로 하여금 수묘에 종사하게 한 것만 보더라도 고구려인의 원대한 기상과 강성했던 국력을 가히 짐작할 수 있게 한다.

　당시 중국의 비의 형태는 대개가 판비형 양면비의 형식이었다. 그러나 광개토왕비의 형태는 중국의 묘비 형태를 따르지 아니하고 독자적으로 방주형方柱形 사면환각의 형식을 택하여 새로운 비의 문화를 개척한 것이다.

　금석학의 대가인 정문작 씨는 "광개토왕비문은 간결, 소탕하고 서사의 체제는 범엽의 『후한서』와 유사하며 자체는 八分인데 박력 있고 웅대하다. 어느 모로 보나 이 비는 당연히 요동의 제일가는 고비古碑라고 할 만하다."라고 하였고, 서예의 대가인 섭창치(葉 자는 '잎새 엽'자가 분명하나 성씨로 사용할 경우에는 '섭'으로 발음을 해야 한다.)는 "광개토왕비문에는 그의 공적이 심히 상세하게 기록이 되었는데 이는 진실로 해동 제일의 보물이다."라고 극찬하였다.

　이와 같이 웅대한 세계 최대의 비석을 414년에 세웠으나 고구려는 668년에 연합군에 의하여 망국의 비운을 맞는다. 이후 1,400여 년이라는 기나긴 세월 동안 적대 국가들의 치하에서 돌보는 이 하나 없는 망각의 숲속에 방치되어 비의 존재 사실이 세상에 알려지지 않아 기록으로 남겨진 문헌자료가 없다.

 비석의 재질은 연한 녹회색의 기공이 있는 안산암(andesitic) 또는 석영안산암질(dacitic) 용결 라필리응회암(welded lapilli tuff)으로 분류된다.
 이 비석과 같은 재질의 암석이 분포되어 있는 지역을 찾기 위해 만주 지역의 암석 분포 상황을 조사한 바에 의하면 통구에서 동북쪽 약 40km 지점의 압록강변 운봉에 수력발전소가 있는 지역이 가장 유력한 것으로 알려져 있다.(『환인·집안 지역 고구려 유적 지질조사보고서』)
 중장비가 없던 그 당시에 이와 같이 거대한 비석을 100리나 운반하여 세웠다는 것은 상상을 초월하는 기적과 같은 일로 고구려인의 웅대한 기상을 상상해 볼 수 있게 하는 것이다.

제 2 장

초기의 탁본

1. 제1차 탁본拓本

1) 관월산關月山의 동정

 관월산이 광개토왕릉비를 최초로 재발견한 인물이라는 설에는 이견이 없다. 그 이유는 그 이전에도 많은 사람들이 비를 보아 온 것은 사실이지만, 다만 비의 실체만 보았을 뿐 누구의 비석이라는 것은 발견하지 못했다는 것이다. 따라서 비를 재발견한 시기도 관월산이 서계관으로 부임한 1877년 7월 이후라는 설에도 이견이 있을 수 없다. 그러나 재발견 시기에 대하여도 이견이 분분하다. 즉 1874년설을 비롯하여 1875년설, 1876년설 등등의 주장이 있으나 이때에는 아직 봉금이 해제되기도 이전이고, 회인현을 설치하기도 이전이고, 관월산이 서계관으로 부임하기도 이전이기 때문에 정설로 인정될 수가 없는 시기이다.
 재발견의 계기는 청나라에서 200년 동안이나 실시해 오던 만주 지역의 봉금제도를 1877년에 이르러서야 해제하고, 1877년 7월에 회인현을 설치하고, 초대 지현에 장월章越을 임명하고 관월산을 서계관으로 임명함으로써 회인현의 업무가 개시되었기 때문이다. 이때에 산지를 개간하던 농민들에 의하여 비가 발견이 되고, 그들이 관아에 신고함으로써 관월산이 확인하여 이 비가 광개토호태왕비라는 사실이 세상에 최초로 알려지게 된 것이다. 물론 그 이전에도 대비가 존재한다는 사실은 이미 알려지고 있었으나 누구의 비석인지는 알려지지 않았던 것이다.

일례로 1300년에 조선 태조 이성계 장군이 북벌 중에 발견을 하였으나 이때에는 광개토왕비라는 사실을 모르고 금金나라 황제비로 오해를 하였으니 이를 재발견이라고 말할 수는 없는 것이다.

2) 관월산關月山의 수탁수자手拓數字와 전체 탁본

담국환談國桓의 수찰에 의하면 광서초엽(1875~1878)에 "관월산이 대비를 발견하고 미친 듯이 기뻐서 수탁수자하여 동호인들에게 나누어 주었다."라고 한 기사를 근거로 하여 관월산은 전체 탁본을 뜬 사실은 없고 다만 한두 자의 글자를 채탁하여 지인들에게 나누어 주었다는 것이 관월산이 재임하고 있던 6년 동안의 동정의 전부인 것처럼 주장이 되고 있으나, 6년 동안 수탁수자만 하고 전체 탁본을 하지 아니했다는 것은 논리상으로도 맞지 않는다. 따라서 반드시 전체 탁본을 한 사실이 있으나 외부로 알려지지 않았을 뿐이라고 보는 것이 옳을 것이다.

지인들에게 나누어 주었다는 것이 관월산이 재임하고 있던 6년 동안의 동정의 전부인 것처럼 주장이 되고 있으나, 6년 동안 수탁수자만 하고 전체 탁본을 하지 아니했다는 것은 논리상으로도 맞지 않는다. 따라서 반드시 전체 탁본을 한 사실이 있으나 외부로 알려지지 않았을 뿐이라고 보는 것이 옳을 것이다.

[표 1] **현의 설치 이전에 발견했다는 자료**

순	성명	書名	발견 연도	發見者	발견 경위	備考	證據
1	劉承幹	海東金石苑補遺	同治末年(1874)		潘祖蔭 先得之 (1883년)	懷仁縣이 설치 3년 전	1922년
2	高燮光	몽벽이석언	光緖元年(1875)	개간농민	산지를 개간하던 농부가 발견	懷仁縣이 설치 2년 전	1918년
3	張延厚	好太王碑釋語	光緖初年(1875)		潘祖蔭 始得之 (1883년)	懷仁縣이 설치 2년 전	1924년
4	金毓黻	遼東文獻征略	光緖初年(1875)	關月山	關月山은 1877년 7월	關月山이 赴任 2년 전	1934년
5	王健群	廣開土王碑研究	光緖元年(1875)	初天富	初天富는 1875년 통구에 없다.	初天富는 1883년 탁본	1984년

※ 이상은 회인현이 설치되기 이전의 사실이므로 회인의 공식 문건으로 인정될 수 없는 자료들이다. 더욱이 반조음潘祖蔭, 관월산關月山, 초천부初天富의 이름이 거론되기 때문에 위서가 분명하다.

[표 2] **비의 재발견에 대한 자료**

순	성 명	書 名	발견연도	발견자	비 고	발표 연도
1	王志修	永樂太王碑考	光緖 3年(1877)	關月山	회인현을 설치한 당년이 되어 가장 합리적이다.	1895년
2	談國桓	談國桓의 手札	光緖 4年(1878?)	關月山	회인현을 설치한 다음 해가 되어 가장 합리적인 연도라고 인정된다. 그래야 1880년쯤 최초의 탁본이 채탁되는 즉시 제1차로 일본으로 유출되어 연구가 시작되고, 1882년에 4인의 탁공을 천진으로 파견한 것이 천진탁공 4인설로, 쌍구가묵본으로 변조가 되고, 1883년에 제2차로 참모본부로 전달되는 시기와 부합되기 때문에 1878년에 비가 최초로 발견된 것으로 상정하는 것이 가장 합리적이다.	1929년
3	葉昌熾	奉天一則	光緖六年(1880)	개간농민	1880년에 최초로 발견을 했다면 이후의 채탁 연도와의 연차가 부합되지 않아 부적합하다.	1901년
4	李進熙	廣開土王碑탐구	光緖六年(1880)	關月山		1972년

수탁수자를 한 사람이 어찌 전체 탁본을 하지 못했겠는가? 물론 당장에는 비면이 고르지 못해 즉시 탁본을 하지는 못하였겠지만 이때부터 탁본을 어떻게 떠야 하느냐에 대하여 많은 고민을 했을 것이다. 그러나 비석의 규모가 너무 웅대하여 발판을 가설하지 않고는 작업을 할 수가 없고, 발판을 가설한다 하더라도 비석을 뒤덮고 있는 만초와 바위옷(바위의 이끼)을 제거하지 않고는 탁본을 할 수가 없는 상태였을 것이므로 이에 대하여도 상당한 기간 동안 고민을 했을 것이다.

관월산은 공직에 매여 있는 몸이라 지현인 장월과도 협의를 했을 것이나 관에서 나서서 할 일도 아니고 관월산이 개인적으로 할 수밖에 없는 작업이므로 공무가 끝나고 시간의 여유가 있는 때를 기다려 틈틈이 찾아가 석태를 제거하면서 고민을 했을 것이다. 그러나 관월산이 이와 같은 만난을 무릅쓰고 전체 탁본을 떴을 것이라고 하는 심증은 가나 관월산이 전체 탁본을 했다는 기록은 어디에서도 발견되지 않는다.

그러나 관월산은 회인현을 최초로 설치할 때 그 준비위원장인 진본식陳本植의 막료로 있었고 이초경李超瓊이 봉황성으로 전직되었던 1881년에 이초경이 회인현의 지현인 장월로부터 2부의 탁본을 받았다는 사실로 미루어 보아, 이는 장월이 직접 탁본한 것이 아니고 관월산이 탁본한 것을 받아 이초경에게 보낸 것으로 보는 것이 합리적인 견해일 것이다.

최초의 채탁 시기와 채탁자에 대하여는 정설이 정립되어 있지 못하나 최초의 채탁자는 관월산으로 보아야 하는 것이고, 그 시기는 1879년으로 보는 것이 가장 합리적인 추정일 것이다. 왜냐하면 관월산은 1877년 7월에 부임하여 1879년 7월에 임기가 만료되기 때문에 임기 이내에 전체 탁본을 하고자 했을 것이나 아마도 작업의 마무리를 하지 못해 1882년까지 중임을 한 것으로 추정되기 때문이다.

기록에 의하면 장월이 "똑똑한 탁본을 만들기 위해 1880년에 비석을 태우고, 곽전본을 만들기 시작하였다."(서건신, 「고구려 호태왕비 초기 탁본에 관한 연구」, 2005, 215쪽)라고 한다. 또 이초경이 1881년에 봉황성에 있을 때 장월이 탁본을 보내 주어 이 탁본을 1883년 9월에 소주로 가지고 가서 이홍예李鴻裔에게 주었고 이홍예는 이 탁본 중 하나를 다시 오현에 있는 반조음潘祖蔭에게 선사하였다는 기록이 있다.(徐建新, 「고구려 호태왕비 초기 탁본에 관한 연구」, 196~198쪽) 그러나 장월은 지현의 공직에 있어 직접 탁본을 할 수 없었을 것이므로 관월산에 의하여 만들어진 탁본이 장월의 이름으로 알려지게 되었을 것으로 추정하는 것이 옳은 판단일 것이다.

따라서 관월산이 수탁수자로 끝내지 아니하고 전체 탁본을 한 사실이 있는 것으로 추정이 가능한 것이다. 그러므로 최초의 탁본 시기는 1879년으로부터 1880년까지로 시간이 있을 때마다 몇 부씩의 탁본을 만들었다고 보는 것이 옳을 것이다.

채탁 시기를 1879년부터 1880년까지 지속됐을 것으로 보는 근거는 이초경의 『요좌일기』에 의하면 "광서 8년(1882년 4월 24일) 통구순검 장호산張晧山(張翼) 소위가 편지 한 통을 보내왔는데 그와 함께 고구려 묘비문도 보내왔다. 탑본은 종이로 되어 있으며 서체는 한예로서 아주 고풍스러웠다. 아쉽게도 탑본제작법이 좋지 못하고 또 속수들의 붓으로 그린 것이 만족스럽지 못하다."라고 하였다.

이로써 1882년 4월 이전에 채탁된 것이 확실하므로 장월본일 가능성이 매우 높은 것이며 탁본제작법이 좋지 못하여 만족스럽지 못하다고 한 것으로 보아 원석탁본이 분명하다고 하겠다.

그러나 그려 낸 필법이 만족스럽지 못하다고 한 것으로 보아 원석탁본이 아니고 묵수곽전본으로 추정이 되나 그 진위는 알 수 없다.

(1) 이초경李超瓊의 발문

가) 나는(이초경 1846~1909) 이 비첩碑帖(關月山, 章越탁본)을 요동에서 얻었는데, 癸未년(1883)에 그것을 가지고 오현으로 갔다. 그중 1부를 중강현의 이미생李眉生(李鴻裔) 어른께 증정하니 아주 흡족해하셨다. 당시 오현의 반문근 공(반조음潘祖蔭)께서 상을 당하여 고향에 내려와 계셨고 그 역시 탁본을 보시고 견이하다 하셨다.
그로 인해 사람을 보내어 구하기에 곧바로 한 부를 보내 드렸다. 그런 연고로 해서 반문근 공께서 이 비첩 뒤에 수백 자의 발문을 붙여 주셨으나 갑오년(1894)에 누군가가 잘라 가서 이상하게 되었다.

나) 이 비문(關月山, 章越본)은 내가 광서 신사년(1881)에 봉황성에 있을 때 얻은 것이다. 비석은 회인현 통구구에 있는데 지금은 분방순검이 주둔하고 있다. 동쪽으로는 압록강에 인접해 있고, 서쪽으로는 동가수가 있는데 통화를 거쳐 동남쪽으로 흘러 회인의 흑웅구를 지나 압록강과 합친다. 물살이 급하고 세서 옛날에는 비류수라고 불렀다.
무덤의 남쪽에 폐허로 된 옛 성터의 유적지가 있는데 둘레가 십여 리가 된다. 土人들은 이 성을 고려성이라고 부르는데 바로 위토魏土(魏志)에서 말하는 환도성이다. 그 서남쪽에는 산이 둘러싸고 있는데 수레나 말을 타고 오를 수가 없다. 무구검의 동명에서 말하는 불내는 이 유허를 말하는 것이다.
동치(1885) 이전에는 감창변문 밖의 금지구역이었다. 광서제가 건원으로 한 후에 회인현 경내의 개간을 금한 것을 풀었다. 관리를 설치하고 통치를 실시하였는데 모두 우리 읍의 진해산陳海珊 관찰 본식本植의 공로이며 나는 그의 막료에서 보좌했다. <u>우인友人 장유초章幼樵 장월이 초대 현령으로 부임하였을 때 이 비석을 발견하고 탁본을 떠서 나에게 주었는데</u> 후에 오현으로 가지고 가서 표구를 만들었다.(문장 끝에 음문과 양문의 인감이 각각 하나씩 찍혀 있는데 위쪽 음문의 글자는 '초구'이고 아래쪽 양문의 글자는 '자고'이다.)

앞에서 보는 바와 같이 1881년에 비문을 얻었다 하였고, 그 말미에서 장월이 현령으로 있을 때 비를 발견하고 탁본을 떴다는 사실을 기록하고 있다. 이로 미루어 보아 이 탁본은 1880년 이전에 관월산과 장월이 뜬 것이 분명하다고 할 것이다. 이 탁본은 아직 비면의 석태를 완전하게 제거하지 못해 비면에 요철이 심하고 고르지 못한 상태에서 제작한 탁본이기 때문에 상태가 좋지 않았을 것이다.

 탁본이란 종이를 비면에 붙이고 물을 뿌린 후 솜방망이로 두드려 글자 부분이 움푹 들어가도록 한 다음에 먹물 뭉치로 가볍게 두드리는 기법을 말하는 것이니 비면이 고르지 못하고 요철이 심하여 탁본을 하기에 어려움이 있었을 것이다.

(2) 이초경李超瓊의 요좌일기遼左日記

가) 광서 8년(1882년 正月 20日) 저녁 무렵에 양진지楊進之와 장정구張程九가 선후로 내방했다. 담소 중에 정구가 말하기를 북쪽으로 가다가 회인에 이르렀을 때 현의 동쪽 변경 통구에 옛 비석이 있다는 것을 들었다고 했다.
비석의 높이는 일장이 넘으며 4면에 글자의 흔적이 있는데 약 2천여 자가 된다고 했다. <u>현령 장월 유초가 봄에 날이 풀리면 탁본을 해서 비문을 판독할 예정이라고 했다.</u>

나) 광서 8년(1882년 5月 5日 晴) 통구순검通溝巡檢 장호산張皓山 소위에게 답신을 썼다. 아울러 면연지 양도兩刀(200매)를 함께 부치고, 고구려 옛 비석을 다시 탁본해 줄 것을 부탁했다.

다) 광서 8년(1882년 6月 15日 雨, 晴, 陰) 저녁 무렵에 도림보陶霖甫의 저택을 방문했다. 때마침 주오교朱五橋가 파견한 고구려고비(好太王碑) 탁본 작업자가 돌아왔다. 그 사람의 말에 의하면 비석의 높이가 2장이나 되어 200보 밖에서 바라봐도 글자 흔적이 선명하다. 하지만 가까이에서 보면 한 글자도 알아볼 수 없는데, 손으로 필획을 더듬어도 여전히 확인할 수 없었다고 한다. 그 원인은 비석이 검은색인 데다가 석질이 거칠고, 또 연대가 오래되어 비면이 훼손되다 보니 표면이 울퉁불퉁하여 비문의 자획을 정확히 구분하기 어렵기 때문이라고 한다.
이에 탁본 작업자들은 아무런 방도가 없었으며 4, 5명이 10일을 작업해야 고작 탁본 한 부를 제작할 수 있을 뿐이라고 한다. 그 비석 아래에서 옛 전돌 여러 개를 습득했는데, 그 두께가 5, 6분이고, 길이는 8촌 4분이며 넓이는 4촌 6분이라고 한다. 전돌 측면에 "원태왕릉願太王陵 안여산安如山 고여악固如嶽"이라는 글자가 있어, 보물이라고 할 수 있다. 나도 하나를 얻었는데, 두드리면 맑은 소리를 냈다. 이에 가져다가 책상에 놓았다.

2. 제2차 탁본拓本(『회여록』에 수록된 비문)

1) 성경장군 좌씨설(천진탁공 4인설)

처음 만들어진 탁본에 관하여 정설은 없고 여러 가지 설이 떠돌고 있으나 오직 일본의 『회여록』「출토기」에 기록된 성경장군 좌씨설이 정설인 것처럼 가장 널리 인용되고 있어 문제가 되고 있다.

「출토기」에 의하면 비의 높이가 6.39m나 되는 거대한 비석이 선 채로 땅속에 파묻혀 있던 것을 파내었다고 하여 "출토기"라는 명칭이 붙여졌다고 하니 명칭부터가 기만적이다. 이 기사는 모든 사실과 부합되지 않아 위서가 분명하다. 이에 대해서는 제4장에서 상술하고자 한다.

2) 진사운陳士芸의 탁본설

진사운의 탁본설이 최초로 전해지는 자료는 1886년에 기록된 오대징의 『황화기정』이다. 『황화기정』은 그가 흠차대신으로 청나라 정부를 대표하여 훈춘 지방의 변방경계구획 조사를 하던 때를 기록한 일기 형식의 책자이다.

그 일기에 의하면 다음과 같은 기록이 있다.

광서 12년(1886) 2월 5일 15리를 가서 청수대에 이르렀고 … 철령현 성 밖에서 숙박을 하게 되었다. 현령인 학주 진사운이 내방했는데 학주는 일찍이 회인현에서 벼슬한 적이 있었으므로 회인의 고구려비에 대해 그에게 물었다. 그는 고구려비가 성에서 수십 리 되는 곳 깊은 골짜기에 있으며 비가 높아 정밀하게 탁본할 수 없다고 하면서 나에게 탁본 한 장을 주었다.

그것의 글씨는 깨끗했으나 문리가 잘 통하지 않는 것으로 아마 묵수곽진본이 아닌가 한다. 이는 스승인 반백인이 소장한 탑책의 지묵과 모두 같은 것이었다. 좋은 공인이 가서 탁본해 오지 못함을 안타깝게 생각한다.

오대징은 이 탁본을 잊지 못해 뒤에 담광경에게 부탁하여 고려지로 탁본한 두 본을 얻게 되었다고 한다. 이 사실은 담국환의 수찰에도 기록이 되어 있다. 따라서 이는 단 한 치의 오류도 없는 사실 그대로의 진실한 기록이라는 것을 알 수 있다. 『황화기정』은 1886년 2월 5일 자의 일기에 불과하지만 다음과 같이 많은 의문을 풀어 주는 귀중한 자료가 되고 있다.

이 비(광개토왕릉비)의 최초 내력에 대해 내가 아는 바를 감히 밝혀 좌우에 공헌코자 합니다. 봉천의 회인현 설치 때(1877)에 먼저 파견된 수장이 장월이었는데 그의 자는 유초였고 그의 부하에 관월산이란 자가 있어 금석학을 매우 좋아하여 공무가 끝나면 들판을 누비다가 이 비를 황량한 들판에서 찾게 되었습니다. 그는 미친 듯 좋아하여 손수 몇 글자 탁본을 떠서 동호인들에게 나누어 주었습니다.

이 시기에 회인에서 전파된 소문 중에 회인의 지현으로 새로이 부임한 <u>진사운이 선명한 탁본을 얻기 위해 1882년 9월부터 12월 사이에 이끼와 만초를 불로 태우고 탁본을 했다는 설이 있다.</u>(李進熙, 광개토왕비의 탐구, 1984, 58쪽) 그러나 이 설은 많은 의문을 내포하고 있다.

일본 참모본부에서는 탁본 입수에 대하여 일체를 밝히지 아니하므로 이를 우리가 추적을 해 볼 수밖에 없다. 참모본부에서는 주구경신이 보내온 탁본을 해독하고자 하였으나 탁본에 요철부의 기공이 심하고 글자가 희미하여 판독에 어려움을 겪게 되자 일본에서 솜씨 좋은 탁공을 통구로 보내어 탁본을 해 온다면 선명한 탁본을 얻을 수 있을 것으로 믿고 새로운 탁본을 하기로 한 것으로 추정이 된다.

이에 따라 주구경신은 일본에서 보내온 4명의 탁공들과 합법적으로 탁본을 하기 위해 당시의 지현인 진사운으로부터 허가를 받는 절차를 만들고 주구의 주관 하에 탁본을 했을 것이다. 이때 진사운을 성경장군 좌씨로 가탁하여 꾸며 낸 가설이라는 것이 다음의 「비문지유래기」의 기사로써 확인이 가능하다.

　따라서 이때에 성경장군 좌씨의 탁본설을 결부하여 고려할 때 진사운을 성경장군으로 가탁하여 꾸며 낸 기사로 보이기 때문에 주구가 가지고 간 것이 쌍구가묵본이라는 것이다. 진사운의 탁본이라고 하는 것은 진사운이 똑똑한 탁본을 얻기 위해 1882년에 비석을 불로 태우고 탁본을 했다고 하는 기사에 근거하는 것이다.(徐建新,「高句麗 好太王碑 초기 탁본에 관한 연구」, 2005, 195쪽) 그러나 진사운은 공인으로서 개인적으로 탁본을 할 수 있는 입장이 아니다.

　따라서 주구경신이 합법을 가장하여 탁본을 하기 위해 1882년 2월에 회인현의 3내 시현으로 새로이 부임한 진사운에게 허락을 받는 형식을 취하고 일본에서 천진으로 보내온 4명의 탁공들과 함께 탁본을 한 사실을 「출토기」에서는 진사운을 성경장군으로 가탁하고 일본에서 보내온 4인의 탁공을 천진에서 불러온 중국인 탁공인 것처럼 위장하여 발표하고, 중국에서는 진사운이 만든 것으로 사실 그대로가 발표된 것으로 추정이 되는 것이다.

　이때에 실질적으로 탁본을 만든 것은 일본에서 파견된 4인의 탁공들이 분명하기 때문에 이때 만들어진 것이 초본이 되는 것이다. 이로부터 탁본이 다량의 쌍구가묵본으로 만들어져 유포된 것으로 추정된다.

　오대징이 『황화기정』에서 진사운본과 반조음본의 종이와 먹물까지도 같은 종류의 탁본이라고 증언한 것은 오대징은 우연히 본 대로 말한 것이지만 후일에 대단히 중요한 입증 자료가 되어 진사운본(酒勾景信본)과 교환이 되어 처분된 것으로 보는 것에 의심의 여지가 없다고 하겠다.

　따라서 1993년에 북경대학 도서관에서 발견된 탁본들도 1881년에 주구가 변조한 가묵본으로 보아야 한다는 것이다. 그러나 그 변조 방법이 너무나 정교하여 원석탁본과 구분하기가 매우 어렵다. 참모본부에서 5년 동안 수십 차례의 수정을 거쳐 1889년에 최종적으로 수정된 것이 『회여록』에 발표된 석판본이라고 할 수 있다.

　뒤에 이 사실을 「출토기」에 기록하면서 진사운을 성경장군 좌씨로 가탁하고 일본에서 파견된 4인의 탁공을 천진에서 불러온 4인의 중국인 탁공인 것처럼 가탁하여 토인에게서 들은 소문인 것처럼 허위로 꾸며서 기록한 것이 곧 『회여록』에 수록된 「출토기」라는 것이다. 그렇기 때문에 「출토기」에 기록된 내용들에는 정론이 없고 모두가 다 허위로 날조된 기사라는 것은 앞에서 이미 지적한 바와 같고 『회여록』에 수록된 4대 악서에 대하여는 다른 장에서 다시 상술하고자 한다.

참모본부에서는 비석 앞에서 전을 펼치고 주구酒勾본이 글자가 선명하다는 것을 강점으로 내세우고 저렴한 가격으로 판매를 하였다. 1907년에 프랑스 학자 샤반느가 비석 앞의 일본인 점포에서 구입한 탁본도 진사운본(酒勾본?)이라고 하는 쌍구가묵본이다.

1920년에 신채호申采浩가 대왕비 앞에서 중국인 영자평 씨와 나눈 대화에서도 일본인이 비문을 변조하여 비석을 독차지하고 비석 앞에서 전을 벌이고 탁본을 판매하고 있었다는 사실과도 부합되어 일본이 30년 동안이나 변조된 탁본을 판매하고 있었다는 사실이 입증이 되는 것이다.

따라서 초기에 유행된 탁본이 원석탁본이 아니고 쌍구가묵본이라는 설과도 부합되는 것이다. 이 때문에 일본에서는 「출토기」에 수록된 성경장군 좌씨설을 정설인 것처럼 주장하는 것이고, 중국에서는 진사운본설을 주장하는 것이다.

참모본부에서는 이때 만든 변조된 글자를 변조된 글자로 인지하지 못하도록 하기 위해서는 변조 이전에 채탁된 원석탁본들을 모두 회수하여 소각해야 하기 때문에 진사운본(천진탁공 4인작이라는 이설)이 글자가 선명하다는 강점을 내세워 이전에 만들어진 원석탁본과 교환하여 소각했을 것으로 추정되는 것이다. 글자는 깨끗하나 문맥이 통하지 않는다고 한 것 등으로 보아 이는 변조된 오자가 많아 번역을 할 수가 없다고 한 것이 분명하다. 따라서 쌍구가묵본을 만들면서 많은 글자를 변조했다는 증거가 되는 것이다.

이 가묵본이 진사운본이라고 하였으나 <u>진사운은 지현으로 공인의 위치에 있어 직접 탁본을 만들었다고 말할 수는 없는 인물이다.</u> 그렇다면 문제는 가묵본을 만든 자가 누구냐 하는 것이다. 그것은 두말할 것도 없이 일본에서 천진으로 파견한 탁공과 한학자와 서예가 등 4명이 분명하다는 추정이 가능한 것이다. 반조음이 이 묵본을 선물로 받은 사실에 대하여 섭창치의 『봉천일측』에 다음과 같은 기록이 되어 있다.

을유년(光緖 11년, 1885년)에 중강 이미생이 겨우 두 부를 얻어 그중 하나를 나의 스승 반문근에게 선사했는데 모두 3, 40매(각 1면)의 낱장이었다. 내게 차례를 맞추어 정리하여 고석해 보라고 부탁했는데 열흘이 넘도록 맞출 수가 없었다.

3) 오대징吳大徵의 『황화기정皇華紀程』

1886년 2월 5일에 오대징이 진사운으로부터 1882년에 만든 탁본 하나를 선물로 받고 그의 일기 『황화기정』에 기록하기를 "글자는 명료하나 문맥이 매우 일관되지 못하고 모두 묵수곽진본으로 반백인이 소장한 탁본과 종이, 먹물이 다 같은 것이다."(鶴舟贈余拓本一分 字多淸朗 文理不甚貫 蓋以墨水廓塡之本 與潘伯寅師所藏拓冊紙墨皆同)라고 기록하고, 또 다음의 세 가지를 말하고 있어 대단히 중요한 단서를 찾게 된 것이다.

첫째는 글자가 명료하여 묵수관전본이라는 것을 알 수 있고,
둘째는 문맥이 일관되지 못하다는 것은 변조된 글자가 많다는 것이고,
셋째는 반백인본과 같다는 것은 원본이 바꿔치기가 되었다는 것을 알 수 있다.

서건신이 입증 자료로 제시한 '도판 2'(고구려 호태왕비 초기 탁본에 관한 연구, 219쪽)에 의하면 회여록본과 모두 똑같다는 것에 중대한 문제가 있다. 글자가 명료하다는 것은 원석탁본이 아니고 묵수곽진(쌍구가묵본)이라는 것이다. 즉, 장월본(關月山본)은 원석탁본이지 묵수곽진본일 수가 없다는 것이다. 장월본은 최초의 원석탁본으로 비록 요철이 심하여 자획은 희미해도 원석탁본이라는 데 의의가 있는 것이다. 그런데 어떻게 해서 묵수곽진본으로 바꿔치기가 되어 있느냐 하는 것이다.

게다가 중국에서는 진본을 귀하게 여겨 변조 가능성이 높은 묵수곽진본은 탁본으로 여기지도 않는다는 것이다. 그렇기 때문에 장월이 묵수곽진본으로 만들었을 가능성은 전무한 것이며 더욱이 묵수곽진본으로 만들 만한 서예에 대한 능력이나 기능이 부족하다는 것이다.

중국의 왕건군 씨도 "중국에서는 예로부터 묵수곽진본을 만들지 않는 것이 전통"이라는 것을 밝히고 있다. 따라서 관월산본과 진사운본은 당연히 원석탁본이

분명하다 할 것인데도 묵수곽진본으로 바꿔치기가 된 것에 문제가 있다는 것이다. 따라서 『회여록』에 수록된 쌍구가묵본은 중국인이 만든 것이 아니고, 일본인이 만든 것이 분명하다는 데 의심의 여지가 없는 것이다.

문맥이 일관되지 못하다는 것은 변조된 글자가 많아서 번역을 할 수가 없다는 뜻을 말하는 것이다. 따라서 이는 회여록본과 꼭 같다는 것을 의미하는 것이니 이에 비밀이 있다는 것이다. 여하한 경우에도 주구본과 반조음의 소장본이 같은 탁본일 수는 없는 것이다. 그런데도 『황화기정』에서 이를 꼭 같다고 기록한 것은 대단히 중요한 문제가 아닐 수 없다. 따라서 이와 같이 초기 탁본이 모두 같게 된 원인은 쌍구가묵본과 바꿔치기가 된 것으로 보아야 할 것이니 교환이 된 사유는 다음과 같다고 하겠다.

장월본은 최초의 원석탁본이라 비면이 고르지 못해 자획을 판독하는 데도 어려움이 많았을 것이다. 이 때문에 교활한 왜인들이 일본에서 솜씨 좋은 탁공과 한학자, 서예가 등 4인을 천진으로 파견하여 쌍구가묵본을 다량으로 만들어 장월본과 무상으로 교환하여 장월본을 모두 회수하여 소각했을 것이다. 초기 탁본의 유행이 원석탁본이 아니고 쌍구가묵본(묵수곽진본)으로 지적되는 것이 바로 여기에 연유하는 것으로 보는 것이 옳을 것이다. 그렇지 않고는 모두 같을 수가 없고, 초기 탁본이 원석탁본이 아니고 쌍구가묵본 이었다는 논리는 성립이 될 수 없다는 것이다.

이는 반조음이 1880년에 관월산이 뜬 탁본을 1883년에 이홍예로부터 선물로 받아 1885년에 북경으로 가지고 가서 지인들에게 자랑을 하면서 진사운본과 주구경신酒勾景信본과 종이와 먹물이 꼭 같다고 하였으니 이는 반조음에게 전달되기 이전에 쌍구본과 바꿔치기되었기 때문에 반조음은 교체된 사실을 모르고 있었다는 것이다.

반조음본과 주구경신酒勾景信(陳士芸本?)本은 절대로 같은 재질일 수가 없는 탁본이다. 그런데도 오대징이 종이와 먹물이 꼭 같다고 말한 것은, 초기의 관월산의 원석탁본은 모두가 다 주구酒勾의 쌍구가묵본과 교환이 되어 모두 소각이 되고 원석탁본을 대신하여 쌍구가묵본이 유통되었다는 것을 말해 주는 것이다.

그러나 중국의 서건신은 그의 저서에서 다음과 같이 기술하고 있다.

1880년에 장월이 똑똑한 탁본을 만들기 위해 비석을 태운 후 곽진본을 만들기 시작하였다. 1881년에 진본식의 막료 이초경이 요서 봉황성에서 장월이 선물한 곽진본 두 부를 받았다.(서건신, 「고구려 호태왕비 초기 탁본에 관한 연구」, 215쪽)

그러나 "1880년에 장월이 비석을 태운 후 곽진본을 만들기 시작하였다."라고 하였으나 곽진본을 만들었다는 것은 근거 없는 주장이다. 장월이 만든 탁본은 원석탁본이 분명하고 진사운이 만든 탁본이 곽진본이라는 것이다. 왜냐하면 다음의 2차 탁본에서 추론하는 바와 같기 때문이다.

4) 영희榮禧의 탁본설

영희 씨는 1905년에 그가 저술한 『란언讕言』에 기록하기를 "내가 1882년에 일찍이 청나라 산동 포의에 사는 기단산亓丹山을 보내어 탑본을 해 오게 하여 완벽한 탑본을 얻었다."라고 하였다. 이로 미루어 보아 기단산이 탑본을 해 온 사실을 알 수 있다.

그러나 이 시기에는 주구경신酒勾景信이 비석에 발판을 가설하고 독점적으로 탁본을 하여 비석 앞에서 전을 벌이고 탁본을 판매하던 시기이기 때문에 누구도 탁본을 할 수가 없었다. 이 때문에 기단산도 직접 탁본을 하지 못하고 주구가 이미 만들어 판매하고 있는 쌍구가묵본을 구입해 갈 수밖에 없었을 것이다.

기단산이 주구의 탁본을 구입해 갔다는 명백한 증거가 있다. 그 증거라고 하는 것은 1903년에 영희가 기단산이 가져온 탁본을 저본으로 하여 보집한 『고구려영락태왕묘비문』에 잘 나타나 있다. 제1면 제2행의 제33번째 '목木' 자가 이를 입증하고 있는 글자이다. '목' 자의 원본 글자는 '아我' 자이다. 그런데도 '목' 자로 변조된 것은 1882년에 천진탁공 4인이 쌍구가묵본으로 만들면서 최초로 '목' 자로 변조한 글자이다. 따라서 목 자는 오직 『회여록』과 영희본에만 기록이 되어 있을 뿐이고 여타의 비문에서는 일체 인용된 사실이 없는 글자이다. 따라서 영희본은 천진탁공 4인이 만든 쌍구가묵본을 구입해 간 것을 저본으로 하여 만들어진 것이 분명하다는 것이 입증되는 것이다.

3. 제3차 탁본拓本

1) 반조음潘祖蔭本 광서 11년(1885년)

반조음이 1883년에 이홍예(李鴻裔, 1831~1885)로부터 받은 탁본(關月山(章越本)이 1880년에 뜬 탁본)을 1885년에 북경으로 가지고 가서 지인들에게 자랑을 하니 구하기를 희망하는 사람이 많으므로 반조음이 1885년에 이운종(李大龍, 광서초, 1875, 張延厚跋)을 회인으로 보내어 탁본 50본을 떠 오게 하였다.

이에 대하여 섭창치의 『어석語石』에 수록된 「봉천일측」에는 다음과 같은 기록이 있다.

봉천일측

반조음(1830~1890)의 자는 백인, 호는 정암으로 강소성 오현 사람이다. 함풍 때 진사에 급제하여 한림원 편수 시랑 공부상서에 이르렀다. 금석학자이며 수장가이다. 시호는 문근이다. 저서로는 『반고루이기류식』이 있으나 광개토호태왕비문에 관한 저술은 남기지 않았다.

앞에서 이미 언급한 바와 같이 1885년에 이운종을 통구에 보내어 50부의 탁본을 해 옴으로써 북경의 학자들이 다투어 구입하여 북경에 전파되는 계기가 되었다고 했다. 그러나 이운종이 혼자 가서 50부의 탁본을 해 왔다는 것에서부터 의혹이 짙어지는 것이다. 왜냐하면 50부의 탁본을 하기 위해서는 수개월이 소요될 뿐만 아니라 혼자서는 할 수도 없는 일이므로 이는 일본의 4인(천진탁공 4인설)이 이미 만들어 놓은 쌍구가묵본을 구입해 간 것이 분명하다는 것이다. 때문에 이때의 탁본이 쌍구가묵본이었다는 것과도 일치하고, 초기에 유행된 탁본이 쌍구가묵본이었다는 것과도 일치한다는 논리가 되는 것이다.(王健群, 『광개토왕비연구』, 1985, 41, 66쪽)

(1) 섭창치葉昌熾의 발어跋語

을유년(1885)에 중강 이미생(李鴻裔)이 "탁본 두 부를 이초경으로부터 받아 그 중 한 부를 반문근에게 주었다."하고 다음과 같은 발어를 남겼다.

섭창치의 발어

그 후에 반조음이 이운종에게 양식과 지묵을 싸 가지고 수천 리의 길을 두 번이나 왕래하여 비로소 정탁본 50부를 얻었다. 탁지는 한 면에 3, 40장의 쪽지로 되어 있어 반조음이 나에게 주어 배열을 맞추도록 하였으나 열흘이 넘도록 다 맞추지 못하였다.

소문에 의하면 석질이 조박하고 또 소각을 당하여 지금은 점점 떨어져 훼손되고 있다. 비석 글자의 크기는 주발만 하고 방정하고 질후하여 예서와 해서의 사이이다. 그 시기를 상고해 보면 진나라 의희 10년(414)에 기록한 것으로 고구려의 개국과 무공을 심히 모두 갖추어 기록하여 "이는 진실로 해동제일의 귀보라고 할 만하다."라고 하였다.

乙酉年(光緖十一年 1885) 中江 李眉生 兩得本 以其一贈潘文勤師, 其後 碑帖 李雲從裹糧挾紙墨 跋涉數千里 再往返 始得精拓本 共三, 四十紙 屬 余爲排比考釋 竭旬日之力未能聯綴. 聞石質粗駁 又經野燒 今已漸剝損矣 碑字大如碗 方嚴質厚 在隸楷之間 考其時 當晉義熙十年所記 高麗開國武 功甚備 此眞海東第一瓌寶也

"이 탁본은 원석탁본이 아니고 쌍구가묵본으로 북경의 귀류들이 앞 다투어 매입해 갔다."라고 하였다. 그러나 여기에서 문제가 되는 것은 원석탁본이 아니고 쌍구가묵본이라는 데 있는 것이다.

이운종이 처음에는 지묵을 싸 들고 갔지만 가서 보니 일본인들이 이미 비를 차지하고 탁본을 하고 있어 직접 탁본을 할 수가 없고 그들이 만들어 놓은 쌍구가묵본을 구입해 갈 수밖에 없으므로 뒤돌아 와서 반조음에게 말하고 자금을 가지고 가서 50부를 구입해 온 것이 분명하므로 재왕반再往返이라는 표현을 한 것으로 추정되는 것이다.

반조음은 이 탁본을 1885년에 유승간과 장연후에게 주었다.(섭창치의 『어석』) 장연후는 『요동문헌징략』, 『봉천통지』 등에 실린 「호태왕비발어」에 다음과 같이 기록하였다.

(2) 장연후張延厚의 발어跋語 1885년

청淸나라 광서 초初(1875~1885)에 오현의 반조음에게서 얻은 것이니 이는 반조음이 북경에서 이대룡李大龍(李雲從)에게 명하여 식량을 싸 들고 가서 탁본을 한 것으로 어려운 역정에서 50본의 탁본을 해 와 일시에 귀류들이 다투어 사다 구경하였다. 대룡을 다시 보내어 탁본을 해 오고자 하였으나 길이 멀고 어려워 그만두었다.

清光緒初 吳縣潘鄭합 尙書始訪得之 命京師李大龍(李雲從) 裹糧往拓 歷盡艱險得五十本 一時貴游 爭相購玩 大龍頗欲再往 以道遠工巨而止

1885년에 탁본한 사실을 알 수 있으며 섭창치의 『어석』의 기사와도 일치한다. 비의 탁본이 중국 북경의 학자들에게 알려지기 시작한 것은 1885년에 반조음에 의한 것임을 알 수 있다. 이는 일본의 동경으로 전해진 것보다 5년이나 뒤진 것이다.

왕 씨는 이에 대하여 같은 책 80쪽에 다음과 같은 기록을 남겼다.

이대룡李大龍이 양식을 싸 짊어지고 가서 온갖 어려움을 거쳐 얻어 온 50본도 모두가 쌍구가묵본이다.

이로 미루어 보아 반조음이 받은 탁본은 모두가 다 정탁본이 아니고 4인의 탁공들에 의하여 변조된 쌍구가묵본이었다는 사실을 알 수 있는 것이다. 그러나 그 당시에는 쌍구가묵본에 90자나 되는 많은 변조자가 있다는 사실은 아무도 모르고 있던 시대이다. 다만 탁본 기술이 좋았기에 탁본이 깨끗하고 글자가 선명하여 가장 좋은 탁본으로 인식되었을 뿐 변조된 쌍구가묵본이라는 의심은 일체 하지 못했던 것이다. 따라서 반조음도 변조된 탁본이라는 사실을 모르고 받아 소장했을 것이다.

4. 제4차 탁본拓本(1889년, 盛昱본 劉承幹 崔右年의 跋)

성욱盛昱의 자字는 백희, 청의 종실이다. 광서년간에 국자감제주로 광개토호태왕비문을 좋아하여 자금을 모아 탁본을 해 왔다.

성욱, 오대징, 오중희, 나진옥, 채우년, 왕정유, 황중도, 심자배, 천지사인, 임창순(『한국금석문집성』)(李龍(雲從) 精拓本) 등이 소장하고 있다.

1) 유승간劉承幹의 발문跋文 『海東金石苑補遺』 1922年

이 비문은 1874년에 처음으로 북경에 들어오게 되었는데 오현에 반조음이 먼저 얻은 것이다. 해동의 공인들이 탁본을 잘하지 못해 다만 돌에 대고 묘사하여 겨우 글자를 알아볼 수 있을 뿐이다.

1889년에 종실에 백희 제주 성욱이 비로소 자금을 모금하여 유리창 박고재의 상인 이운종에게 양식을 싸 짊어지고 가서 탁본을 해 와 널리 유포되었다. 정문숙이 4인의 탁본에 대한 고석 1권을 저록하였는데 그 책에서 "내가 옛 탁본을 정밀하게 살펴보니 사인의 소록에 위자가 적지 않다."라고 지적한 것으로 보아 이 또한 원석탁본이 아니고 일본의 4인들이 이미 만들어 놓은 탁본을 구입해 간 것이 분명하다는 데 입증이 되는 것이다.

此碑 同治末年(1874) 始傳入京師 吳縣 潘文勤公(潘祖蔭) 先得之 海東工人 不善拓黙 但取石勾勒 才可辨字而已 光緒己丑(1889) 宗室 伯羲 祭酒 盛昱 始集資令 廠肆碑估 李雲從 裏粮往拓于 流傳梢廣 鄭叔問 舍人 文綽 始箸錄其文 考釋一卷 予以舊拓 精本校之知 舍人所錄 譌字不少

2) 최우년崔右年의 발문跋文

호태왕비는 해동의 높은 산 위에 있다. 옛날 부여국으로 지금의 개원현의 경계다. 산은 요하에 대어 있고 요하의 서쪽은 곧 고구려의 벽지의 끝이다. 그러므로 이 비는 매우 선명하게 전해져 왔다. 광서 기축년(1889)에 골동품상 박고재博古齋가 탁본 기술자를 보내서 수개월 동안에 10여 본을 만들었다. 종실인 백혜제주사 왕정유王正儒와 황중도黃仲弢 두 사람이 편수를 하고 심자배비부沈子培比部와 천지사인天池舍人 및 최우년崔右年이 각각 백은, 십 금씩 내어 한 질씩 사서 보관하였다. 사인이 표구를 하였고, 아울러 산동 왕속반王續藩의 석문을 받아서 뒤에 붙이고, 右年에게 발문을 부탁하여 여기에 쓴다. 신묘년(1891) 2월(崔右年)

好太王碑　在海東高山之巓　古夫餘國　今開原縣界　山臨遼河　河西卽高麗僻地危厓
故此碑傳本極鮮　光緖己丑廠肆博古齋　遣工往拓經數月之久　得十數本　宗室伯兮祭
酒師　王正儒黃仲弢兩編修　沈子培比部　天池舍人及右年　各以白銀十金　購存一本
舍人卽付裝潢　竝取山東王孝廉續藩釋文坿于後而屬右年爲之記　時辛卯　二月

3) 오중희吳重熹의 『고구려호태왕비석문 찬고후발』

기축년(1889)에 백희 제주 성욱이 자금을 모아 탁공 이운종을 회인에 보내어 정탁본을 떠 오게 하여 비로소 북경에 학자들이 나누어 보게 되었다. 중희는 이때에 북경에 있다가 이를 얻었다.

歲己丑　伯羲祭酒盛昱　鳩資遣工往精拓　始散見于京師　重熹是年在都獲焉

이 탁본이 중국의 금석학자나 서예가들 사이에 가장 널리 이용되는 탁본이라고 한다. 이 탁본을 김육불이 1920년 4월에 양개미로부터 선물로 받았다. 김육불은 이 탁본을 근거로 하여 1925년부터 비문 연구에 착수하여 「고구려호태왕비고증」을 써서 『요동문헌징략』 3권에 실었다.

이 탁본이 『한국금석문집성』 1권에 청명 임창순 소장본으로 실려 있다.

비석에 석회를 바른 시기는 1894년 청일전쟁 후이다. 육군참모장 소송궁이 소장하고 있던 석회본 탁본을 저본으로 하여 1898년에 삼택미길三宅米吉이 『고구려고비고 추가』를 썼다.(석회본이라 글자가 선명하다.)

이 탁본은 『서통』 창간호(1973)에 최초로 소개되었고, 『한국미술전집 11』(서예)에 사진으로 실렸으며, 『광개토왕비원석탁본집성』(武田幸男, 1988)에 사진과 함께 실린 바 있고, 『한국금석문집성』(2002)에 상세하게 실렸다. 현재 소장자는 청명 임창순으로 『원형이정元亨利貞』 네 권의 책으로 편철되었다. 이 탁본에는 중국의 탁공 이운종에 의해 채탁된 것을 확인할 수 있는 발문이 있다.

5. 탁본의 유형별 탁본 시기

1) 초기의 탁본에 대하여

　초기의 탁본에 대하여는 전해지는 자료의 부족으로 인하여 정확하게 판단할 수는 없다. 1879년경에 관월산에 의하여 탁본이 이루어졌을 것으로 추정은 되나 이에 대한 기록이 없다.

　쌍구가묵본을 최초로 제작한 자와 제작 시기에 대하여는 정설이 없으나 1882년으로 추정되고 있다. 『회여록』(1889)에 석판본으로 수록된 광개토왕비문이 원석탁본이 아니고 쌍구가묵본으로 작성된 것은 분명한 사실이나 작성에 대한 기록은 없다.

　『회여록』에 수록된 「고구려비출토기」와 「고구려고비고」에도 쌍구가묵본에 대한 언급은 없다. 쌍구가묵본에 대하여 최초로 언급한 기사는 1982년에 발행된 이진희 씨의 『광개토왕비의 탐구』 서문에서 다음과 같이 기록하고 있다.

> 나는 비의 재발견은 통설과는 달리 1880년이었고 비면을 뒤덮고 있던 이끼 등을 불태워 쌍구본이 작성된 것은 1882년이며, 이 쌍구본이 북경의 금석학자들에게 알려진 것은 1885년이었다는 것을 논증하였다. 이어 비면에는 1900년이나 그 전해경에 전면에 석회를 칠해 원비문과 다른 '비문'을 새겼으며 <u>원비면에서 뜬 탁본은 현존하지 않는다.</u>

　이것이 가장 정확하게 기록된 자료라고 할 수 있으나 한 가지 문제가 되는 것은 재발견 시기에 대한 세수년차가 부합되지 않아 의문이 아닐 수 없다. 이 때문에 다음과 같은 고증을 통하여 발견과 탁본의 시기를 새로이 판단을 해야 할 것이다.

　즉, 1877년에 봉금을 해제하고 회인현을 설치하고 7월에 업무를 개시하였으므로 1878년에 비석을 재발견한 것으로 보아야 하고, 최초의 탁본은 1879년으로 보는 것이 타당하다. 일본의 밀정들(佐川 소좌, 『서북학회월보』)이 1880년에 이 탁본을 입수하여 참모본부로 보냄으로써 연구가 시작되었다는 것이다.

6. 탁본이 우리나라에 전래된 경위

1) 비문이 우리나라에 최초로 알려지는 과정

우리나라에서 비문에 대한 연구가 최초로 시작된 경위를 살펴보기 위해서는 먼저 비문이 우리나라에 최초로 전해진 경위를 살펴보는 것이 순서일 것이다. 비문이 우리나라에 최초로 알려진 경위는 다음과 같다.

광개토왕비가 세워진 것은 414년이고 비가 다시 재발견된 것은 1878년으로 추정된다. 1878년에 재발견이 된 것은 청나라에서 1877년에 만주 지역의 봉금을 해제하고 회인현을 설치하고 업무를 개시한 것이 계기가 된 것이다.

이때 일본에서는 명치유신을 단행하고 군국주의를 지향하여 조선과 중국까지 삼키고 대륙으로 진출하려는 야무진 꿈을 꾸고 조선과 중국에 간첩들을 대량으로 파견하여 정보를 수집하고 있었다.

이러한 때에 청국에서는 만주 지역에서 실시하던 봉금제도를 1877년에 해제함에 따라 태왕비가 재발견되는 계기가 되었고 최초의 탁본이 채탁된 것은 1878년에서 1880년 사이에 이루어졌을 것으로 추정된다. 이 탁본을 일본의 밀정들이 입수하여 참모본부로 전달하므로 이때부터 연구가 시작되어 1882년부터는 쌍구가묵본으로 변조·개찬 하여 유행을 시키고 있었다는 사실이 [표1]에 의하여 확인되고 있다.

일본에서는 1880년부터 1889년까지 10년 동안이나 일본에게 유리한 비문이 되도록 연구, 변조·개찬하여 1889년 6월에 『회여록』 제5집에 4대 악서를 포함하여 특집으로 발표하고 일간지에도 대대적으로 광고를 하였다. 그런데도 우리나라에서는 이때까지도 비의 존재 사실을 인식하지 못하고 있었다.

우리나라에서는 그로부터 또 10년이나 지난 1898년에 이르러서야 계연수가 최초로 탁본을 해 옴으로써 비문을 입수하게 되었으나 그것은 계연수 주변의 몇몇 분들만이 아는 사실이고 전 국민에게 공개되지는 못한 것이다.

태왕비의 존재 사실이 우리나라에 공개된 것은 그로부터 또 7년이나 지난 1905년에 이르러 『황성신문』을 통해서이다. 그 당시 일본에 유학 중이던 박용희라는 학생이 제국박물관에 전시된 태왕비문의 탁본을 발견하고 이를 필사하여

『황성신문』의 신채호에게 제보하므로 『황성신문』 1905년 10월 4일 자에 태왕비문 발견 사실이 보도되고 10월 31일부터 11월 6일까지에 비문이 연재되어 발표됨으로써 우리나라에서 처음으로 접하게 된 것이다. 그러나 시국의 혼란으로 인하여 태왕비가 존재한다는 기쁨을 누리지도 못하고 다시 묻히게 된다.

1909년에 『서북학회월보』에 비문이 공개되고 1930년에는 정인보가 『조선어문연구』에 또 공개하여 「광개토경평안호태왕릉비문석략」이라는 연구논문을 발표한 바 있으나 1953년 6.25 사변 때 납북되어 연구가 중단되었다. 그러나 이때에 일본에서는 수십 편의 논문이 쏟아져 나오고 있었다.

1945년에 광복이 되므로 36년 동안이나 억눌려 있던 민족의 정기가 폭발하여 비문에 대한 연구논문이 봇물 터지듯 발표될 것으로 기대하였으니 광복된 지 30년이나 지나도록 우리나라는 역사학자가 없는 시대인 것처럼 침묵하고 있었다.

1972년에 이르러서야 재일사학자 이진희 씨가 「광개토왕릉비의 미」라는 논문을 통하여 비문변조설을 주장하였고 이것이 비문에 대한 연구가 새로이 시작되는 계기가 되었으니 탁본이 발견된 지 90년이나 지난 후에야 연구가 시작된 것이다.

2) 계연수桂延壽의 탁본

우리나라에서 광개토왕비문을 최초로 채탁한 것은 1898년 계연수(1864~1920)의 탁본이라고 말할 수 있다. 그러나 일본에서는 1880년에 이미 탁본을 입수하여 10년 동안이나 연구, 변조·개삭을 하였으니 계연수의 탁본은 일본보다 15년이나 지난 뒤의 일이다.

1900년까지에 일본의 주구경신에 의하여 천진탁공 4인들이 쌍구가묵본으로 만들면서 90여 자나 되는 많은 글자를 변조·개찬하여 비문이 이미 만신창이가 된 뒤에 채탁된 탁본이기 때문에 비록 원석탁본이라 하더라도 비문변조를 판단하는 데 별로 도움이 되지 못하는 탁본이다.

계연수가 1912년에 쓴 「광개토성릉비문 징실」에 의하면 1898년에 비를 관찰하기 위해 길을 떠나는데 오동진吳東振이 자금 500금을 부담하고 이홍인李鴻麟이 재료를 부담하고 이덕수李德壽, 김효운金孝雲, 백선건白善健 등이 함께 참여를 하고 탁본을 한바 "비의 규모는 비고가 22척 총 44행이다. 1행에 41자씩 4면 환각으로 하여 총 글자 수가 1,802자요, 결락된 글자가 117자이었으나 그로부터 15년이 지난 1912년에 다시 가 보았을 때에는 138자가 완전히 마멸되어 판독을 할 수가 없게 되어 있었다."라고 하였다.

3) 『황성신문』의 기사(「遊帝室博物館 관람기」)

제실박물관 제14실은 고전 문서 도화 및 금석 문판을 전시하는 곳인데 그곳에는 고구려 광개토왕비명 하나가 있다. 이 비는 성경성 회인현 통구 지방에 있는데 압록강 오른쪽 언덕에 있어 구연성으로부터 150리 떨어져 있는 곳이다.

토인土人들이 말하기를 이 비는 오랫동안 땅속에 파묻혀 있다가 300년 전부터 점점 나타나기 시작하여 명치 15년(1882) 임오壬午년에 이르러 성경 장군 좌씨가 인부들을 고용하여 발굴을 시작하여 비로소 광개토왕비라는 사실을 알아내게 되었다고 한다.

그 비석의 높이는 1장 8척이고, 남북 양면은 5척 6, 7촌이고, 동·서면은 4척 4, 5촌이다. 남면을 정면으로 하여 4면에 각자를 하였는데 남면은 11행, 서면은 10행, 북면은 13행, 동면은 9행이고 매 행에 41자씩 있어 합계 43행에 1,759자이다.

명치 17년(1884)에 일본의 포병 대위 주구酒勾가 청나라에서 탑본 하나를 구해 가지고 돌아왔다. 내가 그 글자를 보니 크기가 주발만 하고 고전자를 많이 사용하였고 간혹 완결된 곳이 있으나 그래도 판독할 만은 하다.

박용희朴容喜가 일찍이 필사본 하나를 나에게 기부하였으니 심히 진귀한 보물로 여겨졌다. 대개 『삼국사기』에는 고구려광개토왕의 훈업이 민멸된 곳이 많아 전함이 없어 이후로 역사를 공부하는 자들은 다만 "광개토"라는 3자의 시호로써 상상을 해 볼 수 있을 뿐이었다.

그 당시에 국토를 개척한 사적이 본사에서 탈락이 된 것 같으나 고증할 곳이 없었는데 이제 다행히도 수천 년이나 지난 후에 그 진적이 능곡에 있는 고비에서 완연하게 노출이 되었으니 가히 사가의 궐문을 보충할 수가 있게 되었고 우禹임금의 비문과 주周나라 고석鼓石에 새긴 글과 견줄 만하며 마땅히 천추의 역사를 전할 수가 있게 되었으니 어찌 다행스러운 일이 아니겠는가.

그러나 개탄스러운 것은 이는 우리나라의 고적이 분명한데 우리나라 사람들은 알지도 못하는 사이에 탁본 하나를 입수한 주구酒勾는 이방의 무인으로 그도 고적을 좋아해서 탁공을 고용하여 탁본을 만들어 박물관에 제공을 함으로써 일본의 진귀한 보물이 되게 하였으니 아- 슬프고 부끄러운 일이다.

46

그 탁본에 일본인이 주석을 붙여 말하기를 이 비문 중에 왜倭가 신묘년辛卯年에 바다를 건너가서 백제百濟를 파했다고 하는 것은 『일본서기』에 인덕천왕 79년(연도 미상)의 기사와 비문의 기사가 같으며 120년 전 신묘년 응신천왕 3년에 기각숙예紀角宿禰 등이 백제의 진사왕을 토파하고 그의 아들 아화왕을 세운 것과 그 사실이 부합된다고 하였다.

4) 1905년 10월 31일 자 『황성신문』의 기사

아래 기사는 광개토왕릉비문을 우리나라에 최초로 소개하기 위한 전문에 해당하는 기사로서 비의 원문은 1905년 11월 1일부터 6일까지의 『황성신문』 논설란에 나누어 연재되었다.

> 살펴보건대 삼국사 고구려기에 광개토왕 담덕은 고국양왕 이연의 아들이고 동명왕의 19세손이라 하였다. 외모는 웅위하고 척당한 기개가 있었다. 고국양왕이 8년(391) 5월 임진에 훙하시니 태자 담덕이 즉위하였다.
>
> 이해 7월에 장병 4만을 이끌고 백제를 쳐서 석현 등 10개 성을 함락시켰다. 9월에는 글안을 쳐서 남녀 100구를 포로로 잡고 또 일만 구를 사로잡아 본국으로 돌아왔다. 10월에는 또 백제를 쳐서 관미성을 빼앗고 이어 백제의 한수 북쪽의 마을과 북쪽에 있는 여러 부락을 많이 빼앗았다. 3년 을미(395)에 백제의 좌장 진무 등이 고구려를 침벌하므로 왕이 병졸 7천을 거느리고 패수에 진을 치고 거전하여 백제군이 크게 패하여 도주했다. (以6年 丙申)
>
> 5년(397) 정유丁酉에 연燕나라를 쳐서 요동성을 빼앗았다. 8년(400) 경자에 모용희와 더불어 대전을 벌였고, 10년(402) 임인에는 또 연나라를 쳐서 숙군성을 빼앗으니 평주자사 모용귀가 성을 버리고 도망쳤다. 11년(403) 2월에 또 연나라를 쳐서 평주를 치고, 요동의 땅을 다 차지했다. 13년(405) 을사에는 연나라 병졸들이 쳐들어왔으나 요동성을 이기지 못했고, 전년 갑진甲辰에도 또 연나라를 치므로 명년 병오丙午에 연병들이 쳐들어왔으나 목저성을 이기지 못하였다.
>
> 16년(408) 무신에 북연에 사자를 보내어 북연왕 고운 종족들과 더불어 함께하였다. 17년(409) 기유己酉에 동쪽에 독산 등 6개의 성을 축조하였다.

21년(413) 계축癸丑에 이르러 10월에 훙하셨다. 시호는 광개토왕이라 하였으니 대개 강토를 넓게 개척한 것을 칭송함이다. 그러나 삼국사에는 그것을 기록한 것에 불과한 것이다. 다만 이는 천년의 약사일 뿐이다.

이제 광개토왕비문 하나가 수천 년 후에 특별히 출현하여 수천 년 전 역사에 결핍된 부분을 보완하기에 족하니 우비주고禹碑周鼓에 견줄 만하여 아울러 빛이 나니 아- 진실로 범사와는 다르다.

이제 살피건대 그 비는 성경성 회인현 통구 지방에 있는데 그곳은 압록강 오른편 언덕에 있는데 구연성으로부터 150리 되는 거리에 있다. 토인이 말하기를 이 비는 오랫동안 산골 천변에 묻혀 있다가 거금 300년 전부터 점차 노출되기 시작하여 우리나라 개국 491년(1882) 임오년壬午年(명치 15년)에 성경장군 좌종당이 이 소문을 듣고 인부를 고용하여 발굴함으로써 이내 광개토왕비라는 사실을 알아내게 되었다.

그 비석의 높이는 1장 8척이고, 남북 양면은 5척 6, 7촌이고, 동서는 4척 4, 5촌이고, 남쪽을 정면으로 하여 4면에 문자를 새겼는데 남면에는 11행, 서면에는 10행, 북면에는 13행, 동면에는 9행이고 매 행마다 41자씩 합계 43행에 1,759자이다.

지난 개국 493년(1884) 갑신甲申년에 일본의 포병대위 주구酒勾가 청나라에 갔던 길에 탑본 하나를 구해 가지고 돌아와 현재 일본 동경의 상야공원 박물관에 소장되어 있다. 글자는 전서篆書와 예서隷書의 옛글자를 많이 이용하였고 또 결손된 곳이 있어서 해석하기가 심히 어렵다. 이는 우리나라 역사의 일부이고, 또한 하나의 고적이다. 그러나 우리나라 사람들은 모두가 다 28년이나 지나도록 비석이 발견되었다는 소문도 듣지 못하고 망연하게 지내 오고 있었다.

일본 동경에 우리 한국인 유학생 박용희朴容喜 학생이 처음으로 초사본抄寫本 하나를 구해 본 기자에게 기증함으로써 본 기자도 또한 자세히 읽어보고 전재하여 제공하므로 오늘에 이르러서야 여러 사람들이 옛 자료 하나를 알 수 있게 된 것이다. 고로 이에 특별히 『황성신문』에 게재하여 먼저 그 사실을 상세하게 알리는 것이니 원컨대 뜻있는 애국 인사들이 마땅히 열독하고 연구하여 알아야 할 것이다.

오늘날 문명과 야만의 정도가 국력의 우열과 같은 것이다. 이런고로 특별히 이를 갖추어 게재하는 것이니 여러 군자들이 널리 읽어 보기를 바라는 바이다.

앞의 4일 자의 기사와 31일 자의 기사는 다 같이 일본에 유학생으로 가 있던 박용희朴容喜 학생이 초사하여 제공한 것으로 그 비문은 『회여록』에 발표된 비문과 일치하는 비문으로 주구경신酒勾景信이 가지고 갔다고 하는 쌍구가묵본이 분명하다.

전시된 비문을 필사하는 과정에서 제2면 제1행 제1~13번째까지의 13자가 1행씩 다음 행으로 오기되어 6행까지의 기록에 착오가 있고, 7행부터 바로잡아진 것을 일 수 있다.

5) 광개토왕비문이 최초로 수록된 문헌

광개토왕비문廣開土王碑文이 최초로 수록된 우리나라의 문헌은 1908년에 간행된 『증보문헌비고增補文獻備考』라고 할 수 있다. 그러나 그것은 우리나라에서 독자적으로 탁본을 하여 수록한 자료가 아니고 1889년에 일본의 『회여록』에 발표된 기사를 1905년에 『황성신문』에서 인용하여 발표하였고 그 자료를 다시 인용한 것에 불과하다.

우리나라에서 최초로 직접 탁본을 해 온 것은 앞에서 설명한 계연수의 탁본이라고 할 수 있으나 그것은 개인적으로 보관하고 있을 뿐, 문헌에 수록되지는 않아 널리 공개되지는 못하였다.

제 3 장

광개토왕비문에 대하여

1. 비문의 실체

1) 비의 실체에 대하여

광개토왕비는 고구려 제19대 광개토대왕의 훈적을 기록한 것으로 그의 아들 장수왕이 2년(서기 414년)에 세운 세계 최대의 비석이다.

비의 형태는 方柱形으로 정교하게 다듬지 아니한 자연석에 가까우며 비가 세워진 위치는 약간의 구릉지 위이다. 비는 동남쪽 방향으로 세워져 있고, 비의 규모는 높이가 22척이고, 폭은 일정하지 않으나 대략 1.5~2m이다. 제1면의 폭은 1.48m(5척 1촌), 제2면의 폭은 1.35m(4척 5촌), 제3면의 폭은 2.00m(6척 7촌), 제4면의 폭은 1.46m(4척 5촌)이다. 비의 무게는 37t이고, 좌대 위에 세워져 있는데 좌대의 길이는 3.35m이고 폭은 2.70m이다.

장수왕이 부왕의 공적을 돌에 새겨 자손만대에 전하고자 守墓제도에 관한 법령까지 제정하고, 300여 인의 수묘인으로 하여금 수묘에 종사하게 한 것만 보더라도 고구려인의 원대한 기상과 강성했던 국력을 가히 짐작할 수 있게 한다.

당시 중국의 비의 형태는 대개가 판비형 양면비의 형식이었다. 그러나 광개토왕비의 형태는 중국의 묘비 형태를 추종하지 아니하고 독자적으로 方柱形 四面環刻의 형식을 택하여 세계 최초로 세계 최대의 비를 세워 비석 문화의 새로운 장을 개척한 것이다.

비문의 글씨는 비의 사면환각으로 새겼는데 동남쪽 정면에서 시작하여 남, 서,

북의 순으로 하고, 제1면에는 11행에 매 행마다 41자씩 451자, 제2면에는 10행에 410자, 제3면에는 14행에 574자, 제4면에는 9행에 365자 도합 44행에 1,798자가 새겨져 있다.

題字는 없고, 종횡으로 선을 그어 4각 안에 글자를 새겼는데 예서체로 음각을 하여 글자의 크기는 일정하지 않으나 큰 글자는 16㎝, 작은 글자는 11㎝ 정도가 되고, 대체적으로는 14㎝~15㎝이고 깊이는 0.5㎝~1㎝ 정도이다.

2) 비문의 문체 구분

廣開土王碑문이 작성되던 414년경에는 아직 문체라는 이론이 형성되기도 이전이라 특별한 문체의 명칭이 없던 시대라고 할 수 있다. 다만 평이하게 써 오고 있는 고문에 비해 4자구를 위조로 하는 새로운 형식의 문체가 형성되던 시대로 이를 일러 "今文"이라고 명명했다. 즉, 특별한 문체의 명칭이 아직 형성되지 않은 시대라고 할 수 있다.

今文이라고 하는 것은 형식에 구애받지 아니하고 사실 위주의 기록으로 누구나 다 쉽게 알아볼 수 있도록 지극히 평이한 서사 문장을 4자구, 5자구, 6자구 등으로 구성하여 문장을 아름답고 품위 있게 표현하는 것을 말하는 것으로 사자성어四字成語의 효시라고 할 수 있다.

비문의 찬술자도 당시에 유행하던 금문체로 쓰기로 작심을 하고 쓰다 보니 중간에 전쟁 기사의 성 이름과 수묘제도에 국연, 간연 등등의 특수한 문장은 금문으로 작성할 수 없으므로 부득이 고문으로 기록하여 비문의 문체가 다섯 번이나 바뀌면서 쓰인 것을 알 수 있다. 이 때문에 비문의 문체가 어떤 문체라고 말할 수도 없는 것이다.

문체가 바뀌는 과정을 살펴보기 위해 금문으로 쓰인 부분의 문장에는 해당 문장의 아래에 밑줄을 긋고 자구 표시를 하였고 고문으로 쓰인 문장에는 그런 표시를 하지 아니하여 구분이 되도록 하여 다음과 같이 구분이 되고 있다.

첫째, 제1면 제1행부터 제9행까지는 전문이 빠짐없이 4자구, 5자구, 6자구를 위주로 하는 今文으로 작성이 되어 있는 것을 볼 수 있다.

둘째, 제1면 제10행부터 제2면 제2행까지 4개 행은 백제를 공격하는 전쟁 기사로 城 이름을 위주로 하는 기사이기 때문에 금문으로는 작성할 수 없어 고문으로 작성이 되었다.

셋째, 제2면 3행부터 7행까지 15개 행은 다시 今文으로 작성이 되었다.

넷째, 제3면 9행부터 제4면 제4행까지 10개 행은 수묘인 연호에 대한 기록으로 국연과 간연이라는 문서의 집계표와 같아 금문으로 작성할 수 없기 때문에 고문으로 작성이 되었다.

다섯째, 제4면 5행부터 마지막 9행까지 5개 행은 또다시 今文으로 작성을 하고 끝맺음을 하여 문체가 다섯 번 교체된 것을 알 수 있다.

이와 같이 하나의 비문에서 다섯 번이나 문체가 바뀌는 것은 그리 흔치 않은 일로 어느 한 가지 문체라고 특정하여 말하기 어려운 것이 사실이다. 그러나 44행 중에서 금문으로 작성된 부분이 28행으로 63%를 점하고 고문이 14행으로 31%를 점하고 있어 이는 금문과 고문의 복합문장인 것은 분명한 사실이다. 그러나 기타로 분류된 2행도 금문으로 작성된 문장이 분명하므로 "44행 중 금문이 30행으로 68%를 점하고 있어 비문은 금문으로 작성된 문장이다."라고 하더라도 과언은 아니다.

2. 광개토대왕비의 원문廣開土大王碑의 原文

1) 비의 원문

이 비문은 금문으로 작성된 부분과 고문으로 작성된 부분을 구분하여 기록하고, 오기된 부분을 바로잡아 교정했다. 변조된 90여 자를 모두 교정하고 박락된 글자는 가능한 글자로 복원하고 고딕체로 표기하여 가장 정통하게 복원된 비문이 되도록 하였다.

광개토대왕비문의 원문

제 1 면

제1행부터 9행까지는 금문으로 작성된 부분, 글자 밑에 줄을 긋고 자구 표시를 한 것은 금문으로 작성된 문장의 표시이다. (매행 41자)
고딕체는 교정 또는 결손 된 글자를 복원한 글자, □는 파손된 글자의 표시.

1-1: 惟昔始**祖**/ 鄒牟王之創基也/ 出自北夫餘/ 天帝之子/ 母河伯女郞/ 剖卵降**世**/ 生**而**有聖**德**/ **鄒牟王** **奉母**命駕
　　　4字句　　7字句　　　　5字句　　　4字句　　5字句　　　4字句　　5字句　　　4字句

1-2: 巡**幸**南下/ 路由夫餘奄利大水/ 王臨津言曰/ 我是皇天之子/ 母河伯女郞/ 鄒牟王爲**我**/ 連**葭**浮**龜**/ 應聲則爲
　　　4字句　　8字句　　　　　5字句　　6字句　　　5字句　　　6字句　　　4字句　　4字句

1-3: 連**葭**浮**龜**/ 然後造渡/ 於沸流谷/ 忽本西城山上/ 而建都焉/ **不**樂世位/ 因遣黃龍/ 來下迎王/ 王於忽本東**岡** **黃**
　　　4字句　　4字句　　4字句　　6字句　　　4字句　　4字句　　4字句　　4字句　　6字句

1-4: 龍負昇天/ 顧命世子/ 儒留王/ 以道**興**治/ 大朱留王/ 紹承基業/ **還**至十七世孫/ 國**罡****上**廣開土境平安好太王
　　　5字句　　4字句　　4字句　　4字句　　4字句　　6字句

1-5: 二九登**祚**/ 號爲**永樂**太王/ 恩澤**洽**于皇天/ 威武**振**被四海/ 掃除**不軌**/ 庶寧其業/ 國富民殷/ 五**穀**豊熟/ 昊天不
　　　4字句　　6字句　　　6字句　　　5字句　　　4字句　　4字句　　4字句　　4字句

1-6: 弔/ 三十有九/ 宴駕棄國/ 以甲寅年 九月二十九日乙酉/ 遷就山陵/ 於是立碑/ 銘記勳績/ 以**示**後世焉/ 其詞日惟**時**
　　　4字句　　4字句　　8字句　　　　　　　4字句　　4字句　　4字句　　5字句　　5字句

1-7: 永樂五年/ 歲在乙未/ 王以稗麗/ **不歸質人**/ 躬率**任**討/ **過**富山負山/ 至鹽水上/ 破其**丘**部**落**/ 六七百**營** **牛馬**群
　　　4字句　　4字句　　4字句　　4字句　　4字句　　5字句　　4字句　　5字句　　4字句

1-8: 羊 不可稱數/ 於是旋駕/ 因過**襄**平道/ 東來 候城 力城 北豊 五**備**道/ 遊觀土境/ 田獵而還/ 百殘 新羅 **舊是屬民**
　　　4字句　　4字句　　4字句　　5字句　　　　　　　　4字句　　4字句　　4字句

1-9: 由來朝貢/ 而倭以**辛**卯年/ 來**以寇盜**/ 百殘**破倭**/ 新羅**以**爲臣民/ **以**六年丙申/ 王躬率**大軍**/ 討**伐**殘國/ 軍侵殘
　　　4字句　　6字句　　　4字句　　4字句　　6字句　　　5字句　　5字句　　4字句　　4字句

2) 고문으로 작성된 부분

제1면 10행부터 제2면 2행까지 4개 행은 정벌기사로서 城이름 위주로 구성이 되어있어 금문문으로는 작성이 불가능한 문장임으로 散文으로 작성을 할 수밖에 없는 문장이다. 따라서 원문에는 자구표시를 하지 않는 것이다.

1-10： 界 攻取 **壹**八城 臼模盧城 各模盧城 幹弓利城 □□城 **關**彌城 模盧城 彌沙城 □□蔦城 阿旦城 古利城 □
1-11： 利城 雜珍城 奧利城 句牟城 **古須耶**羅城 莫□城 □□城 分而耶羅城 □城 於利城 **農賣**城 豆奴城 沸城 **比**
2-1： 利城 彌鄒城 也利城 大山韓城 掃加城 敦拔城 □□城 □妻賣城 散□城 □旦城 細城 牟□城 □城 蘇赤
2-2： 城 燕妻城 祈支利城 巖門**至**城 □□□ □□□ □利城 就鄒城 □拔城 古牟婁城 閏奴城 貫奴城 彡穰

3) 今文으로 작성된 부분

제2면 3행부터 8행까지는 다시 今文으로 작성되었다.

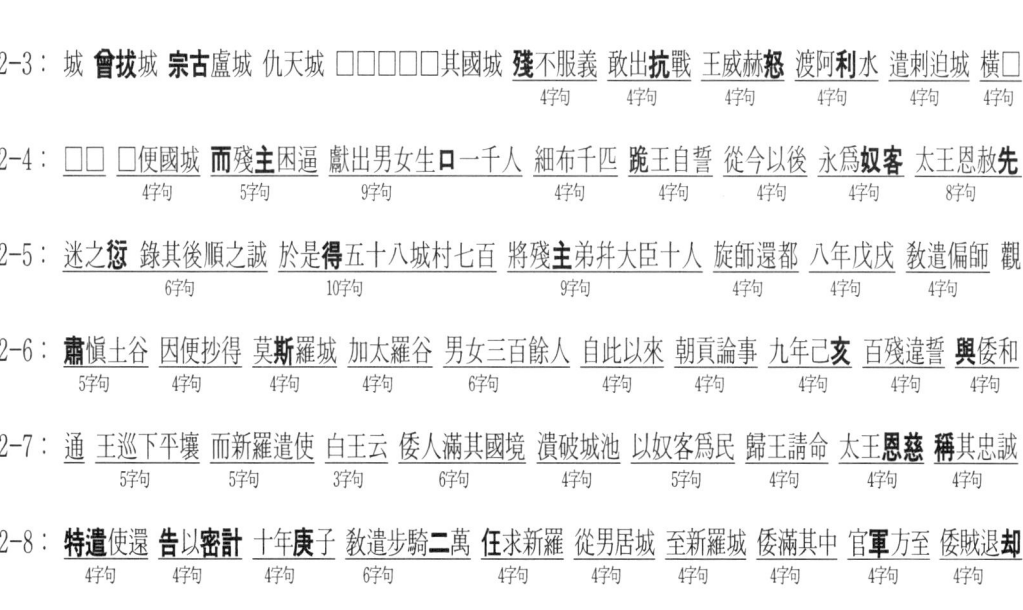

4) 파손된 글자가 많아 기타로 처리

제2면 10행과 제3면 1행은 공백이 많아 문체 구분이 불가능하기 때문에 기타로 분류한다.

5) 今文으로 작성된 부분

제3면 2행부터 8행까지는 또다시 금문체로 작성되었다.

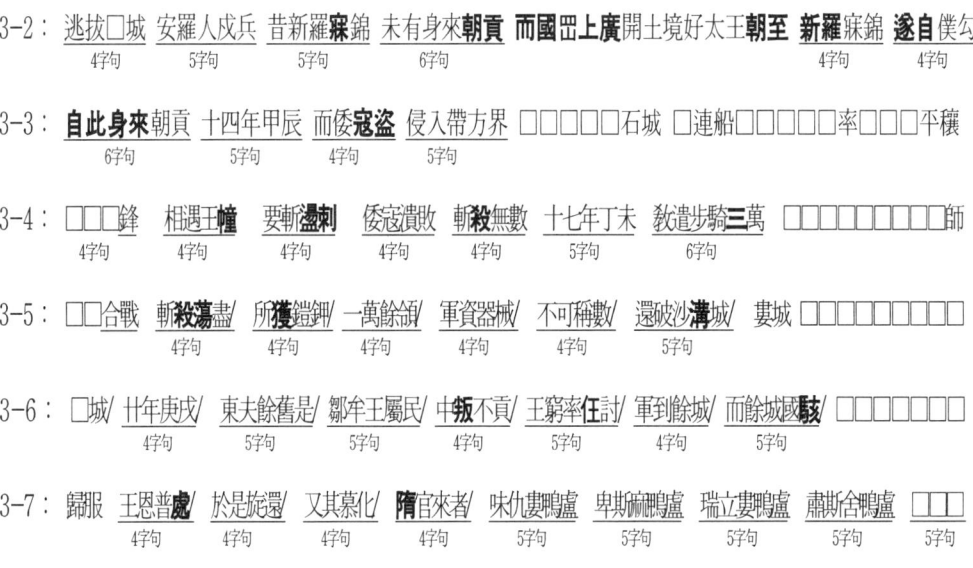

6) 고문으로 작성된 부분

제3면 9행부터 제4면 4행까지 11행은 수묘인에 관한 기사로서 문장이라고 하기보다는 公文書의 集計表를 전재한 것 같은 특수한 記錄體이다.

3-9 : 民四家盡爲看烟　于城一家爲看烟　碑利城二家爲國烟　平穰城民國烟一看烟十　□連二家爲看烟　徘婁

3-10 : 人國烟一看烟四十三　**梁**谷二家爲看烟　**梁**城二家爲看烟　安**夫**連22家爲看烟　改谷三家爲看烟　新城三

3-11 : 家爲看烟　南蘇城一家爲國烟　新來韓穢　沙水城國烟一看烟一　牟婁城二家爲看烟　豆比鴨**岑**韓五家爲

3-12 : 看烟　勾模客頭二家爲看烟，　求底韓一家爲看烟　舍**蔦**城韓穢國烟三看烟二十一　古牟耶羅城一家爲看烟

3-13 : 莫古城國烟一看烟三　客賢韓一家爲看烟　阿旦城　雜珍城　合十家爲看烟　巴奴城韓九家爲看烟　曰模盧

3-14 : 城四家爲看烟　各模盧城二家爲看烟　牟水城三家爲看烟　幹**氐**利城　利城國烟二看烟三，　彌鄒城國烟**一**看烟

4-1 : □□□七　也利城三家爲看烟　豆奴城國烟一看烟二　奧利城國烟二看烟八　模鄒城國烟二看烟五　百

4-2 : 殘　南居韓國烟一看烟五　大山韓城六家爲看烟　農賣城國烟一看烟七　閏奴城國烟**一看**烟22　古牟婁

4-3 : 城國烟二看烟八　琢城國烟一看烟八　味城六家爲看烟　就咨城五家爲看烟　彡穰城24家爲看烟　散那

4-4 : 城一家爲國烟　那旦城一家爲看烟　句牟城一家爲看烟　於利城八家爲看烟　比利城三家爲看烟　細城三

7) 今文으로 작성된 부분

제4면 5행부터 마지막 행까지 5행은 또다시 금문으로 마지막을 장식하고 있다.

4-5 : 家爲看烟　國罡上廣開土境好太王　存時敎言　祖王先王　但敎取遠近舊民　守墓洒掃　吾慮舊民　轉當羸劣
　　　　　　　　4字句　　　　　　4字句　　　　7字句　　　　4字句　　　4字句　　　4字句

4-6 : 若吾萬年之後　安守墓者　但取吾躬巡所　略來韓穢　令備洒掃　言敎如此　是以如敎令　取韓穢二百卄家　慮
　　　6字句　　　4字句　　　6字句　　　4字句　　4字句　　4字句　　5字句　　　7字句

4-7 : 其不知法則　復取舊民　一百十家　合新舊守墓戶　國烟卅　看烟三百　都合三百卅家　自上祖先王以來　墓上
　　　6字句　　　4字句　　4字句　　　6字句　　　3字句　　4字句　　6字句　　　7字句

4-8 : **不**安石碑　致使守墓人　烟戶**差**錯　惟　國罡上廣開土境好太王　盡爲祖先王　墓上立碑　銘其烟戶　不令**差**錯
　　　　　　5字句　　　　　　　　　　　　　　　5字句　　　　　4字句　　4字句　　5字句

4-9 : 又制守墓**人**　自今以後　不得更相轉賣　**雖**有富足之者　亦不得擅買　其有違令　賣者刑之　買人制令　守墓之
　　　5字句　　4字句　　6字句　　　6字句　　　5字句　　4字句　　4字句　　4字句　　3字句

앞에서 보는 바와 같이 총 44행 중 금문으로 작성된 부분이 30행이고 고문으로 작성된 부분이 14행이다. 따라서 금문으로 작성된 부분이 68%이고 고문으로 작성된 부분이 32%에 불과하여 금문으로 작성된 문장이라고 해도 과언이 아닐 것이다.

또한 총215구 중 4字句가 130구로 60%, 5자구가 43구로 20%,를 점하고 6자구가 25구로 12%를 점하고 있어 4자구 위주로 작성된 금문임을 알 수 있고 금문으로 작성할 수 없는 특수한 부분 즉 전쟁기사의 城이름 위주의 기록과 國烟 看烟 등에 대한 수묘에 대한 기사를 제외하고 금문으로 작성이 가능한 부분은 모두 다 금문으로 작성하고 있음을 볼 수 있으니 이는 찬술자가 애당초 비문찬술에 임하면서 금문체로 찬술한다는 방침을 정하고 찬술에 임한 것이 분명하다. 그러나 문장에 따라 금문으로 작성할 수 없는 부분은 고문으로 작성할 수밖에 없어 부득이 고문으로 작성했을 뿐이다.

표에서 보는 바와 같이 문체가 금문과 고문으로 다섯 번이나 교체되면서 작성된 문장이라는 것을 알 수 있다. 그러나 혹자는 "이 문장이 4字句 위주로 기록된 것은 사실이나 대우, 평칙, 압운을 갖추지 아니하여 변문이라고 말하기는 어렵다."라고 평하는 경우도 있으나 그것은 그 시대에는 四六文이나 변려문이라는 문체가 아직 개발되기도 이전의 시대로 4자구를 위주로 하던 魏晉시대의 금문이라는 것을 망각하고 변려문駢儷文 운운하는 것은 무지의 소치이다.

130년이나 지난 오늘날까지도 금문으로 이해하는 경우가 단 한 건도 없고 모두가 다 고문으로만 간주하고 구두점을 마음대로 찍고 번역을 하기 때문에 논쟁이 야기되는 근본적인 원인이 되는 것이다. 비문이 발견된 지 140년이나 지나도록 단 하나의 문제도 풀지 못하는 원인이 바로 여기에 있다는 것을 아무도 이해하지 못하고 있는 것이 더욱 큰 문제라는 것이다.

[표 3] **비문의 행별 자구수 및 오기 파손된 글자**

	행수	문분	3자무	4자무	5자무	6자무	7자무	8자무	9자무	10자무		문례분	오자	교정된자	파손글자
제1면	1	금문		4	3		1					금문	5	5	4
	2	금문		3	3	1		1				금문	6	6	
	3	금문		7		2						금문	4	4	
	4	금문		4	1	1						금문	5	5	
	5	금문		6		3						금문	3	3	
	6	금문		6	2			1				금문	1	1	
	7	금문		8	2							금문	10	10	
	8	금문		5	1							금문	2	2	
	9	금문		5	2	2						금문	3	3	7
	10	고										고	2	2	2
	11	고										고	2	2	2
	계			48	14	9	1	2					43	43	15
제2면	1	고										고			7
	2	고										고			8
	3	금문		6								금문	3	3	10
	4	금문		5			1	1				금문	4	4	4
	5	금문		3		1		1	1			금문	1	1	
	6	금문		8	1	1						금문	2	2	
	7	금문	1	4	3	1						금문			
	8	금문		9		1						금문	3	3	1
	9	금문	1	2	2	1		1				금문	4	4	7
	10	기타										기타			26
	계		2	37	6	5		2	2	1			17	17	73
제3면	1	기타										기타			35
	2	금문		3	2	1						금문	3	3	1
	3	금문		1	2	1						금문	7	7	14
	4	금문		5	1	1						금문	2	2	12
	5	금문		5	1							금문	4	4	11
	6	금문		3	4							금문	3	3	8
	7	금문		4	5							금문	2	2	3
	8	금문		3	2							금문		1	
	9	고										고			
	10	고										고	3	3	
	11	고										고	1	1	
	12	고										고			
	13	고										고			
	14	고										고	1	1	
	계			24	18	3							26	27	84
제4면	1	고										고			
	2	고										고			
	3	고										고			
	4	고										고			
	5	금문	1	6								금문			
	6	금문		4	1	2	1					금문	1	1	
	7	금문	1	3		3	1					금문			
	8	금문		4	2	1						금문	2	2	
	9	금문	1	4	2	2						금문	1	1	
	계		3	21	5	8	2						4	4	
	총계		5	130	43	25	3	4	2	1	213		90	91	174

[표 4]　　　　　　**今文의 字句 통계표**

碑面	3字句	4字句	5字句	6字句	7字句	8자구	9자구	10자구	고 금문	%
제1면		48	14	9	1	1			금문 9행 고문 2행	
제2면	2	37	6	5	-	2	2	1	금문 7행 고문 2행 기타 1행	
제3면		24	18	3	-				금문 7행 고문 6행 기타 1행	
제4면	3	21	5	8	2				금문 5행 고문 4행	
합계	5	130	43	25	3	3	2	1	금문 28행 고문 14행 기타 2행	64% 32% 4%
213		60%	20%	12%						

3. 비문의 번역에 대하여

1) 번역에 대하여

　광개토대왕비문에 대한 번역을 하기 위해서는 먼저 구두점을 올바르게 찍은 다음에 번역을 해야 한다. 구두점을 올바르게 찍기 위해서는 먼저 그 문장이 일반 서사체로 쓰인 고문인지 아니면 어떤 문체로 쓰인 문장인지를 살핀 연후에 구두점을 찍어야 올바른 번역을 할 수가 있다.

　그것은 누구나 다 아는 사실인데 왜 장황하게 서론을 펼치느냐고 꾸지람을 하시는 분도 계실 것이나 현재까지 번역된 50여 편의 번역문을 살펴보면 정통하게 번역된 번역문을 발견하지 못했기 때문이다. 그 이유는 문체에 대한 구분도 없이 모두를 다 고문으로만 간주하고 마음대로 구두점을 찍고 번역을 하였기 때문이다.

　물론 비문이 특정한 문체로 쓰였다고 말하기 어려운 것은 사실이다. 그렇다고 문체가 없는 문장도 아니다. 특히 비문이 쓰이던 魏晉시대, 즉 414년경에는 특정한 문체가 아직 개발되기도 이전이고 다만 일반적인 서사체로 쓰이는 고문이 유일하던 시대일 뿐이다.

　그러나 한편에서는 문장을 아름답게 꾸미기 위해 문장을 4자구 위주로 구성하고, 5자구, 6자구로 구성하는 문장이 또한 유행하고 있었다. 이를 현시대에 새로이 유행하는 문체라는 의미로 "금문今文"이라는 이름으로 불렸던 시대이다.

앞에서 이미 본 바와 같이 비문의 작성도 금문과 고문으로 다섯 번이나 바뀌면서 작성된 문장이라는 것은 누구도 부인할 수 없는 문장이다. 따라서 금문으로 작성된 부분은 금문법에 따라 구두점을 찍고 번역을 해야 하는 것이고 고문으로 쓰인 부분은 그에 따라 번역을 하면 되는 것이다. 그런데도 금문으로 작성된 문장을 무시하고 모두를 다 고문으로만 인식을 하고 구두점을 찍고 번역을 하기 때문에 정통하게 번역된 문장이 없다는 것이다.

비문에 대한 번역문이란 오직 단 하나만이 있어야 하는 것으로 번역문이 필요한 경우에는 반드시 최초의 번역문을 인용하여 하나의 번역문만이 유지되도록 하는 것이 법도요, 예의이다. 그런데도 최초의 번역문을 인용한 경우는 단 한 편도 없고 모두가 다 새로이 번역을 하여 시중에는 무려 50여편의 원문과 번역문이 유포되고 있다는 것은 무례의 극치를 보는 것 같아 놀라운 일이 아닐 수 없다.

더욱이 놀라운 것은 하나의 비문에 대한 번역문이 무려 50여 종류로 난발이 되고 있는데도 이를 하나의 번역문으로 통일을 기하고자 하는 노력을 기울인 흔적이 보이지 않는 것이 더욱 큰 문제라는 것이다. 따라서 앞으로 해야 할 최우선의 과제는 50여 종류의 원문과 번역문 중에서 가장 타당하다고 인정되는 것 하나를 선정하여 통일을 기하는 일에 노력을 기울여야 한다는 것이다.

다음의 [표6]에서 보는 바와 같이 서두의 20자에 대한 번역을 30여 종류로 달리번역을 해서는 안 되는 것이고 반드시 하나의 번역문만이 존재하도록 하는 것이 법도요 예의이다.

[표 5] **書頭 20자에 대한 번역문**

	廣開土王 勳績碑文 書　名	原文: 惟昔始祖鄒牟王之創基也出自北夫餘天帝之子 위의 20자에 대한 각자의 번역문 (無修正 轉載)
1	廣開土大王碑의 徵實	생각하옵건대 옛적에 추모왕께서 나라를 창건하실 때에 북부여로부터 나오셨으니 천제의 아들이시며
2	皇城新聞	예전에 시조 추모왕이 나라를 세울 때 북부여에서 나왔는데, 천제의 아들이었고
3	朝鮮語文研究 제1집	너기옵노니 넷비르슨한배 추모님금의 터 처음 만드실제 북부여 하늘님의 자제에로 나시니
4	大韓偉人傳	옛날 시조 추모왕이 북부여에서 나시니 천제의 子요,
5	廣開土王陵碑	옛날에 시조 추모왕이 고구려 국가를 창건할 때에 그 연원은 북부여에서 나왔다. 추모왕은 천제의 아들이요,
6	日本上占史	삼가 생각건대 옛적 추모왕께서 국기를 창시하시다. 북부여에서 나셨으며, 천제의 아들이시매,
7	廣開土大王碑 研究資料集	삼가 생각하옵건대 옛적에 시조 추모왕께옵서의 나라터를 창건하심에 있어서는, 북부여에서 나오신 천제 아드님
8	增補文獻備考	예전에 시조 추모왕이 나라를 세울 때 북부여에서 나왔는데, 천제의 아들이었고
9	廣開土王碑 研究	옛날에 [우리들의] 시조인 추모왕이 나라를 건립할 때 그의 父親은 북부여 천제의 아들이며,
10	廣開土王碑 (有正書局)	예전에 시조 추모왕이 나라를 세웠다. (추모왕은) 북부여로부터 온 천제의 아들로서,
11	廣開土大王陵碑 新研究	옛날에 시조 추모왕이 나라를 세웠는데, 북부여로부터 나왔다. 추모왕은 천제의 아들로서
12	韓國文化史 古代編	옛날 시조 추모왕의 비롯됨은 북부여 天帝之子로부터이며(증보 삼국유사본)
13	廣開土王碑 飜譯文	오직 옛적에 우리 시조 추모왕께서 나라를 세울 때 그의 父親은 북부여 천제의 아들이며,
14	韓國古代金石文	옛적 시조 추모왕이 나라를 세웠는데 (왕은) 북부여에서 태어났으며, 천제의 아들이었고,
15	廣開土王陵碑文 研究	옛날에 시조 추모왕이 나라를 세우셨다. (추모왕은) 북부여 천제의 아들로,
16	廣開土王碑 初期拓本	옛날 (우리)시조 추모왕이 나라를 세울 때 북부여에서 나왔는데 (그의 아버님은) 천제의 아들이었고
17	廣開土大王陵碑拓本圖錄	옛날에 시조 추모왕이 나라를 세웠는데, 북부여로부터 나왔다. (추모왕은) 천제의 아들로서
18	廣開土王碑文의 신화	아, 옛날 시조 추모왕께서 처음으로 (나라의) 기틀을 세우셨다. (추모왕은) 북부여 출신이시니, 천제의 아들이시고
19	廣開土王陵碑文 研究	옛적 시조 추모왕이 나라의 터전을 처음 잡을 때 북부여에서 나왔다. 천제의 아들이고
20	韓國金石文集成	옛날 시조 추모왕이 나라를 세우시니 북부여의 출신으로 천제의 아들이었고.
21	廣開土王碑文의世界	생각건대, 옛적에. 시조 추모왕이 나라를 창기하셨도다. 북부여에서 시작하였다. 천제의 아들로서,
22	韓國思想의淵源과歷史的展望	삼가 생각하건대, 옛적 시조 추모왕이 나라를 창건하였다. 그는 북부여에서 출생하였으며, 아버지는 하느님이시고,

23	高句麗 硏究會	아, 옛날 시조 추모왕께서 처음으로 (나라의) 기틀을 세우셨도다. (추모왕은) 북부여 출신이시니 천제의 아들이시고
24	廣開土大王碑	옛날 시조이신 추모왕께서 나라를 세우셨다. 북부여로부터 나온 천제의 아들인데
25	高句麗廣開土大王碑의	옛날 우리 시조 추모왕이 나라를 세울 때 북부여에서 나왔는데 그의 아버님은 천제의 아들이었고
26	廣開土太王의 위대한길	아 옛날 시조 추모왕께서 처음으로 (나라의) 기틀을 세우셨도다. 추모왕은 북부여의 출신이시니 천제의 아들이시고
27	廣開土王碑	예전에 시조 추모왕이 나라를 세웠다. (추모왕은) 북부여로부터 온 천제(天帝)의 황천(皇天)의 아들이며
28	廣開土王陵碑의	생각건대 옛적에 시조 추모왕이 나라를 세우셨도다. (왕은) 북부여 출신으로 천제의 아들이었고,
29	廣開土大王碑帖	옛적에 추모왕께서 나라를 창업한 곳이다. 북부여에서 나왔으니, 천제의 아들이고,
30	廣開土王碑文의 解釋	아! 옛날 시조 추모왕께서 창업하신 터전이다. 추모왕께서는 북부여에서 나오셨으며 하느님의 아들이시고,

4. 광개토왕비문 역주문

1) 제1면의 번역문

1-1. 삼가 생각하건대 먼-옛적에 시조 추모왕(東明王)께서 나라를 세우신 땅이다. 북부여로부터 나왔는데 천자의 아드님이시고 어머니는 하백의 따님이시다. 부란강세 하시니 나실 때부터 聖德의 자질이 있었다. 추모왕께서 어머니의 명을 받들어 御駕를

> 註解: 박락된 글자와 오기된 글자 중 선행자가 이미 문맥에 부합이 되도록 복원한 글자는 선행자의 복원에 따르고 미비한 것은 **필자가 추가로 교정·복원하고 고딕체로 표시하였다.**

1-2. 남쪽으로 순행하는 길에 부여의 奄利大水를 지나가게 되었다. 왕이 나루터에 이르러 말씀하시기를 나는 황천의 아들이고 어머님은 하백의 따님이시다. 추모왕인 나를 위하여 거북이들은 모두 물 위로 떠올라 강물을 덮어 강을 건너가게 하라고 외치니 거북이들이 즉시 이 소리에 순응하여

> 註解: 連葭浮龜의 葭 자는 새로 돋아난 연약한 갈댓잎을 말하는 것이니 이는 성문이 될 수 없다. 더욱이 字典에도 없는 여러 가지 글자를 쪽자로 만들어서까지 이의 정당화를 꾀하고 있으나 이는 옳지 못한 견강부회다.
> 필자는 葭 자를 대신하여 제1안으로 [蔽](덮을 폐) 자를 제시하는 바이다. [連蔽]로 할 경우 "거북이들이 모두 물 위로 떠올라 강물을 덮어 육지 같게 하여 강을 건널 수 있게 한다."라는 의미가 되어 합리적이다.

1-3. 거북이들이 모두 물 위로 떠올라 강물을 덮은 연후에 강을 건너 비류곡에 이르러 홀본 서쪽 산 위에 城을 쌓고 도읍을 세웠다. 왕께서 不樂世位(崩御, 사망)하여 붕어하시니 하늘에서 황룡을 내려 보내 왕을 맞아 오게 하니 왕을 홀본 동쪽 언덕에서 황

> 註解: 앞에서 黃龍이 내려와서 왕을 맞이했다면 뒤에서도 당연히 그 黃龍이 업고 승천하는 것이 순리이다. 갑자기 履龍이 나타난다는 것은 문맥상으로도 있을 수 없는 논리이다. 더욱이 "龍의 머리를 밟고 승천했다."라고 번역을 하는 것은 상식을 초월하는 망발이다. 이미 사망한 시신이 어떻게 용의 머리를 밟고 서서 승천을 할 수가 있겠는가? 만약에 履자로 쓰인 것이 사실이라면 애당초 오기된 履자를 黃 자로 교정한 것으로 보는 것이 옳다.

1-4. 룡이 업고 승천하였다. 고명을 받은 세자 유류왕(瑠璃王)이 道로써 나라를 잘 다스리고 대주류왕(大武神王)이 기업을 이어받고, 그 17세에 이르러 국강상광개토경평안호태왕이

> 註解: 승천이란 왕에 대한 예우로 위엄 있게 표현한 것일 뿐 실제로는 장지로 모신 것이다.
> 또한 2대밖에 안 된 유리왕조에 대하여 흥망을 논하는 것은 옳지 못하다. 따라서 나라를 잘 다스렸다가 옳다.

1-5. 18세에 제위에 올라 호를 영락태왕이라 하였다. 은택은 황천에 미치고, 위무는 사해에 떨쳤으며 不軌한 무리들을 모두 쓸어 없애고, 모든 기업을 편안케 하니, 나라는 부강하고, 백성들은 안온하고 오곡이 풍숙하였다. 하느님도 무심하여(昊天不弔)

1-6. 39세에 하늘의 부름을 받고 붕어崩御하시니 갑인년(414) 9월 29일 을유일에 산릉으로 옮겨 모시고(우산하 0540호분) 이내 비를 세우고(능의 동쪽 160m 지점) 훈적을 새겨 후세에 전하고자 그 비에 기록하기를 때는(비문에 공란으로 두지 않았을 것이다. 따라서 때를 가리키는 유시維時라고 보결하는 것이 옳다.)

1-7. 영락 5년(395) 을미년에 왕이 비려에서 납치해 간 고구려인을 돌려보내지 아니하므로 왕이 몸소 군사를 거느리고 달려가 토벌하고 부산을 지나 염수구에 이르러 그 구부락의 6, 7백 영을 격파하고 우마의 무리와

1-8. 羊은 그 수를 헤아릴 수 없이 많이 노획하였다. 이에 어가가 승전을 하고 개선하는 길에 가평(遼陽)을 지나 동으로 후성(요양 북쪽의 지명) 역성 북풍(遼陽 서북쪽의 지명) 오비도五備道로 오면서 국경을 돌아보고 전렵을 하면서 돌아왔다. 백잔과 신라는 예로부터(396년부터) 고구려의 속민으로

1-9. 조공을 해 왔다. **즉, 그것은(而,** 그렇게 된 원인은) 왜가 신묘년(391)에 와서 **노략질을 함으로써** 백잔이 노략질하는 **왜구를 격파하고** 그 여세로 신라를 압박하여 신민으로 삼으려고 하였다. **때문에(以)** 6년 병신丙申에 왕이 몸소 **大軍**을 거느리고 잔국을 토벌하기 위해 출병을 명령하니 군사들이 앞장서서 **잔**

    註解: '而' 자는 앞에서 조공을 바치게 된 원인을 설명하기 위해 쓰인 접속사로서 '즉', '그것은'으로 번역을 해야 한다.
    본 행에서 고딕체로 표시한 **以寇盜, 破倭, 大, 殘** 등 7개 글자는 필자가 복원한 글자이다.
    躬率大軍의 **大** 자는 정통한 글자로서 三宅米吉본과 그 추가본에도 이미 大 자로 기록이 되어 있다. 水 자는 변조된 글자이다.
    來以寇盜와 **破倭**와 **以爲**와 **以六年병신**에 대하여는 다른 항목에서 상술하기로 한다.

1-10. 계로 쳐들어가 일팔성(安峽)(壹八城을 18개 城 또는 寧八城으로 주장하는 것은 왜곡이다.) 구모노성(伊川 연천 평산) 각모노성(토산, 장단 파주 진서면) 간지리성(兎山, 철원 고성 연천간정리) [모수]성(장단) 관미성(강화, 파주 오두산성) 모노성(포천 원주) 미사성(연천군 청산면) 고사연성(파주, 임진) 아단성(아차산) 고이성(의정부, 양주 고파리 구리시) □

1-11. 이성(遂安) 잡진성(삭녕, 연천, 부천) 오이성(交河, 파주, 김포) 구모성(金浦) 고모야라성(하음, 김포 고모리) 수추성(春川) 파로성(楊州) 분이야라성(강화, 람포) 琢성(양근, 정산) 어이성(교하 이천, 연산) 농매성(괴산) 두로성(화성, 연기 세종시) 비[성](회덕) [比]

2) 제2면의 번역문

2-1. 이성(통진, 충주 서천) 미추성(아산, 인천) 야리성(당진, 직산) 대산한성(예산) 소가성(서산) 돈발성(홍천 과천, 청양) □□□**城**() 루매성(횡성) 산나성(제천, 홍성) 나단성(평해, 안성) 세성(보령, 청풍 청하) 모루성(흥해, 한산) 우루성(평창, 영해, 신창) 소회

2-2. 성(논산, 임하 강원도) 연루성(영덕, 정산) 기지리성(논산, 청풍) 암문지성(공주) □□[**성**] □□[**성**]() □이성() 취추성(금성, 부여) □발성() 고모루성(화천, 예산) 윤노성(양구, 당진) 관노성(강릉, 천안, 화양) 삼양

　　註解: 15~21까지의 공란은 3개 성으로 분류해야 공취한 58개 성의 숫자에 부합된다.

2-3. 성(남양 삼척, 양구방산면) **증발**성() **종고**로성() 구천성() □□성()을 攻取하고, 그 국성을 핍박하는데도 백제왕이 정의(氣勢)에 굴복하지 아니하고 감히 나와 항전을 하므로 호태왕이 심히 격노하여 아리수를 건너가 刺擊隊를 보내어 성을 압박하고 □□

　　註解: 12~15의 공란은 2개성으로 분류를 해야 공취한 58성의 숫자에 부합된다.

2-4. □□□국성을 에워싸니 백잔주가 곤핍해지자 성을 나와 남녀생구 일천인과 세포 천 필을 바치고, 태왕 앞에 나와 무릎 꿇어 **항복하고** 스스로 맹서하기를 "이후부터는 영원히 노객(속민)이 되어 **조공을 바치겠습니다.**"라고 하므로 태왕이 앞에서는

2-5. 세상을 迷惑케 한 허물이 있으나 뒤에 충성을 맹서한 것을 가상히 여겨 은혜로 용서하고, 이에 58성과 촌 700을 얻고, 잔주의 동생과 아울러 대신 10인을 볼모로 하여 개선하였다. 8년(408년) 무술에 교를 내려 편사偏師(군대 조직의 단위, 사졸 50명, 전차 25승)를 보내어

2-6. 숙신 토곡을 살피게 하고, 인하여 막사라성과 가태라곡에서 남녀 300인을 사로잡고, 이로부터 조공을 하기로 논하였다. 9년 기해년(409)에 백잔이 맹서를 어기고 왜와 더불어 화

2-7. 통하였다. 왕이 평양으로 내려가 巡幸을 하는데 이때에 신라에서 사신을 보내와 왕에게 아뢰기를 왜구들이 국경에 침입하여 성지를 파괴하고 있습니다. 奴客(신라왕이 자신을 비하하는 말)은 고구려의 백성이 되어 왕에게로 歸依하고자 구원병을 청합니다. 하니 태왕께서는 은자한 마음으로 그 충성스러움을 칭찬하고,

2-8. 특별히 사신을 돌려보내어 왕에게 밀계를 고하게 하였다. 10년(410) 경자년에 교지를 내려 보기 2만을 보내어 급히 달려가 신라를 구하게 하니 남거성으로부터 신라성에 이르기까지 왜구가 그중에 가득하더니 관군이 이르자 왜구들이 모두 퇴각(왜구를 토벌하는 데 2만이면 족하다. 5만은 왜구들이 약해서 퇴각한 것이 아니고 5만이라는 숫자에 밀려 퇴각한 것이라는 구실을 만들기 위해 변조해 놓은 숫자이다.)

2-9. 했다. □□□□□□□□ 도주하는 왜구의 배후를 급히 추격하여 임나 가라 종발성(부산동래 복천동?)에 이르니 성들이 모두 즉시 귀순하여 복종하므로 곧 회복되었다. 안라인 수병(신라의 국경수비대)이 신라성에 있던 잔당들을 모두 토벌하니 그 성에 있던 왜구들이 크게 궤멸되었다. 성내

    註解: [倭寇大潰]에 대하여 일본의 藤田友治 白鳥庫吉과 중국의 王健群과 周雲臺는 그 탁본을 정밀하게 검토한바 [倭滿倭潰]가 아닌 [倭寇大潰]가 맞는 것으로 인정하고 있다. 따라서 본래의 비문에는 [倭寇大潰]로 있었던 것을 회여록에서 [倭滿倭潰]로 변조하여 왜가 승리한 것처럼 조작한 것이 분명하다는 것이다.
    李進熙 씨도 그의 논문에서 '倭滿倭潰'에서 [滿倭] 자는 변조된 글자가 분명하다고 주장하고 있다.

2-10.
註解: 앞의 9행의 1~8번째까지의 8자와 본 행의 1~16번째까지와 총 24자가 애당초 각자를 하지 아니했다는 설과 그렇지 않다는 설이 있다.
安羅人戍兵에 대해 여러 가지 주장이 있으나 '신라의 안보를 책임지는 신라의 국경수비대'를 말하는 것으로 이해하는 것이 타당하다.

3) 제3면의 번역문

3-1. -----

註解: 최초 탁본에서는 마지막의 潰 자만 확인이 되었으나 뒤에 10개 글자가 추가로 판독이 되어 이에 추가로 기록하였다.

3-2. 赤□□□ 安羅人戍兵. 옛적에는 신라 **매금(王)이** 몸소 와서 조공하는 일이 없었더니 **국강상**광개토경호태왕조에 이르러 **신라 매금이 드디어 스스로** 僕勾하고

    註解: 고딕체로 표기한 〔寐〕, 〔而國罡上〕, 〔朝至〕, 〔新羅寐錦〕, 〔遂自〕 등 13개 글자는 필자가 복원한 글자이다.

3-3. **이로부터 친히 와서** 朝貢하였다. 14年(404) 甲辰에 倭**寇들이** 노략질을 하기 위해 帶方界에 侵入하므로 □□□□□石城 □連船□□□□□率□□□平壤

    註解: 고딕체로 표기한 **自此以來**, 4개 글자와 **寇盜**는 필자가 복원한 글자다.
    不軌라는 단어는 내국인으로 반역을 꾀하는 무리를 말하는 것이지 왜구를 의미하는 단구가 아니다. 따라서 변조된 글자가 분명하다.

3-4. □□□鋒이 왕의 군대와 서로 맞나 요새를 끊고 탕자하니 왜가 궤멸되어 참살당한 자가 무수히 많았다. 17년(417) 정미에 교서를 내려 보기 3만을 보내어 □□□□□□□□□師

3-5. □□과 합동작전을 펴서 모두 다 참살하여 쓸어 없애고, 노획한 개갑이 1만여 령에 달하고, 군수물자는 헤아릴 수 없이 많았다. 돌아오는 길에 사구성 루성 주유성 □城 □□□城 那

3-6. □성을 격파했다. 20년(410) 경술년에 동부여는 옛날부터 추모왕의 속민이 었는데 중도에 배반하고 조공을 바치지 아니하므로 왕이 몸소 군사를 거느리고 가서 토벌에 나서 군대가 부여성(동부여의 왕성)에 이르니 부여성과 온 나라가 다 놀래어 □□□□□□

3-7. 餘城에 왕의 은덕이 널리 미치게 되었다. 이에 군대를 되돌려 개선하니 또 왕의 교화를 흠모하여 관군을 따라오는 자가 있었으니 미구루압노와 비사마압노 와 타사루압노와 숙사사압노와 □□□

3-8. 압노이다. 攻破한 성이 64성과 촌이 1,400이다. 수묘인 연호는 매구여민은 국연 2, 간연 3이요, 동해고는 국연 3, 간연 5이고 돈성

3-9. 民의 4가는 모두 간연으로 하고, 우성의 1가는 간연으로 하고, 비리성의 2가는 국연으로 하고, 평양성민은 국연1, 간연 10인으로 하고 자련의 2가는 간연으로 하고, 주루

3-10. 人은 국연 1, 간연 43으로 하고, **양**곡의 2가는 간연으로 하고, **양**성의 2가는 간연으로 하고, 안부연의 22가는 간연으로 하고, 개곡의 3가는 간연으로 하고, 신성의 三

3-11. 가는 간연으로 하고, 남소성의 1가는 국연으로 하고, 새로이 귀부해 온 한예와 사수성은 국연 1, 간연 1로 하고, 모루성의 2가는 간연으로 하고, 두비압잠한의 5가는

3-12. 간연으로 하고 구모객두의 2가는 간연으로 하고 구지한의 1가는 간연으로 하고 사조성의 한예는 국연 3 간연 21로 하고 고□야라성의 1가는 간연으로 하고,

3-13. 경고성은 국연 1, 간연 3으로 하고 객현한의 1가는 간연으로 하고 아단성의 도합 10가는 간연으로 하고 파로성 한의 9가는 간연으로 하고 구모로

3-14. 성의 4가는 간연으로 하고 약모로성의 2가는 간연으로 하고 모수성의 3가는 간연으로 하고 간궁이성은 국연 2, 간연 3으로 하고 미추성은 국연 1, 간연

4) 제4면의 번역문

4-1. ㄨㄨㄨㄨ七로 하고 야리성의 3가는 간연으로 하고 두로성은 국연 1, 간연 2로 하고 오리성은 국연 2, 간연 8로 하고 수추성은 국연 2, 간연 5로 하고,

    註解: 4면 1행의 제1번째 글자부터 4번째 글자까지 4개 글자는 원석의 파손으로 애당초부터 각자가 되지 않아 공란으로 하고 5번째 七 자로부터 시작되는 것이 맞다.

4-2. 잔의 남거한은 국연 1, 간연 5로 하고, 대산한성의 6가는 간연으로 하고, 농매성은 국연 1, 간연 1로 하고, 윤노성은 국연 22로 하고, 고모루

4-3. 성은 국연 2, 간연 8로 하고, 탁성은 국연 1, 간연 8로 하고, 미성 6가는 간연으로 하고, 삼양성 24가는 간연으로 하고, 산나

4-4. 성의 1가는 국연으로 하고, 나단성의 1가는 간연으로 하고, 구모성의 1가는 간연으로 하고, 어리성의 8가는 간연으로 하고, 비리성의 3가는 간연으로 하고, 세성의 3

4-5. 가는 간연으로 하고, **국강**상광개토호태왕이 생존 시에 교서로 말씀하시기를 선조왕들이 다만 교로써 원근에 사는 백성들을 데려다가 수묘와 청소를 하게 하였는데 내가 염려하는 것은 구민들이 점점 영락해져서 예법을 잘 지키지 못하게 될까 하는 것이다.

4-6. "만약에 내가 죽은 만년 후에도 수묘를 할 자는 다만 내가 몸소 **순방**하여 약취해 온 한예인들로 수묘를 하도록 영을 갖추어 청소를 하도록 할 것이다."라고 하신 말씀의 교서가 이와 같으므로 이로써 교언에 따라 이제 한예인 220가를 취하였으나 염려가 되는 것은

4-7. 그들이 법칙을 알지 못할까 염려가 되어 다시 구민 1백 10가를 데려옴으로써 신구 수묘자의 호수를 합하면 국연이 30이요, 간연이 300으로 도합 330가이다. 상조로부터 선왕 이래로 묘상에

4-8. 석비를 세우지 아니하였기 때문에 수묘를 하는 자가 연호의 **착오**를 일으키

게 되었다. 오직 국**강**상광개토호태왕께서 모든 조선왕을 위하여 묘상에 비를 세우고 그 연호의 제도를 비에 새김으로써 그 연호를 **착오**하지 않게 되었다.

> 註解: 15~24번째 글자는 "國罡上廣開土境好太王"의 시호를 기록한 것이라는 사실은 누구나 다 익히 아는 사실이다. 그런데도 榮禧 씨는 이 시호를 "國罡**土**廣開**木**境好太王"라고 시호까지 바꿔치기를 하였다. 이는 혹시 誤打가 아니겠느냐고 너그러이 이해를 할 수도 있으나 1면 4행과 3면 2행과 4면 5행과 4면 8행에서도 역시 이와 꼭 같은 기록을 하고 있어 오타가 아니다. 앞에서도 이미 여러 차례 보아 온 바와 같이 원문의 글자를 무시하고 거침없이 바꿔치기하는 행태를 이해할 수가 없다. 따라서 영희의 주장을 인용하여 논거로 삼아서는 안 될 것이다.

4-9. 또 수묘인 제도를 제정하여 자금 이후로는 서로 고쳐 전매하지 못하게 하고 **비록** 부유한 자라도 또한 사들이지 못하게 하라. 만약에 그 법을 어기고 판자는 형벌로 다스리고 사들인 자는 제령에 따라 직접 수묘하게 하라 하였다.

> 註解: 본 비문은 위진시대의 금문과 고문으로 작성된 복합문장이 분명하다. 그러나 연구자들은 모두 문체가 없는 문장으로 간주하고 금문으로 작성된 문장까지도 모두 고문으로 간주하고 자기 마음대로 구두점을 찍어 단 한 문장도 올바르게 구두점을 찍은 경우가 없어 번역을 제대로 하지 못하는 원인이 되고 있다는 것을 알 수 있다.

5. 결자에 대한 필자의 復元

1) 결자 복원에 대한 서론

비문에 파손된 글자를 복원하는 방법은 비문이 변조되기 이전의 원석탁본을 찾아내어 확인하는 방법이 최선의 방법이 될 것이다. 그러나 비문의 변조는 1882년에 성경 장군 좌씨가 천진에서 탁공 4인을 불러와 탁본을 했다는 설로부터 비롯되는 것으로 천진탁공 4인설은 모두가 다 사실이 아닌 것을 사실인 것처럼 조작하여 꾸며진 위서이다.

1882년부터 변조되기 시작한 쌍구가묵본은 『회여록』에 수록된 석판본과 같이 비면 전체에 먹칠을 하여 새까맣게 보이도록 하는 방법과 원석의 탁본과 꼭 같게 보이도록 기공이 모두 살아 있는 것처럼 보이도록 그리는 방법 등등 여러 가지 방법으로 가능한 것이다. 그 대표적인 것이 1981년에 7개월 동안에 원석탁본 하나를 그려 냈다고 하는 왕건군본과 주운태본이 있다.

따라서 이를 가려내기 위해서는 원석비문에 회칠을 하여 글자를 변조하기 이전에 원석에서 채탁한 정탁본을 찾아내어야 확인이 가능한 것이다. 그러나 원석에서 채탁된 정탁본들은 수거되어 모두 소각된 것으로 찾아내기는 불가능한 것이다. 그렇기 때문에 차선책으로 414년에 유행하던 금문과 비문의 문맥과 부합되는 글자를 찾아내어 복원하는 방법 외에는 달리 복원할 방법은 없다.

2) 來渡海破[來□□□] 百殘[□□]의 공란에 대한 필자의 복원

래도해파來渡海破 중 "도해파渡海破"라는 세 글자는 변조된 글자라는 것은 연구자들 모두가 다 공감하는 바이다. 이진희李進熙 씨도 제일 문제가 되는 것은 "래도해파來渡海破"라고 하였고 김정배 씨도 "[래도해來渡海] 자는 원비문에는 없었던 것이고, [파破] 자도 거의 안 보인다. 즉 이들의 비문은 주구경신酒勾景信이 슬쩍 바꿔 놓은 것이 확인되었다."라고 하였다.

[표 27]에서 보는 바와 같이 65인의 연구자들이 이에 대한 복원을 하기 위해 50여 종류의 문자가 제시되었으나 원문에 근접하는 문자는 단 한 글자도 없다. 래도해파來渡海破에 대한 원문 글자를 복원하기 위해 표에서 보는 바와 같이 연구자들이 불공인不貢因을 비롯하여 도해고渡海故, 구매寇每, 침탕侵盪, 도매渡每, 도패渡浿, 도사渡泗, 도전渡洰, 도황渡皇, 도왕渡王 등등 10여 종류의 문자를 제시하고 있으나 아직까지도 원본 문자에 근접하는 문자로 인정되는 문자를 찾아내지는 못하고 있다.

따라서 래도해파는 금문으로 작성된 문장이 분명하기 때문에 래도해파來渡海破라는 4자구는 반드시 하나의 문장으로 성립이 될 수 있어야 정당한 문장으로 인정이 될 수 있는 것이다. 그러나 래도해파는 하나의 문장으로 번역을 할 수도 없기 때문에 변조된 문장이라는 것이 명백하게 입증이 되는 것이다. 래도해파를 번역한다면 '와서 바다를 건너가 파했다.'가 되기 때문에 이런 문장을 성문이라고 말할 수는 없는 것이며 다시 말해 어느 문장에서도 적용이 될 수 없는 조작된 문장이라는 것이다.

그렇기 때문에 필자는 신묘년조의 20자 중에서 변조된 3자와 파손된 2자에 대하여 414년에 유행하던 금문법에 따라 다음과 같이 구두점을 6, 4, 4, 6으로 찍고 그 문맥에 부합되는 글자를 찾아내어 조합한 결과 다음과 같은 문장이 성립되는 것을 발견했다. 이 문장의 주어는 백잔이다.

而倭以辛卯年	來**以寇盜**	百殘**破倭**	新羅以爲臣民	以六年丙申	王躬率**大軍**
6字句	4字句	4字句	6字句	5字句	5字句

(고딕체는 필자가 복원한 글자)

즉 그렇게 된 원인은(而) 왜가 신묘년에 와서 노략질을 함으로써 백잔이 노략질 하는 왜구를 격파하고 그 여세로 신라를 신민으로 삼으려고 하였다. 때문에(以) 6년 병신에 왕이 몸소 대군을 거느리고,

라고 번역이 되어 가장 정통하게 복원이 되었다고 말할 수 있다.

위와 같이 복원을 함으로써 백잔百殘이 주어가 되어 고구려에서 왜구를 토벌하지 아니하고 백잔을 토벌한 원인을 알 수 있게 되는 것이다. 또한 백잔을 토벌할 때 왜병들이 단 하나도 나타나지 아니한 것은 왜구가 백잔과 신라를 신민으로 삼은 사실이 없었다는 사실을 입증해 주는 것이기도 하다.

따라서 고구려가 왜구를 토벌하지 아니하고 백잔을 토벌한데 대한 의구심도 해소되어 이 두 가지 문제가 말끔하게 해결되고 문맥의 전체가 순조롭게 상통되는 효과도 있는 것이니 130년 만에 가장 정통한 문자로 복원이 된 것이다.

만약에 이 문장이 왜인들의 주장대로 왜가 주어가 되는 문장이라면 광개토왕이 6년 병신에 백잔이 아닌 왜구를 토벌했어야 하는 문장이다. 만약에 왜가 백잔과 신라를 신민으로 삼은 것이 사실이라면 고구려가 6년에 백잔을 토벌할 때 왜병들이 출병하여 방어전을 했어야 하는 것이다. 그러나 왜병은 단 하나도 나타나지 아니한 것은 곧 왜가 백잔과 신라를 신민으로 삼은 사실이 없었다는 것을 증명해 주는 것이니 '래도해파'는 변조된 글자라는 것이 더욱 명백하게 입증이 되는 것이다.

더욱이 광개토왕의 훈적비문에 왜인들의 공적이 기록된다는 것 자체도 어불성설이 되는 것이고, 그 논거는 변조된 래도해파라는 네 글자에서 연유한 것이므로 차제에 변조된 '래도해파 백잔□□'을 삭제하고 '래이구도來**以寇盜** 백잔파왜 百殘**破倭**'로 교정하는 것이 지극히 당연한 것으로 이론의 여지가 있을 수 없는 것이다.

3) 필자가 교정 복원한 문자와 번역문

다음의 표6-1, 2는 필자가 교정 복원한 글자를 **고딕체**로 표시한 48자이고 그 번역문을 실었다. 현재까지 잘못 번역이 되고 있는 문장에 대하여 올바르게 번역이 되도록 바로잡았고 정·오자를 가리지 못하고 시비가 있는 글자의 정자를 확정하여 고딕체로 표현을 하였다.

고딕체는 필자가 새로이 복원한 48글자다. 만약에 시비곡직에 대한 논평도 없이 각자가 자기의 주장만을 내세우며 평행선을 달린다면 앞으로 천년이 지나가도 통일된 하나로의 결론은 도출하지 못할 것이다.

때문에 정·오가 밝혀지는 대로 하나하나 정리를 해나가야 결론에 쉽게 도달할 수 있게 되는 것이다.

한 가지 예시문을 제시한다면 광개토왕의 시호의 첫머리에 "국강상國罡上"이라는 시호가 있다. 그러나 "국강상國罡上"이라고 쓰는 경우는 없고 모두가 다 國罡上이라고 쓰고 있으면서도 강罡자가 오기라는 사실조차도 모르고 있는지가 130년에 이르고 있으니 이 얼마나 부끄러운 노릇이냐 하는 것이다.

그러나 1898년에 정문작鄭文焯이 그의 저서에 "국강상國罡上"이라고 분명하게 써놓은 사실이 있으나 다만 자기 홀로만이 알고 국강상國罡上이라고 써놓고 강罡자와 강罡자 중 어느 글자가 정자라는 설명이 없어 후학들이 정오자를 구별하지 못해 130년이 지나도록 단 한 사람의 후학도 이를 따르지 아니하고 있어 현재 까지도 정·오자를 구별하지 못하고 있다.

그동안에 사전을 단 한 번만이라도 펴본 학자가 있었다면 소형 시전에는 없지만 대형 사전에서는 강罡 자가 '언덕 강罡' 자로 정자라는 사실을 확인할 수가 있었을 것인데도 130년 동안에 사전을 펴본 학자가 단 한 사람도 없었다니 이러고도 비문에 대한 연구를 했다고 말할 수가 있느냐 하는 것이다.

이와 같은 사실을 2018도에 이르러서야 필자가 최초로 찾아내어 이를 일깨우기 위하여 예시문으로 제시하는 바이다.

[표 6-1] **필자가 복원한 글자**(고딕체)

순	면-행	원문	필자의 교정문	번역문(주해)
1	1-2	連葭浮龜	連**蔽**浮龜	**거북이들은 모두 물 위로 떠올라 강물을 덮어** 강을 건너갈 수 있게 하라고 외치시니
2	1-3	履龍頁昇天	**黃**龍**負**昇天	황룡이 업고 승천하였다. (履龍이라는 용어는 성립될 수 없는 용어이다. 당초에 履 자로 誤記된 것을 黃 자로 교정한 것으로 판단하는 것이 옳다.)
3	1-4	以道興治	以道**興**治	**도로써 나라를 잘 다스리고**(2세밖에 안 된 왕의 치세에 대하여 흥망을 논하는 것은 옳지 못하다.)
4	1-4	遝至17世孫	**還**至17世孫	'**17세손 대에 이르러**'가 옳은 문장이다.
5	1-4	國罡上	國**罡**上	강罡 자의 자의는 언덕 강, 강罡 자의 자의는 의지할 곳 없는 외로울 강
6	1-5	掃除□□	掃除**不軌**	불궤한 무리들을 쓸어 없애고
7	1-6	遷就山陵	遷就山**陵**	山陵은 우산하 0540호분을 말하는 것이다.
8	1-6	其詞曰□□	其詞曰**維時**	비문에 기록하기를 때는 영락 5년에(때를 가리키는 維時라고 보결하는 것이 옳다.)
9	1-7	不息□又	不**歸質人**	'고구려인을 납치해 **억류하고 있는 고구려인을 돌려 보내지 아니하므로**'가 올바른 문장이다.
10	1-7	躬率住討	躬率**任**討	왕任 자의 어의는 급히 달려갈 왕
11	1-8	舊是屬民		舊是屬民은 396년에 고구려가 백잔을 토벌함으로 **아신왕이 무릎을 꿇고 항복하므로 속민관계가 성립된 것을 말함이다**. 이에 대한 해답은 병신년조에서 '**跪王自誓**'이다.
12	1-9	由來朝貢		유래조공의 해답은 병신년조에서 永爲奴客이라고 한 것이다. **永爲奴客**에 대한 번역은 반드시 "**영원히 노객이 되어 조공을 받치겠습니다.**"라고 번역을 해야 올바른 번역이 되는 것이다. 이 문장에 대한 번역은 "아신왕이 무릎을 꿇어 항복하고 스스로 맹서하기를 이제부터 이후로는 영원히 노객이 되어 **조공을 받치겠습니다.**"라고 **항복**과 **조공**이라는 용어가 반드시 표현이 되도록 번역을 해야 이 문장에 대한 진정한 의미가 쉽게 이해되는 문장이다. 만약에 종전과 같이 "아신왕이 무릎을 꿇고 맹서하기를 지금부터 이후로는 영원히 노객이 되겠나이다."라고 번역을 한다면 무슨 의미인지를 이해하기가 어려운 것이다.
13	1-9	而倭以辛卯年		而 자는 접속사로서 '**즉**' 또는 '**그것은**'으로 번역을 해야 올바른 번역문이 되는 것이다. 번역에서 제외하면 안 된다.
14	1-9	來 渡 海 破 百殘□□	**來以寇盜** **百殘破倭**	내역은 181쪽에 상술되어 있음
15	1-9	王躬率水軍	王躬率**大**軍	내역은 181쪽에 상술되어 있음
16	2-8	步騎五萬	步騎**二**萬	내역은 181쪽에 상술되어 있음
17	3-3	而倭不軌	而倭**寇盜**	내역은 181쪽에 상술되어 있음
18	1-9	新羅**以爲**臣民		신라를 신민으로 삼으려고 하였다. (**以爲**의 어의는 생각하다이다. 따라서 "삼았다."라고 번역을 해서는 안 되는 문장이다.)
19	1-9	**以**六年丙申		以 자는 접속사로서 '**때문에**'로 번역을 하도록 쓰인 글자다. 만약에 以 자를 '때문에'로 번역을 하지 아니하고 배제한다면 신묘년조와 병신년조가 별개의 문장인 것처럼 분리가 되어 본질이 변질된다.
계			22자	

[표 6-2] **필자가 복원한 글자**(고덕체)

순	면-행	원문	교정문	번역문(주해)
20	1-9	軍□□□	軍**侵殘界**	'군사들이 **잔계로 처들어가**'라고 번역이 돼야 문맥이 상통하게 된다.
21	2-3	敢出交戰	敢出**抗戰**	"감히 나와서 **항전을 하므로**"라고 번역한다.
22	2-4	跪王自誓		단순히 '무릎을 꿇고'로 번역을 하면 진정한 의미가 표현되지 않는다. 이 때문에 반드시 "**무릎을 꿇어 항복하고 맹서하기를**"이라고 하여 항복이라는 용어가 반드시 표현이 되도록 번역을 해야 한다.(백제에서 항복하지 아니한 것처럼 歸 자로 변조한 것이다.)
23	2-4	永爲奴客		단순히 "영원히 노객이 되겠습니다."라고 번역을 하면 진정한 의미가 표현되지 않는다. 이 때문에 반드시 "**영원히 노객이 되어 조공을 받치겠습니다.**"라고 번역을 해야 한다.
24	2-8	住救新羅	任救新羅	任 자는 급히 달려갈 왕 자이다. 그런데도 130년이나 지나도록 任救라고 쓴 경우는 딘 한 긴도 발견되지 않고 모두기 住救 또는 往救라고 써 오고 있었으니 비문에 대한 연구가 얼마나 허술했는지를 알 수 있게 한다.
25	2-8	倭賊退□	倭賊退**却**	왜적이 **퇴각**했다.
26	3-2	未有身來論事□□□□□開土境好太王□□□寐錦□□僕勾	未有身來**朝貢**而國𡈼上廣開土境好太王**朝至** 新羅寐錦**遂自**僕勾	"몸소 와서 **조공**하지 않더니 국각상광개토경호태왕조에 이르러 신라의 매금이 드디어 **스스로** 복구하고"라고 번역이 되도록 쓰인 문장이다.
27	3-3	□□□朝貢	**自此身來**朝貢	'이때부터 몸소 와서' 조공하였다. 제3면 제2, 3행의 문장은 신라는 태왕조 때부터 자진해서 조공을 해 왔다는 것이다.
28	3-6	王躬率往討	王躬率**任**討	**任** 자로 써야 옳은 것이다.
29	4-5	國𡈼上	國**𡈼**上	𡈼 자로 쓰는 것이 옳은 글자다.
30	4-8	國𡈼上	國**𡈼**上	𡈼 자로 쓰는 것이 옳은 글자다.
소계			26	
총계			48	

6. 비문의 난해한 글자

1) 변조된 난해 문자

 광개토왕릉비문은 고금 서체를 모두 동원하여 규율에 얽매이지 아니하고 자유분방하게 써 내려간 천재 학자의 작품이라고 할 수 있다. 예서체를 바탕으로 하여 해서체, 행서체까지를 가미하고 대소혼서 등 정통과 규칙을 거부하고 자획의 가감과 생략을 마음대로 구사하고 상박하후 상후하박 등등 개혁적이며 기이한 독자체를 구사하여 정오를 구별해 내기가 심히 어려운 천재 학자의 서법이라고 평가하지 않을 수 없다.

그러나 일본인들이 쌍구가묵본으로 만들면서 많은 글자를 오독으로 인하여 오기된 것처럼 교묘하게 변조·왜곡을 가하였고 서평자들은 자전의 기록도 무시하고 山변과 止변을 혼용되는 글자라는 등, 'イ'변과 'ㄔ'변이 혼용되는 부수라는 등등의 곡론으로 인하여 비문이 만신창이가 되었는데도 비문에는 오자나 변조된 글자는 단 한 글자도 없고 모두가 다 특수체라느니 별체자라느니 등등의 해괴한 이름을 붙여 정당한 글자인 것처럼 서평을 하고 있어 이에 대하여 살펴보고자 한다.

2) 廣開土王 諡號의 罡 자에 대하여

광개토왕비에 대한 연구를 함에 있어 가장 먼저 접하게 되는 것이 왕의 시호이다. 비석을 세운 지 1,600년이나 지나고 비문이 발견된 지도 140년이나 지난 오늘날까지도 태왕의 시호도 올바르게 쓰지 못하고 있다는 것은 참으로 부끄러운 일이 아닐 수 없다. 시호의 첫머리의 국강상國罡上은 국내성의 주산의 내룡에서 묘를 설치할 수 있는 가장 높은 언덕 위의 지대를 말하는 것이다. 따라서 '강罡' 자는 '언덕 강' 자이다.

그런데도 비석이 발견된 지 140년이나 지나도록 국강상國罡上이라고 쓴 경우는 단 한 건도 없고 모두가 다 '국강상國罡上', '國罡上', '國崗上', '國岡上' 등등으로 각각 달리 쓰고 있으니 어찌 비문을 연구했다고 말할 수가 있겠느냐 하는 것이다. '강罡' 자는 '의지할 곳 없는 외로울 강' 자이다. 따라서 "국강상國罡上"이라 쓰고 번역을 한다면 '국토에 의지할 곳 없는 외로운 산 위에 묘를 썼다.'라고 번역이 되는 문장이다.

이와 같은 문장이 과연 왕의 시호에 부합되는 문장이라고 말할 수가 있느냐 하는 것이다. 따라서 이는 문의에도 부합되지 않아 시호로 쓸 수도 없는 글자이다. 그런데도 130년 동안이나 거리낌 없이 "국강상國罡上"이라고 쓰고 있었으니 이 얼마나 무신경한 처사냐 하는 것이다.

국강상國罡上이라고 올바르게 쓴 경우가 딱 한 곳이 있으니 그것은 중국의 정문작鄭文焯이 1898년에 쓴「구구려 영락호태왕비석문찬고」이다. 그러나 그것도 『회여록』의 석판본을 인용하면서도 오직 '강罡' 자 하나만을 옳게 기록을 하였을 뿐이고 '왕任' 자를 주住 자로 아'我' 자를 목木 자로 '시示' 자를 영永 자로 등등 『회여록』에서의 변조한 글자를 그대로 받아쓰고 있어 '강罡' 자로 쓴 것까지도 모두 오자로 간주되어 아무도 따르지 아니하여 효과를 거두지 못하고 있다.

이와 같이 중국에서는 자기들이 채탁한 원석탁본 하나도 보전하지 못하고 오히려 왜인들이 변조·개삭해 놓은 자료를 그대로 인용하고 있어 전거로 이용할 가치가 없다.

왕의 시호가 최초로 기록된 것은 비석을 세울 때 이미 "국강상광개토경평안호태왕이다."라고 명기되어 있었다. 그런데도 일본인들이 비문을 쌍구가묵본으로 조작하면서 '강罡' 자로 새겨져 있는 글자를 사罒 자 아래에 산山 자를 지止 자와 비슷하게 점으로 그려 놓았다. 그렇기 때문에 연구자들이 모두 이를 정자로 곡해를 하게 되어 오늘날까지도 모두들 '강罡' 자로 인식하여 130년이나 지나도록 왕의 시호 하나도 올바르게 인식하지 못하고 있었으니, 비문에 대한 연구가 얼마나 부실하게 이루어지고 있었는지 알 수 있다.

'강罡' 자는 '의지할 곳 없을 강' 자로 '국강상國罡上'의 문의에 부합되지도 않는 글자인데도 불구하고 단 한 마디의 이론도 없이 130년이나 지나는 현재까지도 답습을 해 오고 있다는 것은 비문에 대한 연구가 얼마나 피상적으로 흐르고 있었는지를 알 수 있게 하는 것이다.

특히 '강罡' 자는 소형자전에는 수록되지 않고 대형자전과 인터넷의 '한중일 통합한자 확장-B'의 산山 자 부 5획의 한 곳에서만 검색이 되기 때문에 찾기에 어려움이 있는 것은 사실이다.

현재 쓰이고 있는 시호를 살펴보면 하나로 통일되어 있지도 못하고 다양하게 쓰이고 있을 뿐이다. 정통한 시호인 국강상國罡上이라고 쓴 경우는 단 한 곳도 찾아 볼 수가 없다. 이는 강罡 자가 실존하는 글자라는 사실조차도 모르고 있다는 것을 말해 주는 것이다. 이는 130년 동안에 강罡 자를 사전에서 검색해 본 경우가 단 한 건도 없었다는 것이니 이 얼마나 서글픈 일인가?

현재는 대개가 국강상國岡上으로 쓰는 경우가 많이 보이기는 하지만 이는 가장 쓰기에 편리한 글자이니까 우연히 국강상國岡上으로 쓰는 것일 뿐, 강岡 자와 강

罡 자가 동자소字라는 대형자전의 자의를 이해하고 쓰는 경우가 아닐 것이다. 그러나 비석에는 국강상國罡上이라고 명기되어 있지 국강상國岡上이라고 기록되지 않았다. 따라서 비석에 최초로 새겨진 그대로 국강상國罡上이라고 기록해야 옳다는 것이다.

광개토왕비문이 활자화되어 발표된 자료는 『회여록』이 최초이기 때문에 비문 연구의 기초 자료가 되고 있다. 그런데도 우리나라 국립중앙도서관과 서울대학교 도서관에는 현재까지도 『회여록』이 비치되어 있지 않고 있다.

"국강상國罡上"이라고 쓴 곳이 또 한 곳이 있어 살펴보고자 한다. 그것은 중국인 영희榮禧 씨의 비문에 대한 기록이다. 원석비문에는 "국강상國罡上"이라고 쓰여야 할 시호가 4개 처가 있다. 그 4개 처에 대하여 영희榮禧본에 기록된 것을 살펴보면 ① 국강토國岡土 ② 국강토國罡土 ③ 국강토國罡土 ④ 국강토國罡土 등등 4종류로 각각 달리 기록하고 있다. 4개 처의 시호는 모두 광개토왕의 시호인데도 불구하고 오직 ③에서만 유독 "국강토國罡土"(제4면 제5행)라고 기록을 했으니 이는 강罡 자가 옳다는 의미를 이해하고 기록한 것이 아니고 강罡 자의 의미도 모르는 상태에서 우연히 강罡 자로 기록한 것이 분명하다.

왜냐하면 '국강상國罡上'이 아닌 "국강토國罡土"라고 4개 처를 모두 土 자로 기록한 것으로 보아도 이는 '국강상國罡上'이 "왕릉이 소재하는 높은 언덕 위"라는 의미도 모르고 다만 광개토廣開土와 같은 의미의 국토國土라고만 인식을 했기 때문에 "국강토國罡土"라고 쓴 것이 분명하기 때문이다. 이뿐만 아니라 강罡 자와 강罡 자의 자의도 구분하지 못하는 상태에서 쓰였기 때문에 4개 처를 모두 각각 달리 기록한 것으로 보인다.

특히 강罡 자와 강罡 자 중 강罡 자는 부정적으로 보고 강罡 자를 긍정적으로 본 듯하다. 왜냐하면 강罡 자는 ②번과 ④번 두 곳에 기록을 한 반면에 강罡 자는 오직 ③번의 한 곳에만 기록을 하였기 때문이다. 이는 강罡 자의 의미도 모르고 강罡 자에 더 비중을 둔 것이 분명하다.

'국강상國罡上'을 기록함에 있어 이제부터라도 강罡 자에 대한 본질을 올바르게 인식을 하고 반드시 최초로 원석비문에 기록된 그 원형 그대로 '국강상國罡上'으로 기록하여 정체성을 정립하는 것이 옳은 것이다.

3) 주구신라住救新羅의 주[住]자에 대하여

원석비문에는 왕토任討 왕구任救라고 분명하게 기록이 된 글자를 1889년에 일본에서 『회여록』을 출판하면서 왕任(통합한자 확장A에 있음) 자 위에 점 하나를 더 찍어 주住 자로 변조를 한 것이 분명하다. 왜냐하면 이 문장은 한문에 기초 지식만 갖추었더라도 왕토住討 왕구住救 자로 보게 되는 단어이다. 그런데도 이를 주토住討 주구住救라고 기록한 것은 계획적으로 변조한 것이 분명하다.

서평자들의 서평은 더욱 가관이다. 왕任 자를 주住 자로 오기한 것이 명백하므로 "주住 자는 왕任 자의 오기다."라고 단정하고 왕任 자로 교정을 하면 종결되는 문제인데도, 서평자들은 왕任 자의 존재 사실도 인식하지 못하고 주住 자와 왕往 자는 통용되는 글자라는 등의 괴변으로 독자들을 기만하고 있다. 또 이는 고구려의 특수문자라는 등등 해괴한 이론을 동원하여 합리화, 정당화를 주장하고 있는 것이 더욱 가관이다.

비문 전체의 오기 또는 변조된 글자에 대하여도 모두 이와 같은 논리로 서평을 하기 때문에 변조되거나 오기된 글자는 단 한 글자도 없고 모두가 다 정당한 글자만 있는 것처럼 서평을 하고 있어 문제가 더욱 왜곡되고 있다.

자전에는 왕任 자가 분명하게 존재한다. 그 자의는 '급히 갈 왕' 자이고 [왕往] 자는 '천천히 갈 왕' 자이다. 따라서 '왕토 왕구'라고 하는 것은 구급을 요하는 것이므로 급히 달려가야 하므로 반드시 왕토任討 왕구任救라고 써야 옳은 것이고 왕토往討 왕구往救라고 쓰는 것은 오기誤記가 되는 것이다.

그런데도 현재의 비문에는 모두들 왕토往討 왕구往救라고 쓰고 있으니 이는 모두가 다 오기誤記이므로 왕토任討 왕구任救로 교정을 해야 한다.

그러나 130년이나 지난 오늘날까지도 왕토往討 왕구往救가 오기誤記라는 사실을 아무도 인식하지 못하고 왕任자라는 글자가 존재하는 글자인지도 인식하지 못하고 있으니 비문에 대한 연구가 얼마나 부실하게 진행되고 있는지를 알 수 있게 하는 것이다.

4) '釋文'이라는 용어에 대하여

일본인들이 석문이라는 용어를 비문碑文이라고 사용하는 것에 대하여 우리들이 이를 비판도 없이 받아들이는 것은 옳지 못한 처사다. 우리나라에서 석문釋文이라고 하는 용어는 불교의 경전 또는 불경佛經의 해석문이라는 용어로 이미 굳어져 있다.

그런데도 불구하고 일본인들이 '석문釋文'을 비문 또는 탁본이라는 의미로 사용한다고 하여 우리가 비판도 없이 그대로 받아들이는 것은 주체성도 없이 혼란만 야기하는 처사다.

일본인들은 이진희李進熙 씨의 '비문변조설碑文變造說'을 인용하면서도 "변조"라는 용어는 절대로 인용하지 않고 자기들의 구미에 맞는 용어로 바꾸어 사용한다는 것을 볼 수 있다. 적어도 그 정도의 주체성은 있어야 하는 것이 아닌가?

우리나라에서는 비문의 상태에 따라 '비문', '탁본', '판독문', '쌍구가묵본', '번역문' 등등으로 구분하여 명명하는 고유명사가 있으니 우리의 고유명사로 사용하면 되는 것을 구태여 우리나라 문화감정에 융화되지도 않는 "석문釋文"이라는 용어에 더하여 이를 "해석문"이라고 번역까지 해서 이용하고 있으니 한심한 노릇이다.

석문釋文이라는 용어의 정의를 밝혀 보기 위해 한·중·일 삼국에서 발행한 자전에서 '석문釋文'에 대한 용어를 찾아본 결과 다음과 같다.

> 한국의 자전字典 속 釋文: 불교佛敎의 경전經典, 또는 해석한 글.
> 일본의 자전字典 속 釋文: ① 불교佛敎의 경론經論을 해석한 글. ② 전문篆文 또는 초서, 행서 등의 글자를 일반 통용의 글자로 고쳐 쓰는 일. (이는 비문의 판독문을 의미하는 것이 아니다.)
> 중국의 자전字典 속 석문釋文: 석문釋文이라는 용어 자체가 없음.

이상에서 보는 바와 같이 '석문'을 비문 또는 탁본 판독문이라고 설명한 경우는 단 한 건도 없다. 그런데도 우리들은 일본인 횡정충직이 『회여록』에 기록한 "고비석문古碑釋文"이라고 하는 용어 한 마디에 현혹되어 부화뇌동하고 있으니 웃음거리가 아닐 수 없다.

일본인들은 '이진희의 비문변조설'을 인용하면서도 "이진희의 비문변조설"이라고 원문을 그대로 인용하는 경우는 단 한 건도 없다. 모두가 다 "변조變造"라는 용어를 일체 인용하지 아니하고 자기 나라의 고유 용어로 변경하여 '<u>이진희의 설</u>', '<u>이진희의 신설新說</u>', '<u>이진희의 문제 제기</u>', '<u>이진희의 개삭설</u>', '<u>칠식가면漆殖假面</u>' 등등으로 자기들의 구미에 맞게 바꾸어 사용하고 변조라는 용어는 일체 사용하지 않는데도 우리가 일본인들이 주장하는 석문釋文이라는 용어를 비판도 없이 받아들여 부화뇌동하는 것은 부끄러운 처사다.

일본에서도 역시 석문釋文을 불서佛書로 인정을 하면서도 한편으로는 '<u>전문 또는 초서, 행서 등의 글자를 일반 통용의 글자로 고쳐 쓰는 일</u>'이라고 부기를 해 놓았을 뿐 그것이 박락된 비문의 판독문이라는 의미는 아니다.

그것은 이미 정자로 확정되어 있는 전문篆文이나 조서를 전문가가 아닌 일반인들이 알아볼 수 있도록 정자로 고쳐 쓰는 것을 말하는 것이지 이미 파손되어 판독할 수 없는 금석문의 판독문을 의미하는 것이 아니다.

석문釋文이라는 용어를 우리나라에서 비문이나 탁본에 대한 명칭으로 사용하는 것은 우리나라 문화 감정에 부합되지 않는 용어이다. 왜냐하면 석문釋文이라는 용어는 이미 불교의 경전을 의미하는 문자로 인식이 굳어져 있기 때문에 갑자기 석문釋文이라는 새로운 용어를 비문이나 탁본이라는 이름으로 사용하는 것에 적용이 될 수 없어 혼란만 가중되기 때문이다.

따라서 앞으로는 비문이나 탁본에 대하여 "석문釋文"이라는 용어를 일체 사용해서는 안 될 것이고 반드시 '비문', '탁본', '판독문' 등등 우리나라의 고유한 명칭으로 사용하여 주체성 있는 소신을 견지해야 할 것이다.

제 4 장

비문변조와 참모본부

1. 일본의 정세와 탁본 입수

1) 일본의 명치유신明治維新과 밀정 파견

　일본에서는 1868년에 명치유신을 단행하고 그 여세를 몰아 군국주의를 표방하고 팽창주의를 지향하여 조선을 삼키고, 중국까지 삼키려는 야심 찬 꿈을 꾸고 있었다. 이를 성공적으로 수행하기 위해서는 먼저 상대국과 우호 관계를 가장하여 안심시킨 연후에 상대국의 군사정보와 지리정보를 수집하기 위하여 밀정들을 대량으로 파견하여 정보수집에 열을 올리고 있었다.

　이와 같은 사실을 전혀 모르고 있는 청국을 유인하여 1873년에 청일 간에 우호조약을 체결하면서 청국으로부터 한국에는 관여하지 않겠다는 약속을 받아 내었다. 이어서 한국을 고립시키고 한국과는 1876년에 을사늑약을 체결하여 침략의 야욕을 채우기 위한 절차를 비밀리에 진행했다.

　이와 같이 청국을 안심시킨 연후에 '어학연수생'이다. '주재무관'이라는 등등의 허울뿐인 이름을 붙여 비밀정보원인 밀정들을 한국과 중국에 대량으로 파견하여 결국은 그 밀정들이 광개토왕비의 탁본에까지 영향을 미치게 되는 것이다.

　일본에서 중국에 최초로 파견한 밀정은 당시 군인으로 있던 지상사랑池上四郎과 무시정간武市正幹이다. 이들을 예편시킨 다음 1872년 8월 16일 장사꾼으로 가장하고 청국에 잠입시켜 상해에서부터 심양까지 정탐토록 하였다. 11월 28일에는 청국군사연구생이라는 명목으로 미대청원美代淸元과 미대청탁美代淸濯 등 8명에게 밀정의 임무를 주어 청국에 잠입시켜 군사정보를 수집하도록 하였다.(王健群, 『광개토왕비 연구』 1985년, 59쪽, 『對支回顧錄』)

1875년에는 육군대좌 복원화승福原和承을 공사관무관으로 북경에 파견하고 1876년에는 한국과 강화도조약을 체결하였다. 일본에서는 첩보활동을 본격적으로 하기 위해 1878년 12월에 참모본부를 설치하고 1879년(明治 12년) 6월에는 지수직志水直·도홍의島弘毅·대원리현大原里賢 등 12명의 밀정을 또 만주 지역으로 파견하였다. 도홍의島弘毅는 만주에 파견되어 만주 지리에 밝고 풍속을 연구하여 『만주독본』을 저술하기도 했다. 9월에는 또 어학연수생이라는 명목으로 천상언육川上彦六, 삼산창시杉山昌矢 등 14명을 파견하였다.(中塚明, 『일본근대사의 전개와 조선사상』, 『對支回顧錄』) 참모본부 관서국장 계태랑桂太郞은 대청작전계책을 작성하여 활용하였다.(藤田友治, 『호태왕비 논쟁의 해명』, 2017년)

1880년 9월에는 또 밀정 주구경신酒勾景信·옥정농호玉井朧虎 등 10명을 만주 지역에 파견하여 군사정보 수집에 열을 올렸다. 밀정 중에 주구경신酒勾景信이 중국어 연구생이란 신분으로 우장을 거점으로 하여 동북만주 각 지방의 군사용 지리자료를 수집하는 임무를 띠고 활동했다.(『對支回顧錄』)

광개토왕비문이 일본 참모본부에 전달되는 과정을 살펴보면 입수한 시기에 대하여는 1884년 6월 29일 자 『횡병매일신문橫浜每日新聞』에서 1884년 5월에 탁본을 입수했다는 기사를 110년이나 지난 1995년에야 발견하여 1884년 5월설이 정설인 것처럼 주장하고 있다.(佐伯有淸 「廣開土王碑文 硏究 餘論」, 『古代 東아시아 金石文論考』, 일본 길천홍문관, 1995) 그러나 그 신문 기사는 사실이 아니다. 왜냐하면 일본에서 비문에 대한 연구과정과 최초의 전달자 등을 살펴볼 때 탁본을 최초로 입수했다고 하는 1884년 5월은 세수년차와 부합되지 않기 때문이다. 따라서 1884년 이전에 이미 제1차로 입수가 되었어야 세수년차가 부합되며, 1884년 5월설은 제2차나 제3차의 입수가 되어야 한다는 것이다.

여기서 중요한 점은 비문에 대한 쌍구가묵본이 유행된 것이 1882년이라는 것이다. 중국인이 만든 탁본을 얻어 왔다고 허위로 정보를 조작하고 덮어씌우기 위해서 일본 참모본부 입장에서는 1884년 5월에 일본이 탁본을 최초로 입수했다는 주장을 내세워야 비밀이 유지될 수 있기 때문에 1884년 5월설은 참모본부에서 계획적으로 조작한 허위 기사로 간주되는 것이다.

　일본에서는 광개토왕비의 초기 탁본에 관한 모든 자료를 참모본부에서 독점으로 비밀리에 관리하고 공개하지 아니하여 탁본에 관한 일체의 자료는 확인할 수가 없다. 그런데도 오직 입수 일자만이 신문에까지 보도가 되게 하였다는 것이 이를 입증하고 있는 것이다.

　즉 일본의 주장에 따르면, 만주에서 봉금이 해제되고 1,500년 동안에 단 한 번도 탁본이 된 사실이 없던 비문이 하필이면 일본의 첩자들이 활동을 개시하여 새로운 정보를 찾아 혈안이 되어 헤매고 있던 1879년에 맞추어 처음으로 탁본이 된 것이다. 그리고 그것은 우리보다도 일본의 밀정들의 손에 먼저 입수되어 참모본부로 보내졌고, 이에 참모본부에서는 즉시 한학자들을 동원하여 해독에 착수함으로써 비문에 대한 연구가 시작되었다는 것이다.

　일본의 「출토기」에서 '토인들의 말에 따르면 땅속에 파묻혀 있던 비석이 300년 전부터 나타나기 시작하였다. 이에 작년에 성경장군 좌씨가 천진에서 탁공 4명을 불러와 파냈다. 그리고 2년 만에 겨우 두 부를 탁본한 것 중에서 한 부를 얻어 왔다'는 것이 정설인 것처럼 일본은 주장하고 있다. 그러나 비석이 있는 만주지방에서는 전혀 모르는 사실이며 「비문지유래기」를 살펴보면 사실에 부합되는 진실한 기록은 찾아 볼 수가 없고 모두가 다 사리에 부합되지도 않는 허위와 날조된 기사로 가득하여 신뢰할 수 없는 위서에 불과하다는 것을 알 수 있다.

　1881년에 '좌천소좌佐川少佐'가 탁본을 일본 참모본부에 전달했다는 사실이 이미 밝혀져 있는데도 일본에서는 1900년대까지는 탁본을 가지고 간 자의 이름에 대하여 '일본인 모 씨', '요우 모 씨', '요우 주구대위酒勾大尉', '아육군원 모 씨' 등등으로 숨겨져 왔다. 1920년경부터는 다시 주구경명酒勾景明이라는 이름으로 나타나고 근 100년이나 지난 1972년에 이르러서야 일본 정부의 비밀문서에서 주구경신酒勾景信이라는 이름을 처음으로 찾아냄으로써 비로소 주구경신酒勾景信이라는 이름이 세상에 알려지게 된 것이다.

　1909년 1월 6일 자 『황성신문』의 기사에 의하면

1881년에 일본인 좌천佐川 씨가 비를 발견하여 습사摺寫하고 청유 영희榮禧 씨가 이를 참고로 자세히 기록하여 동경박물관에 비치하고 세계잡지에 기재하였다.

또 좌천소좌가 만주 지방에서 밀정으로 활동을 하던 중 광개토왕비의 원석탁본 하나를 입수하여 참모본부로 보내므로 일본에서 탁본 연구가 비롯되었다.(金榮澤, 『韓國歷代小史』, 1914)고도 하였다.

이진희 씨는 이에 대하여 1997년 『광개토왕릉비의 탐구』 66쪽에서 다음과 같이 쓰고 있다.

청강수靑江秀는 비면을 깨끗이 닦아 냈을 때 마침 일본인 모가 이곳에 있어 이를 습본摺本하여 갖고 돌아왔다고 하였고 중촌백실中村伯實은 아육군원변순유과차我陸軍員弁巡遊過此 투금획지投金獲之라 쓰고 있는데 「비문지유래기碑文之由來記」(橫井忠直 작)에서는 강박하여 입수했다고 쓰고 있어 일치된 설이 없다.

이로 미루어 보아 비문에 관한 모든 문제가 모두 비밀에 가려져 있고 탁본 입수에 대한 정설도 없다.

2) 주구경신酒勾景信의 첩보활동 기간

[표 8]에서 보는 바와 같이 주구경신이 통구에서 첩보활동을 한 기간은 1881년 5월부터 1883년 8월까지 3년이다. 그 기간 동안에 비문에 대한 변조·개삭 등의 작업이 모두 이루어진 것이다. 따라서 주구는 3년 동안에 밀정 활동보다 탁본 작업에 열중했다는 것을 알 수 있다. 그 근거는 밀정 업무를 종료하고 귀국할 때 현지 소장의 허락을 받지 아니하고, 참모본부장 대산암과의 서신 교환([표 23])으로 귀국 경로를 지시받았다는 것이다. 따라서 주구는 특수 업무를 수행하고 귀국한 것이라는 것을 알 수 있다.

특수 업무라고 하는 것은 일본에서 비문의 변조·개삭을 위한 새로운 탁본을 만들기 위해 참모본부에서 1882년에 4인의 탁본 작업팀을 천진으로 파견한 것이다. 주구경신은 새로운 쌍구가묵본을 만드는 감독자가 되어 이들을 지휘하여 1883년에 완성된 탁본을 일본으로 가지고 간 것이다.

　주구경신의 이력을 살펴보면 그는 1879년에 참모본부에 출사하여 1880년 9월에 청국 파견 사령장을 받고 10월에 북경에 도착하였다. 이어서 중국어 공부를 하고 <u>1881년 5월에 포병 중위로 승진하고 병호훈령에 따라 성경성 방면에 밀정으로 파견되어 활동을 시작하였다</u>.(이진희, 『광개토왕릉비의 탐구』, 144쪽) 이로 미루어 볼 때 제1차 탁본 전달자는 주구경신酒勾景信이 될 수 없다.

　따라서 제1차 탁본 전달 시기와 전달자의 성명은 비밀에 가려져 있어 밝히지 못하고 있다.

[표 7]　　　　　　**주구경신酒勾景信의 약력**

연월	직위	활동 상황과 비와의 관련 사적
1850년 9월	일본에서 출생	島津藩 日向國 都城에서 출생
1877년		집안에서 광개토왕비 발견됨
1878년 12월	일본 육사 졸업	포병 소위 임관
1879년 8월	참모본부에 출사	정보수집
1880년 9월	청국 파견 사령장 받음	일본의 밀정으로 중국으로 파견됨
1880년 10월	북경에 도착	중국어 공부
1881년 5월	보병 중위에 임관	丙호훈령에 따라 盛京城에서 간첩 활동 개시
1882년 9~12	(陳士芸설을 盛京將軍설로 조작한 것으로 추정)	비문을 쌍구가묵본으로 제작하여 유포함. 酒勾景信이 쌍구가묵본 제작의 감독자로 추정 (**쌍구가묵본의 초기 유행설과도 일치됨**)
1883년 8월	밀정업무 종료	참모본부장 대산암과의 서신([표 19])으로 귀국 경로를 협의함([표 17])
1883년 10월	귀국명령	선편으로 귀국하면서 쌍구가묵본을 가지고 가서 참모본부에 제출함 이는 제2차의 입수본으로 확인됨(제1차 입수 시기와 전달자는 미상으로 비밀에 숨겨져 있음)
1884년 2월	참모본부 의정관에 부임	쌍구가묵본 제작의 공로로 의정관에 영전된 것으로 추정
1884년 5월	포병 대위로 승진	포병 제3대장으로 부임
1888년 12월	酒勾景信 이름으로	천황에게 헌상
1889년 6월	회여록이 출판됨	『회여록』에 4대 악서가 수록됨
1891년 3월	酒勾景信이	낙마로 사망
1897년 3월	사망한 지 6년이 지난 후?	1894년~1895년의 戰役(중일전쟁)의 공이라는 명목으로 금 500원을 하사함

3) 1884년 5월설은 조작된 가설이다

일본에서는 탁본에 관한 정보 일체를 비밀로 숨기고 있다. 그러면서도 참모본부에서 탁본을 입수한 시기에 대하여는 『동경횡병매일신문』 1884년 6월 29일자 기사에 보도가 되었다. 즉 이는 여러 가지 상황을 종합하여 검토한 결과 1차의 입수가 아니고 2차나 3차의 입수로 보아야 세수년차가 부합된다는 것을 알 수 있다.

그 신문 기사도 비석이 발견된 지 110년이나 지난 1995년에 이르러서야 좌백유청佐伯有淸과 무전행남武田幸男이 1884년 6월 29일 자『동경횡병매일신문』 기사를 발견하여 이를 근거로 1884년 5월설을 정설인 것처럼 굳히고 있는 것이다.(佐伯有淸,「廣開土王碑 硏究 餘論」(古代 東아시아 金石文論考) 일본 길천홍문관, 1995)

다음의 [표 9]에서 보는 바와 같이 1884년 5월부터 12월까지에 완성된 광개토왕비문에 관한 논문으로 청강수靑江秀와 횡정충직橫井忠直을 비롯한 4인의 논문 14편이 각 도서관에 비치되고 있어 14편의 논문을 완성하기까지에는 그보다 2~3년은 앞서서 입수가 되어 있었어야 가능한 일이다. 특히 횡정충직橫井忠直이 1884년 5월에 『고려고비고』를 완성한 사실로 미루어 보더라도 1884년 5월에 최초로 입수했다는 논리는 성립이 될 수 없다.

특히 이 사건은 통구에서 일어난 사건이 분명한 사실인데도 불구하고 통구에서는 일체 모르는 사실을 바다 건너 일본의 『회여록』의 「출토기」에서만 유일하게 수록이 되어 있다. 이는 일본인들끼리 모의하여 거짓으로 꾸며서 「출토기」에 기록한 기사일 것이다.

비문의 탁본에 대하여 일본의 참모본부에서는 6년 동안이나 극비리에 독점적으로 연구·개찬을 하여 『회여록』 제5집에 특집으로 발표를 하고 천황에게까지 헌상하며 국가적인 대사업으로 다루었다. 따라서 이는 개인들이 사적으로 벌인 문제가 아니고 국가적인 차원에서 이루어진 대사업이라는 것을 알 수 있다.

특히 비문에 대하여는 일체를 비밀로 하면서도 하필이면 입수 시기를 신문에 흘렸다. 즉 이것은 입수 시기를 조작하기 위한 꼼수가 아니냐 하는 것이다. 만약에 1884년 5월설이 정설이라면 횡정충직橫井忠直과 청강수는 탁본이 아직 일본에 도착도 하기도 전에 비문을 읽어 보지도 못한 상태에서 『고려고비고』를 썼다는 논리가 되는 것이니 이는 어불성설이 아닐 수 없다.

또한 고증문을 쓰기 위해서는 140여 매로 탁본된 탁본지를 하나로 연접하여 4폭의 비문으로 완성하여 축소 인쇄를 하여 배포하기까지도 1년의 시간이 필요할 것이고, 연구를 하기 위해서는 고전 사서를 모두 뒤져 입증을 해야 하기 때문에 1884년 5월설은 성립이 될 수 없는 가설이 분명하다.

더욱이 문제가 되는 것은 주구경신酒勾景信이 밀정 활동을 한 기간이 1881년 9월부터 1883년 8월까지이고 참모본부장 대산암大山巖의 서면 지시로 탁본을 가지고 일본으로 귀국한 것은 1883년 10월이다.

따라서 일본의 탁본 입수 시기는 1880년 이전이어야 세수년차가 부합되는 것이고 1884년 5월에 입수한 것은 제2차나 제3차의 입수로 보아야 한다는 것이다.

[표 8] **1884년 12월 이전에 저술된 논문**

	저술 연월일	저자	논문 명칭	소장처
1	1881년	佐川少佐	광개토왕비 원석탁본	참모본부에 전달
2	1883년 10월	酒勾景信	탁본 및 비문지유래기	제실박물관 (李進熙가 찾아냄)
3	1884년 5월	橫井忠直	고려고비고	동경 일비곡도서관
	1884년 6월 4일	1972년에 佐伯有淸이 신문기사를 찾아냄	『東京橫浜每日新聞』 보도	1884년 5월 입수 사실 보도
4	1884년 7월	靑江秀	동부여 영락태왕비명지해	일본 국회도서관
5	1884년	靑江秀	고구려 19세광개토왕묘지해 고증	일본 국회도서관
6	1884년	谷森善臣	고구려 광개토경호태왕묘비명	궁내청 서릉부
7	1884년	井上賴國	고구려고비고	일본 무궁회 도서관
8	1884년	橫井忠直	고려고비고	무궁회 도서관
9	1884년 불명	橫井忠直	고려고비고	대동급 기념문고
10	1884년 불명	불명	고구려고비문	경도대학 도서관
11	1884년 불명	불명	고구려고비문	궁내청 서릉부
12	1884년 불명	불명	고구려고비문	무궁회 도서관
13	1884년 12월	橫井忠直	고려고비고	경도대학 도서관
14	1884년 12월	橫井忠直	高句麗고비고	궁내청 서릉부
	합계		14편	

4) 탁본을 최초로 가지고 간 자의 이름

비의 탁본을 일본의 참모본부로 최초로 가지고 간 자의 이름에 대하여 참모본부에서는 일체 비밀로 숨기고 공개한 사실이 없기 때문에 연구자 나름대로 노력을 기울여 100년 동안에 찾아낸 이름을 집계하면 [표 10]에 기록된 바와 같이 10여 명임을 알 수 있다.

『회여록』에 최초로 발표된 「출토기」에는 다음과 같은 기록이 있다.

"일본인 모 적유차지適遊此地 인구득기일제환因求得其一齎還", 즉 "일본인 모씨가 유람차 이곳에 왔다가 그 하나를 구해 가지고 돌아갔다."라고 하였다. 이와 같이 본명을 밝히지 아니하니 근 100년 동안이나 그 이름이 베일에 가려져 있어 아무도 알지 못했다.

연구자들의 노력으로 추리해 낸 이름은 다음과 같다. 즉 모씨某氏, 일본인 모씨日本人某氏, 요우모씨僚友某氏, 요우주구대위僚友酒勾大尉, 주구모酒勾某 포병 대위砲兵 大尉이나. 주구酒勾라는 성씨만으로 20년 동안이나 지칭되었다. 이후부터는 좌천소좌佐川少佐라는 자의 성씨가 나타나 10여 년 동안 지칭되어 오다가 그 이후부터는 주구경명酒勾景明이라는 이름이 등장하여 약 50년 동안이나 지속이 되다가 1972년에 이르러서야 주구경명酒勾景明이 아니고 주구경신酒勾景信이라는 이름을 이진희李進熙가 최초로 밝혀냄으로써 비문을 가지고 간 지 90년 만에야 이름이 밝혀진 것이다.

횡정충직橫井忠直이 썼다고 하는 4개 종류의 논문에서 탁본을 최초로 참모본부로 가지고 간 자의 이름에 대하여 표에서 보는 바와 같이 요우모僚友某, 요우주구대위僚友酒勾大尉라고 하였다. 이와 같이 6년 동안에 비문의 입수 사실을 학계에도 알리지 아니하고 비밀리에 참모본부의 구미에 맞도록 변조·개삭을 하여 『회여록』에 발표를 한 것이므로 『회여록』에 수록된 기사와 그 이전에 작성된 고비문을 비롯하여 『고비고 비문지출토기』, 『유래기』 등등의 문건들은 학계의 공개적인 검토 없이 오직 참모본부의 일방적인 주장일 뿐이므로 다시 검증을 해야 할 것이다.

주구경신酒勾景信이 탁본을 가지고 간 연도에 있어서도 1884년 5월이라는 설이 100년 동안이나 정설인 것처럼 유지되고 있었으나 1884년 5월설은 왜곡된 낭설이다. 왜냐하면 [표 8]에서 보는 바와 같이 주구경신은 1883년 8월에 임기가 만료되어 10월에 귀국하면서 천진탁공 4인들이 만들었다고 하는 탁본을 가지고 귀국하여 참모본부에 제출한 것이다.

그 당시에 주구경신酒勾景信이 쓴 탁본 및 『비문지유래기』가 제실박물관에 있고, 또 횡정충직橫井忠直이 1884년 5월에 쓴 『고려고비고』가 동경 일비곡도서관에 소장되어 있다. 이뿐만 아니라 1884년 7월에는 청강수가 『동부여영락태왕비명지해』를 쓴 사실이 일본 국회도서관에 소장되어 있으며 1884년에 횡정충직 등이 쓴 「고비고」 등의 논문이 무려 15건이나 있다는 사실이 확인되고 있으니 1884년 5월에 가지고 갔다는 비문이 아직 연접하는 정리도 끝나지 않아 비문을 볼 수가 없는 상태에서 어떻게 『고비고』 등을 저술할 수가 있었느냐 하는 것이다. 이 때문에 1884년 5월설은 성립이 될 수 없는 낭설이다.

지난 1972년에 이르러서야 이진희李進熙 씨가 비밀이 해제된 참모본부의 비밀문서에서 주구경신酒勾景信이라는 이름을 찾아냄으로써 비로소 그 이름이 세상에 알려지게 된 것이다. 비밀문서라고 하는 것은 참모본부장 대산암大山巖과 주구경신酒勾景信이 주고받은 서신을 말하는 것으로 주구경신酒勾景信이 1883년 8월에 통구에서 탁본 작업을 마치고 귀국하기 위해 대산암大山巖과 서신으로 일정을 조율한 서신을 발견했다는 것이다.

또한 좌백유청 씨도 그의 논문「고구려광개토왕릉비문의 재검토」에서 육군참모본부의 비밀 기록을 모두 뒤져 주구경신酒勾景信이라는 이름을 찾아내어 100년 만에 주구경신이라는 이름을 밝혀내었으니 참모본부가 비문에 관해서 얼마나 철저하게 비밀을 유지해 왔는지에 대한 입증이 된다고 하겠다.

비문변조설에 한 점의 의혹도 없다면 구태여 그 이름을 100년 동안이나 숨겨두고, 비밀리에 연구를 해야 할 이유가 없는 것이다. 중총명中塚明은 근대 일본 사학사에서의 조선 문제, 특히 광개토왕릉비를 둘러싼 논문(『思想』 561호)을 발표하여 비문을 처음으로 일본에 가지고 간 자가 참모본부의 군인이었고, 참모본부 내에서 비밀리에 비문의 해독, 해석을 진행한 후 제공한 비문 해독 자료에 의거하여 임나일본부설이 정설인 것처럼 포장이 되었다. 그런데도 그에 대해 근본적인 비판이 없었다는 점 등을 지적하고 비문 해석을 새로운 각도에서 검토해야 한다고 주장하였다. 이 논문은 일본 고대사 연구자들에게 반성을 촉구하는 것이었다.

주구경신酒勾景信이라는 이름도 100년이 넘어서야 학자들의 노력으로 겨우 찾아낸 것이니 기타의 문제들이야 말해서 무엇 하겠는가? 탁본을 가지고 간 자의 이름에 대한 기사를 집계하면 앞의 [표 10]과 같고 이에서 보는 바와 같다.

[표 9] 탁본을 참모본부에 최초 전달한 자

순번	발표된 書名(年度順)	著者名	전달자의 이름	전달 연도	傳達者에 대한 기사	발견 후 기간
1	東夫餘永樂太王碑銘之解 1884	靑江秀	日本人 某氏	1884	日本人 某氏가 이곳에 있어 이를 石榻하여 갖고 돌아왔다.	당년
2	高麗古碑考(京都大學本) 1884	橫井忠直	僚友某	1884	僚友某 淸國漫遊中 所獲也	당년
3	高麗古碑考(無窮會本) 1884	橫井忠直	酒勾大尉	1884	僚友 酒勾大尉 淸國漫遊中 所獲也	당년
4	高麗古碑本之來由(早大本)1884	橫井忠直	酒勾某가	1884	明治17年 陸軍砲氏大尉 酒勾某가 支那旅行中에 購求歸國	당년
5	如蘭話 1888	邨江良弼	某氏	1884	某氏가 그 비를 榻本하여 돌아왔다.	5년 후
6	高句麗碑出土記(회여록) 1889	橫井忠直	日本人某	1884	工費多而成功少 至今僅得2幅 日本人某適遊此地 因求得 其一齎還	6년 후
7	高句麗古碑敎 1889	中村忠誠	陸軍員	1884	我陸軍員 弁巡遊過此 投金獲之	6년 후
8	高句麗古碑考 1891	那珂通世	皇國人某氏	1884	皇國人某氏가 청국에 갔다가 榻本을 얻어 돌아왔다.	7년 후
9	高麗好太王碑銘考(史學會雜誌22) 1891	管政友	某氏	1884	明治17年 某氏 淸國에 갔던 길에 그곳에 도착하여 榻本을 얻어 가지고 돌아왔다.	7년 후
10	靖方溯原 1891	山田安榮	참모본부 吏員	1884	榻本은 우리 참모본부의 吏員이 巡遊 중에 얻어 온 것	7년 후
11	高麗古碑考(고고학잡지) 1905	三宅米吉	포병대위 酒勾	1884	육군포병대위 酒勾 씨가 이곳에 왔다가 하나를 얻어 가지고 돌아	21년 후
12	世界雜誌 1904 西北學會月報 1909	編輯者	佐川少佐	1881	日本 佐川少佐가 偶過見而珍 石榻으로서 携歸하니 卽今博物館에 備置한 것이다. 1904년 일본만주군이 기지방을 점령할제에 菊熺가 기비문을 정사 병참감 大原少佐에 증, 세계잡지에 게재	23년 후
13	西北學會月報 제1권제9호 1909	朴殷植	佐川少佐	1881	日本人 佐川氏가 發見而摺寫之하고, 淸儒榮禧씨가 參考而注明하야 東京博物館에 置하고 世界雜誌에 記載	28년 후
14	皇城新聞 2면, 1909. 1. 6.	朴殷植	佐川少佐	1881	論說 讀高句麗永樂大王(廣開土王)墓碑體本 (皇城子, (朴殷植))	28년 후
15	韓國歷代小史 1914	金榮澤	佐川少佐	1881	日本 佐川少佐가 偶過賓仁 摺本を去置於其國博物館	33년 후
16	歷史地理學會 會議席上에서 1918 <廣開土王發見의 由來와 碑石의 現狀> 1938. 1. 史學雜誌 제49편	押上森藏 池內宏	酒勾景明	1884	호태왕비 발견자는 故포병대위 酒勾景明이라는 이름은 1918년 日本歷史地理學會 제109回例會 席上에서 퇴역 육군중장 押上森藏이 口頭로 發表하여 알려짐	35년 후
17	廣開土王陵碑 1966	朴時亨	酒勾景明	1884	일본참모본부장교 육군대위 간첩 사카와(酒勾景明)라는 자가 집안 지방을 지나다가 마침 그곳에서 능비 탁본을 하고 있는 광경을 목격하고 탁본 한 벌을 사 가지고 돌아갔다.	88년 후
18	近代日本史學에 있어서 朝鮮問題 思想 3 (561) 1971	中塚明	酒勾景明	1884	酒勾景明은 日本 參謀本部의 육군 포병대위 스파이로 밝혀냄	88년 후
19	廣開土王碑 探究 1972	李進熙	酒勾景信	1883	1883. 8. 8. 酒勾景信이 牛莊에서 참모본부장 大山巖에게 보낸 서신에 근거하여 酒勾景信 1883. 10.에 귀국한 사실을 밝혀냄	89년 후
20	高句麗王陵碑文의再檢討 1972	佐伯有淸	酒勾景信	1884	당시 官員錄에 酒勾景明이라는 이름은 없고 오직 酒勾景信이라는 이름만이 있는 것을 근거로 酒勾景信 주장	89년 후
21	廣開土王碑 硏究 餘論 1995	佐伯有淸	1884년 5월	1884	東京橫浜毎日新聞 1884. 6. 14. 자 신문기사 酒勾景信이 1884년 5월의 신문기사 찾아냄	110년 후

이 18건이나 되는 자료에서 모두가 다 某라고만 하였을 뿐 100년이 지나도록 주구경신이라는 이름을 온전하게 기록한 자료는 없었다.

또한 탁본을 가지고 간 것에 대하여 모두 중국인이 탁본한 것을 얻어 온 것으로 기록하고 있으나 일본에서 최초의 기록인 [표 35]에 기록된 1884년에 청강수 靑江秀의 『동부여영락』에서는 "직접 탁본拓本을 해서 가지고 돌아왔다."라고 분명하게 기록을 하였고, 일본에서 『회여록』보다도 1년을 앞선 1888년에 발표된 제5번에 기록된 둔강양필의 『여란사화』에서도 "모씨가 그 비를 탁본拓本하여 돌아왔다."라고 명기하고 있어 중국인이 탁본한 것을 얻어 온 것이 아님을 알 수 있다.

이와 같이 일본에서 최초로 비문 연구에 직접 참여한 청강수와 둔강양필이 탁본을 얻어 오거나 구입해 온 것이 아니고 직접 탁본을 해 왔다고 기록을 한 것으로 보아 일본에서 파견한 탁공 4인에 의하여 탁본을 했다는 천진탁공 4인설과도 일치한다. 즉 주구경신이 일본에서 파견한 탁공 4인들을 직접 지휘·감독하여 탁본을 만들고 가지고 간 것이 분명하다.

그러나 그 이후에 발표되는 논문들에서는 모두가 다 한결같이 여행 중에 얻어 온 것으로 기록이 바뀌고 있다. 이를 보아 직접 탁본해 온 사실을 비밀로 숨기고, 얻어 온 것으로 발표하도록 참모본부에서 통제를 했기 때문이 아니냐 하는 것이다. (주구경신酒勾景信이 명치 24년(1891년)에 사망한 후 금 500원을 하사 표창, 星野良作, 『광개토왕비연구의 궤적』, 22쪽)

2. 쌍구가묵본의 초기 유행에 대하여

1) 초기에 쌍구가묵본이 유행된 것은 중대한 사건이다

연구자들의 공통된 주장에 의하면 초기(1875~1900)에 유행된 탁본이 원석탁본이 아니고 쌍구가묵본이라는 것은 중대한 사건이 아닐 수 없다. 왜냐하면 비문에 특별한 하자가 없는 한 원석탁본으로 하는 것이 정상이다. 그런데도 최초에 만들어진 탁본인 원석탁본은 간데없이 사라지고 쌍구가묵본이 유행이 되었다는 것에는 중대한 비밀이 숨겨져 있다는 것이다.

최초의 탁본에 대하여는 전해지는 자료가 부족하여 상세하게 알려지는 정보는 없으나 초기에 쌍구가묵본이 유행되었다는 사실을 밝히기 위해서는 먼저 오대징의 『황화기정』에 대한 기사를 살펴봄으로써 가능하다. 왜냐하면 『황화기정』의 기사는 비문변조에 대한 최초의 기록이기 때문이다. 오대징은 진사운으로부터 탁본 하나를 선물로 받고 그의 일기 『황화기정』에 다음과 같은 기록을 남겼다.

> 1886년 2월 5일, 또 25리를 가서 철령현성 밖에 도착해서 쉬었다. 현령 진학주陳鶴舟 사운士芸이 보러 왔다. 학주는 이전에 회인현懷仁縣에 지현으로 재임한 적이 있었다. 하여 회인에 고구려 옛 비석이 있느냐고 물어보니 성에서 백수십 리 떨어진 깊은 골짜기에 있으며 비석이 웅대하여 정밀하게 탁본을 뜨는 어렵다고 말했다.
> 이때 학주가 나에게 탁본 하나를 선사했는데 글자는 명료하나 문맥은 매우 일관된 것이 아니었고 모두 묵수곽전본墨水廓塡本으로 반백인潘伯寅이 수집한 탁본과 종이, 먹물이 같은 것이었다.
> "鶴舟贈余拓本一分 字多淸朗 文理不甚貫 蓋以墨水廓塡之本 與潘伯寅師所藏拓冊 紙墨皆同"

이 기사는 어떠한 목적에 의하여 쓰인 기사가 아니고 우연한 기회에 자기가 본 대로의 소감을 피력한 기사이기 때문에 더욱 신뢰성이 높아 중요한 단서가 된다.

즉 반조음이 소장한 탁본이 진사운의 탁본과 종이와 먹물이 동일하다는 것이 문제가 된다는 것이다. 이는 곧 진사운본과 장월본이 반조음에게 전달되기 이전에 바꿔치기가 되었다는 것을 말해 주는 것이다. 왜냐하면 반조음이 소장한 탁본은 이초경이 이홍예를 통하여 선물로 받은 장월(關月山)본이다. 그런데 어떻게 진사운(주구경신본, 필자 주)본과 장월본이 동일할 수가 있느냐 하는 것이다. 따라서 이는 장월본과 진사운본이 교환이 되어 장월본은 소각되고 대신 진사운본의 쌍구가묵본이 유행이 되는 계기가 되었다는 것을 말해 주는 것이다.

그러나 반조음은 교환된 사실을 모르고 진본으로 믿고 보관한 것이 분명하다. 왜냐하면 이때에 아마도 이홍예가 진사운본(경성장군 좌씨)과 교환된 사실을 말하지 아니한 연고일 것이라고 생각되는 것이다. 만약에 교환된 사실을 말했다 하더라도 이때에는 쌍구가묵본이 변조된 비문이라는 것을 상상도 하지 못했던 시대였기 때문에 진본으로 믿을 수밖에 없었을 것이다.

기록에 의하면 초기에 제작된 탁본으로는 1880년 이전에 제작된 장월본이 있고 1882년에 천진 탁공 4인설과 진사운본과 영희(기단산)본이 있고 1885년에 반조음본이 있는 것으로 전해지고 있다. 따라서 앞으로는 이 5대 탁본을 초기 5대 탁본으로 약칭하기로 한다.

이 초기의 5대 탁본이 원석탁본이 아니고 모두 쌍구가묵본이었다고 하는 것을 알 수 있게 하는 최초의 자료는 다음과 같은 자료가 있다.

첫째, 앞에서 이미 설명한 오대징吳大澂의 『황화기정』이 있고

둘째, 왕건군은 광서 초년(1875~)부터 광서 15년(1889)까지가 쌍구가묵본이 유행하던 시기라고 규정하고 있다.

셋째, 신채호의 『조선상고사』(311쪽)에서 중국인 영자평 씨와의 필담에 의하면 "일본인들이 탁본 작업을 독차지하고 비석 앞에서 전을 벌이고 판매하고 있었다."라고 하여 그 기간이 프랑스 학자 샤반느가 비석거리에서 탁본을 구입하던 1913년대까지 지속되고 있었음을 알 수 있다. 초기의 쌍구가묵본이 널리 보급된 것이 분명하다.

넷째, 초기에 유행된 탁본이 원석탁본이 아니고 쌍구가묵본이었다는 것에 대해 섭창치의 『봉천일측』에도 다음과 같은 기록이 있다.

> 을유년(광서 11년, 1885년)에 중강 이미생(李弘裔)이 겨우 두 부를 얻어 그중 하나를 나의 스승 반문근에게 선사했는데 모두 각 면이 3, 40매의 낱장이었다. 내게 차례를 맞추어 정리하여 고석해 보라고 부탁했는데 열흘이 넘도록 맞출 수가 없었다.

이로 미루어 보아 장월본(관월산본)이 이미생을 통하여 반조음에게 전달되는 과정에서 진사운(성경장군 좌씨설)본과 교환이 되었을 것이다. 이에 반조음에게는 진사운의 쌍구본이 전달되어 반조음은 원석탁본으로 믿고 보관하고 있었던 것으로 추정된다. 그러나 이때에는 쌍구가묵본이 글자가 변조된 탁본이라는 것을 아무

도 모르고 탁본하는 기술이 좋아서 글자가 선명하게 잘 보이는 것으로 믿고 있던 시대이다.

더욱이 중요한 단서가 되는 것은 주구경신이 참모본부에 제출한 탁본도 한 면이 3, 40매로 총 140여 매라고 하여 반조음본과 같다는 것이다.

다섯째, 왕건군은 이 탁본에 대하여 다음과 같이 말하고 있다.

> 이 탁본은 주구가 일본으로 가지고 간 것과 같은 종류로서 아마도 같은 사람의 손에 의해 제작된 것으로 여겨진다.(王健群, 廣開土王碑研究, 1984, 99쪽)

이는 오대징이 『황화기정』에 기록한 것과 같은 견해를 말하고 있는 것이다. 반조음은 1885년에 이 묵본을 가지고 북경으로 입성했다고 한다. 이로써 광개토왕비문이 최초로 북경에 입성하는 계기가 된 것이니 일본보다 4년이나 뒤늦게 중국의 수도에 입성한 것이다.

반조음이 이 묵본을 가지고 최초로 북경에 입성하니 귀류들이 앞다투어 구매하기를 원하므로 반조음이 곧 이홍예(李雲從)를 통구로 보내어 탁본 50부를 해옴으로써 일시에 매진이 되었다고 하였다.

그러나 이때에는 일본인 팀이 회인현의 지현으로부터 허가를 받고 비석에 발판을 가설하고 독점적으로 탁본을 하던 때이므로 아무나 탁본을 할 수가 없었을 것이다. 따라서 이홍예가 홀로 50부의 탁본을 해 왔다는 것도 심히 의심스러운 일이다. 직접 탁본을 해 온 것이 아니고 일본인 4인들의 팀이 이미 만들어 놓은 쌍구가묵본을 구입해 간 것으로 보는 것이 합리적인 추정이다.

그러나 이미생과 이홍예가 직접 탁본을 해 온 것이 아니고 일본 탁공 4인들이 이미 만들어 놓은 탁본을 구입해 왔다는 사실을 반조음에게 설명을 했는지 안 했는지는 알 수가 없으나 반조음은 먼저 이미생에게서 받은 탁본과 이홍예가 새로이 가져온 50부의 탁본이 모두 같은 재질이므로 아무런 의심 없이 정탁본으로 믿었을 것이다.

여섯째, 영희의 『난언爛言』에 의하면 "1882년에 기단산굮丹山을 보내어 원석탁본을 해 오도록 하여 정탁본을 얻었다."라고 하였다.

이것도 역시 일본인 탁공 4인(천진탁공 4인)이 이미 만들어 놓은 쌍구가묵본을 구입해 간 것이 분명하다. 왜냐하면 영희 씨가 이때에 방단산이 가지고 간 탁본을 저본으로 하여 1903년에 공란 글자들을 모두 새로운 창작 글자로 보결을 하여 만든 탁본에 오직 주구본에서만 확인이 되는 목木 자를 인용한 것으로 보아 이때에 구입해 간 것도 역시 일본 탁공 4인들이 만들어 놓은 쌍구가묵본을 구입해 간 것이 분명하다는 것이다.

만약에 그것이 아니라면 제2행 33번째 글자가 '목木' 자로 쓰일 수가 없다는 것이다. 왜냐하면 원석탁본에는 목木 자가 없기 때문이다.

일곱째, 중국의 서건신은 그의 논문 「고구려호태왕비 초기 탁본에 관한 연구」 202쪽(2005)에 다음과 같이 기록하고 있다.

> 오대징吳大澂의 비교에 근거하면 진사운陳士芸이 오대징吳大澂에게 선사한 판본과 이미생李眉生이 반조음潘祖蔭에게 선사한 판본은 모두 글자가 명료한 '묵수곽진본墨水廓塡本'으로 용지와 먹물이 같은 것이라고 하였다. 그러나 1883년의 주구경신酒勾景信본도 먹으로 윤곽을 떠서 만든 것인데 이로부터 볼 때 이 여러 종류의 묵본은 모두 동일 계통의 묵본이며 그 근원을 장월章越이 회인현에서 재직하고 있을 때 제작한 초기의 곽전본으로 거슬러 올라가 살펴볼 수 있다. 호태왕비가 발견된 후 초기의 몇 년 동안에 제작된 것은 모두 이런 종류의 곽전본이라고 말할 수 있다.

기록에 의하면 주구경신이 일본 참모본부로 가지고 간 탁본이 천진탁공 4인이 만든 쌍구가묵본으로 알려지고 있다. 따라서 초기에 유행된 쌍구가묵본이 곧 천진탁공 4인들이 만든 탁본이라는 주장과도 상통하는 것이다.

초기에 쌍구가묵본이 유행되었다는 것은 비문의 진위를 밝히는 데 결정적인 단서가 되는 사건인데도 불구하고 100년이 넘도록 이에 대한 연구가 단 한 편도 없었다.

2) 천진탁공 4인설의 정체

『회여록』의 「출토기」의 기록에 의하면 비석이 땅속에 파묻혀 있다가 3백 년 전부터 점차 나타나기 시작하였다. 작년(1882)에 성경장군 좌씨가 천진에서 공인 4인을 불러와 2년을 걸려서 이를 파내어 탁본을 두 부 만들었다. 일본인 모 씨가 유람차 통구에 왔다가 그중 한 부를 얻어 가지고 가서 1884년 6월에 참모본부에 전달했다. 이때부터 일본의 참모본부 내에서 육군대학 교수이며 한학자인 횡정충직과 청강수가 주축이 되어 연구를 시작했다고 하나 이는 조작된 위서라는 것이다.

왜냐하면 「출토기」의 기사를 살펴보면 토인으로부터 들은 것을 기록한 것처럼 기록돼 있으나 성경장군 左氏는 실존 인물이 아니다. 가상의 인물로 중국 측 기록에서는 일체 보이지 않고 오직 일본에서 발행한 『회여록』의 「출토기」와 「비문지유래기」에만 수록된 기사로 가상으로 꾸며진 기사라는 것이다.

기록에 의하면 "2년을 걸려서 점차 그 문자를 해독할 수 있게 되었으나 분명치 않은 문자가 아직 많고, 최초 땅 밑을 파서 4尺쯤 되는 곳에서 그 문자의 아랫부분이 되는 것을 알 수 있었다."라고 하였다.

또 "4면에 발판을 만들어 접사摺寫를 했으나 그 석면의 요철이 심해 넓은 종이로는 접사摺寫할 수가 없어서 부득이 반절지의 작은 종이를 이용하여 아주 많은 시간이 소요되고 비용이 많이 들어 재작년부터 지금까지 겨우 두 폭을 만들었을 뿐이다."라고 한 것으로 보아도 이는 토인의 말을 듣고 기록한 것이 아니고 직접 탁본을 하면서 체험한 사실에 대한 기록이 분명하다.

일본 참모본부에서 이미 입수된 탁본의 글자 중 판독할 수 없는 글자가 많은 것은 탁공들의 기능이 부족해서인 것으로 판단하고, 일본에서 솜씨 좋은 탁공을 보내어 새로운 탁본을 만들면 선명한 탁본을 얻을 수 있을 것으로 믿고 이에 탁공과 한학자와 서예가 등 4인을 선발하여 천진으로 파견하여 탁본을 만들도록 한 것을 중국인 탁공인 것처럼 위장하여 꾸며 낸 천진탁공 4인설을 「출토기」에 수록한 것으로 추정이 되는 것이다.

더욱이 「출토기」의 기사는 모순과 위계로 가득 차 있어 신뢰할 수 없을 뿐만 아니라 천진탁공설에는 많은 의문이 있으나 참모본부에서는 그 진실을 일체 공개하지 아니하므로 우리가 합리적인 추론으로 그 실체를 밝혀낼 수밖에 없는 것이다.

천진탁공 4인은 중국인이 아니고 일본에서 파견한 한학자와 서예가와 탁공 등 4인을 성경장군 좌씨라는 가공인물을 내세워 꾸며 낸 설일 것이라는 견해와도 일치하는 것이니 이에 대하여 깊이 있는 연구가 필요하다는 것이다.

3) 수십 차 독촉에 대한 의미

횡정충직이 작성한 「비문지유래기」에 기록된 "수십 차의 독촉을 받았다."라고 하는 기사는 성경 장군 좌씨가 실존 인물이 아니고 가공인물이라는 사실을 명백하게 입증해 주는 중요한 단서가 된다. 「비문지유래기」에는 다음과 같은 기사가 있다.

> 많은 시간을 소비하여 재작년부터 지금에 이르기까지 겨우 두 폭을 만들었을 뿐이다. 그러나 성경장군으로부터 수십 차례나 독촉을 받았어도 단 한 폭도 내어주지 않았다. 그것은 후일에 이기利근의 계책을 위해서가 아니고 <u>장차의 이익을 도모하기 위해서이다. 그런고로 강박하여 겨우 손에 넣었다.</u>
> (명치 17년(1882) 12월 橫井忠直述)

이와 같은 기록으로 보아 이는 실질적인 탁본 작업의 주관자가 성경장군 좌씨가 아니라는 사실을 무심코 실토한 기사가 분명하다. 이 자료로써 성경장군 좌씨는 실존 인물이 아니고 가공으로 내세운 인물이 분명하다는 입증이 되는 것이다. 그렇지 않고서야 작업의 주관자가 수십 차에 걸쳐 독촉을 했는데도 수하인들이 단 한 폭도 내어주지 않았다는 것은 있을 수 없는 일이다.

즉 사실이 아닌 것을 사실인 것처럼 꾸며서 기록을 하다 보니 모순과 거짓으로 기록된 것이다. 천진탁공 4인은 중국인이 아니고 일본에서 파견한 일본인이 분명하다는 것을 알 수 있다. 만약에 천진탁공 4인이 진실로 성경장군 좌씨가 불러온 고용인이었다면 성경장군의 명령에 절대적으로 복종을 했을 것이다. 수십 차의 독촉에도 받지 못한 탁본을 단 한 번의 명령만으로도 받아 볼 수 있었을 것이다. 그렇기 때문에 천진탁공 4인은 중국인이 아니고 일본에서 파견한 일본인 탁공이라는 것을 주구경신이 무심코 실토한 결과가 된 것이라 하겠다.

이로 미루어 본다면 횡정충직이 직접 4인들의 탁공과 함께 통구에 가서 변조할 글자와 탁본 작업의 방법 등의 작업 지시를 하고 돌아온 것이 아니냐 하는 데에 단서가 되기도 하는 것이다.

수십 차의 독촉을 한 것은 성경장군이 아니고 진사운이었을 것이다. 진사운이 허가권자로서 완성된 탁본을 보자고 하였으나, 만약에 이를 보여 줄 경우 앞으로도 더 많은 글자를 변조해야 한다면 변조 사실에 대한 증거 자료가 될 우려가 있으므로 횡정충직의 결재를 받지 아니한 자료는 외부에 제공하지 아니한 것으로 추정이 되는 것이다. 이와 같이 허위 사실을 위징하여 가설로 꾸며서 기록을 하다 보니 두미도 없고 사리에도 모순되게 기록된 것으로 보이는 것이다.

이는 주구경신의 관리하에 탁본이 만들어졌다는 사실을 스스로 자인하는 자료가 되는 것이다. 따라서 천진탁공 4인들이 탁본이 아닌 쌍구가묵본을 다량으로 만들었다는 입증이 되는 것으로, 초기 탁본은 모두 쌍구가묵본으로 유행이 되었다는 설과도 일치하는 것이다.

이 사실을 논리적으로 정리를 한다면 일본인들의 관여를 비밀로 숨기고, 오직 중국인들의 손에 의하여 만들어진 탁본을 얻어 온 것처럼 은폐하기 위해 진사운을 성경장군인 것처럼 가장하여 내세우고, 천진에서 온 탁공 4명도 일본에서 파견한 4인을 중국인인 것처럼 위장하여 탁본 과정을 조작하여 발표한 것으로서 「비문지유래기」와 「출토기」는 위계에 의한 위서가 분명하다.

4) 쌍구가묵본이 만들어지는 과정

초기 탁본으로 인정되는 장월(關月山)본, 진사운본, 반조음본, 영희(方丹山)본 등등 4대 탁본은 모두 원석탁본이어야 하는 것이다. 그러나 원석탁본이 아니고 묵수곽전본으로 동일한 재질이며 쌍구가묵본이라는 데 문제의 심각한 비밀이 숨겨져 있는 것이다.((吳大澂), 『皇華紀程』, 1886년)

일반 탁본은 일반 탁공들이 누구나가 다 할 수 있지만 쌍구가묵본이나 묵수곽전본의 초본은 한문에 대한 해박한 지식을 갖춘 서예의 대가가 아니고서는 할 수 없는 작업이다. 그 당시 만주에서는 쌍구가묵본을 만들 만한 능력자가 없었던 것은 사실이다. 그런데도 초기에 유행된 탁본이 모두 쌍구가묵본이었다는 것에는 대단히 중요한 비밀이 숨겨져 있다는 것이다.

특히 1882년에 탁본된 초기의 5대 탁본은 어떠한 경우에도 동일한 탁본일 수가 없는데도 이 모두가 동일한 탁본이라는 것이 대단히 중요한 단서가 되는 것이다. 이는 중국인 영자평 씨와 신채호 씨와의 대담으로도 확인이 된다.

초기에 만들어진 원석탁본은 앞의 4대 탁본으로 알려지고 있다. 당시 탁본을 만드는 이들은 모두가 한자와 서예에 있어 초보자에 불과하여 쌍구가묵본을 만들 만한 능력이 없는 자들이다. 즉 원석탁본으로 만들어졌을 것이 분명한 사실인데도 이들의 탁본이 모두 동일한 재질로 동시에 만들어진 쌍구가묵본이라는 것에는 더욱 큰 의문이 있는 것이다.

그중에서 대표적인 것 하나를 증거로 제시한다면 영희본(方丹山본, 方丹山의 姓氏에 대하여 元氏, 亓氏, 邢氏, 氏 등등으로 기록되고 있으나 方氏가 맞다.)을 들 수 있다. 영희는 1882년에 기단산亓丹山을 보내어 정탁본을 얻었다 하였고, 1903년에는 그것에 결손된 글자를 다수 보철하여 영희본을 발표하였으니 그 저본은 당연히 기단산亓丹山이 가져온 정탁본으로 했을 것이 분명하다 할 것인데도 저본이 기단산본이 아니고 천진탁공 4인이 만든 쌍구가묵본이라는 것을 알 수 있다.

즉 기단산이 탁본해 온 것은 정탁본이 아니고 쌍구가묵본이다. 이때 비석은 주구酒勾가 독점적으로 탁본을 하고 있었기 때문에 기단산이 직접 탁본을 할 수가 없으므로 주구가 이미 만들어 놓은 쌍구가묵본을 기단산이 저렴한 가격으로 구입해 갈 수밖에 없었을 것이다. 이에 영희가 정탁본을 얻었다고 하는 것이 곧 주구가 만들어 놓은 쌍구가묵본이었다는 것을 알 수 있다.

이는 일본의 참모본부 요원들이 변조한 글자를 비밀리에 널리 유포시키기 위해 글자가 선명한 쌍구가묵본으로 교환을 해 주었거나 저렴한 가격으로 판매를 하여 쌍구가묵본을 유행시킨 것으로 추정되는 것이다. 그렇지 않고서야 초기에 원석탁본이 아니고 쌍구가묵본이 유행이 되었다는 것은 어떠한 이론으로도 설명이 되지 않는다.

혹자는 초기에 쌍구가묵본이 유행된 것에 대한 설명을 하면서 초기에는 비면에 석태가 많고 요철이 심해 종이를 대고 탁본을 할 수가 없기 때문에 비면에 종이를 덮고 종이 위에 비치는 글자의 획을 가늘게 그린 연후에 그 여백에 먹칠을 하는 것을 쌍구가묵본이라고 하면서 비록 석태가 많고 요철이 심하더라도 이 방법으로 하는 것이 쉽기 때문에 초기에 유행된 것이 쌍구가묵본이라는 해괴한 주장으로 독자들을 우롱하고 있다.

  그러나 어떠한 종이를 이용하더라도 비면에 글자가 비칠 수는 없다. 심지어 투명하게 잘 비치는 유리판을 덮고 비치는 글자를 그리기도 심히 어려운 것이다. 때문에 종이위로 비치는 대로 글자를 그리는 것을 쌍구가묵본이라고 한다는 것은 기만적인 주장이다.

  쌍구가묵본이라고 하는 것은 원석의 글자가 심하게 파손되어 판독이 어려운 경우에만 특별히 만드는 것으로 쌍구가묵본을 만드는 빙법은 다음과 같다. 일반적으로 만들어지는 원석탁본을 만드는 방법과 똑같이 하면서 다만 먹물을 진하지 않고 흐리게 하여 종이를 가볍게 두드린 다음 물기가 마르기를 기다린 후에 종이를 떼어 낸다. 그리고 다시 종이가 완전히 건조된 연후에 글자가 파손되어 판독이 어려운 글자의 획을 붓(모필)이 아닌 지울 수 있는 연필로 가볍게 그린다.

  이와 같이 한 글자 한 글자씩 모두 다 그린 연후에 글자의 주변에 먹칠을 하는 것을 쌍구가묵본이라고 하는 것이다. 그러나 이와 같이 그리는 과정에서 그리는 본인의 판단에 따라 글자를 마음대로 바꾸어 그릴 수 있기 때문에 왜곡되는 글자가 얼마든지 있을 수 있어 쌍구가묵본은 정당한 탁본으로 신뢰를 할 수 없는 비문이다.

  이 때문에 쌍구가묵본을 만들고자 할 경우에는 사전에 유력한 한학자들이 모여 이들이 깊이 있는 검토를 통하여 교정할 글자를 확정한 연후에 철저한 감독 하에 쌍구가묵본을 제작해야 한다. 따라서 이러한 사실을 기록으로 남긴 쌍구가묵본만이 정탁본으로 인정을 받을 수 있는 것이다.

3. 천진탁공 4인설은 위설이다

1) 쌍구가묵본은 비문변조를 목적으로 제작된 것이다

쌍구가묵본이라고 하는 것은 아무나 쉽게 만들 수 있는 탁본이 아니다. 쌍구가묵본의 초본은 일반 탁공들의 능력으로는 만들 수 없고 한학과 서예의 대가만이 할 수 있는 일이다. 숙련된 탁공이라 하더라도 한학과 서예에 능하지 못하면 가묵본의 초본은 만들지 못하는 것이다. 그러나 전문가가 이미 만들어 놓은 초본에 의한 복사본은 누구나가 다량으로 만들 수 있다.

그렇기 때문에 쌍구가묵본의 초본을 만들기 위해서는 많은 비용이 투자된다. 한학자와 서예가를 동원해야 하기 때문에 특별한 목적, 즉 꼭 수정을 해야 할 중대한 오류가 있다든가 변조를 해야 할 특별한 목적이 있을 경우에 자본주가 나타나야 만들 수 있다는 것이다. 이 때문에 광개토왕비문이 초기에 쌍구가묵본으로 만들어져 유행이 되었다는 것에는 중대한 비밀이 숨겨져 있다는 것이다.

문제는 광개토왕비문이 초기에는 그리 유명한 탁본도 아니었고 또 꼭 수정해야 할 중대한 오류가 있었던 것도 아닌데 그 많은 비용을 누가 부담을 했으며 한학자와 서예가를 누가 동원을 해서까지 쌍구가묵본으로 만들어 유행을 시켰느냐 하는 것이다.

이는 불순한 세력이 있어 비문을 변조하여 세상에 널리 전파하기 위한 특별한 목적을 달성하기 위해 계획적으로 만든 것이 분명하다. 그 특별한 목적이라고 하는 것은 일본에게 불리한 글자들은 모두 삭제하고 일본에게 유리한 글자들로 변조하는 것이다. 이를 위해서 자금력이 풍부한 참모본부의 주도하에 쌍구가묵본의 제작이 이루어진 것이 분명하다고 추정할 수밖에 없다.

이와 같은 추정을 하는 이유는 쌍구가묵본의 유행 시기가 연구자들의 주장에 의하면 1874년부터 1900년까지로 주장되고 있기 때문이다. 이 시기에 비문에 대한 탁본이나 연구는 일본에서만 독자적으로 주도를 하고 있었기 때문에 범인들은 접근할 수가 없었다. 그 실례로 영희본과 반조음본도 직접 탁본을 해 온 것이 아니고 주구경신酒勾景信(천진탁공 4인설)이 이미 만들어 놓은 쌍구가묵본을 구입해 간 것이 분명하다는 것이다.

이때 한국에서는 비문이 발견된 사실조차도 모르고 있었다. 한국에서 비문의 발견 사실을 알게 된 것은 1905년에 이르러서였다. 한국은 『황성신문』에 의하여 최초로 비문의 발견을 접하게 되었고, 중국에서는 장월본 진사운본 영희(기단산)본 반조음본 등의 탁본이 유포되고 있었으나 그것도 원석탁본이 아니고 쌍구가묵본이 분명하다는 것이다.

따라서 비문의 변조는 쌍구가묵본에 의하여 이루어진 것이 분명하다. 그 시기가 1874년부터 1900년까지로 주장되는 것은 일본에서만 단독으로 천진탁공 4인설에 의하여 쌍구가묵본을 다량으로 만들어 계획적으로 유행시킨 것이 분명하기 때문이다.

1900년에 제작된 내등호남內藤湖南본 이후부터는 모두가 다 내등본과 같게 변조된 탁본이다. 이 작업에 투입된 인원들을 천진탁공 4인설로 조작하고 성경장군 좌씨라는 가공인물을 내세워 꾸며 낸 설이 분명하다.

이때 변조한 것으로 추정되는 글자는 다음과 같다. 이구도以寇盜를 도해파渡海破로, 대군大軍을 수군水軍으로, 구대구大寇를 만왜滿倭로, 궤궤跪 자를 귀歸 자로 그리고 잔주殘主를 잔왕殘王으로 이만二萬을 오만五萬으로 등 총 9개 글자를 변조한 것이 분명하다. 그리고 '백잔파왜百殘破倭'에서 파왜의 '破倭' 두 자를 삭제하고 '□□'으로 공란으로 하여 쌍구가묵본으로 작성하면서 일본에게 불리한 글자들은 모두 삭제되고 일본에게 유리한 탁본으로 변조된 것을 알 수 있다.

앞에서 이미 밝힌 바와 같이 천진탁공 4인설의 기사를 살펴보면 성경장군이 실지로 천진에서 탁공을 불러와서 탁본을 만든 것이 아니고 성경장군이라는 가공인물을 내세워 조작한 위서가 분명하다는 것을 알 수 있다. 그리고 그 증거를 여러 곳에서 확인할 수 있다.

성경장군 좌씨설과 진사운설은 각각 다른 두 가지 설이 아니고 하나의 설로서 꾸며진 가설이라는 것을 알 수 있다. 『회여록』에 기록된 「출토기」는 진사운을 성경장군으로 가탁하고, 일본에서 파견된 4인의 탁공을 천진에서 불러온 중국인 탁공인 것처럼 위장을 하고, 주구경신의 주관하에 만들어진 쌍구가묵본을 성경장군 좌씨의 주관하에 만들어진 것처럼 조작하였으며, 토인들에게 전해 들은 것처럼 꾸며서 기록한 위서가 분명하다는 것이다.

이 기사는 다음에서 확인이 되는 바와 같이 1882년에 진사운陳士芸이 만든 쌍구가묵탁본으로 전해지고 있으나(李進熙, 1982, 같은 책 123쪽, 徐建新「고구려호태왕비 초기 탁본에 관한 연구」, 2005, 201쪽) 진사운은 회인현의 지현인 공인으로서 직접 탁본을 했다는 것에 문제가 있다는 것이다. 따라서 이는 일본 참모본부에서 4명의 탁공을 파견하여 합법적인 절차를 거쳐 쌍구가묵본(『회여록』의 「출토기」에는 성경성 장군 좌씨로 기록)을 만들기 위해 당시의 지현인 진사운에게 허가를 받은 것을 기화로 하여 진사운을 성경장군 좌씨인 것처럼 위장하여 꾸며서 만든 것으로 추정이 가능한 것이다.

특히 문제가 되는 것은 일본에서 탁본 연구의 총책임자인 횡정충직이 단 한 번도 현장에 가지 않았다는 점이다. 실물을 보지도 않고 10년 동안이나 총책임자의 역할을 유지했다고 볼 수는 없다. 그러나 현장에 갔었다는 기록은 보이지 않는다.

이로 미루어 보아 1882년에 일본에서 파견한 탁공 4인 중에 횡정충직이 비밀로 동행하여 비문을 변조하여 쌍구가묵본으로 만드는 과정의 작업 지시를 하여 다량으로 만들 수 있도록 지시를 하고 귀국한 것으로 보는 것이 가장 합리적인 추론이 될 것이다. 따라서 오대징이 『황화기정』에서 "진사운본과 반조음본과 장월본이 모두 종이와 먹물이 같다."라고 한 것에 대한 의문을 풀리게 하는 단서가 되기도 하는 것이다.

2) 원석탁본은 모두 소각되었을 것이다

일본에서는 원석탁본이 있는 한 쌍구가묵본에 변조된 글자들이 증거가 되어 효력을 발휘할 수 없을 것이 분명하므로 원석탁본을 모두 회수하여 증거를 없애야 하기 때문에 모두 회수하여 소각했을 것이다.

특히 초기에 유행된 탁본이 쌍구가묵본이었다는 것은 비문이 초기에 변조되었다는 것을 말해 주는 것이다. 이때 북경대학에서 발견된 탁본들은 모두가 다 원석탁본인 것처럼 보인다. 그러나 원석탁본인 것은 분명하나 원석탁본 중에서 앞에서 이미 지적한 10여 개 글자를 1881년에 왕건군이 만든 탁본에서 [영寧] 자를 [일壹] 자로 변조한 것과 같은 방법으로 변조하여 부분적으로 변조한 쌍구가묵본이라는 것이다.

따라서 천진탁공 4인들에 의하여 만들어진 탁본들이 특정한 글자에 한해서만 다른 글자들과 똑같게 보이도록 지능적으로 부분적으로 변조한 원석탁본이라는 것이다. 천진탁공 4인들이 2년을 걸려서 겨우 두 부를 만들었다고 하는 것을 처음에는 의심했으나 왕건군은 7개월이 걸려서 만들었다 하였고 주운태는 12개월을 걸려서 겨우 한 부를 만들었다고 하는 것은 탁본을 한 것이 아니고 글자 하나하나씩을 새로이 그렸다는 것을 자인하고 있는 것이다.

따라서 북경대학에서 발견된 탁본에 '도해파'라는 글자가 이미 원석에 새겨져 있는 글자처럼 보이지만 그것은 원석에 있던 원본 글자가 아니다. 원석탁본은 이미 일본 참모본부 요원들에 의하여 회수되어 불태워지고 그 원본과 바꿔치기 되어 유행된 가묵본이라는 것을 알 수 있게 하는 것이니 북경대학에서 발견된 탁본과 초기에 유행된 탁본들은 모두가 다 그와 같은 방법으로 부분적으로 변조된 가묵본이라는 것을 알 수 있게 하는 것이다.

4. 『회여록』의 출판

1) 탁본 입수부터 『회여록』이 출판되기까지의 비밀

일본 참모본부에서는 탁본을 입수한 이후 『회여록』이 발표될 때까지 다음의 [표 11]에서 보는 바와 같이 22종의 논문이 저술되었으나 일체 공개하지 못하고 『회여록』이 발표된 뒤에야 공개가 되었다.

그동안에는 일반에게는 알리지도 아니하고 참모본부 내에서만 비공개로 독점적으로 연구 및 쌍구가묵본으로 변조·개찬을 하였다. 1889년에 가서야 『회여록』이 발표되고 일반적인 연구가 시작된 것이다. 따라서 『회여록』이 비문 연구의 기초 자료가 되었으나 『회여록』에는 변조·개찬되고 날조된 4대 악서가 수록이 되어 있다. 따라서 이를 저본으로 하여 연구를 한 경우는 모두가 다 왜곡된 논문이 나올 수밖에 없으므로 온전하게 작성된 논문이 없다.

광개토왕비문이 활자화되어 지상에 공개된 것은 『회여록』에 수록된 석판본이 최초의 자료이다. 그러나 석판본은 원석탁본이 아니고 쌍구가묵본이다. 즉 쌍구가묵본으로 그리는 과정에서 오기한 것처럼 위장하여 계획적으로 변조한 글자가 90자나 된다.

하나의 비문에는 단 한 글자도 오자가 없도록 하는 것이 전통이라고 할 것인데도 변조된 글자가 90여 자나 된다는 것은 경악을 금할 수 없어 악서라고 규정하지 아니할 수가 없는 것이다. 더욱이 일본의 최고의 학자들이 동원되어 참모본부의 주도로 6년 동안이나 비밀리에 조작하여 편집을 했다는 점에서 더욱 그러하다.

석판본에 90여 자의 변조자가 있다는 것은 [표 14]에서 확인이 되고 있으며 이에 대하여 구체적으로 살펴보고자 한다.

『회여록』이 공개되기 이전에 비밀리에 저작되었다가 『회여록』이 공개된 이후에 발표된 자료는 표에서 보는 바와 같이 20건에 달하고 있다.

초기에 채탁된 탁본은 장월본(關月山), 영희본(亓丹山), 반조음본(李雲從), 진사운본(天津탁공 4인설) 등 4종으로 알려져 있다. 그런데 이 4종의 탁본이 모두 글자가 선명한 쌍구가묵본이며 지묵이 똑같은 종류라는 것이다. 이는 오대징이 진사운으로부터 탁본 하나를 선물로 받고 우연히 반조음의 탁본도 이와 같다는 사실을 말한 것이 증거가 된 것이다.(吳大澂의 『皇華紀程』)

앞으로는 1880년부터 1885년 사이에 만들어진 4종의 탁본을 '4大 탁본'으로 지칭하여 논하고자 한다. 4대 탁본이 모두 주구본酒勾本과 동일할 수는 없는 것이다. 그런데도 모두 동일하다면 그 이유를 천진탁공 4명의 정체와 결부시켜 추리를 해 보면 다음과 같다.

1889년 6월에 이르러서야 『회여록』 제5집에 「고구려고비문」의 쌍구가묵본(이하에서는 '회여록의 석판본'이라 약칭한다.)을 비롯하여 「고구려비출토기」(이하에서는 '出土記'라 약칭한다.), 「고구려고비고」, 「고구려고비석문」 등 4종을 수록하여 특집으로 발행하여 이때부터 공개적으로 연구가 시작된 것이다.

더욱이 횡정충직은 [표 11]에서 보는 바와 같이 1884년 12월까지에 무려 7종류의 고비고 등을 저술하였다는 것을 알 수 있다. 그러나 7종류의 고비고를 살펴보면 하나의 고비고를 저술하여 7책으로 나누어 모사한 것이 아니고 각각이 독립적으로 연구가 진행되어 저술된 것이라는 사실을 알 수 있다. 이때는 선행 연구자가 없었기 때문에 모든 것을 다 자신이 직접 최초로 창작을 해야 하므로 근거 자료를 수집하는 데도 상당한 기간이 소요되어 한 편의 고비고를 쓰는 데도 몇 개월은 족히 소요되었을 것이다.

관정우도 그의 논문 「고려호태왕비명고(『사학회(잡지)』 22~25호, 1891)」에 기록하기를 "횡정충직 군은 육군 참모본부에 출사하여 일찍이 이 고비를 얻어 이의 고증문을 쓰는데 원고를 3, 4회씩이나 바꾸어 썼다."라고 하여 한 편의 논문을 쓰는 데도 많은 시일과 노력이 소요되었다는 것을 말해 주고 있다.

이로 미루어 보아도 7편의 고비고를 쓰기 위해서는 상당한 기간이 소요되었을 것이므로 1884년 5월에 가져온 탁본을 보고는 그해 12월까지 6편의 「고비고」 등을 쓸 수가 없었을 것이다. 이 때문에 2~3년 전에 이미 탁본을 입수하여 이를 보고 연구를 시작하여, 그 결과로 1884년 12월까지 7편의 고비고 등을 쓸 수 있었다고 볼 수밖에 없다. 따라서 1884년 5월에 주구경신에 의하여 최초로 전달되었다고 하는 탁본은 1차의 탁본이 아니고 2차나 3차로 전달된 탑본榻本으로 보아야 한다.

그러나 현재까지 알려진 자료에 의하면 1884년 이전에는 1차 탁본은 고사하고 비와 관련된 어떠한 자료도 보이지 않는다. 오직 1884년 5월부터 최초로 탁본이 입수되어 연구가 시작되었다는 것처럼 묘사하고 있다. 그러나 앞에서 이미 기술한 바와 같이 1884년에 최초로 탑본을 입수했다는 설은 성립이 될 수가 없는 것으로 그보다 2~3년 이전에 이미 입수가 되었어야 한다는 것이다.

『회여록』 발표 이전에 작성된 자료 (1884~1888년)

[표 10] 『회여록』 제5집이 발표된 1889년 6월 이후에 공개된 자료들

순	저술년도	저자	논문 명칭	소장처
1	1881년	佐川少佐	광개토왕비 원석탁본	참모본부에 전달
2	1883년 10월	酒勾景信	탁본 및 비문지유래기	제실박물관 (李進熙가 찾아냄)
3	1884년 5월	橫井忠直	고려고비고	동경 일비곡도서관
4	1884년 6월	佐伯有淸	『東京橫浜每日新聞』, 1884년 5월 입수 사실 보도	1972년에 佐伯有淸이 신문기사 발견
5	1884년 7월	靑江秀	동부여 영락태왕비명지해	일본 국회도서관
6	1884년	靑江秀	고구려 19세 광개토왕묘지해 고증	일본 국회도서관
7	1884년	谷森善臣	고구려 광개토경호태왕묘비명	궁내청 서릉부
8	1884년	井上賴國	고구려고비고	일본 무궁회 도서관
9	1884년	橫井忠直	고려고비고	무궁회 도서관
10	1884년 불명	橫井忠直	고려고비고	대동급 기념문고
11	1884년 불명	불명	고구려고비문	경도대학 도서관
12	1884년 불명	불명	고구려고비문	궁내청 서릉부
13	1884년 불명	불명	고구려고비문	무궁회 도서관
14	1884년 12월	橫井忠直	고려고비고	경도대학 도서관
15	1884년 12월	橫井忠直	고구려고비고	궁내청 서릉부
16	1884년 12월	橫井忠直	高句麗고비고	궁내청 서릉부
17	1886년 3월	谷森善臣	고구려 호태왕묘비명	궁내청 서릉부
18	1886년 3월	荻原嚴雄	동부여 영락태왕비명	수곡제이랑
19	1886년 12월	불명	영락왕 묘비석문	수곡제이랑
20	1888년 10월	橫井忠直	고구려고비문(청강수본 수록)	일본 국회도서관

 횡정충직이 저술한 「고비고」와 「출토기」와 「비문유래기」 등등의 기사의 논조를 엄밀하게 검토해 보면 그 이전에 이미 1차 탁본을 입수하여 해독을 거쳐 2차로 1882년에 주구경신으로 하여금 탁본하도록 하였다는 사실이 은연중에 내포가 되어 있다는 것을 알 수 있다.

 이와 같이 주구경신이 일본에서 파견한 4인들의 탁본을 가지고 1883년 8월에 우장牛莊(天津)으로 돌아와 참모본부장과 귀국 경로 등을 협의하였다. 주구경신이 8월 8일 자에 참모본부장 대산암에게 보낸 서한을 소개하면 다음의 표와 같다. 이 서신에서 탁본에 대한 언급이 없는 것은 비밀 유지를 위해 당연한 것이었을 것이다.

[표 11]

酒勾景信이 참모본부장 大山巖에게 보낸 서신

삼가 받들어 탄원합니다. 景信은 앞서 명령을 받고 이 항구(牛莊)에서 東北柵 밖인 여러 신개척 지방, 즉 淸韓 양국의 경계인 압록강 줄기에서 만주 내부의 여러 요항지에 이르는 크고 작은 도로는 물론 하천 산형 등을 하나씩 실지로 조사한바 만반의 경황이 모두 예상 밖의 것은 아니었으며 그 필요한 땅이야말로 한청 양국 관계에 대하여 후일을 위해서 크게 필요한 바 있음을 확인하여 의심하지 않습니다. … (중략)

景信은 이제 滯淸기한이 다가옴에 따라 귀국할 여비 전액을 이미 보내주셨으므로 이 금액을 개산하여 본바 이 항구에서 해로로 바다로 귀국하는 비용과 이 항구에서 의주를 거쳐 육로로 조선의 서울을 지나 귀국하는 비용과는 큰 차이가 생기지 않습니다. 또한 해로로 귀국하는 그 비용 및 일수가 無益하고 얻는 바가 적습니다. 이에 비한다면 가령 조금 초과하는 일이 있더라도 후일 이를 보상할 이익이 있는 것은 필연적이라고 평소 알고 있으므로 불초를 돌보지 아니하고 육로로 귀국할 뜻을 탄원하는 바입니다.

더구나 이 지방은 비록 관동국에 속한다 하더라도 편리하므로 편리를 구하는 데는 兩得策이라고 생각하옵기에 별지에 순로의 지명지를 첨부하여 엎드려 탄원하는 바입니다. 하오니 微意를 認察하시고 評議에 붙여 주시기를 빌어 탄원하는 바입니다.

삼가 말씀 올립니다.

명치16년(1883) 8월 8일 在牛莊 酒勾景信

參謀本部長 大山巖 殿

이 서한에 대하여 관서국장 계태랑桂太郎은 9월 3일 자 답신에서 "한국 내의 여행은 조약상 공사관원이 아니면 허가되지 않고 또한 지금까지 밀정으로 활동했는데 갑자기 공사관원으로 한국을 여행하는 것은 혐의를 받을 우려가 있으므로 더욱 적당하지 않다."라고 하였으며, 기일도 임박해 있으니 훈령대로 선편으로 귀국하라는 지시를 하고 있다.

이와 같이 참모본부장과 직접 서신 왕래로 훈령을 받고 귀국한 것으로 본다면 주구경신은 단순한 밀정이 아니고 특별한 중책을 맡고 그 업무를 완수하고 귀국하는 과정이기 때문에 중국에 파견대장의 지시가 아닌 참모본부장과의 직접 훈령으로 귀국한 것이 분명한 것으로 보인다.

또 이진희의 같은 책 83~84쪽에서는 다음과 같이 기록하고 있다.

참모본부에서 해독작업을 완료한 뒤 주구酒勾의 쌍구본은 네 폭으로 포장되어 탁본답게 보이게 하기 위해 문자의 둘레나 순위번호, 서로 연결한 부분을 짙은 먹으로 발랐다. 그리고 명치 21년(1888) 12월에 주구경신酒勾景信의 이름으로 명치천황에 헌상되고(이진희, 『광개토왕릉비의 탐구』, 1985, 83쪽, 永井哲雄, 『高句麗廣開土王碑文 將來者』) 1890년 7월에는 비의 존재를 널리 선전하기 위해 제국박물관으로 옮겨 전시했다. (중략)

일본 고대사 연구에 있어 4, 5세기 한일 관계사에서는 이 비문이 근본 자료로 되어 왔음에도 불구하고 참모본부에서의 해독작업에 대해서는 물론이고 주구酒勾가 가지고 돌아온 것이 쌍구본인가 정탁본인가라는 가장 초보적인 것까지가 간과되어 온 것은 어떤 까닭에서였을까.

그러나 그 문제는 일본 학자들로서는 당연히 숨기고자 했을 비밀이다. 또한 그 문제는 우리들이 적극적으로 나서서 의문을 제기했어야 할 문제이다. 동시에 130년이 지나도록 단 한 마디도 거론하지 못한 우리들의 무지를 자탄해야 할 일이다.

우리들은 오늘날까지도 『회여록』의 쌍구가묵본을 주구가 가지고 간 진본으로 믿고 단 한 마디의 반론도 제기하지 못하고 있었으니 이래 가지고서야 어떻게 우리가 광개토왕비문에 대한 연구를 올바르게 해 왔다고 말할 수 있겠는가?

2) 왜구가 자기들을 유리하게 하고
고구려를 폄훼하기 위해 계획적으로 변조한 글자

『회여록』의 석판본에는 변조된 글자가 90여 자가 있고 그중에 왜구들에게는 유리하고 고구려에게 불리하도록 변조한 글자가 다음에서 보는 바와 같이 13자가 있고 2개 글자는 삭제된 것을 알 수 있고 기타 80여 자는 변조한 13자를 구별해 내지 못하도록 불특정 다수의 글자를 추가로 변조한 것으로 추정되는 것이다.

[표 12] 변조 또는 삭제한 글자

순번	면-행	원문	변조문	번역문(주해)
1	1-9	來以寇盜 百殘破倭	來渡海破 百殘□□	"와서 노략질을 하므로 백잔이 왜구를 격파하고"라고 번역이 되는 문장을 "바다를 건너와서"라고 번역이 되도록 渡海破로 변조하고 破倭라는 두 글자는 삭제한 것이다.
2	1-9	王躬率大軍	王躬率水軍	고구려의 군사력을 약체로 폄훼하기 위해 水軍이라고 변조해 놓은 것이다. 일본의 삼택미길본과 그 추가본에는 大軍으로 기록되어 있다.
3	2-4	跪王自誓	歸王自誓	跪王自誓라고 하면 항복했다는 의미가 되므로 백제의 위상을 높여 주기 위해 항복이 아닌 것처럼 歸 자로 변조한 것이다.
4	2-4	而殘主困逼	百殘王困逼	왜구들과 친교가 있는 백제의 위상을 높여 주기 위해 [而] 자를 [百] 자로 [主] 자를 [王] 자로 변조한 것이다.
5	2-5	將殘主弟幷	將殘王弟幷	왜구들과 친교가 있는 백제의 위상을 높여 주기 위해 [主] 자를 [王] 자로 변조한 것이다.
6	2-8	步騎二萬	步騎五萬	왜구를 소탕하는 데 2만의 병력이면 족하다. 이는 왜구들의 병력이 약해서 퇴각한 것이 아니고 "五萬이라는 숫자에 밀려 어쩔 수 없이 전술적으로 퇴각했다."라고 주장하기 위해 二萬을 五萬으로 변조한 숫자이다. 이때의 왜구는 군대가 아니고 '해적'의 무리에 불과하여 5만 대군이 필요하지 않았다.
7	2-9	倭寇大潰	倭滿倭潰	왜구들이 대패된 것을 숨기기 위해 滿倭로 변조한 것이다.
8	3-3	而倭寇盜	而倭不軌	원문의 번역은 "왜구들이 노략질을 하기 위해 대방계에 침입하여"라고 번역이 되도록 쓰인 문장이다. 그렇기 때문에 왜구들이 이 문장을 대단한 수치로 여기고 不軌라고 변조를 한 것이다. 그러나 [不軌]라는 용어는 내국인이 반역을 꾀하는 무리를 말하는 용어로 국토를 침범하는 외적을 말하는 용어가 아니다. 따라서 이는 원석의 원문이 아니고 변조된 용어가 분명하다.

이상에서 고딕체로 기록한 13개 글자는 왜구를 유리하게 하고 고구려를 폄훼하기 위해 계획적으로 변조한 글자이고 [破倭]라는 두 글자는 삭제된 것이 분명하다. 변조한 글자를 원석의 원문인 것처럼 보이도록 지능적으로 변조를 하여 구별할 수 없도록 변조가 되어 있다.

5. 『회여록』의 4대 악서

1) 『회여록』에 수록된 4대 악서

일본에서 1889년 6월에 『회여록』이 출판됨으로써 이때부터 광개토왕비문이 널리 알려지는 계기가 되었다. 『회여록』에 수록된 4대 악서는 다음과 같다.

제1의 악서惡書, 「고구려고비문高句麗古碑文」(사진석판본, 쌍구가묵본)
제2의 악서, 「고구려비 출토기高句麗古碑出土記」(횡정충직 작)
제3의 악서, 「고구려고비고高句麗古碑考」(횡정충직 작)
제4의 악서, 「고구려고비석문高句麗古碑釋文」(횡정충직 작, 활자본)

이상의 4종의 문헌을 악서라고 규정하는 이유는 어느 것 하나도 사실에 근거하는 진실한 기록은 없고 모두가 다 변조·개삭되고 날조된 기사로 가득하기 때문이다.

『회여록』이 출판되기 이전 일본의 밀정들이 최초로 탁본을 입수하여 참모본부로 보낸 시기는 1880년 이전일 것으로 추정된다. 그러나 일본에서는 이를 비밀로 숨기고 1884년 5월에 최초로 입수한 것처럼 위장하고 있어 사리에 부합되지 않아 이를 밝히고자 하는 것이다.

1884년 5월설을 주장하는 이유는 쌍구본이 최초로 유행되기 시작한 시기가 1882년부터이기 때문이다. 즉 쌍구가묵본을 만든 것은 일본인이 아니고 중국인이 만들어 유행이 된 이후에 일본에 수입된 것처럼 조작하기 위해서가 분명하다.

1884년부터 『회여록』이 출판되는 1889년까지 6년간의 과정에 대하여도 일체 비밀로 숨기고 학계에는 물론 일반에게도 알리지 아니하고 참모본부 내의 군인들끼리만 변조·개찬·날조하였다. <u>『회여록』에 발표된 이후에야 학계에서는 비로소 이를 인지하고 연구를 시작하였으니 연구 결과도 4대 악서에 근거한 연구에 불과하여 온전한 연구서가 나올 수가 없는 것은 당연하다.</u>

그러나 현재까지도 이 문제가 문제로 제기되지 아니한 이유는 『회여록』이 우리나라에 입수되지 못해 연구자들이 이를 열람하지 못했기 때문이라고 해야 할 것이다. 『회여록』이 1889년 6월에 일본에서 출판이 되었으나 우리나라에 들어온 것은 그로부터 근 100년이나 지난 1978년 12월이다. 그것도 국립도서관도 아닌 서울시립 정독도서관에 최초로 비치가 되었다. 『회여록』이 있는지조차도 모르고 있었으므로 광개토왕비문에 대한 연구가 그만큼 치밀하지 못했다는 것을 말해 주는 것이다. 물론 비문은 그보다 앞선 1905년에 『황성신문』에 최초로 발표가 되었으나 『회여록』의 4대 악서는 그렇지가 못했다. 국립중앙도서관이나 서울대학교 도서관에는 현재까지도 『회여록』이 비치되지 않고 있다.

일본 학자들은 광개토왕비문에 대한 연구를 함에 있어 모두 『회여록』의 기사를 근거로 하여 연구논문을 쏟아내고 있는데도 우리는 『회여록』이 있는지조차도 모르고 있었으니 일본 학자들의 왜곡된 주장에 대하여 어떻게 반론을 제기할 수가 있었겠는가? 그러니 일본 학자들은 마음놓고 왜곡된 주장을 쏟아내고 있었던 것이다.

더욱이 『회여록』도 보지 못한 상태에서 어떻게 광개토왕비문을 연구했다고 말할 수가 있겠는가? 비문에 대한 모든 문제의 발단은 모두가 다 『회여록』의 4대 악서로부터 비롯되는 것인데도 말이다. 따라서 다음은 『회여록』의 4대 악서에 대하여 살펴보고자 한다.

2) 제1의 惡書 「고구려 고비문」 사진석판본(쌍구가묵본)

『회여록』에 수록된 4대 악서 중에서 가장 문제가 되는 것은 「고구려 고비문」 석판본과 횡정충직의 활자본이 동시에 수록이 되었다는 것이다. 개인들의 묘비문이나 왕릉의 능비문은 오직 하나만이 있어야 하는 것이 원칙이다. 그런데도 비문 내용이 서로 같지 않은 두 가지 비문이 동시에 수록이 되었다는 것은 문제가 아닐 수 없다.

석판본은 주구경신이 통구에서 가지고 간 원석탁본으로 알려지고 있으나 그 원석탁본의 행방은 묘연하고 쌍구가묵본으로 바뀌어 『회여록』에 수록이 되고 원석탁본은 흔적도 없이 사라지고 없다.

더욱이 문제가 되는 것은 『회여록』에 수록된 탁본이 최초로 만든 탁본이라고 하면서 원석탁본이 아니고 쌍구가묵본이라는 것이다. 쌍구가묵본에 문제가 있다고 하는 것은 1993년에 임기중이 북경도서관에서 발견한 원석탁본의 글자와 『회여록』에 발표된 쌍구가묵본의 글자체를 비교해 보면 그 분위기가 완전히 다른 것을 알 수 있기 때문이다.

참모본부에서는 비문을 변조하고 변조 사실을 숨기기 위해 원석탁본을 쌍구가묵본과 교환하여 모두 소각했을 것이라는 것을 알 수 있다. 그러나 교환되는 과정에서 쌍구가묵본에 변조된 글자가 있다는 사실을 일체 모르고 다만 글자가 선명하다는 장점만을 보고 교환이 수월하게 이루어졌을 것이라는 것이다.

쌍구가묵본을 만들기 위해서는 기존의 글자들과 균형과 조화를 이루도록 글자를 새로이 그려야 하기 때문에 기존에 없던 90자나 되는 많은 글자를 새로이 그리기 위해서는 서예의 대가가 아니고서는 불가능한 작업이다.

『회여록』에 오기된 글자들은 변조된 글자라는 것을 구분해 낼 수 없을 만큼 정교하게 그려져 있는 것을 볼 수 있으니 참모본부 내에서 가장 능력이 있는 서예의 대가를 동원하여 만들지 않고서는 설명이 되지 않는다. 누구나 할 수 있는 작업이 아니다.

비문이라고 하는 것은 일반적인 문장과는 달리 한 사람의 일대기에 대한 기록이기 때문에 단 한 글자라도 오기가 없도록 최선을 다하는 것이 상례이다. 그런데도 태왕의 비문에는 90자나 되는 많은 오자가 있으며 그 오자들이 일본 최고의 한학자들이 동원되어 10년이라는 기나긴 세월 동안에 참모본부 내에서 독점적으로 비밀리에 교정·편집을 한 결과물이라고 하는 데 더욱 놀라움을 금할 수가 없다.

비문의 첫머리에 유석시사惟昔始租라고 쓰인 글자에 대하여 조祖 자가 사租 자로 오기되었다고 지적하는 경우는 거의 없다. 그러나 금석문에 각자를 하는 경우에는 租 자가 祖 자의 오기라는 것을 쉽게 발견하게 된다. 그런데도 교정되지 못하고 사租 자로 각자가 된 것은 문제가 아닐 수 없다. 90자나 되는 오자가 있는 비문을 1887년 12월에 감히 천황에게까지 거리낌 없이 헌상을 했다는 것은 천황을 조폭의 두목쯤으로 여기는 것이 아니냐 하는 것이다.

3) 제2의 악서惡書 「고구려비高句麗碑 출토기出土記」

『회여록』에 수록된 「고구려비 출토기」에 기록된 내용들을 검토해 보면 단 한 가지도 사리에 부합되는 내용은 없고 모두가 다 날조된 기사에 불과하다는 것을 쉽게 알 수 있다. 특히 그 명칭부터가 기만적이다. 이에 「출토기出土記」라는 명칭에 대하여 먼저 살펴보고자 한다.

'출토'라면 땅속에 파묻혀 있던 것을 파내었다는 것이다. 그러나 높이가 6.39미터나 되는 거대한 비석이 땅속에 파묻힐 수도 없는 것이고, 또 도괴되어 땅속에 파묻혀 있었던 것도 아니다. 비석이 서 있는 위치가 깊은 산골의 계곡도 아니고, 통구의 주산인 용산의 서남쪽 내룡의 구릉지대 위의 경사진 해발 195m의 높은 지점에 위치하고 있어 더욱 그러하다.

또한 1918년에 흑판승미가 비에 대한 정밀조사를 실시한 결과에 의하면 비가 넘어지지 않고 1,500년간 그대로 서 있었음을 확인한 사실이 있다.(藤田亮策, 「조선고분조사」, 1958) 이 한 가지 사실만 보더라도 '출토기'라는 명칭부터가 기만적이라는 것을 알 수 있다.

「고구려비 출토기」는 주구경신이 1884년에 통구에서 광개토왕비 탁본 하나를 가지고 귀국하여 탁본의 구득 경위에 대해 참모본부에 보고서 형식으로 탁본과 함께 제출한 것으로 조작하여 기록한 자료이다. 「출토기」의 내용을 살펴보면 주구가 직접 기록한 것이 아니고 제3자가 조작하여 대작한 것으로 추정된다.

「출토기」에는 광개토왕비가 발견된 경위와 그 탁본이 일본에 전달되기까지의 과정을 담고 있다. 그리고 일본으로 가져간 최초의 비문인 것처럼 말하고 있으나 이는 조작된 기록이다. 그것은 비가 발견된 중국 측의 자료에서는 일체 보이지 않는 기록이고 바다 건너 일본에서만 유일하게 유포되고 있는 자료이기 때문에 더욱 문제가 있다는 것이다.

출토기의 내용을 살펴보아도 단 한 가지도 사리에 부합되는 타당한 이론은 없고, 모두가 다 허구적인 위서로 가득하다. 이와 같이 명칭부터가 거짓이라는 것은 사실이 아닌 것을 사실인 것처럼 허위로 꾸며서 기록을 하였기 때문이라고 할 것이니 그 「출토기」에 문제가 되는 부분에 대하여 하나씩 지적을 하고자 한다. 출토기의 원문을 부분적으로 발췌하여 기록하면 다음과 같다.

원문에 ①~⑥의 표시를 한 것은 그 문장에 대한 설명을 하기 위해 순서를 표시한 것이다.

고구려비출토기(부분발취문)

據土人云 ① 此碑舊埋沒土中, 300餘年前, 始漸漸顯出, ② 前年有人, 由天津雇工人四名來此, 崛出洗刷, 費二年之工, 稍至可讀, ③ 然久爲溪流所激, 缺損處甚多, ④ 初掘至4尺許, 閱其文始知其爲高句麗碑, ⑤ 於是四面塔架, 令工氈搨, 然碑面凹凸不平, 不能用大幅一時施工, 不得已用尺餘之紙, 次第搨取故 工費多而成功少, 至今僅得二幅云, ⑥ 日本人某適遊此地, 因求得其一齎還

이와 같은 사실은 비가 최초에 발견된 중국 측 기록에서는 일체 발견되지 않고, 오직 일본의 「출토기」 하나에서만 보이는 유일한 내용이다. 「출토기」와 「비문지유래기」는 횡정충직의 소저로 1889년에 『회여록』에 수록되어 최초로 발표된 기사이다.

비의 실체에 대하여 다룬 일본에서의 최초의 자료라고 할 수 있으나 이를 상고해 보면 사리에 부합되지도 않는 황당무계한 허구적인 기록에 불과하다는 것을 알 수 있다. 그렇기 때문에 이를 저본으로 한 연구서들은 모두가 다 허구일 수밖에 없다는 것이다. 이에 대하여 다음과 같이 하나하나 살펴보고자 한다.

첫째, ①에서는 "이 비석은 예로부터 땅속에 파묻혀 있다가 300년 전부터 점점 나타나기 시작하였다."라고 하였다. 그렇다면 이 기사를 쓰던 1889년부터 300년 전에 최초로 나타나기 시작하였다는 것이다. 즉 이는 1589년대라고 할 수 있다. 문제는 이때에 어떤 기록에 의해서 알 수 있느냐 하는 것이며, 땅속에 파묻혀 있는 것을 광개토왕비석이라는 것을 어떻게 알고 파내기 시작했느냐 하는 것이다. 비석이 구릉지대의 높은 지점에 위치하고 있어 자연적으로 퇴적토가 쌓일 수도 없는 위치이며 비의 높이가 6.39m나 되고 도괴되지도 않아 자연적으로는 흙에 파묻힐 가능성도 없는 규모이다. 따라서 이 거대한 비석이 파묻히기 위해서는 인력으로 흙을 다른 곳에서 퍼다가 이집트의 피라미드와 같이 쌓아 올려야 할 것인데 그렇게 했다는 기록도 보이지 않을 뿐만 아니라 중국에서는 그렇게 한 사실이 없다는 것이다. 그러므로 「출토기」의 기록은 모두가 다 사실이 아닌 황당무계한 기록에 불과하다는 것을 알 수 있다.

일본의 군인이 아닌 학자가 공식적으로 비석이 있는 현지를 최초로 조사한 것은 도거농장이다. 그는 동경제국대학 강사로 1905년 10월에 봉천, 무순, 통화를 거쳐 현장에 가서 왕비를 조사하고 보고서를 작성하였다. 그 보고서에는 다음과 같이 적고 있다.

> 명치 12년(1889)에 발행한 『회여록』에 의하면 "호태왕의 비는 한 번 침수당하였으나 어느 때인가 그것을 발굴하여 결국에는 오늘날처럼 지상에 나타나게 되었다."라고 되어 있다. 그렇지만 비석이 소재하는 곳은 강변이 아닌 구릉지 위이다. 그처럼 커다란 비는 침수나 매몰이 될 수가 없기 때문에, 가령 그 하부가 땅속에 묻힌다 해도, 그 상부는 의연히 건립 당시 그대로 서 있기 마련이다. 내가 그 높이를 재었을 때 그 대석은 땅속에 묻혀 있어 그 높이가 어느 정도인지를 모르지만, <u>받침돌에서 정상까지는 2장 5촌이다.</u>

이와 같이 받침돌에서 정상까지가 2장 5촌이라 하였으니 비석은 땅속에 단 한 자도 파묻혀 있지 아니하고 대석의 일부만 땅속에 묻혀 있었다는 증거가 되는 것이다. 그런데도 무엇을 근거로 비석이 땅속에 파묻혀 있었다고 거짓을 주장하느냐 하는 것이다.

또한 제3차 조사를 마치고 「남만주조사보고서」에는 다음과 같이 기록하였다.

> 『회여록』중에 말한 '매몰토중埋沒土中' '구위계류소격久爲溪流所激'의 설명은 틀리다고 했다. 이 비는 처음부터 끝까지 같은 장소에 있어서 가령 그 하부가 깊이 묻혀 있다 해도 그 상부는 여전히 세울 당시의 원상태이다.

일본인들도 이와 같이 왕비가 지하에 매몰되었다가 다시 발견이 되었다는 「출토기」의 기사를 부정하고 있다.(武田幸男, 『광개토왕비와의 대화』, 2007, 42~55쪽) 日本人 학자로서 1913년에 조선총독부의 위촉을 받고 광개토왕비를 현지에 가서 직접 조사한 관야정關野貞·금서룡今西龍도 그 현지조사결과보고서에서 "비석이 땅속에 매몰되어 있었다는 설은 있을 수 없다."라고 부정하고 있다. 따라서 흙속에 파묻혀 있었다는 것은 허튼소리가 틀림없다.

둘째, ②에서는 "전년에 어떤 사람이 천진에서 공인 4명을 고용해 와서 이를 파내고 물로 씻어 내기를 2년을 걸려서 겨우 읽어 볼 수 있게 되었다."라고 하였다. 「출토기」에서는 '어떤 사람'이라고 하였으나 「비문지유래기」에서는 성경장군 좌씨라고 명기하고 있다. 그러나 그 당시에 성경장군 좌씨라는 인물은 존재하지 않았다. 따라서 성경장군은 실존 인물이 아니라는 것을 앞에서 이미 설명한 바 있어 여기에서는 재론하지 않는다.

셋째, ③에서는 "그러나 하도 오래되어 시냇물에 부딪치고 깎여 결손된 곳이 심히 많다."라고 하였다.
땅속에 파묻혀 있었다면 외부로부터 충격을 받지 아니하여 파손된 곳이 하나도 없이 완전한 상태로 보전이 잘되어 있었을 것이다. 그런데도 땅속에 묻혀 있는 비석이 어떻게 "개울 물결에 부딪히고 깎이고 결손된 곳이 심히 많다."라고 모순된 주장을 할 수가 있느냐 하는 것이다. 따라서 이는 사실이 아닌 것을 사실인 것처럼 꾸며서 기록한 세 번째 허튼소리가 분명하다.

넷째, ④에서는 "처음에 4척쯤 파 내려가서야 그 글자를 읽어 볼 수 있게 되어 비로소 고구려비라는 것을 알게 되었다."라고 하였다.

4척이나 파 내려가서야 글자를 볼 수가 있었다고 하였다. 그렇다면 4척이나 되는 땅속에 파묻혀 있는 것이 비석인지를 어떻게 알아내고, 땅을 파 내려가기를 시작했는지에 대한 설명이 없다. 따라서 이는 조작된 낭설이 분명하다.

다섯째, ⑤에서는 "이때에 4면에 발판을 가설하고 탁공으로 하여금 탑본을 하도록 하였다. 그러나 비면에 요철이 심하고 평탄치가 않아 대폭 용지로 일시에 시공을 할 수가 없어서 부득이 한 자 남짓한 작은 용지로 차례대로 탑본을 할 수밖에 없었다. 그렇기 때문에 비용은 많이 들고 성공하는 것은 적어 이제 겨우 두 폭을 얻었다."라고 하였다.

이 문맥을 살펴보면 토인에게서 들은 말을 적은 것이 아니고, 자신이 직접 탁본을 하면서 경험한 사실을 말하고 있는 것이 분명하다. 따라서 성경장군 좌씨 설은 조작된 가설이 분명하다는 것이다.

더욱이 비석의 위로부터 땅을 파 내려갔다면 위에서부터 탁본을 하면서 내려가면 될 일을 땅을 다 파낸 다음에 다시 4면에 발판을 가설하고 탁본을 했다는 것도 터무니없는 헛된 소리다.

여섯째, ⑥에서는 "일본인 모 씨가 이곳에 유람 차 왔다가 그중에 하나를 얻어 가지고 돌아갔다."라고 하였다.

이와 같이 『회여록』에 수록된 「고구려비출토기」와 「비문지유래기」와 「고려고비문지유래기」(橫井忠直 작) 등에 기록된 기사 중 비의 발견과 실체와 탁본 과정 등에 대하여 사실 그대로 기록된 곳은 단 한 곳도 없고 모두가 다 모순과 허튼소리로 가득 차 있다. 따라서 어느 것 하나도 신뢰할 수가 없는 위서에 불과하다는 것을 알 수 있다.

같은 시기에 중국 측 자료에서는 회인현의 지현인 진사운陳士芸이 탁본을 했다는 설이 있을 뿐이다. 이와 연관 지어 추리를 해 본다면 주구경신酒勾景信이 합법을 가장하기 위해 지현인 진사운으로부터 허락을 받고 사전에 공작을 하였을 것이다. 일본 참모본부에서 탁공과 한학자와 서예가 등 4명을 선발하여 천진으로 파견하고 이를 중국인인 것처럼 가장을 하였을 것이다. 이에 진사운을 성경장군 좌씨로 가탁하여 출토기를 꾸며 낸 것으로 추정이 가능한 것이다.(陳土芸설은 다른 항목에서 상술)

왜냐하면 당시의 성경장군 좌씨는 실존 인물이 아닌 것으로 밝혀졌으며, 탁공을 천진에까지 가서 구해 왔다는 것도 사실일 수 없는 가설이기 때문이다. 그렇기에 아마도 이때에 횡정충직橫井忠直이 이들을 인솔하고 천진을 거쳐 통구로 가서 작업 지시를 하고 돌아온 것이 아니냐 하는 의문이 제기되는 것이다.

비문에 대한 연구책임자가 현장 답사도 없이 10년 동안이나 책임자 역할을 했다는 것은 이론상으로도 맞지 않기 때문에 더욱 그러하다.「출토기」를 조작한 근본적인 원인으로서 제3의 악서「고비고」제9항에서 주장한 것을 정당화하기 위해 꾸며 낸 기사로 추정되는 것이다.

특히『회여록』에 수록된 4대 악서가 일본 최고의 한학자와 역사학자들이 모여 10년 동안이나 연구하고 변조·개찬하여 조작해 낸 결과물이라고 하니 저속하기 그지없는 악서가 분명하다.

4) 제3의 악서「고구려高句麗 고비고古碑考」

1889년에 발행된『회여록』제5집에 수록된 횡정충직이 저술한「고구려고비고」에 대하여 살펴보고자 한다.

횡정충직橫井忠直은 참모본부 내에서 광개토왕비문에 대한 고증의 총책임자로 수십 편의「고비고」등을 저술하는 등 비문 고증에 관한 한 누구도 따를 수 없는 일본의 최고의 한학자로서 존경받는 인물로 여겨져 왔다. 그런데「고구려고비고」의 기사에 대하여 문제를 제기하는 것을 보고 실망감을 금할 수가 없다.

누구나가 다 이해할 수 있는 문장을 자기 마음대로 해석하여 문제라고 지적하는 것에 경악을 금할 수가 없다. 비문에는 지극히 정당하게 기록이 되어 있어 누구나가 다 이해하는 사실들을 횡정충직橫井忠直만이 홀로 모호한 방향으로 해석을 달리하면서 비문을 탓하는 것은 옳지 못한 태도다.

「고비고」는「출토기」에 기록된 것 하나뿐이 아니고 표에서 보는 바와 같이 1884년부터 1888년까지 4년 동안에 수십 편이 작성된 것 중에서 대표적인 것

하나를 선택하여 『회여록』에 수록한 것으로 추정이 되는 것이다.

『회여록』 제5집에 수록된 「고구려고비고」는 횡정충직의 대표적인 저술로 그 9개 항목 중에서 논증이 필요한 항목만을 발췌하여 다음과 같이 논증을 하고자 한다.

(1) 「고구려고비고高句麗古碑考」에서 문제 항목에 대한 해설

원문에는 '一, 一, 一'로 표시된 것을 논증의 편의를 위해 필자가 '1~9'로 표시를 새로이 하고 설명하고자 한다.

1. 생략
2. 생략

3. <u>好太王은 한사에는 그 이름이 없다. 이 때문에 소위 갑인년이 우리의 어느 시대에 해당하는지 알 수가 없다.</u> 17세라는 것을 근거로 하여….

횡정충직은 남의 나라의 역사를 비판하면서도 한사에 대하여는 연구도 하지 아니하고 자기 마음대로 비판하고 있다. 한국의 정사에서는 호태왕이라는 왕호를 사용하지 않는다. 그 이유는 호태왕은 왕호가 아니고 시호의 한 부분이기 때문이다. 고로 한사에서 사용하지 않는 왕호를 자기 마음대로 조작하여 없다고 하는 것은 무지하고 무례한 처사이다.

광개토왕이라고 하는 왕호는 『삼국사기』 권 「제18 고구려본기」 제6의 19, 광개토왕조의 말미에 "二十二年(412) 十月에 왕이 돌아가시므로 '광개토왕'이라 호하였다."라고 명기한 것을 근거로 하는 것이다. 그런데도 횡정충직은 남의 나라 왕호에 대한 확인도 없이 자기 마음대로 왕호를 호태왕 운운하며 무례의 극치를 보이고 있다.

또한 횡정충직은 17대와 19대의 의미도 이해하지 못하고 있다. 17대는 대주류왕(대무신왕)으로부터 새로이 기산하는 비문의 의미를 이해하지 못하고 있다. 그는 시조로부터 17대를 계산함으로써 이미 2대의 착오를 범하고 있다.

4. 비문에서는 시조를 추모왕鄒牟王이라고 말하고 있다. 그런데 한국사에서는 그 시조를 가리켜 모두 주몽朱蒙이라 쓰고 추모왕鄒牟王이라고 쓰는 경우는 하나도 없다.

횡정충직의 주장에 대하여 『삼국사기』에 다음과 같이 기록이 되어 있음을 일깨워 주고자 한다. 『삼국사기』 권 제13 고구려본기 제1에 다음과 같이 기록하고 있다.

<u>시조동명성왕 성 고씨 휘 주몽 姓 高氏 諱朱蒙(一云 鄒牟 一云 象解)</u>

한국의 대표적인 사서인 『삼국사기』에 '일운一云 추모鄒牟'라고 명기되어 있는데도 추모鄒牟라고 쓴 곳은 하나도 없다."라고 거짓 주장으로 한사를 폄하하고 있다. 모든 문장에서 괄호 안에 부기하는 것은, 本名은 분명하지만 대외적으로 표방은 하지 않는다는 의미인 것쯤은 누구나 다 아는 상식이다. 따라서 동명성왕의 본명은 주몽朱蒙, 추모鄒牟, 상해象解 등 3가지라는 것을 분명하게 밝히고 있는데도 한사에는 없다고 시비를 하는 악의적인 태도는 옳지 못하다.

비문에 왕호를 기록하는 것은 비문 찬술자가 비문의 문의를 어떤 방향으로 쓸 것인가에 따라 정하는 것이다. 한평생을 사용하여 친근감이 있는 추모鄒牟라고 쓸 것인가, 아니면 사후에 정해지는 망인亡人 자신도 모르는 시호, 즉 동명성왕(死後에 정하는 廟號)으로 쓸 것인가는 비문 찬술자의 선택에 의한 것이다. 그렇기 때문에 역사의 기록은 공적인 기록이고 비문은 사적인 영역의 기록이라고 할 수 있어 비문과 한사의 기록이 다를 수 있는 것이다.

공적인 한사에서 비문의 기록을 따르지 아니하고 동명성왕으로 쓴다는 역사적인 근거는 앞에서 밝힌 바와 같이 "추秋九月 王 승하 시년時年 40세歲 장용산葬龍山 호 동명성왕東明聖王"이라고 한 공적인 기사에 근거하는 것이다. 남의 나라 역사를 비판하고자 할 경우에는 분명하게 알고 비판을 해야 할 것이다.

5. 생략

6. 한국의 사서에는 고구려왕 제19대 광개토왕을 재위 22년이라 하였다.

그런데 이 비문에 호태왕의 휘호 중에 광개토경廣開土境이 있고, 재위 또한 22년이라 하였다. 그것은 곧 광개토왕을 지칭하는 것이니 어찌 호태왕이 아니라는 것을 알 수가 있겠는가? 어찌하여 광개토경이라는 4자가 하나로 연이어 있는데 왜 그 경境 자를 삭제했는지 괴이怪異하다. 또 17세를 19세라 하고, 원년 신묘년을 임진년이라고 하였으니 이 또한 오류이다.

일본 제일의 한학자라고 하면서 앞에서 이미 살펴본 바와 같이 동명성왕과 추모왕을 구분하지 못하고, 광개토왕과 호태왕을 구분하지 못하고, 광개토경을 이해하지 못하고, 장례를 모신 갑인년도 구분하지 못하고, 17대와 19대의 의미도 이해하지 못하고 비판하는 것으로 보아 비문을 논증할 만한 능력도 자질도 부족한 인물이라는 것을 알 수 있다.

광개토왕의 세계와 훈적이 모두 기록이 되어 이해할 수 있는 비문의 일부분을 발췌하여 제시하면 다음과 같다.

(2) 비문의 발췌문

번역문 : 선왕으로부터 명을 받은 유류왕이 도로써 나라를 잘 다스렸다. 그 다음으로 대주류왕이 국정을 이어받았고 그로부터 또 17세에 이르러 국강상광개토경평안호태왕이 18세에 왕위에 올라 호를 영락대왕이라 하였다. 은택이 황천에 흡족하고 위무는 사해에 떨쳤다. 불궤한 무리들을 모두 쓸어 없애고 국정을 평안하게 하니 나라는 부강해지고 백성들은 편안하고 오곡이 풍숙하였다. 천명이 다해 39세에 나라를 버리고 승하하시니 갑인년 9월 29일 을유일에 산릉으로 옮겨 모시고 동시에 비를 세웠다.

原文 : 顧命世子 儒留王 以道興治 大朱留王 紹承基業 還至十七世孫 國罡上 廣開土境 平安好太王 二九登祚 號爲永樂大王 恩澤洽于皇天 威武振被四海 掃除不軌 庶寧其業 國富民隱 五穀豊熟 昊天不弔 卅有九 宴駕棄國 以甲寅年 九月 二十九日 乙酉 遷就山陵 於時立碑

앞의 문장을 올바르게 이해한다면 횡정충직이 앞에서 비판한 내용들에 대한 해답이 모두 다 이에 기록되어 있어 알 수 있다. 만약에 이를 이해하지 못한다면 비문 연구에 참여할 자질이 부족한 인물이다.

광개토왕은 정통왕계로 계산하면 시조 추모왕(東明聖王)으로부터 19대 왕이 되고, 족보상의 세대로 계산하면 13世孫에 해당된다. 그러나 비문에서 17대라고 한 것은 이상과 같은 정통 세대를 기록한 것이 아니고 고구려의 왕통에서 그 업적이 두드러진 왕을 선별적으로 기록하는 방법으로 기록한 것이다. 따라서 시조 추모왕의 세자 유류왕이 이도여치 하였다는 사실을 기록하고, 대주류왕이 소승기업 하여 나라를 다스렸으며, 대주류왕으로부터 다시 17대에 이르러 광개토왕이라는 걸출한 인물이 태어나 18세에 등조하여 국토를 넓히는 대공을 이루었다는 훈적을 자랑하기 위해 선별적으로 기록한 것이다.

따라서 횡정충직이 제기한 문제들이 앞에서 제시한 원문 안에 모두 정당하게 기록이 되어 있다. 즉 앞의 문장만 올바르게 이해를 한다면 문제될 것이 하나도 없는데도 이를 이해하지 못하고 오히려 문제로 제기하는 것으로 보아 비문을 고증할 만한 자질이 부족한 인물이 분명하다.

이와 같은 사실이 비문에 분명하게 나타나 있는데도 불구하고 비문의 문맥도 올바르게 이해하지 못하면서 17대와 19대를 오류라고 비판하는 우를 범하는 것은 웃음거리밖에 되지 않는다. 아마도 횡정충직은 광개토왕과 호태왕을 세 사람으로 인식하고 있는 것이 분명하니 왕의 시호라는 제도를 전혀 이해하지 못하고 있는 것이 분명하다. 물론 일본에는 시호라는 제도가 없어서 이해하지 못하는 것 같으니 그렇다면 한국 역사 공부를 좀 더 한 연후에 접근을 해야 할 것이다.

비문의 제1면 제4행 하단에 "국강상광개토경평안호태왕"라고 명기되어 있어 이는 누가 보아도 한 왕의 시호라는 것을 다 알 수 있다. 그러나 횡정충직만이 이를 이해하지 못하고 광개토왕과 광개토경왕과 호태왕을 각각의 다른 세 사람의 왕으로 인식을 하고 있는 것 같다. 도대체 횡정충직의 한문 수준이 어느 정도이기에 그런 망발을 하느냐 하는 것이다.

이뿐만 아니라 횡정충직은 광개토왕과 광개토경왕 중에서 "광개토경왕으로 해야 옳은데 왜 '경境' 자를 빼고 광개토왕이라고 했는지 괴이怪異하다."라고 비판하고 있다. 남의 나라의 왕호를 괴이하다고 비판을 해도 된다고 인식하는 횡정충직은 무지와 무례의 극치를 보이고 있다.

남의 나라의 고유명사는 정해진 그대로 따라 주면 되는 것이지 경境 자를 넣든 빼든 시비의 대상으로 삼는 것은 예의도 모르는 무지한 처사이다.
　광개토경이란 "국토를 넓히다.", 즉 "국경을 넓히다."라는 의미이다. 그래서 경자를 붙일 수도 뺄 수도 있는 것이다.

　이를 비유해서 말한다면 마치 횡정충직의 성씨인 '횡정橫井'이란 '가로 파인 우물'이라는 뜻인데 도대체 옆으로 파인 우물이 어디에 있단 말인가? 이를 다르게 말한다면 오물이 흐르는 "하수도관"이라고 해야 할 것이다.
　우물이란 모두가 다 땅 밑으로 수직으로 깊게 파서 샘이 솟게 하는 것을 말하는 것이므로 횡정이라는 성씨는 과학을 무시하고 남을 기만하는 성씨에 불과하여 성씨로 사용할 수 없는 단구이다. 하필이면 왜 횡정이라고 했는지 괴이怪異하다."라고 비판하는 것과 꼭 같다고 할 것이니 이 얼마나 우습고 한심스러운 주장이냐 하는 것이다. 횡정충직橫井忠直의 주장은 모두가 다 이와 같이 한사에 대한 폄훼·날조와 변조·개삭으로 일관하고 있을 뿐 정론은 하나도 없다.

　7. 생략
　8. 생략

　9. 비문 중에 우리와 크게 관계가 있는 것은 "신묘에 바다를 건너 백잔과 신라를 파하고 신민으로 삼았다."라고 한 두어 구절이다.
　碑文中有大關係于我者 辛卯渡海 破百殘新羅 爲臣民 數句是也,

이 문장이 비문변조의 증거가 되는 최초의 자료이다. 이 문장은 비문에서 다음과 같이 20자로 작성된 문장을 인용하면서 일본에게 불리한 글자들은 모두 삭제해 버리고 유리한 글자만 선택하여 밑줄 친 부분의 12자로 조작하여 주장하고 있는 것이다.
　비의 원문 20자와 횡정충직이 조작한 12자는 다음과 같다.

　　Ⓐ 비의 원문(20자): **而倭以**辛卯**年**, **來以寇盜**, 百殘**破倭**, 新羅**以**爲臣民

　이 문장에 대한 번역은 다음과 같다.

그것은 "왜가 신묘년에 와서 노략질을 하기 때문에 백잔이 노략질하는 왜구를 격파하고 그 여세로 신라를 신민으로 삼으려고 하였다."라고 번역이 되는 문장이다.

이와 같이 이 문장은 왜에게 가장 불리한 문장이다. 이 때문에 횡정충직이 고딕체로 표시한 11개 글자를 삭제하고 도해파渡海破라는 3자를 변조하여 삽입하고 다음과 같이 12자로 조작을 하여 일본에게 유리한 문장이 되도록 변조해 놓은 것이다.

　Ⓑ 12자로 조직한 문징 : 辛卯渡海 破百殘新羅爲臣民

즉 "신묘년에 바다를 건너 백잔과 신라를 파하고 신민으로 삼았다."라고 번역이 되는 문장인 것처럼 12자로 조작해 놓은 것이다.

앞에서 보는 바와 같이 비의 원문 Ⓐ의 20자 중에서 번역에 불리한 고딕체로 표시한 11개 글자를 삭제하고 삭제한 자리에 Ⓑ에서와 같이 도해파 3자로 변조하여 삽입을 하고 앞에서 보는 바와 같이 번역이 되는 문장인 것처럼 12자로 조작을 하여 주장을 하기 때문에 논쟁의 불씨가 된 것이다.
　특히 문제가 되는 것은 신묘년조의 문장은 414년대에 유행하던 금문으로 작성된 문장이 분명하다. 그런데도 횡정충직이 금문으로 쓰인 문장이라는 것을 무시하고 고문인 것처럼 조작하여 구두점을 자기 마음대로 찍어 어불성설이 되게 하였다.

또한 '의위以爲'의 어의는 생각하다이다. 때문에 <u>삼았다.</u> 또는 <u>하였다.</u> 라고는 번역을 할 수 없는 단구이다.
　그런데도 횡정충직은 '의위以爲'의 번역이 <u>삼았다.</u> 라고 번역이 되도록 하기 위해 '의위以爲'에서 '<u>이以</u>' 자를 슬그머니 삭제하고 '<u>위爲</u>' 자 한 글자만 남겨 두고 이를 "삼았다."라고 번역을 할 수 있는 문장인 것처럼 조작하여 <u>백제와 신라를 신민으로 삼았다.</u> 라고 번역을 하였기 때문에 비문에 대한 논쟁의 불씨가 된 것이다. 따라서 <u>이 문장은 비문변조설의 가장 중요한 증거가 되는 최초의 자료이다.</u>

5) 제4의 악서惡書 「고구려고비석문古碑釋文」

『회여록』 제5집에 「고구려고비문」(사진석판본)과 「고구려고비석문」(활자본. 아래에서는 '『회여록』의 석판본'과 '활자본'이라고 각각 약칭한다.)이라는 내용이 다른 두 가지 비문이 함께 수록이 되어 있어 연구자들을 당혹스럽게 하고 있다. 만약에 석판본이 주구가 가지고 간 진본이라면 문제는 내용이 같지 않은 「고비석문」은 누가 언제 가지고 간 탁본이냐 하는 것이다. 이질적인 두 가지 비문을 동시에 수록을 하면서 출처도 밝히지 않은 것은 문제가 아닐 수 없다.

횡정충직의 「고비석문」이 정상적인 비문이라면 석판본 바로 다음에 수록하여 석판본과 활자본이 비교될 수 있도록 편집을 했어야 할 자료이다. 그런데도 불구하고 말미에 수록한 것은 납득이 되지 않는 이상한 편집이다.

<u>이는 아마도 10년 동안에 참모본부 내에서 수십 종류로 변조·개찬을 시도한 시안 중의 하나가 아니겠느냐 하는 것이다.</u> 그렇지 않고서야 두 가지 비문이 동시에 수록될 이유가 없는 것이다. 만약에 석판본과 활자본이 글자가 꼭 같은 비문이라면 해독의 편의를 제공하기 위해 두 가지로 수록할 수도 있다고 하겠다. 그러나 석판본의 글자와 활자본의 글자는 24자나 되는 글자가 서로 다른 글자로 기록이 되고 있어 이를 하나의 같은 비문이라고 말하기도 어려운 상태이다. 본질이 다른 두 가지 비문을 동시에 수록을 하면서도 각각의 출처도 이유도 밝히지 아니하고 수록한 것은 옳지 못한 처사다.

<u>횡정충직의 활자본은 출처도 알 수 없고 어느 비문에서도 발견되지 않는 새로이 나타나는 오자(괄호 안)가 10개 글자나 있어 의문을 더하고 있다.</u> 더욱이 문제가 되는 것은 『회여록』은 출판하기까지 10년이라는 기나긴 세월이 걸렸으며, 일본 최고의 학자들이 참모본부에 모여 비밀리에 연구 교정을 하였다는 비문에 [표 14]에서 보는 바와 같이 석판본에는 90자나 되는 많은 오기자가 있고, 활자본에는 석판본의 90자 내에서 또 다른 24자의 오기자가 있다. 이와 같이 만신창이가 된 비문이 만들어진 과정에 대하여는 일체 해명이 없다.

6. 비문변조의 주모자

1) 비문변조의 주모자는 횡정충직橫井忠直이다

　비문변조의 주모자는 횡정충직이라는 데 의심의 여지가 없다. 그러나 12자로 조작하여 주장한 것은 횡정충직이 분명하지만 그 12자는 석판본에서 발췌하여 인용한 것이다. 그러므로 애당초 석판본을 만든 자를 변조의 원흉으로 지목해야 하는 것이 아니냐 하는 이론이 있을 수도 있어 이에 대하여 살펴보고자 한다.

　1972년에 이진희李進熙 씨는 "비문변조의 원흉은 주구경신酒勾景信이다."라고 지목하였다. 그러자 일본인들은 그는 초급장교로서 한문 능력이 부족해서 비문을 변조할 만한 능력이 없는 자라고 반론을 제기하고 있다. 그러나 그를 비문변조의 원흉이라고 지목한 근거는 이진희 씨의 자의적인 판단이 아니다. 여러 가지 자료에서 발표한 '주구경신이 최초로 통구에서 비문을 직접 쌍구가묵본으로 만들어 일본으로 가지고 가서 참모본부에 제출한 장본인'이라는 근거를 바탕으로 한 것이다.

　이로 미루어 본다면 주구경신을 비문변조의 원흉이라고 지목하는 데 부족함이 없다고 할 것이나 일본 측이 주장하는 대로 주구경신이 비문을 변조할 만한 능력이 부족한 것이 사실이라면 주구경신에게 자료를 제공하고 쌍구가묵본을 만들도록 작업 지시를 한 자가 누구냐 하는 것을 밝히면 되는 것이다.

　주구경신의 소속은 참모본부가 분명하고 참모본부에서 비문에 대한 총책임자는 횡정충직이 분명하다. 따라서 주구에게 비문을 변조하도록 작업 지시를 한 것은 횡정충직이 분명하다. 그러므로 비문변조의 원흉은 횡정충직이라는 사실에 이론이 있을 수 없는 것이다.

　한편에서는 성경장군 좌씨가 만든 탁본을 얻어 온 것이라는 설도 있다. 그러나 성경 장군 좌씨는 실존 인물이 아니라는 사실이 이미 밝혀져 이는 위조된 가설로 판명되었다. 따라서 천진탁공 4인설은 중국인이 아니고 일본에서 파견한 4인을 위장하여 꾸며 낸 가설이 분명하다. 이때에 4인의 탁공들에 작업을 총괄·지휘한 것은 주구경신이고 주구경신에게 작업 지시를 한 것은 횡정충직이 분명하므로 횡정충직이 비문변조의 원흉이라는 논리에는 이론이 있을 수 없는 것이다.

　이와 같이 중요한 비문을 변조하는 일을 누가 감히 참모본부의 허락도 없이 할 수 있었겠는가. 또 한편으로는 통구의 현지답사도 없이 6년 동안이나 참모본부에서 비문에 대한 총책임자의 자리를 유지했다는 것은 있을 수 없는 일이기 때문이다. 이에 대하여 좀 더 구체적으로 설명을 하기 위해서는 장문의 문장이 필요하기 때문에 다른 항목에서 상술하기로 한다.

2) 특정 비문의 변조자 비교 검증

『회여록』 제5집에 수록된 비문의 변조를 비롯하여 특정 비문의 변조는 다음의 [표 14]에서 보는 바와 같다. 『회여록』의 석판본에 변조된 글자는 90자가 있고 활자본, 즉 횡정충직본에는 18자, 삼택미길의 추가본에는 45자가 있다. 원석탁본으로 알려진 북경대학본에도 이미 19자의 변조된 글자가 있는 것으로 확인이 되고 있어 변조되기 이전의 원석탁본은 일체 보전되고 있지 않다는 것을 알 수 있다.

북경대학에서 발견된 탁본에는 19자나 되는 글자가 이미 변조가 되어 있었으나 그 작업이 너무나 정교하게 처리가 되어 있어 변조된 글자를 가려낼 수가 없을 만큼 변조가 잘되어 있다.

참모본부에서 일본에게 유리한 글자가 되도록 계획적으로 변조한 글자는 '도해파' 3자와 '만왜滿倭'라는 2자 등 5개 글자뿐이고 '파왜破倭'라는 2개 글자는 삭제한 글자라는 것을 알 수 있다.

비문변조설로 논쟁을 벌여 온 지 100여 년이 지나고 있으나 변조된 글자가 몇 개 글자인지, 진정으로 국익에 영향을 미치는 글자가 몇 개 글자인지, 계획적으로 변조했거나 삭제한 글자가 몇 글자인지, 착오나 오독으로 인하여 오기된 글자가 몇 글자인지에 대하여는 일체 연구된 사실 없이 막연하게 변조설을 주장하고 있다.

『회여록』에서 변조·오기한 글자는 [표 14]에서 보는 바와 같이 90자로 집계를 하였으나 그 숫자는 이체자니 별체자니 생략체니 간체자니 하는 등등의 글자로 인정되는 글자들은 제외했다. 문맥에도 부합되지 않는 글자들을 오독으로 오기된 글자처럼 가장하여 계획적으로 오기한 글자로 인정되는 글자들만을 집계한 것이다.

이와 같이 '도해파渡海破'라는 세 글자를 변조하여 삽입하고, '파왜破倭'라는 두 글자와 '이위以爲'에서 '이以' 자를 삭제하여 "<u>왜가 신묘년에 바다를 건너와서 백잔과 신라를 파하고 신민으로 삼았다.</u>"라고 번역이 되는 문장인 것처럼 조작하였다. 즉 일본이 우리나라의 남부 지방을 지배해 온 것처럼 조작하여 이를 근거로 삼아 조선 침략을 정당화하는 데까지 악용해 온 것이다.

이와 같은 변조 사실을 숨기기 위해 불특정 다수의 글자를 변조한 것으로 판단되는 것이다. 제1면의 글자를 정열적으로 변조를 하고 그 숫자를 헤아려 보니 [표 14]에서 보는 바와 같이 43자나 되는 많은 글자가 변조된 것을 보고 이는 너무 많은 글자가 변조되었다고 판단이 되었는지 제2면에서는 그 절반도 못 되는 19자로 줄이고, 제3면에서는 22자로 줄이고, 제4면에서는 또다시 그

절반인 10자로 축소한 것을 알 수 있다. 숫자까지 헤아리면서 계획적으로 변조한 것이 분명하다.

한편으로는 계획직으로 변조·식제한 7개 글자를 가려내지 못하도록 혼란을 주기 위해 불특정 다수의 글자들을 계획적으로 오기해 놓은 것으로 보인다. 비록 그렇다 하더라도 오자가 분명한 83자에 대하여는 하나의 글자로 통일을 기하도록 하여 개론이 없도록 했어야 했다. 그런데도 아무런 조치도 취하지 아니하고 100년이 넘도록 방치하여 혼란을 키운 것은 문제가 아닐 수 없다.

[표 13] **특정비문의 변조자 집계표**

	제1면						제2면						제3면						제4면					
		原石正拓	회여록本 석판	横井忠直	삼택추가	북경대학	참모변조		原石正拓	회여록本 석판	横井忠直	삼택추가	북경대학	참모변조		原石正拓	회여록本 석판	横井忠直	삼택추가	북경대학	참모변조		原石正拓	회여록本 석판	横井忠直	삼택추가	북경대학	참모변조
行	字	正学	공정	1929	1889	1889	行	字	正学	공정	1929	1889	1889	行	字	正学	공정	1929	1889	1889	行	字	正学	공정	1929	1889	1889
1	4	祖	祖		祖			3	20	殘	賊		賊		2	8	寐	安		安		2	35	看	都		
	29	世	出		出				31	怒	奴				3	16	侵	イ		侵		6	15	巡	率		率
	31	而	子		子				34	利	被		被		4	8	幢	憧		憧			22	備	イ		
2	2	幸	車		□			4	7	而	百		百			14	寇	?				7	35	祖	祖		祖
	18	我	栽						9	主	王		王		5	6	殺	煞	殺	煞		8	1	不	衣		不
	33	我	木						14	口	白		口			7	蕩	湯	盪	湯			12	差	羌		
	35	蔽	牧		牧	□			25	跪	歸		歸			10	獲	稚		穫			27	祖	祖		祖
3	23	不	求						22	主	王		王			28	溝	滓	滿	滓			40	差	羌		
	40	旤	罡		罡	罡		6	34	亥	死		亥		6	18	叛	椒		椒		9	5	人	之		
4	2	負	貝		貝	貝		8	2	遣	違	遣	違			24	任	諧		住			16	雖	唯		唯
	31	旤	罡		罡	罡			5	告	計		吉			25	討	諸					10	3	2		
	32	上	土						8	計	訐		訐		7	15	隨	隋		阽							
5	4	祚	祚		祚				19	任	住	往	往		8	3	凡	仇		凡							
	19	振	柳		柳				36	軍	兵				10	9	梁	契		契							
	36	穀	檠		穀			9	11	急	息					16	梁	契		契							
6	33	示	求						37	大	滿	□	滿			24	夫	矢	矢								
7	14	歸	息		□	伺			38	潰	倭	□	倭	倭	12	3	句	牟	鏈								
	15	人	又		又				18		4	9	1	2		21	蔦	鳥									
	19	任	住	往	住											34	耶	能									
	21	過	回	파	回	回									14	26	氏	弓		弓	弓						
	25	山	碑													39	一	七		七							
	32	丘	三													21	6	10	5								
	34	落	洛		洛	洛																					
	38	營	當		當	當																					
	39	牛	用		用																						
	41	羣	彙		□																						
8	12	裹	駕		駕																						
	24	備	イ																								
	25	道	犭	犭	海																						
	31	獵	犭?		遊	獵																					
9	8	辛	未		未																						
	12	以	渡	□	渡	渡	渡																				
	13	寇	海	□	海	海	海																				
	14	盜	破	□	破	破	破																				
	17	破	X	□	□	□	X																				
	18	倭	X	□	□	□	X																				
	33	大	水		水																						
	36	伐	利																								
10	16	氏	弓	卷	弓	弓																					
	22	關	閣			閣																					
11	13	模	須		須	須																					
	14	耶	能		能																						
	25	耶	能		能																						
계			41	5	24	13	3 2		18	4	9	1	2			21	6	10	5				10	3	2		
																						90	18	45	19	5

비문의 변조는 『회여록』의 4대 악서로부터 비롯되는 것으로 첫째는 석판본에 오기된 90자로부터 비롯되었다. 이들 변조·오기된 90자는 모두 다 원본의 정자로의 복원이 가능하다. 즉 하나의 완벽한 비문으로 복원이 가능한데도 불구하고 100년이 지나도록 50% 정도만 교정이 되고 50% 정도의 오기는 교정하지도 못하고 방치하여 50여 종류의 비문이 횡행하게 된 것은 문제가 아닐 수 없다.

7. 任那日本府說

1) 임나일본부설의 변조 과정

임나일본부설은 신공왕후의 신화 같은 낭설과 광개토왕릉비문을 변조해서 주장하는 것이다. 『일본서기』에는 다음과 같이 기록되어 있다.

> 신공황후는 신의 명령에 따라 신라를 치게 되는데 군사를 정비하여 군함에 오르니 '바다의 물고기들이 군함을 등에 업고 바다를 건너 신라에 상륙했다.' 신라왕이 굴복하고 황후의 명을 따르고 백제 땅도 영토로 삼고 지팡이를 궁전에 꼽아 놓고 증표로 삼게 하고 돌아왔다.

이는 어린이들의 동화책에나 나올 법한 낭설에 불과한 것을 전설이라는 이름으로 미화하였다. 일본의 관료들이 이를 역사적인 사실인 것처럼 내세워 임나일본부설을 주장하다가 이는 너무 황당한 낭설에 불과하다며 신뢰받을 수 없게 되었다. 그러자 "백잔파왜 신라이위신민百殘[破倭] 新羅以爲臣民"라고 새겨진 원석비문에서 횡정충직이 파왜[破倭]라는 두 글자를 삭제해 버리고 아부홍장阿部弘藏이 1886년에 그 자리에 [임나任那]라는 2자를 비밀리에 변조하여 삽입해 넣고 이를 "백잔 임나 신라를 파하여 신민으로 삼았다."라고 번역이 되는 문장 인 것처럼 주장하고 나선 것이다.

그러나 [이위신민以爲臣民]에서 이위[以爲]라는 단어의 어의는 [하려고 생각하다.]이지 "삼았다."라고 번역을 할 수 없는 단어이다. 이 때문에 횡정충직이 [이위신민以爲臣民]에서 '以'자를 슬그머니 삭제하고 [위신민爲臣民]이라고 3자구로 변조하여 "삼았다."라고 번역이 되는 문장인 것처럼 조작해 놓은 것이다.

그런데도 참모본부에서는 이 주장을 임나일본부설에 적극 활용하여 임나일본부설은 전설이 아니고 광개토왕비문에 의하여 확인되는 역사적인 사실이라고 선전을 해 대고 있는 것이다.

그러나 아부홍장이 비밀리에 변조해서 삽입해 넣은 임나라는 두 글자가 마치 원석에 본래부터 새겨져 있었던 글자인 것처럼 조작하여 증거 자료라고 주장하고 있으니 이는 섬나라 근성의 파렴치한 행태라고 할 것이다.

일본이라는 명칭은 비문이 쓰이던 414년경에는 일본이나 우리나라의 어느 문헌에도 일체 없었던 것으로, 그로부터 250년이나 지난 670년경부터 나타나기 시작됐다고 하는 것이 정설이다.

비문에는 임나일본부라고 하는 기록 자체가 없다. 일본인들이 비밀리에 변조·삽입해 넣고 주장하는 것일 뿐인 낭설이 분명한데도 불구하고 시대적 상황으로 인하여 이에 대하여 반론다운 반론도 주장하지 못하고 있는 것이다.

일본에서도 양심 있는 학자들은 "박락된 공란에 '임나任那' 또는 '가라加羅'를 비밀리에 써넣고 임나일본부설과 결부시켜 주장하는 것은 옳지 못하다."라고 하는 여론이 일기도 하였으나 참모본부에서는 이를 무시하고 임나일본부설을 조선 침략의 구실로 적극 활용하는 야만성을 보이고 있는 것이다.

일본의 중총명中塚明 씨는 다음과 같은 주장을 하고 있다.

<u>일본의 고등학교 교과서에서 비문 전체에 대한 교육이 아니고 신묘년조의 32자에 대해서만 교육을 하기 때문에 올바른 역사교육이라고 말할 수 없다. 따라서 광개토왕비문에 대한 연구를 전반적으로 재검토해야 된다.</u>

[표 14] **來□□□ 百殘□□에 대한 일본인들의 주장**

	譯者	書名	年度	원문: 而倭以辛卯年, 來□□□, 百殘□□, 新羅以爲臣民, 以六年丙申, ※ 각자가 주장하는 원문의 구두점과 번역문을 수정 없이 전재함
1	酒勾景信	회여록석판본	1884	왜가 신묘년에 바다를 건너와서, 백잔□□신라를 파하고 신민으로 삼았다. 6년 병신에
2	阿部弘藏	征韓考	1886	왜가 신묘년에 바다를 건너와서, 백잔을 파하고, 임나신라로 신민으로 삼았다. 6년 병신에
3	橫井忠直	회여록 활자본	1889	왜가 신묘년에 바다를 건너와서 백제 □□□라를 파하고 신민으로 삼았다. 6년 丙申에
4	那珂通世	高麗古碑考	1893	왜가 신묘년에 바다를 건너와서 백제와 임나 가라를 파하고 신민으로 하였다. 6년 丙申에
5	久米邦夫	日本古代史	1915	왜가 신묘년에 바다를 건너와서, 백잔을 파하고, 가라신라를 신민으로 삼았다. 6년 병신에
6	三宅米吉	考古學硏究	1929	왜가 신묘년에 바다를 건너와서 백제를 파하고 다시 신라를 치고 신민으로 하였다. 6년 丙申에
7	橋本增吉	增補東洋史上	1956	왜가 신묘년에 바다를 건너와서 백제를 파하고 또 신라를 복속시키고 신민으로 하였다. 6년 丙申에
8	八木奘三郞	鴨綠江의好太王碑	1958	왜가 신묘년에 바다를 건너와서, 백잔을 파하고, 또 신라에 패하고 신민으로 삼았다. 6년 병신에
9	大原利武	任那伽倻考,		왜가 신묘년에 바다를 건너와서, 백잔을 파하고, 또 신라를 쳐서 신민으로 삼았다. 6년 병신에
10	林屋辰三郞	고대국가	1974	왜가 신묘년에 바다를 건너와서, 백잔을 파하고, 신라를 굴복시켜 **신민으로 삼으려고 하는**
11	今西龍	補正 大日本史	1943	왜가 신묘년에 바다를 건너와서, 백잔을 파하고, 신라와 □□ 신민으로 삼았다. 6년 병신에
12	武田幸男	廣開土王碑	1944	왜가 **신묘년에 와서**, 백잔을 파하고, 신라와 □□ 신민으로 삼았다. 6년 병신에
13	水谷第二郞	好太王碑考	1959	왜가 **신묘년에 와서**, 백잔을 파하고, 신라와 □□ 신민으로 삼았다. 6년 병신에
14	佐伯有淸	硏究史廣開土王碑	1974	왜가 신묘년에 바다를 건너와서, 백잔을 파하고, 신라와 □□ 신민으로 삼았다. 6년 병신에
15	旗田 魏	王陵碑文의 제문제	1974	왜가 신묘년에 바다를 건너와서, 백잔을 파하고, 신라와 □□ 신민으로 삼았다. 6년 병신에
계		합계 15건		

※ 본 문장은 금문으로 작성된 문장이다. 그런데도 15건 모두가 다 금문이 아닌 산문으로 구두점을 찍어 정해가 될 수 없다.

표에 **고딕체**는 변조된 글자, □□은 판독 불능 문자, 예시문에 해서체는 정통하게 복원한 글자. '以六年丙申'을 부기한 것은 '以'자에 대한 번역을 "때문에"라고 했는지를 확인하기 위한 것이나 "때문에"라고 번역한 경우는 단 한 건도 없다. 32자라고 하는 것은 신묘년조의 327자 중에서 서론에 해당하는 문장으로 원문은 다음과 같다.

[표 15]

3차에 걸쳐 변조된 글자

탁본명칭 구분	제1면						제2면						제3면						제4면					
			원석탁본	會餘錄본	삼택추가	內藤湖南	추가본			원석탁본	회여록본	三宅추가	內藤湖南			원석탁본	회여록본	三宅추가	內藤湖南			원석탁본	회여록본	三宅추가	內藤湖南
			원석정문	一차변조	二차변조	三차변조				원석정문	一차변조	二차변조	三차변조			원석정문	一차변조	二차변조	三차변조			원석정문	一차변조	二차변조	三차변조
	行	字	1889	1883	1894	1900	行	字	1889	1883	1894	1900	行	字	1889	1883	1894	1900	行	字	1889	1883	1894	1900
1	1	4	祖	租	祖			3	20	殘	賊			2	13	寐	安	安	□	2	35	看	都		都
2	1	29	世	出	出				31	怒	奴				19	朝	論			6	15	巡	率	率	
3		31	而	子	子				34	利	被				20	貢	事			8	1	不	衣		
4	2	2	幸	車		車	□	4	7	而	百	百		3	16	侵	亻				12	差	羌		羌
5		33	我	木			我		9	主	王	王		4	8	幢	憧	憧		9	5	人	之		
6		35	蔽	葭		牧			17	口	白		白							9	16	雖	唯	唯	
7	3	23	不	求		不			25	跪	歸	歸		5	6	殺	煞		煞	계		5	5	2	2
8		41	黃	履		黃		5	3	慾	徵	徵			70	蕩	湯	盪							
9	4	2	負	頁	頁				22	主	王	王		5	10	獲	稚		稚						
10		14	輿	興	興			6	1	肅	皀		皀		28	溝	溼	溼							
11		31	山	止		岡			34	亥	死			6	18	叛	粄		粄						
12		32	上	土		上		8	2	遺	違	違			24	往	住	住							
13	5	4	祚	柞	柞				17	二	五	五			25	討	諸								
14	5	19	振	柳	柳				36	軍	兵		兵		34	駭	駢	駢							
15		36	縠	榮		榖		9	9	倭	來	□	□	7	6	覆	處	處							
16	6	33	示	求		示			11	急	息	息			15	隨	阼		□						
17	7	14	歸	息					19	任	住		任	8	3	凡	仇		仇						
18		16	人	又	又				37	寇	滿	滿		10	9	梁	契		契						
19		19	任	住	住				38	大	倭	倭			24	夫	失	□							
20		21	過	叵	迨			계		19	19	11	3	11	37	岑	本								
21		25	山	碑	碑									12	21	蔦	鳥								
22		32	丘	三	丘									14	26	氐	弓	弓							
23		34	落	洛	洛									14	39	一	七	七	□						
24		38	營	當	當									계		23	23	10	5						
25		39	牛	用	用																				
26		41	群	彝																					
27	8	19	任	住																					
28		24	備	亻	亻		備																		
29		25	道	海	海																				
30		31	獵	犭?	犭?																				
31	9	8	辛	耒	耒																				
32		12	以	渡	渡																				
33		13	寇	海	海																				
34		14	盜	破	破																				
35		17	破	□	□	□	□																		
36		18	倭	□	□	□	□																		
37		33	大	水			水																		
38		36	伐	利		利																			
39	10	3	壹	壹	寧	壹	寧																		
39	10	22	關	閣			關																		
40	11	13	模	須	須																				
41		14	耶	能	能																				

133

(1) 비문의 원문
'百殘新羅 舊是屬民 由來朝貢 而倭以辛卯年 來以寇盜 百殘破倭 新羅以爲臣民'는 "백잔과 신라는 396년 병신년에 광개토왕의 공격을 받고 패전하여 백잔의 아신왕이 광개토왕 앞에 엎드려 항복하므로 屬民관계가 성립되어 조공을 해 오고 있었다. 그런데 왜가 신묘년에 와서 노략질을 하므로 백잔이 노략질하는 왜구를 격파하고 그 여세로 신라를 신민으로 삼으려고 압박하고 있었다."라고 번역이 되는 문장이다.

그런데 橫井忠直이 『회여록』에 「고구려고비고」를 쓰면서 비문에서 20자를 인용하면서 以寇盜 3자를 삭제했다. 대신 괄호 안의 渡海破 3자로 변조하여 삽입하고, 破倭 2자는 삭제하고 공란으로 두었다. 그런데 阿部弘藏이 삭제되어 공란으로 있는 곳에 任那라는 2자로 변조하여 삽입하여 그 원문과 번역문은 다음과 같이 변질이 되었다.

(2) 변조된 비문
"百殘新羅 舊是屬民 由來朝貢 而倭以辛卯年 來**渡海破**百殘**任那**新羅**以**爲臣民"라고 변조를 했다. 그 번역문은 다음과 같다.

"백잔과 신라는 옛부터 고구려의 屬民으로 조공을 해 오고 있었다. 그런데 왜가 **신묘년에 바다를 건너와서 백잔 임나 신라를 격파하고 신민으로 삼았다.**"(고딕체는 변조된 글자) 이처럼 왜곡되게 변조를 하여 조선 침략의 구실로 삼은 것이다.

이와 같이 일본에서는 고등학교 때부터 오직 앞의 32자만을 가르치기 때문에 일본인들은 모두가 임나일본부설을 정사인 것처럼 믿고 있는 것이다.

2) 왜구들의 침입은 도적질이 목적이다
조선시대 이전의 고대 남부 해안의 신라와 백제에 왜구들이 수시로 침입해 온 것은 도적질을 목적으로 한 것일 뿐 영토의 점령을 목적으로 한 것은 아니다.

일본의 旗田魏 씨도 『日本的朝鮮文化』 제19호에서 다음과 같이 주장하는 글을 올린 기사가 있다. 일본에서도 양심 있는 학자들은 올바르게 글을 쓰고 있는 것을 볼 수 있다.

신라를 습격한 왜인은 계절적으로 일본열도에서 바다를 건너 습격해 와서 사람과 재물을 겁탈한 해적 집단으로 보아야 마땅하다. 그들은 해변의 민가를 습격하였을 뿐만 아니라 신라의 수도 경주까지 위협을 준 강력한 집단이었다.

그러나 그들은 결코 영토 지배를 목적으로 하지 않았으며 다만 계절적으로 습격하여 재물과 사람을 약탈한 후 곧 철수하는 해적 집단이었다.

『삼국사기』「신라본기」에 반영된 왜는 바로 이러한 유형의 사람들이었다.

이로 미루어 보더라도 이 시대에 일본에는 국가라는 제도가 아직 성립되지도 못하고 있었다. 다만 구주 일대의 불량배들이 먹고살기 위해 도적 집단을 구성하여 봄부터 가을까지 따듯한 계절에만 조선의 남부 해안에 침입하여 도적질을 했을 뿐이다. 즉 일본에 영토 전쟁이라는 개념은 없던 시대이다. 일본이라는 이름이 아직 생겨나기 이전으로 倭寇라고 불리던 시대이다.

따라서 임나일본부라는 설은 근본적으로 성립이 될 수 없는 조작된 낭설에 불과한 것이다.

제 5 장

비문변조설

1. 변조설의 제기

1) 비문변조설의 제기

비문변조설을 최초로 제기한 것은 1972년에 이진희 씨로 알려지고 있다. 그러나 실제로는 그보다 50년이나 앞선 때에 이미 제기되었다. 1920년에 신채호申采浩 씨가 집안현 통구의 태왕비 앞에서 중국인 영자평榮子平 씨와 나눈 필담에서 이미 제기된 것이다. 대화 중에 비문의 많은 부분의 글자가 삭제·변조되었다는 것과, 이때에 일본인이 비석에 발판을 가설하고 탁본 작업을 독차지하고 탁본을 만들어 비석 앞에서 전을 벌이고 판매하였다는 것을 1929년에 발행된 『조선상고사』 191쪽에 모두 기록하고 있다.

이로 미루어 본다면 이때는 아직 비문이나 탁본에 대한 관심이나 변조 문제가 제기된 사실도 없던 시대였다. 영자평 씨가 자기 스스로, 아는 그대로, 본 그대로, 사실 그대로를 자진해서 말한 것으로 누구의 유도질문에 의한 것도 아니다. 따라서 비문변조가 있었다는 것은 이때부터 이미 틀림없는 사실이라는 것에 의심의 여지가 없는 것이다.

일본인이 비석을 독차지하고 탁본을 만들어 비석 앞에서 전을 벌이고 판매하였다는 설과 초기에 유행된 탁본이 원석탁본이 아니고 쌍구가묵본이었다는 설과도 일치되는 증언이다. 그때에 만들어진 쌍구가묵본은 『회여록』에 수록된 쌍구가묵본과 같이 매끈하게 먹칠을 한 가묵본이 아니고, 원석의 탁본과 유사하게 보이도록 많은 기공이 표현되도록 만들어 현재 왕 씨와 주운태의 탁본과 유사하게 만들어진 탁본이었다는 것이다.

그러나 그렇게 만들기에는 시간이 많이 소요되고 심히 어렵기 때문에 이후부터는 이를 간편하게 만들기 위한 방편으로 기공을 모두 없애고 매끈하게 전면에 먹칠을 했을 것이다. 그렇게 하는 게 수월하므로 회여록본의 석판본과 같이 가묵본으로 만들어진 것이 분명하며 그 중 하나가 『회여록』에 수록된 것일 것이다.

이와 같은 사실로 미루어 보아 비문변조설은 1882년부터 이미 일본에서 천진으로 파견한 4인의 탁공들에 의하여 변조·개삭이 되고, 비석 앞에서 전을 벌이고 저렴한 가격으로 판매하였으며, 초기에 유행된 탁본이 모두 원석탁본이 아니고 원석탁본과 유사하게 만들어진 묵수곽전본(쌍구가묵본)이라는 설과도 부합된다. 1883년에 주구경신이 참모본부로 가지고 간 것도 역시 이때에 만들어진 쌍구가묵본으로 기공이 그려져 있는 쌍구가묵본이었을 것이라는 것이다.

2) 최초의 비문변조설

최초의 비문변조설을 밝히기 위해서는 다음과 같은 사실들을 살펴봄으로써 가능하다. 광개토왕비문의 탁본은 최초에는 원석탁본으로 채탁되는 것이 지극히 정상적이라고 할 것이다. 그런데도 연구자들의 공통된 견해가 초기에 유행된 것이 원석탁본이 아니고 쌍구가묵본이라고 하니 여기에 문제가 있다는 것이다. 초기에 유행된 것이 원석탁본이냐 쌍구가묵본이냐 하는 것에 대한 자료를 집계하면 다음과 같다.

첫째, 중국 측 기록에 의하면 원석탁본은 1880년 이전에 회인현의 초대 서계관인 관월산關月山에 의하여 채탁이 되었을 것으로 인정은 되나, 이 탁본이 초대 지현인 장월章越본으로 전해지고 있다는 것이다. 그 근거는 이초경의 발문에서 잘 나타나고 있다.

이초경의 발문에는 다음과 같은 기록이 있다.

> 내가 봉황성으로 전임되어 있던 1881년에 이 비첩(章越본 關月山)을 요동에서 얻었는데 이 비첩을 1883년에 오현으로 가서 이홍예 어른에게 드렸다.

반조음이 이를 보시고 구하셔서 한 부를 보내 드렸고 반조음께서 비첩 뒤에 수백 자의 발문을 붙여 주셨는데 1884년에 분실이 되었다.

그런데 이 탁본이 진사운본과 먹물과 재질이 꼭 같다는 사실이 오대징의 『황화기정』에 의하여 밝혀지게 되었다.

따라서 이는 최초의 장월본이 반조음에게 전달되는 과정에서 천진탁공 4인들이 만든 쌍구가묵본과 바꿔치기가 되었다는 사실을 알 수 있다. 반조음은 이탁본을 가지고 1885년에 북경으로 간 뒤에 다시 이대룡을 보내어 탁본 50본을 해 왔는데 이것도 역시 원석탁본이 아니고 쌍구가묵본이라는 것이다. 이대룡이 직접 탁본을 하고자 했으나 천진탁공들이 이미 발판을 가설하고 비석을 독점하고 있어 직접 탁본을 하지 못하고, 부득이 천진탁공들이 이미 만들어 놓은 쌍구가묵본을 구입해 올 수밖에 없었다는 것이니 이는 영자평 씨의 증언과도 일치하는 것이다.

그러나 이때에는 쌍구가묵본이 변조된 탁본이라는 사실이 밝혀지기 이전이라 아무런 거리낌 없이 받아들여 반조음도 교환된 사실에 구애받지 않고 소장하고 있었을 것이라는 것이다.

둘째, 일본에서는 횡정충직이 「출토기」와 「비문지유래기」에서 '성경장군 좌씨가 천진에서 탁공 4인을 불러와 땅속에 파묻혀 있는 비석을 2년을 걸려서 파내어 탁본 2부를 만들었는데, 그중 한 부를 주구경신이 얻어 가지고 일본으로 가서 참모본부에 전달한 것'이 정설인 것처럼 주장하고 있다.

셋째, 중국에서는 천진탁공 4인설은 일체 모르는 설이고 다만 회인현의 3대 지현인 진사운이 1882년 9월부터 12월까지 쌍구가묵본을 만든 것으로 전해지고 있을 뿐이다.

넷째, 중국의 영희 씨가 기단산을 보내어 정탁본을 얻었다 하였는데 이것이 실은 정탁본이 아니고, 천진탁공 4인들이 이미 만들어 놓은 쌍구가묵본을 구입해 간 것이라는 사실이 밝혀지고 있다.

다섯째, 중국의 왕건군은 진사운설을 도외시하고 초천부 부자가 비문변조의 장본인이라고 주장하고 있으나 이에 동조하는 연구자는 아무도 없다.

앞의 다섯 가지 설이 탁본과 쌍구가묵본이 최초로 만들어진 과정에 대한 자료의 전부이다. 따라서 다섯 가지 설을 모두 종합하여 객관적으로 판단할 경우 어느 정도의 결론을 도출할 수는 있을 것이다.

비석이 중국 땅에 있고 관월산이 먼저 비석을 확인했으며, 관월산이 최초로 탁본을 했을 것으로 인정이 된다. 하지만 관월산(장월)이 탁본을 했다는 자료는 나타나지 않고 있다. 다만 이초경의 요좌일기에 다음과 같은 기사가 있다.

> <u>우인인 장유초 장월이 초대 현령으로 부임하였을 때 이 비석을 발견하고 탁본을 떠서 나에게 주었는데</u> 후에 오현으로 가지고 가서 표구를 만들었다.(문장 끝에 음문과 양문의 인감이 각각 하나씩 찍혀 있는데 위쪽 음문의 글자는 '초구'이고 아래쪽 양문의 글자는 '자고'이다.)

이때에 비문에 관심을 가지고 연구를 시작한 것은 바다 건너 일본에서부터이다. 1880년부터 『회여록』이 발표되던 1889년까지 10년 동안에는 외부에 공개하지도 아니하고, 참모본부 내에서 비밀리에 독점적으로 연구를 하였기 때문에 일체가 비밀에 싸여 있어 알 수가 없다. 그렇기 때문에 비문변조설 하나만이라도 추리로써 추적을 해 볼 수밖에 없는 것이다.

[표 35]에서 보는 바와 같이 중국에서도 특별히 연구를 하지 아니하였고 한국에서도 비석이 발견된 사실도 모르고 있다가 1905년에 이르러서야 『황선신문』에 보도가 됨으로써 비로소 알려지게 되었다. 그러나 시국의 혼란으로 인하여 관심을 가지기에도 어려운 시대였다.

비문변조설에 대한 비밀을 풀기 위해서는 두 번째 기사를 먼저 살펴보아야 할 것이다. 왜냐하면 '출토기'라는 명칭 자체가 기만적이며 모든 기사가 사리에도 부합되지 않는 조작된 가설이기 때문이다. 또한 그 당시에 성경장군 좌씨라는 인물은 존재하지 않는 가공인물이 분명하고 천진에서 탁공 4인을 불러왔다는 것도 현실성이 없는 것이며 중국 측 자료에는 일체 나타나지 않는 사실이라는 것이다. 특히 비석이 땅속에 파묻혀 있었으며, 파묻힌 비석을 파내었다는 것은 주변에 거주하는 주민들도 부정하는 사실로, 즉 허위로 꾸며 낸 가설이라는 것이다.

또한 세 번째의 진사운설도 사실일 수가 없다. 陳士芸은 공인으로서 사사로이 탁본을 할 수가 없었다. 따라서 이 두 가지 설을 하나로 조작하여 꾸며진 위서라는 것이다.

따라서 이 가설이 만들어지기까지의 과정을 추적해 보면 다음과 같은 결론에 도달하게 된다. 참모본부에서는 1882년 이전에 이미 탁본을 입수하여 연구·분석한 결과 몇 개의 글자만 변조하면 일본에게 대단히 유익한 비문이 될 수 있다는 판단을 하였을 것이다. 따라서 일본에서 솜씨 좋은 탁공을 보내어 새로운 탁본을 해 오기로 계획을 하기에 이르렀을 것이다.

이것이 아마도 천진탁공 4인설과 진사운 탁본설을 하나로 결합하여 성경장군 탁본설로 꾸민 것이 분명하여 쌍구가묵본이 만들어진 것으로 판단되는 것이다. 그러나 왕 씨는 초천부의 변조설에 대하여 일과성으로 주장하는 것이 아니고 그의 저서 39쪽부터 77쪽까지 방대한 분량을 할애하여 구체적으로 주장하고 있다. 그렇다면 일본인들로부터 대대적인 환영을 받을 것 같았지만 오히려 일본인들로부터 환영을 받지 못하는 기현상이 나타나고 있다.

환영을 받지 못하는 이유는 다음과 같다. 초천부는 학자가 아니고 공부도 하지 못해 비문도 제대로 읽지 못한다는데, 초천부가 어떻게 90자나 되는 많은 글자를 변조했다고 하느냐는 것이다. 왕 씨의 황당한 주장에 동조할 만큼 일본인들이 어리석지가 않다는 것을 보여 주는 것이라고 해야 할 것이다.

이뿐만 아니라 중국에서도 초천부는 학자가 아니고 탁본 작업의 종사자일 뿐 주도권자로 인정되지도 못하여 논급의 대상 인물이 아니기 때문에 중국에서도 일체 언급하지 않는 인물이라는 것이다. 그런데도 왕건군이 홀로이 나서서 초천부가 비문변조의 주범이라고 내세우는 것은 이해할 수 없는 행동이다.

또한 영희가 1882년에 기단산을 보내어 정탁본을 얻었다고 하는 것도 이해할 수 없다. 기단산이 현장에 가기는 하였으나 일본인들(천진탁공 4인)이 이미 비석에 발판을 가설하고 비석을 독차지하고 있었기 때문에 기단산은 직접 탁본을 할 수 없어 부득이 천진탁공들이 이미 만들어 놓은 묵수곽전본이 변조된 탁본이라는 사실을 모르고 구입해 간 것이 분명하다는 것이다.

그 근거는 다음과 같다. 영희가 이 탁본을 저본으로 하여 1903년에 작성한 영희의 판독문 제1면 제2행 제33번째 글자가 '목木' 자로 기록된 것이 이를 입증하고 있다는 것이다. 목木 자는 주구경신의 쌍구가묵본, 즉 『회여록』의 석판본 하나에서만 보이는 글자이고 다른 탁본에서는 모두 '아我' 자로 기록이 되어 있다. 그렇기 때문에 주구경신이 이미 만들어 놓은 쌍구가묵본을 구입해 간 것이 분명하며 그 당시에 유행된 탁본이 원석탁본이 아니고 쌍구가묵본이 유행되었다는 설과도 일치되는 것이다.

앞에서 언급한 사실들은 변조설에 대한 단편적인 주장일 뿐 정확한 사실이라기에는 미흡하다. 따라서 비문변조설의 효시는 『회여록』의 출판 일자를 기준으로 기산하는 것이 가장 합리적인 추론이 될 것이다.

『회여록』에 수록된 쌍구가묵본에는 변조되어 오기된 글자가 90여 자나 있고 성경장군 좌씨의 조작된 탁본설과 횡정충직이 비문변조를 자인하는 「고비고」와 「고비석문」등의 4대 악서가 수록이 되어 있다. 비문변조의 종합적인 증거라고 할 수 있어 비문변조의 원흉은 『회여록』 편집의 총책임자인 횡정충직이라는 데 이론이 있을 수 없다.

표에서 보는 바와 같이 일본에게 유리하도록 계획적으로 변조한 글자는 [이구도]를 [도해파渡海破] 3자로 변조한 것과 [궤跪] 자를 [귀歸] 자로 변조하고 [백잔파왜百殘破倭]에서 [파왜破倭]라는 두 글자를 삭제하고 [백잔□□]로 표시한 것 등 6개 글자뿐이다. 그 외의 글자들은 이상의 6개 글자를 구별해 내지 못하도록 혼선을 주기 위해 불특정 다수의 글자들을 오독으로 인하여 오기된 글자인 것처럼 위장하여 변조한 글자가 틀림없다. 변조된 글자들의 분포를 살펴보면 그 실체가 여실하게 드러난다.

그러나 [표 18]에서와 같이 개개의 글자들의 정오를 가려낸다는 것은 심히 어려운 일이다. 이 때문에 [표 19]에서와 같이 정오자가 있는 단구의 전체를 들어내어 표기를 한다면 일목요연하게 정오자를 쉽게 구별해 낼 수가 있다.

이와 같이 정오자가 분명하게 구별이 되는데도 이를 가려내지 아니했다는 것은 의도적으로 변조한 것이 분명하다.

3) 비문의 오자誤字는 화란火亂으로 인한 것이 아니다

비문에 오자가 많은 이유는 일본인들의 주장에 따르면 다음과 같다. 비석에 와만㕦를 제거하기 위하여 탁공들이 비석에 우마분을 바르고 마르기를 기다려 불로 태우고 긁어내는 과정에서 자획이 훼손되고 오기되었다는 것이 일본인들의 주장이다.

그러나 그런 과정에서는 글자가 더 파손되어 불명확한 글자로 변질이 되거나, 잡물이 제거되어 더욱 선명해질 수는 있어도, 글자 자체가 변조될 수는 없는 것이다. 글자의 변조는 일반 탁공들의 능력으로는 불가능한 것이고 서예에 능숙한 한학자라야 가능한 것이다. 따라서 90여 자나 되는 많은 글자가 변조되었다는 것은 전문가 집단이 계획적으로 변조한 것으로 보아야 한다.

중국의 王 씨도 다음과 같이 주장하고 있다.(같은 책 74쪽)

> 글자가 없이 파인 곳은 석회로 메워 평평하게 해 두었으므로 쉽게 떨어져 나가지 않아 곳곳에 칠해진 상태 그대로를 유지하고 있다. 단열된 곳도 또한 석회로 메워 평평하게 되어 있다.
> 위에 열거한 여러 글자 중에 '벌伐', '잔殘', '의義', '궤跪', '자慈' 다섯 글자는 과거에 '이利', '적賊', '기氣', '귀歸', '후後'로 변조되어 있었으나 지금은 석회가 이미 탈락하고 원래 모습을 나타내고 있다. 다만 거기에 석회의 남은 흔적이 지금도 눈에 띈다.

이와 같이 변조된 사실을 명백하게 입증하고 있다. 그러나 앞의 다섯 글자는 극히 일부분이고 전체로는 90여 자에 이르고 있다. 그런데도 "변조한 주범은 탁공들이지 참모본부에서 계획적으로 변조한 것은 아니다."라고, 탁공들에게 모든 혐의를 뒤집어씌우고 있다.

그러나 탁공들이 오기한 글자는 단 한 글자도 없는 것이다. 모두가 다 『회여록』의 쌍구가묵본에서만 계획적으로 변조한 90여 자와 비면의 글자를 일치되게 하기 위하여, 참모본부에서 1894년과 1900년 2차례에 걸쳐 비면에 석회를 바르고 계획적으로 변조한 것을 알 수 있다.

『회여록』의 90자는 쌍구본을 만들면서 계획적으로 변조한 글자를 말하는 것으로 지상에서만 변조를 했다. 52자라고 하는 것은 원석의 글자로 아직 변조하지 아니한 글자를 말하는 것이다. 따라서 이를 일치되게 하기 위하여 제1차로 원석에 석회를 바르고 변조한 글자가 52자이고, 나머지는 순차적으로 변조를 했다는 것이다.

그 첫 번째로 변조한 것이 1894년에 창십명준倉辻明埈본으로 여기서 39자가 변조된 것을 알 수 있다. 그 두 번째는 1900년에 내등호남內藤湖南본으로 여기에는 13자가 변조되어 총 52자가 변조된 것으로 확인이 되는 것이다.

변조된 글자는 1900년부터 1970년대까지의 70년 동안에 석회가 떨어짐으로써 그 변조되었던 글자 밑에서 원석의 원본 글자가 나타나 모두 원본 글자로 복원이 되었으나 '도해파'라는 세 글자만이 아직까지도 복원되지 못하고 있다.

4) 변조된 글자의 수

[표 17]과 [표 18]에서 보는 바와 같이 변조된 글자의 숫자에 대하여 학자들이 각각 달리 주장하고 있으나 변조된 글자가 있다는 사실에는 모두 공감하고 있다.

특히 프랑스인 모리스꾸랑이 80자나 되는 변조된 글자를 가려냈다는 것은 참으로 놀라운 일이 아닐 수 없다. 우리는 2, 30자밖에 가려내지 못했으나 프랑스인이 80자나 되는 많은 글자를 가려냈다는 것은 그가 한국사를 논단할 충분한 능력이 있다고 하겠다. 변조자를 검증하고자 할 경우에는 탁본마다 다르기 때문에 변조자가 가장 많은 『회여록』의 석판본의 글자를 기준으로 검증을 해야 가장 많은 변조자를 가려낼 수가 있는 것이다.

그러나 서평자들의 서평에 의하면 단 하나의 글자도 변조되거나 오기된 글자는 없고 정자와 다른 글자들은 모두가 다 이체자요, 변체자요, 특수문자라는 등으로 변론을 하고 있어 이에 대하여 밝혀 보고자 한다

[표 16]   **비문의 변조자 수에 대한 각자의 주장**

순	성명	자 수	년도	서 명	고구려와조선고대사 末松保和 저
1	鄭文焯	80자	1898	高麗國永樂太王碑釋文纂考	
2	모리스꾸랑	80자	1898	廣開土王碑 연구, 프랑스, 65쪽	
3	今西龍	50여 자	1913	廣開土境好太王陵碑, 158자	고구려와 조선고대사에 158자
4	歐陽輔	60여 자	1923	集古求眞	
5	羅振玉	80자	1924	唐風樓祕錄	
6	水谷第二郎	30여 자	1959	好太王碑考, 30여 자(156자)	고구려와 조선고대사에 156자
7	李進熙	26자	1972	廣開土王碑의 탐구, 124~133쪽	
8	王健群	89자	1984	好太王碑 연구, 중국, 216쪽	
9	末松保和	215자	1996	高句麗와 朝鮮古代史	고구려와 조선고대사 215자
10	洪在德	95자	2018	本書 표 18, 18	『회여록』 석판본에 대한 검증

5) 서평자들의 서평에 대하여

서평자들이 서책이나 비문에 쓰인 글자에 대하여 평을 하는 경우에는 단 하나의 이론의 여지도 없도록 해야 하는 것이다. 그러나 광개토태왕의 비문에는 변조되어 오기된 글자가 [표 17]에서 보는 바와 같이 26자에서 215자까지 많은 글자가 변조 또는 오기된 글자로 주장되고 있다.

그런데도 서평자들은 우리가 오기자라고 지적하는 글자들은 모두가 다 오기된 글자가 아니고 "이체자다, 별체자다, 특수문자이다, 통용되는 글자이다."라는 등등 괴이한 이론을 내세우고 모두가 다 정당한 글자로서 변조 또는 오기된 글자는 단 한 글자도 없다는 논리를 펴고 있어 그 진실을 밝히고자 하는 것이다.

서평자들이 주장하는 모든 글자를 모두 다 거론하기에는 현실적인 어려움이 있으므로 그중에서 우선 5개 글자에 대해서만 그 진실을 밝히고자 한다.

다음에서 황黃자 17, 이履자 10 등 한자 옆에 숫자는 연구자 30명 중에서 그 글자가 옳다고 추종하는 숫자를 표시한 것으로 [표 18]에 기록된 숫자를 말하는 것이다. 총계 숫자에서 50%, 50%도 역시 같은 의미라는 것을 먼저 밝히고 진행하고자 한다. 그 주장들은 다음과 같다.

첫째, 제1면 제3행 41번째 글자에 대하여 [황黃]자가 옳다. [이履]자가 옳다. 대한 문제가 제기되는 원인은 석회가 박락된 뒤에 황자 밑에서 이자의 잔획이 보인다고 하여 문제로 발단된 것이다. 따라서 이자가 정자이고 황자가 변조된 글자라고 주장하는 것에 문제가 있다는 것이다.

이와 같이 일반인들의 단순 논리로 본다면 이자가 정자라고 주장하는 것도 무리는 아니라고 할 수 있으나, 연구자들의 입장에서는 달리 보아야 한다. [표 18]에서 보는 바와 같이 이자가 정자라고 주장하는 연구자가 42%나 된다는 것에는 문제가 있다. 연구자 중 42%는 정오자를 구별할 능력도 없이 연구에 나서고 있다는 것을 말해 주기 때문이다.

정오자를 판단할 때는 글자 하나에만 집착을 해서는 안 되는 것이고 반드시 검증을 해야 할 것들이 있다. 우선 그 글자가 그 문맥에 부합되는 글자인가이며, 둘째는 그 글자가 그 단구성어에 부합되는 글자인가이다. 이에 부합되지 않는 글자는 어떠한 경우에도 정자로 인정이 될 수가 없는 글자이다.

이 문장을 바르게 쓰면 "<u>不樂世位 天遣黃龍 來下迎王 王於忽本東岡 黃龍負昇天</u>"라고 하는 문장이다. 즉 "추모왕이 사망하므로 하늘에서 황룡을 내려보내 왕을 맞이하여 왕을 하늘로 모셔오도록 조치를 취하므로 왕을 홀본동강에서 황룡이 업고 승천하였다."라는 의미이다. 황룡을 내려보내 추모왕의 시신을 하늘로 모셔 오도록 한 것이므로 그 황룡이 업고 승천하는 것이 순리이다. 이때 황룡과 청룡은 수천 년 동안 이어진 고유명사이다. 그러나 이룡履龍이라는 명사는 존재하지 않는 용어이다.

그런데도 갑자기 이룡履龍이 나타난다는 것은 어불성설이다. 게다가 이자와 용자는 어떠한 경우에도 결합이 될 수 없는 이질적인 글자이다. 이룡이란 고유명사로 쓰인 글자이지 자구 해석을 하도록 쓰인 글자도 아니다. 따라서 "<u>용의 머리를 밟고 승천했다.</u>"라는 식의 번역은 어불성설이다. 이미 사망한 시신이 어떻게 용의 머리를 밟고 서서 승천을 할 수가 있으며 또한 용을 밟았다면 그 용은 이미 죽은 용이지 어찌 살아 있는 용이라고 말할 수가 있느냐 하는 것이다.

혹자는 초백화楚帛畵의 어룡도馭龍圖와 꼭 같다는 이론을 내세우고 있으나 '<u>초상적인 민속화를 현실 상황에 부회하는 것은 어불성설이다.</u>'

황黃자 밑에서 이履자의 잔획이 보인다는 문제는 당초에 이履자로 잘못 각자된 사실이 뒷날에 발견이 되어 이자에 석회를 바르고 '황黃'자로 교정했다고 보아야 한다. 따라서 [황黃] 자가 정자가 되는 것이고 [이履]자는 오기자라고 판단하는 것이 가장 현명한 판단이 되는 것이다. 따라서 변조된 다른 글자들과는 정반대로 판단하는 것이 가장 올바른 판단이다.

둘째, 제1면 제4행 31번째 강(罡) 자는 국강상國罡上의 강 자로 분명하게 기록이 되어 있다. 그런데도 불구하고 『회여록』의 석판본 비문에서 罡 자와 비슷한 형체로 보이도록 변조가 되어 있다. 이 때문에 연구자들이 모두 罡 자로 착각을 하고 罡 자로 인용을 하고 있다. 그러나 罡 자로 판독하는 자체가 잘못이다. [산山] 자는 3획이고 [지止] 자는 4획으로 쓰이는 글자이다. 비석에는 3획으로 쓰인 것이 분명한데 왜 4획의 [止] 자로 판독을 하느냐 하는 것이다.

또한 강罡 자의 자의는 '언덕 강' 자이고, 罡자의 자의는 '의지할 곳 없는 외로울 강' 자이다. 국강상이라는 시호에 절대로 적용이 될 수 없는 이질적인 글자이다. 강罡 자가 강岡 자와 동일한 글자로 통용된다는 서평자들의 거짓 주장이 독자들을 우롱하고 있다. 강岡 자와 동일한 글자로 쓰이는 글자는 罡 자이지 罡 자가 아니다.

더욱이 문제가 되는 것은 서평자들이 강罡 자는 존재하지 않는 글자인 것처럼 독자들을 기만하고 있기 때문에 문제가 심각하다. 1898년에 정문작鄭文焯 씨가 편집한 『고려국영락호태왕비석문찬고』에는 강罡 자로 기록을 하였으나 아무도 추종하는 이가 없어 현재까지도 강罡 자로 기록하는 경우가 없다. 광개토태왕의 시호가 올바르게 기록되지 못하고 국강상國罡上, 국강상國罡上, 국강상國崗上, 국강상國岡上 등등으로 기록이 되고 있을 뿐 "국강상國罡上"이라고 정확하게 기록하는 경우는 없다.

강罡자는 희귀한 글자이기 때문에 소형자전에서는 찾을 수가 없지만 대형자전에는 모두 山字部에 수록이 되어 있다. 대형자전에는 강罡 자는 강岡 자와 통용되는 글자라고 기록되어 있다. 강罡 자와 강岡 자는 통용되는 글자이므로 국강상國岡上이라고 쓰는 것도 무방하다고 할 수도 있으나 최초에 기록된 비문에 국강상國罡上이라고 분명하게 기록되어 있으므로 국강상國罡上으로 기록하는 것이 옳은 것이다.

셋째 제1면 제7행 제14의 [住] 자에 대하여 살펴보고자 한다. 이 문장은 "왕궁

솔왕토<u>王躬率任討</u>"라고 쓴 문장을 일본에서 회여록의 석판본을 만들면서 '왕任' 자의 위에 점 하나를 더 찍어 '住' 자로 변조해 놓은 글자이다. 따라서 [왕任] 자로 교정을 하면 간단하게 종결되는 문제이다. 그런데도 서평자들이 이를 오기된 글자가 아니고 정당한 글자라고 주장을 하면서 [亻] 변과 [彳] 변은 통용되은 글자라는 등 [주住] 자와 [왕往] 자도 역시 통용되는 글자이기 때문에 문제가 없다는 등의 궤변으로 독자들을 우롱하고 있다.

더욱이 문제가 되는 것은 다음과 같다. [왕往] 자의 자의는 '<u>천천히 갈 왕</u>' 자이고 [왕任] 자의 자의는 '<u>급히 달려갈 왕</u>' 자이다. 따라서 이 문장에서 [왕往] 자로 쓰는 것도 오기가 되는 것으로 반드시 [왕任] 자로 써서 "<u>급히 달려가서 구하다.</u>"라고 번역이 되어야 올바른 번역이 되는 것이다.

넷째, 제3면 제5행 제10자의 [획獲] 자에 대하여 살펴보고자 한다. 획 자는 "소획개갑所獲鎧鉀 일만여령一萬餘領"라고 하여 "일만여령一萬餘領의 개갑을 획들獲得했다."라고 하는 문장에 쓰인 글자이다. 30편의 비문 중에서 각각이 주장하는 바를 집계한 결과 '확穫' 자가 12편, '치稚' 자가 10편, '획獲' 자가 7편, '확攫' 자가 1편 등으로 집계괴고 있다.

이상의 4개 글자 중에서 오직 하나의 글자만이 정자인데도 불구하고 4개 글자로 각각 달리 주장을 하고 있으니 상식에도 미치지 못하는 연구자들이 많다는 것을 말해 주는 것이다.

더욱 가관인 것은 서평자들의 서평이다. 앞의 4개 글자 중에서 [확穫] 자가 정자고 독자들을 기만하고 있다는 것이다. [확穫] 자의 자의는 '곡식 거둘 확' 자이다. 농부가 봄에 씨 뿌리고 김을 매고 가을에 수확收穫하는 것을 의미하는 글자이다. 자기가 노력한 만큼 거둔다는 의미이다. 그러나 이 문장의 기사는 적군들이 급히 도망을 가면서 버리고 간 군기를 공짜로 획득獲得한 것을 의미하는 문장이다. 따라서 [확穫] 자와 [획獲] 자의 쓰임은 그 본질이 다른 것이다.

이 문장에서는 [획獲] 자로 써야 옳은 것이고 [확穫] 자는 오자誤字가 되는 것이다. 그런데도 서평자들은 [확穫] 자가 옳은 글자라고 왜곡된 주장을 하고 있으니 [획獲] 자의 의미도 모르면서 독자들을 기만하고 우롱하고 있으니 서평자들의 작태가 가관이라는 것이다.

더욱이 문제가 되는 것은 [치稚] 자의 자의는 '어릴 치' 자이다. 그런데도 서평자들이 [치稚] 자와 [확穫] 자는 통용되는 글자라고 기만적인 서평을 하고 있다. 비문에서도 [치稚] 자로 주장하는 자가 10인이나 된다는 것은 비문에 대한 연구가 얼마나 부실하게 진행되고 있는지를 알 수 있게 한다.

다섯째, 제4면 제8행 제8번째 [차差] 자에 대하여 살펴보고자 한다. 차差 자는 '연호차착烟戶差錯'을 "연호강착烟戶羌錯"이라고 오기한 데서 비롯된 문제이다. [차差] 자의 자의는 '어긋날 차' 자이고 [강羌] 자의 자의는 '오랑캐 강' 자이다. 따라서 [차착差錯]이라는 문의는 '착오錯誤'를 이름이고 [강착羌錯]이라는 용어는 존재하지 않는 용어이다. 따라서 [강羌] 자는 오기된 글자일 뿐 [차差] 자와 통용되는 글자도 아니다. 그런데도 서평자들은 [깅羌] 자는 [차差] 자의 변체지로 [치差] 자와 통용되는 글자라고 기만하고 있다.

이상에서 보는 바와 같이 서평자들의 서평은 한자의 자의를 전혀 이해하지 못하는 문외한들이 추상적인 거짓과 괴담으로 독자들을 우롱하고 있어 일본 회여록의 대변인이 아닌지 의혹이 짙은 것이다.

6) 변조자의 판단은 잔획이 아닌 문맥으로 해야 한다

파손 또는 변조된 글자의 판단 방법에 대하여 현재까지는 '원석의 잔획이 어떠한 모양인가'로 판단을 해 오고 있었다. 그러나 그것은 올바른 방법이 아니다. 왜냐하면 만약 天 자를 地 자로 변조를 했다면 그 잔획은 天 자로 보이는 것은 당연한 것이다. 그렇다고 하여 天 자가 옳은 것은 아니다. 天 자와 地 자 중 어느 글자가 그 문맥에 부합되는 글자인지를 기준으로 판단을 해야 한다. 그 실례로 앞에서 이미 지적한바있는 황(黃)자와 이(履)자와 같은 예라고 할 수 있다.

이와 같이 논쟁을 벌이고 있는 글자가 91자이며, 여기에 대하여 연구자 38명이 판단한 실태는 [표 18]에서 보는 바와 같이 50%만 교정이 되고 50%는 현재까지도 교정이 되지 못하고 있으니 이는 논문제도의 미비에 그 원인이 있는 것이다. 때문에 논문제도의 개선방법에 대하여 결론에서 지적해 두었다.

제1, 2면 正誤字 추종실태

[표 17-1] 아래 숫자의 표시는 38편의 비문 중에서 각각 추종한 숫자를 표시한 것. 예시문: 祖 21편, 柤 1편(『회여록』)

제1면 순	행	자	Ⓐ原文正字 1880	Ⓑ會餘錄誤 1882	Ⓐ정자正字 正字	Ⓑ오자誤字 誤字	Ⓑ-1誤字	Ⓑ-2誤字	Ⓑ-3誤字	제2면 순	행	자	Ⓐ原文正字 1880	Ⓑ會餘錄誤 1882	Ⓐ정자正字 正字	Ⓑ오자誤字 誤字	Ⓑ-1誤字	Ⓑ-2誤字	Ⓑ-3誤字
1	1	4	祖	柤	祖33	柤1				1	2	37	貫	昌	貫25	昌4			
2	1	29	世	出	世18	出18				2	3	20	殘	賊	殘11	賊25			
3		31	而	子	而19	子18				3		23	義	氣	義6	氣30			
4	2	2	幸	車	幸16	車17	卽1			4		26	抗	交	交5	百23	迎3		
5		18	我	栽	我33	栽4				5		31	怒	奴	怒30	奴2			
6		33	我	木	我29	木3	栽2			6		34	利	被	利33	被3			
7		35	蔽	牧	蔽1	葭18	?11	鼇3	筏1	7	4	7	而	百	而14	百19			
8	3	23	不	求	不30	永4	求3			8		9	主	王	主11	王23			
9	4	2	負	貢	負17	貢14	首6			9		17	口	白	口25	白19			
10		14	輿	興	輿10	興23				10		25	跪	歸	跪10	歸25			
11		31	罡	罡	罡2	罡11	岡20	崗3		11	5	3	慾	徵	慾11	懲6	衛7		
12		32	上	土	上35	土1				12		22	主	王	主13	王20			
13	5	4	祚	柞	祚29	柞1				13	6	1	肅	帛	肅2	帛32			
14		19	振	柳	振17	柳15				14		34	亥	死	亥32	死1			
15		36	毅	槳	毅35	형2				15		39	興	合	興26	合7			
16	6	33	示	求	示24	永13				16	7	37	慈	後	慈9	後17			
17	7	14	歸	息	歸3	息11	貢6	伺1		17	8	2	견	違	견18	違17			
18		16	人	又	人10	又9				18		5	告	吉	告26	吉9			
19		19	任	住	往21	住13				19		8	計	許	計11	許2			
20		21	過	回	過16	回13	回7			20		17	三	五	三2	五33			
21		25	山	碑	山29	碑3				21		36	軍	兵	軍11	兵26			
22		32	丘	三	丘11	三20	王1	兵1		22	9	11	急	息	急22	息14			
23		34	落	洛	落4	洛26				23		37	寇	滿	寇10	滿24			
24		38	營	當	營18	當17				24		38	大	倭	大10	倭24			
25		39	牛	用	牛33	用4				계	24	24	372	396	10				
26		41	群	彙	群34	彙2													
27	8	12	裵	駕	裵8	駕19													
28		24	備	犭?	備12	犭?17													
29		25	道	猎	道2	犭首1	猶4	海5	?19										
30		31	獵	犭?	獵11	犭?21													
31	9	8	辛	耒	辛25	耒11													
32		12	以	渡	以1	渡31													
33		13	寇	海	寇1	海24													
34		14	盜	破	盜1	破35													
35		33	大	水	大6	水28													
36		36	伐	利	伐8	利19	滅3	倭1	科1										
37		16	氐	弓	氐9	弓22													
38		22	闢	闖	闢3	闖32													
39	11	13	模	須	模32	須4													
40		14	耶	能	耶25	能11													
			40	40	671	556	64	14	21				24	24	373	396	10		

제3, 4면 正誤字 추종실태

[표 17-2] 아래 숫자의 표시는 30편의 비문 중에서 각각 추종한 숫자를 표시한 것. 예시문: 寐 15편, 安 6편

순	행	자	Ⓐ原文正字 1880	Ⓑ會餘錄誤 1884	Ⓐ정자正字 正字	Ⓑ오자誤字 誤字	Ⓑ-1誤字	Ⓑ-2誤字	Ⓑ-3誤字		순	행	자	Ⓐ原文正字 1880	Ⓑ會餘錄誤 1884	Ⓐ정자正字 正字	Ⓑ오자誤字 誤字	Ⓑ-1誤字	Ⓑ-2誤字	Ⓑ-3誤字
1	2	13	寐	安	寐15	安7					1	2	28	七	一	七12	一15			
2	3	14	寇	不	寇1	不32					2		35	看	都	看16	都14			
3		15	盜	軌	盜1	軌32					3	6	15	巡	率	巡13	率21			
4	4	8	幢	憧	幢16	憧17					4	8	1	不	衣	不32	衣2			
5		18	殺	煞	殺15	煞17					5		12	差	羌	差30	羌5			
6	5	6	殺	煞	殺15	煞17					6	9	5	人	之	人32	之1			
7		7	蕩	湯	蕩22	湯11					7	9	16	雖	唯	雖27	唯5			
8		10	獲	稚	獲6	稚17					7 소계			7	7					
9		28	溝	滹	溝21	滹10					총계			94	94	51%	49%			
10	6	18	叛	粄	叛29	粄4														
11		24	任	住	任1	住18														
12		25	討	諸	討24	諸2														
13		34	駭	騈	駭13	騈22														
14	7	6	覆	處	覆10	處23														
15		15	隨	陏	隨21	陏16														
16	8	3	汎	仇	汎22	仇13														
17	10	9	梁	契	梁14	契19														
18		16	梁	契	梁14	契19														
19		24	夫	失	夫21	失8	天3													
20		34	耶	能	耶17	能11														
21	13	39	曰	若	曰13	若11														
22	14	25	氏	弓	氏9	弓20														
23		39	一	七	一14	七4	六4	四1												
계			23	23	334	350	7	1												

7) 정오자의 판단은 4자성어로 확인해야 한다

정오자를 가려내는 방법에 대하여 앞에서 이미 개략적으로 설명하였다. 그러나 더욱 중요한 것은 그 글자가 그 단구에서 성어가 되는지이다. [표 19]에서 보는 바와 같이 그 글자가 그 단구에서 성어가 되는지로 판단을 해야 한다.

만약에 그 글자가 그 단구의 성어에 부합되지 않는다면 그 글자는 정자로 인정될 수 없다. 따라서 [표 19]과 같이 표를 작성하여 좌우로 비교할 경우 일목요

연하게 정오자를 가려낼 수가 있는 것이다.

다음의 [표 19]에는 정오자가 기록된 단구를 제시하였다. 이에 일목요연하게 정오자를 가려낼 수 있다. 착오에 의하여 오기된 글자가 아니고 모두가 다 계획적으로 변조된 글자라는 것을 쉽게 판단할 수가 있는 것이다. 그렇기 때문에 정오자를 쉽게 판단하는 방법은 [표 19]와 같이 작성하여 좌우로 성어를 판단하는 것이다.

이와 같이 하면 누구나가 다 정오자를 쉽게 가려낼 수 있다. 그런데 일본의 최고의 한학자들이 6년 동안이나 변조·개찬과 교정을 하고도 단 한 글자의 오자도 가려내지 못했으며 오히려 더욱 많은 오자를 만들어 냈다는 것은 계획적으로 변조했다는 방증이 되는 것이다.

한 가지 실례를 지적하면 비문 첫머리에 "유석시조惟昔始祖"라는 단구가 있다. 유석시조惟昔始祖라고 쓰여 있지 않고 "유석시사惟昔始柤"라고 쓰여 있는 것을 발견하게 된다. 그러나 아무도 이를 오자라고 지적하지 아니하고 묵과하고 있다. 그 이유는 '시조始祖라고 쓴 것이겠지'하는 관용적인 이해 때문이라 하겠다. 그것이 개인의 필기에서라면 이해가 될 수도 있다. 그러나 천황에게까지 헌상하는 비문이자, 일본 최고의 한학자들이 6년 동안이나 변조·개삭하고 교정을 한 비문에서 "始柤"라고 한 것은, 즉 오독으로 오기한 것처럼 방치했다는 것은 계획적으로 변조했다는 것을 말해 주는 것이다.

『회여록』의 석판본 비문의 마지막 행에서 "유유부족지자唯有富足之者"라는 문장을 발견하게 된다. 이 문장은 "<u>비록 부유한 자라도</u>"라고 번역이 되어야 하는 문장이지 "<u>오직 부유한 자만이</u>"라고 번역이 되는 문장이 아니다. 따라서 수雖 자로 쓰여야 할 자리에 유唯 자로 쓰여 있는 것이 문제라는 것이다.

여기에서 '유唯'자는 어딘가 불안하게 쓰인 것처럼 보이는 글자이다. 즉 처음부터 유唯 자로 쓴 글자가 아니고 처음에는 '수雖' 자로 쓴 글자에서 뒤에 충虫 자를 삭제하고, 구口 자만 남겨 놓은 것으로 보이는 것이다. 즉 口 자가 상단에 기형적으로 남겨져 유唯 자 같게 보이는 것이 분명하다. 이에 유唯 자로 주장하는 자가 7명이나 있는 것으로 확인되고 있다. 이와 같이 『회여록』의 석판본의 95자나 되는 오기자 중에는 무식을 가장하여 오독으로 오기한 글자인 것처럼, 계획적으로 변조된 글자가 상당수 있다는 것이다.

또 '해海'자가 좌측으로 치우쳐 있어 삼수변 'ㆍ'이 기록될 공간이 없으므로 '매每'자가 맞다 는 주장도 있으나 '매每' 자로 할 경우 '래도매파來渡每破'라는 단구도 역시 성어가 될 수 없다. 그러니 그것도 역시 그 문맥에 부합되지 않으므로 매每 자일 수도 없는 것이다. 따라서 정오자를 고증하는 방법은 잔획은 참고로만 하고 그 글자가 그 문맥에 부합되는 글자인지로 최종 판단을 해야 하는 것이다.

변조자 문자 구성의 고증

[표 18] 변조된 정오자에 대한 판단을 일목요연하게 할 수 있다. '?'은 자전에 없는 글자

순	면	행	자	正字(해서체)	회여록의 變造字(고딕체)	순	면	행	자	正字(해서체)	『회여록』의 變造字(고딕체)
1	1	1	4	惟昔始祖	惟昔始袓(난간사) 1	44		6	34	九年己亥	九年己死 1
2			29	剖卵降世	剖卵降出 1	45		8	1	特遣使還	特遺使還 1
3			31	生而有聖德	生子有聖德 1	46			5	告以密計	吉以密訐(모함할알) 2
4		2	2	巡幸南下	巡車南下 1	47	2	8	9	十年庚子	十年東子 1
5			18	我是皇天之子	栽是皇天之子 1	48			19	任救新羅	住救新羅(住) 1
6			33	鄒牟王爲我	鄒牟王爲木 1	49			36	官軍方至	官兵方至 1
7			35	連葭浮龜	連葭浮龜 1	50		9	11	來背急追	來背息追 1
8		3	23	不樂世位	求樂世位 1	51			36	倭寇大潰	倭滿倭潰 2
9			40	忽本東罡(언덕 강)	忽本東罡(외로울강) 1					제2면	소계 21자
10		4	2	黃龍負昇天	履龍頁昇天 1	52	3	2	13	新羅寐錦	新羅安錦 1
11			14	以道興治	以道興治 1	53		3	16	侵入帶方	亻?入帶方 1
12			32	國罡上	國罡土 2	54		4	8	相遇王幢(깃발 당)	相遇王幢(애동할 동) 1
13		5	4	二九登祚	二九登柞(떡갈나무 작) 1	55			12	要籤盪刺	要籤盪刻(刻) 1
14			29	振被四海	柳被四海 1	56			14	倭寇潰敗	倭?潰敗 1
15			36	五穀豊熟	五榮豊熟(꽃다울 형) 1	57			18	斬殺無數	斬煞無數 1
16		6	34	以示後世	以求後世 1	58		5	6	斬殺蕩盡	斬煞蕩盡 2
17		7	14	不歸質人	不息□又 3	59			10	所獲鎧鉀	所稚鎧鉀 1
18			19	躬率任討(급히 갈 왕)	躬率住討 1	60		6	18	中叛不貢(배반할반)	中板不貢(씨래기띠 반) 1
19			21	過富山負山	叵富山負碑(不可파) 2	61			24	躬率任討	躬率住諸(住) 2
20			34	丘部落	三部洛 2	62		7	15	隨官來者	隋官來者(풀열매 타) 1
21			38	六七百營	六七百當 1	63		8	3	凡所攻破	仉所攻破(孟母姓장) 1
22			39	牛馬群羊	用馬龕羊 2	64		10	9	梁谷	?谷(자전에 없는 글자) 1
23		8	12	駕平道	襄平道 1	65			16	梁城	?城(자전에 없는 글자) 1
24			24	五備道	五亻?亻?(자전에 없는 글자) 2	66			24	安夫連	安失連 1
25			31	田獵而還	田犭?而還(자전에 없는 글자) 1	67		12	3	句牟客頭	鏈牟客頭(鏈) 1
26		9	8	辛卯年	耒卯年 1	68		14	25	幹氏利城	幹卷利城(卷) 1
27			12	來以寇盜	來渡海破 3	69			39	國烟一	國烟七 1
28			17	百殘破倭	百殘囚囚 2					제3면	소계 37자
29			33	大軍討伐	水軍討利 2	70	4	2	28	看烟七	看烟一 1
30		10	4	壹八城	寧八城 1	71			31	國烟,看烟	國烟,都烟 1
31		10	16	幹弓利城	幹卷利城(卷) 1	72		5	6	國罡上	國罡上 1
32			32	關彌城	關踰城 1	73		6	11	吾躬巡所	吾躬率所 1
33		11	14	古模耶羅城	古須能羅城 2	74			18	令備洒掃	令亻?洒掃 1
34			25	分而耶羅城	分而能羅城 1	75		7	35	上祖先王	上袓先王 1
				제1면	소계 46자	76			38	不安石碑	衣安石碑 1
35	2	3	20	殘不服義	賊不服氣 2	77		8	12	烟戶差錯	烟戶羌錯 1
36			26	抗戰	交戰 1	78			16	國罡上	國罡上 1
37			31	王威嚇怒	王威嚇奴 1	79			27	盡爲祖先王	盡爲袓先王 1
38			34	渡阿利水	渡阿被水 1	80			40	不令差錯	不令羌錯 1
39		4	7	而殘主困逼	百殘王困逼 2	81		9	5	守墓人	守墓之 1
40			17	生口一千人	生白一千人 1					제4면	소계 12자
41			25	跪王自誓	歸王自誓 1					( )안의 글자는	『회여』 활자본의 오자 (6)
42		5	3	先迷之怨	先迷之徹 1					변조자	총계 95자
43			22	殘主弟幷	殘王弟幷 1						

[표 19] **국내 소장 탁본의 誤記字 실태**

			제1면								제2면								제3면								제4면					
			原石正拓本	회여록	독립기념관 1918	국립박물관 1933	국립도서관 1910	규장각본	서울대학교 1936			原石正拓本	회여록	독립기념관 1918	국립박물관 1933	국립도서관 1910	규장각본	서울대학교 1936			原石正拓	회여록	독립기념관 1918	국립박물관 1933	국립도서관 1910	규장각본	서울대학교 1936			原石正拓	회여록	독립기념관 1918	국립박물관 1933	국립도서관 1910	규장각본	서울대학교 1936
순	行	字	跡	석						行	字	跡	석						行	字	跡	석						行	字	跡	석					
1	1	4	祖	租	祖	祖	祖	祖	祖	2	37	貫	昌	貫	□	貫	貫	貫	2	13	寐	安	□	□	□	□	□	2	28	七	七	—	—	—	—	—
2		29	世	出	出	出	出	出	出		20	殘	賊	賊	賊	賊	賊	賊	3	14	寇	不	不	不	不	不	不		35	看	都	都	看	看	看	看
3		31	而	子	子	子	子	子	子		23	義	氣	氣	氣	氣	氣	氣		15	盜	軌	軌	軌	軌	軌	軌	6	15	巡	率	率	率	率	率	率
4	2	2	幸	車	車	車	車	車	車		26	抗	交	百	百	百	百	百	4	8	幢	憧	憧	憧	憧	憧	憧	8	1	不	衣	不	不	不	不	不
5		18	我	栽	我	我	我	我	我		31	怒	奴	怒	怒	怒	怒	怒		18	殺	煞	殺	殺	殺	殺	殺		12	差	羌	差	差	差	差	差
6		33	我	木	我	我	我	我	我		34	利	被	利	利	利	利	利	5	6	殺	煞	殺	殺	殺	殺	殺	9	5	人	之	人	人	人	人	人
7		35	蔽	牧	牧	牧	牧	牧	牧	4	7	而	百	而	百	百	百	百		7	蕩	湯	湯	湯	湯	湯	湯		16	雖	唯	唯	唯	唯	唯	唯
8	3	23	不	求	永	不	不	不	不		9	主	王	王	王	王	王	王		10	獲	稚	稚	稚	稚	稚	稚					7	4	3	3	3
9	4	2	負	貢	貢	貢	貢	貢	貢		14	口	白	白	白	白	白	白		28	溝	滹	滹	□	滹	滹	滹									
10		14	興	興	興	興	興	興	興		25	跪	歸	歸	歸	歸	歸	歸	6	18	叛	板	叛	叛	叛	叛	叛									
11		31	田	岊	岡	岡	岡	岡	岡	5	3	慾	徵	衛	衛	衛	衛	衛		24	任	住	住	住	住	住	住									
12		32	上	土	上	上	上	上	上	6	1	肅	帛	帛	帛	帛	帛	帛		25	討	諸	討	討	討	討	討									
13	5	4	祚	祚	祚	祚	祚	祚	祚		34	亥	死	亥	亥	亥	亥	亥		34	駭	駢	駢	駢	駢	駢	駢									
14		19	振	柳	柳	柳	柳	柳	柳		39	與	合	與	與	與	與	與	7	6	覆	處	處	處	處	處	處									
15		36	穀	槳	穀	穀	穀	穀	穀	7	37	慈	後	後	後	後	後	後		15	隨	隋	陏	陏	陏	陏	陏									
16	6	33	示	求	永	示	示	示	永	8	2	遣	違	違	違	違	違	違	8	3	凡	仇	仇	仇	仇	仇	仇									
17	7	14	歸	息	且	息	□	貢	貢		5	告	吉	告	告	告	告	告	10	9	梁	契	契	契	契	契	契									
18		15	人	又	□	又	又	又	□		8	計	許	□	□	□	□	□		24	夫	矢	夫	矢	天	天	天									
19		19	任	住	住	住	住	住	住		17	三	五	五	五	五	五	五	12	21	蔦	鳥	蔦	蔦	蔦	蔦	蔦									
20		21	過	回	回	回	回	回	回		19	任	住	住	住	住	住	住		34	耶	能	能	能	能	能	能									
21		25	山	碑	山	山	山	山	山		36	軍	兵	□	兵	兵	兵	兵	13	39	臼	若	臼	臼	臼	臼										
22		32	丘	三	王	□	□	三	三	9	11	急	息	息	息	息	息	息	14	26	弓		弓	弓	弓	弓	弓									
23		34	落	洛	洛	洛	洛	洛	洛		37	大	滿	□	滿	滿	滿	滿		39	一	七	七	七	七	七	六									
24		38	營	當	當	當	當	當	當		38	潰	倭	倭	倭	倭	倭	倭					23	15	15	16	16	17									
25		39	牛	用	牛	牛	牛	牛	牛					24	14	17	17	17	17																		
26		41	羣	兼	群	群	群	群	群																											
27	8	12	襄	駕	駕	駕	駕	駕	駕																											
28		24	備	亻	亻	亻	亻	亻	亻																											
29		25	道	狷	狷	狷	狷	狷	狷																											
30		31	獵	犭	犭	犭	犭	犭	犭																											
31	9	8	辛	未	未	來	來	來	來																											
32		12	以	渡	渡	□	渡	渡	渡																											
33		13	寇	海	海	□	海	海	海																											
34		14	盜	破	破	破	破	破	破																											
35		33	大	水	水	水	大	水	大																											
36		36	伐	利	利	利	利	利	利																											
37	10	16	氏	弓	弓	弓	弓	弓	弓																											
38		22	關	閣	閣	閣	閣	閣	閣																											
39	11	13	模	須	模	模	模	模	模																											
40		14	耶	能	能	能	能	能	能																											
총계				40	27	24	22	26	23				24	14	17	17	17	17				23	15	15	16	16	17					7	4	3	3	3
누계																															94	60	59	58	62	60

2. 변조에 대한 한·중·일 3국의 주장

1) 한국 측 주장

(1) 李進熙 씨가 주장하는 변조설

 1972년 4월 23일 일본 강산岡山대학에서 열린 고고학연구총회에서 在日 사학자 이진희李進熙 씨가「광개토왕릉비의 미迷」라는 연구논문을 발표하여 비문변조설을 제기함으로써 일본열도를 들끓게 하는 큰 반향을 불러일으켰다. 곧이어 10월에는「광개토왕릉비의 탐구」를 발표하였다. 이진희 씨는 10여 종의 탁본과 사진에 나타나는 자료들을 비교·검증한 결과 탁본들의 글자가 서로 일치하지 않는 것을 보고 비문변조설을 주장한 것이다.
 이진희는 비문변조설의 근거 자료에 대하여 다음과 같이 기록하고 있다.

> 청일淸日전쟁(1894) 때 일본군이 가지고 돌아간 탁본은 "석면에 요철이 심하기 때문에 자형이 선명치 않은 것이 많아 매우 읽기 어려운 곳이 있어 아직 유감이 적지 않다."(三宅米吉, 「高麗古碑考推加」,『考古學會』 2~5, 1898)라고 판단하였다. 그런데 북경의 금석학자 양수경楊守敬이 1902년에 입수한 탁본(「관우정석도」, 1909)은 새까만 바탕에 자형이 뚜렷한 비문으로, '선명치 않은 것'은 거의 없었다. 그뿐 아니라 프랑스의 동양학자 샤반누가 1907년 4월에 통구 현지에서 구입한 탁본(通報, 2~9, 1908)을 보면 그보다 이전인 양수경楊守敬 탁본에 없던 '비문'이 나타나고, 다른 글자로 바뀐 것도 있다. 더욱이 그 6년 뒤인 1913년 9월에 금서룡今西龍(1875~1932)이 비를 조사했을 때의 사진(「조선고적도보」1, 1915)에는 샤반누 탁본에 보이지 않던, 비문의 행간을 표시한 종선이 나타나고 있다. 금석학의 상식으로는 전에 명확하게 판독할 수 있던 비문이라도 풍화작용이나 탁본작성의 증가에 따라 점차 불선명한 비문이 많아져야 하는 법인데 호태왕 비문의 경우는 불선명했던 것이 뒤에 더 명확한 글자로 바뀐다든지 다른 글자가 된다는 것이다. 이런 바에야 어떤 탁본이 본래의 원문인지를 알아낼 도리가 없다. … 수수께끼를 푸는 데 결정적인 자료가 된 것은 내등호남(1866~1934, 1900년에 채탁된 것으로 추정되는)의 구장舊藏 사진이었다.(현재 경도대학 인문과학연구소장)

『회여록』에 발표된 쌍구가묵본은 원석탁본이 아니고 지상에서만 그려 놓은 묵수곽전본이기 때문에 금서룡수西龍의 사진과는 달리 종횡선이 나타날 수가 없는 것은 당연한 것이다. 그러나 당시에는 석회 변조 이전의 원석탁본이 발견되지 않아 정오자를 대조할 원본 자료가 없었으므로 정확한 해답을 제시하지 못해 비판의 대상이 되었던 것이다.

앞에서 보는 바와 같이 '청일전쟁 때 일본군이 갖고 돌아간 탁본(1895)은 석면에 요철이 심하기 때문에' 이를 원석탁본인 것으로 착각을 하고 있었다. 하지만 이는 비면에는 석회를 바르지 아니하고 다만 종이 위의 글자만 변조한 제1차 탁본이었다. 내등호남본은 1900년에 제2차로 비면 전체에 석회를 바르고 변조한 탁본이고, 양수경본(1902)은 변조 직후에 채탁된 탁본으로 보인다.

이진희는 비문변조에 대하여 같은 책 121쪽에 다음과 같이 기록하였다.

> 주구경신酒勾景信 중위가 비문의 일부를 삭제했든가 아니면 본래 불명확했던 곳에 석회를 발라 다른 '비문'을 새겼기 때문에 그것을 은폐하기 위해서 비의 전면에 석회를 발라 주구쌍구가묵본을 보강하는 비문을 새겼다는 것이 나의 추론이다.

또 기록하기를

> 내등호남 구장 탁본이 석회를 바른 직후의 것이었음이 밝혀졌다. 석회 도포를 누가 무슨 목적으로 했는지를 규명하기 위해서는 주구경신이 1883년에 갖고 돌아간 쌍구본과 청일전쟁 때의 소송궁 탁본과 석회를 바른 직후의 내등호남의 탁본을 비교·검토하지 않으면 안 될 것이다.

그러나 그것은 비문을 변조했다는 큰 틀에서의 주장은 가능하지만 문제의 핵심에 대한 접근에는 미흡하다고 하겠다. 왜냐하면 쌍구가묵본이 주구경신이 개인적으로 만들어 가지고 간 것이라면 쌍구가묵본의 오자를 수정하든가 아니면 폐기하면 될 일이기 때문이다. 개인이 사적私的으로 만든 쌍구가묵본의 오자를 보호하기 위해 참모본부에서 나서서 많은 비용을 투입하여 원석의 비면에 석회를 바르고 변조(수정)를 했다는 것은 논리상 맞지 않는다.

즉 쌍구가묵본의 오자를 비밀로 보호하기 위해 비면의 글자에 석회를 바르고 2~3차에 걸쳐 변조를 했다는 것이다. 이에 쌍구가묵본의 오자는 주구酒勾가 개인적으로 만든 것이 아니고, 참모본부의 지시에 따라 계획적으로 변조한 것이 분명하다. 그렇기 때문에 참모본부에서 나서서 비면의 글자에 석회를 바르고 변조하는 것으로 보는 것이 이론상 타당한 것이다.

1889년 『회여록』 제5집에 발표된 쌍구가묵본에서는 90자나 되는 많은 오자를 발견하게 된다. 그런데 그 쌍구가묵본이 주구경신이 회인에서 직접 만들어 가지고 간 진본이라고 발표된 것을 그대로 믿었기 때문에 이진희 씨는 쌍구가묵본에 기록된 오자는 모두 주구酒勾가 개인적으로 변조한 것으로 지목한 것이다.

그러나 일본의 학자들은 '사꼬우는 한학에 능하지 못해 쌍구가묵본을 만들고 비문을 변조할 만한 능력이 못 되는 인물로 비문변조의 주범은 주구가 아니라는 것'이다. 그렇다면 주구에게 비문을 변조하도록 작업 지시를 한 인물을 찾아내면 되는 것이다.

주구에게 작업 지시를 한 것은 참모본부이며, 참모본부 내에서 비문에 대한 총책임자는 횡정충직이 분명하다. 따라서 1882년에 참모본부의 명에 따라 횡정충직이 주구경신에게 변조할 글자와 변조 방법 등을 지시하였고, 이것이 『회여록』에 쌍구가묵본으로 발표되었다는 논리가 성립되는 것이다.

<u>주구경신은 횡정충직의 작업 지시에 따라야 하는 현장 책임자로서 1882년부터 작업을 시작하였다. 그리하여 1883년에 완성된 한 부를 가지고 참모본부장 대산암과 서신([표 23]) 교환을 하여 선편으로 귀국한 것이 분명하다.</u>

그러나 참모본부에서는 주구가 가지고 간 원석탁본을 저본으로 하여 6년 동안이나 비밀리에 연구개삭을 거듭하고 명치 21년(1888) 12월에는 쌍구가묵본을 주구경신이 직접 만든 진본인 것처럼 위장하여 명치천황에게 헌상을 하였다는 것이다. 이는 천황에게까지 기만하는 행위를 행한 것이 아니냐 하는 것이다. 1889년 6월에는 『회여록』 제5집에 발표를 하고, 1890년 7월에는 비문의 존재 사실을 널리 선전하기 위해 제국박물관으로 옮겨 전시를 하였다.

따라서 일본은 변조된 것이 분명한 신묘년조의 기사를 마치 사실인 것처럼 가장하여 학생들에게 교육시키고 있음을 확인할 수 있다. 이런 조작된 역사를 교과서에 사실인 것처럼 수록하여 어린 학생들로 하여금 일제 침략을 정당한 것으로 인식하게 할 뿐만 아니라 조선에 대한 왜곡된 인식을 심어 주고 있다.

앞에서 보는 바와 같이 여러 학자들이 이구동성으로 '해海'자는 변조된 글자라고 주장하고 있음을 볼 수 있다. 그러나 일부 학자들은 '래도해파'라는 네 글자의 변조설을 부정하고, 다만 구두점만을 이곳저곳으로 옮겨 찍으면서 각자가 달리 번역을 시도하였다. 이러한 경우를 다음과 같이 제시하여, 과연 신묘년조의 성격에 부합되는 번역으로 인정할 수 있는지를 검증하고자 한다.

특히 탁본에서 '도해'의 두 글자 형태를 살펴보면 탁본마다 글자 형태가 다르다는 것을 쉽게 확인할 수가 있다. 하나의 비문을 탁본했다면 모두가 다 같아야 할 것인데도 글자의 크기와 형태와 간격 등이 탁본마다 다르게 나타난다는 것은 변조된 글자가 분명하다는 사실을 방증하는 것이라고 말할 수 있다.

주구본의 '해海'자는 다른 글자보다 약 20% 정도가 더 크고 종선의 좌측 아래로 치우쳐 있다. 그에 반하여 1902년에 조정걸이 양수경에게 선사한 탁본과 동경대학교 소장본에 의하면 '해海'자가 다른 글자, 즉 도渡 자와 파破 자보다도 오히려 10% 정도가 더 작게 축소가 되어 있고 종선의 간격이 오히려 우측으로 치우쳐 있다. 이것으로 보아 주구본에서 변조된 '해海'자를 다른 글자와 균형을 맞추기 위해 누군가가 다시 재차, 삼차 변조하는 과정에서 '海'자의 규격이 오히려 10% 정도가 더 작게 변조가 되었고, 좌측으로 치우쳐 있던 글자가 오히려 우측으로 치우치게 되었다는 사실을 확인할 수 있다. 이는 '해海'자가 변조된 글자가 분명하다는 사실에 의심의 여지가 없게 하는 것이다.

2) 일본 측 주장

(1) 일본 측의 반론

이진희李進熙의 변조설이 발표되자 일본열도가 폭발하여 극렬하게 반대론을 폈다. 반대론에 가담한 학자들은 다음과 같다.

① 정상광정井上光貞의 「왕비의 수수께끼」 「조선사가의 일본고대사비판」(『고대사강좌월보』 13호, 1973년)(일본 『매일신문』 1973년 5월 7일)을 필두로 하여

② 고전무언古田武彦의 「고구려호태왕비의 신사실新事實-이진희설李進熙說의 비

판을 중심으로」(史學雜誌 81-12, 1972년), 「호태왕비문 개삭설의 비판-이진희의 「광개토왕비의 연구」에 대하여」(『사학잡지』 82-8, 1973년 8월)

③ 좌백유청佐伯有淸의 「고구려광개토왕비를 둘러싼 제문제-이진희의 소론에 붙여-」(『역사학연구』 401호 1973년 10월)

④ 매원말치梅原末治의 「고구려광개토왕비에 관한 기왕의 조사와 이진희의 동비의 신설新說에 대하여」(『일본역사』 307호, 1973년 12월)

⑤ 김재붕金在鵬「나의 일본고대사 연구」『아세아레뷰』 23호, 1975년 9월호

⑥ 식촌청이植村淸二「고대사각서」(『諸君』, 1976년 1월호), 「고구려호태왕비문의 신사실新事實」을 통하여 "일본 군인에 의한 비문의 변조는 없었다."라는 주장을 펼치는 등 다수의 논문을 쏟아 내면서 비판하였다.

동경대학에서는 1972년 11월 12일 사학회 대회를 열어 고전무언古田武彦이 이진희의 변조설에 대하여 최초로 비판하고 나섰다. 매스컴에서는 이진희 씨의 변조설이 옳다면 일본의 고대사를 다시 써야 한다는 보도가 주류를 이루었다. 이진희의 변조설에 대하여 일본의 학자들이 주장하는 내용을 요약·정리하면 다음과 같다.

첫째, 주구경신은 하급 장교로서 비문을 변조할 한문 지식이 없는 자다.
둘째, 참모본부에서 역사를 왜곡하는 변조를 했을 리 없다.
셋째, 이진희의 주장은 개인의 소견일 뿐이다.

그러나 반론자들의 반론에는 허점이 많다.

첫째, 주구경신은 하급 장교로서 비문을 변조하고 쌍구가묵본을 만들 만한 한문 지식이 없다면서 한편으로는 『회여록』에 발표된 쌍구가묵본이 주구가 직접 만들어 가지고 간 진본이라고 주장하는 모순을 범하고 있다.

주구가 변조 작업을 총괄한 것은 사실이다. 그렇다면 참모본부에서 주구에게 비문을 변조하도록 지시한 자를 밝히면 그자가 비문변조의 원흉이 틀림없는 것이다.

둘째, 참모본부에서 역사를 왜곡하는 변조를 했을 리 없다면 왜 6년 동안이나 학계에 공개하지도 아니하고 참모본부 내에서 비밀리에 군인들끼리만 변조·개삭을 독점적으로 연구를 했느냐 하는 질문에 대하여는 해답을 제시하지 못하고 있다.

셋째, "이진희의 주장은 개인의 소견일 뿐이다."라는 주장을 펴고 있는데 비록 이진희 씨의 개인 논문이라고 하지만 그 논문의 근거 자료들은 모두 다 참모본부의 기록에 근거하는 것이므로 이진희의 개인 의견이 아니다.

그것은 이진희를 탓할 것이 아니고 『회여록』에 수록된 쌍구가묵본을 만든 자에게 책임이 있는 것이다. 그런데도 참모본부에서는 쌍구가묵본을 주구가 만들어 가져온 진본이라고 허위 주장을 하고 있으므로 문제는 참모본부에 있는 것이다.

『회여록』은 참모본부에서 발행한 것이 틀림없는 사실이므로 쌍구가묵본을 만든 것도 역시 참모본부이고 비문을 변조한 것도 역시 참모본부에서 주도적인 역할을 했다는 데 이론이 있을 수 없다. 그러므로 참모본부에서 주구에게 비문을 변조하도록 작업 지시를 한 자는 횡정충직이 분명함으로 횡정충직이 비문변조의 주범이라는 논리에 이론이 있을 수 없는 것이다.

이를 다시 정리하면 성경장군 좌씨가 천진에서 중국인 탁공 4명을 불러와서 만든 원석탁본 두 부 중에서 한 부를 주구가 얻어 가지고 갔다는 것이다. 이는 『회여록』에 수록된 「고구려비 출토기」에 의하여 확인이 되는 것이므로 『회여록』에 수록된 쌍구가묵본은 주구가 만들지 않았다는 것이다.

그렇다면 『회여록』에 수록된 쌍구가묵본은 주구가 가지고 간 진본이 아니고, 참모본부 내에서 비밀리에 만든 것임이 분명한 사실이다. 따라서 비문을 변조한 자는 주구경신酒勾景信이 아니고, 참모본부 내에서 쌍구가묵본으로 만들어 『회여록』에 수록한 자가 아울러 비문변조도 했다는 결론이 되는 것이다. 따라서 쌍구가묵본을 만든 것은 횡정충직이 분명한 사실이므로 비문변조자도 역시 횡정충직이라는 설에 이론이 있을 수 없다는 것이다.

참모본부에서 단 한 글자도 변조하지 않았다고 주장을 하고자 한다면 [표 14]에 오자로 기록된 90자에 대하여 해명을 할 수 있어야 한다. 따라서 이진희의 변조설은 지극히 정당한 것이다. 다만 변조의 주범을 횡정충직橫井忠直으로 지목을 했어야 할 것을 주구경신酒勾景信으로 지목한 착오가 있을 뿐이다. 그러나 그것은 『회여록』에 수록된 비문은 사꼬우가 직접 만들어 가지고 간 탁본이라는 주장에 근거한 것이므로 그 책임은 참모본부에 있는 것이다.

(2) 日本 측에서 변조설을 긍정적으로 인정하는 증언들

일본의 연구자들이 변조가 아니라고 주장하는 데 반하여 <u>다음과 같이 변조설을 사실로 인정하는 양심 있는 학자들의 증언들도 있다.</u>

① 관야정關野貞은 금서룡今西龍과 함께 1913년에 '만주 집안현과 평양 부근의 고구려유적'을 조사한 결과에 대하여 다음과 같이 증언하고 있다.(광개토호태왕비)

> 우리들의 자세한 관찰에 의하면 글자 주변에 석회 칠을 한 것은 분명할 뿐 아니라 왕왕 <u>석회로 자획까지를 보수한 것도 보였다. 어떤 것은 완전히 석회 위에 새로운 글자로 각자刻字한 것도 있었다.</u>

즉, 위와 같이 기록하여 변조 사실을 인정하고 있다.

② 흑판승미黑板勝美는 1918년에 일본의 정부 차원에서 조사를 맡았던 소감을 다음과 같이 증언하고 있다.

> 비문의 글자들이 모두 원명 그대로인가를 확인하기 위하여 먼저 비를 깨끗이 씻고 서양제 정釘으로 석회를 긁어내었는데 이는 용이한 일이 아니었다. <u>먼저 의문이 있는 글자들을 골라잡아 석회를 긁어내었더니 과연 본명과 다른 글자들이 여럿 나와 모두 석회를 써서 글자를 보수한 사실을 발견했다.</u> 이러한 사실의 존재는 더 이상 의심의 여지가 없다. 그렇다면 누가 칠했고 누가 글자를 보수했으며 또 그 목적은 무엇인가? 이에 대해서는 사람마다 의견이 달랐으며 또 이 부분이 20여 년 동안 국제적 주요 논쟁거리

가 되어 왔다.(일본 『역사지리』 제32권 제5호, 1918, 서울대 소장)

③ 등전양책藤田亮策은 『청구학총』 제23호에서 다음과 같이 증언하고 있다.

석회를 비면에 발라 평탄하게 만들고 글자를 고치고 서양의 못(釘)과 같은 쇠붙이로써 글자를 쪼아내는 등 가공할 사료개작이 행해지고 있었다.

④ 지내굉池內宏은 「광개토왕비 발견의 유래와 비의 현황」(『사학잡지』, 49-1, 1938)에서

탁공들이 석회를 바르고 글자를 만들어 넣어 학술상으로 보아 참으로 슬픈 일이다.

⑤ 중총명中塚明「근대일본사학사 중」에서 중총명 씨는 일본에서 광개토왕비문 연구에 대하여 날카로운 비평을 가하고 반성을 촉구했다. 즉, 그의 말에 따르면 <u>비문변조설에 대하여 일본으로서 부인할 수 없는 것은 다음의 3개설 때문이라고 요약할 수 있다.</u>

첫째, <u>탁본이 일본에 전래된 것이 학자가 아닌 밀정에 의해서라는 것,</u>
둘째, <u>비문 연구를 학자들이 공개적으로 하지 못하고 참모본부에서 비밀리에 주도했다는 것,</u>
셋째, <u>탁본의 전래 사실을 즉시 발표하지 아니하고 6년이나 지난 후에 발표했다는 것</u> 때문에 일본으로서는 변조설을 부인할 수 없다.

⑥ 중총명 씨는 또 다음과 같이 주장하고 있다.

<u>일본의 고등학교 교과서에서는 비문 전체에 대한 내용이 아니고 신묘년조의 32자의 내용만 있다. 그러므로 32자에 대해서만 교육을 하기 때문에 올바른 역사교육이라고 말할 수 없다. 따라서 광개토왕릉비문에 대한 연구를 전반적으로 재검토해야 된다.</u>

이에 양심 있는 학자들의 공감을 불러일으켰다.

⑦ 등전우치藤田友治 씨는 그 탁본을 정밀하게 검토한바 10년조의 [왜만왜궤]는 성립이 될 수 없고 [왜구대궤倭寇大潰]가 맞는 것으로 주장하고 있다. 그래야 전후의 문맥의 뜻이 통한다는 것이다. 따라서 본래의 비문에는 [왜구대궤倭寇大潰]로 있었던 것을 [왜만왜궤倭滿倭潰]로 변조를 하여 왜가 승리를 한 것처럼 조작한 것이 분명하다는 것이다.

⑧ 중촌신태랑中村新太郞은 『일본日本 조선朝鮮 二千年』(上)에서 다음과 같이 주장하였다.

일본은 아직 통일국가도 아니었으며 병력을 수송할 선박도 빈약하였으므로 고구려군에 대항할 만한 대군을 보낼 수 없었다.(中村新太郞, 『日本 朝鮮 二千年』(上), 東方出版社, 1977, pp. 53~54)

⑨ 금성룡今西龍은 1981년에 일본 정부 차원에서 비를 정밀하게 조사하는 작업에 일원으로 참여한 후에 「광개토호태왕」이라는 논문에서

"비면에 전면적으로 석회를 바른 것은 사실이고 자획이 의심되는 글자는 50여 자"라고 하여 변조 사실을 인정하고 있다.

⑩ 수곡제이랑水谷悌二郞의 탁본은 일본에서 가장 정통한 탁본으로 인정받고 있다.
수곡제이랑水谷悌二郞의 탁본과 무전행남武田幸男의 탁본에서도 제1면 제9행의 13번째 글자는 '해海'자가 아니고 판독이 불가능한 공란으로 인정하고 있어 해海 자를 인정하지 않고 있음을 볼 수 있다. 또한 등전우치藤田友治 복숙효부福宿孝夫 등도 '해海' 자가 아닌 '매每' 자로 주장하고 있다.

이와 같이 일본인들 스스로도 양심 있는 학자들은 '해海' 자에는 문제가 있다는 사실을 스스로 인정하고 있어 해海 자는 변조된 글자가 분명하다는 것이다.

참모본부에서 비문을 변조한 것은 오직 횡정충직만이 알고 있는 1급 비밀로 취급되어 참모본부의 임원들도 모르게 추진이 되었을 것이다. 그런데 어떻게 관정우, 금서룡 등이 알 수가 있을까. 그들이 모의나 결탁을 했다는 논리는 가당치도 않다.

그러나 그 해답은 간단하다. 그동안에는 [표 14]가 개발되지 않아 명백하게 밝히지 못했으나 이제 [표 14]를 2018년에 필자가 최초로 개발하였다. 참모본부에서 1894년과 1900년에 창십명준과 내등호차량을 각각 파견하여 2차에 걸쳐 석회를 바르고 글자를 변조했다는 사실이 [표 14]에 의하여 명백하게 입증이 되고 있다.

3) 中國 측의 주장

(1) 榮子平의 증언: 『朝鮮上古史』 191쪽

다음의 기사는 신채호申采浩 씨가 1920년에 집안현 대왕비 앞에서 중국인 영자평 씨와 나눈 대화의 내용을 1929년에 『조선상고사』에 발표한 글이다.

> 비가 오랫동안 풀숲 속에 묻혔다가 최근에 영희가 이를 발견하였는데, 그 비문 가운데 고구려가 중국 땅을 침노해 빼앗은 글자는 모두 칼과 망치로 쪼아내서 알아볼 수 없게 된 글자가 많고, 그 뒤에 <u>일본인이 이를 독차지하여 영업적으로 이 비문을 박아서 파는데 왕왕 글자가 떨어져 나간 곳을 석회로 발라 알아볼 수 없는 글자가 생겨나서 진적한 사실은 삭제되고, 위조한 사실이 첨가된 듯한 느낌도 없지 않다.</u>

이는 비문변조에 대한 최초의 기록이다.

숲속에 파묻혀 있다가 최근에 발견이 되었다는 것은 200년 동안이나 만주 지역의 봉금제도로 무인 지대가 되어 경작을 하지 못하고 방치되어 있었기 때문에 한 말이다.

이때에는 아직 비문에 대한 관심도 없어 변조설이 대두될 수 있는 시대도 아니었다. 그런데도 당시에 보고 느낀 바를, 사실 그대로를 자진해서 말한 것이 분명하니 이보다 더 진실한 증언은 없을 것이다.

(2) 경철화耿鐵華 『광개토왕비 신묘년 구절의 고증과 해석』 1992년, 430쪽

① 여러 사람들이 모두 '해海'자로 석문하고 있는데 최대의 의문이다. … 만약에 '해海'자로 석문하면 매每 자에 氵변을 붙일 자리가 없다 … 나이또우탁본內藤拓本, 샤반느 탁본, 조선총독부 탁본은 모두 명확하게 '해海'자로 위조한 글자다.

따라서 제1면 제9행 제13자의 '海'자는 위조된 글자가 분명하다는 것이다.
또 경철화는 일본의 참모본부에서 비문변조의 동기와 배경과 가능성에 대하여 나음과 같이 기록하고 있다.

② 19세기 후기 일본 군부는 조선반도와 아세아 대륙을 침략하기 위해 준비하고 있었는데 비문에 "백제신라 구시속민"이란 구절을 보고 크게 기뻐 즉시 사람을 조직하여 참모본부 안에서 비문에 대해 비밀 연구를 진행하였다.

참모본부의 군관 횡정충직은 비문을 연구한 후에 쓰기를 "비문 중에는 우리와 관계되는 부분들이 많다. 신묘년에 바다를 건너 백제를 파하고 신라를 신하로 삼았다는 것이 바로 그것이다."

즉 비문변조의 배경을 설명하고 있다.

(3) 林基中 徐建新이 발견한 탁본

일본에서는, 1985년에 중국의 왕건군 씨를 초청하여 비문변조설을 부정하는 데 열을 올린 지 꼭 10년이 되는 1994년에는, 또 중국사회과학원의 부연구원인 서건신 씨를 초청하여 이진희 씨의 변조설을 부정하는 대대적인 강연회를 열었다.

서건신 씨와 임기중 씨가 1993년에 북경대학도서관에서 새로이 발견한 석회 변조 이전의 원석탁본으로 간주되는 6건의 탁본을 발견하여 이를 근거로 비문변조설을 부인하고자 했으나 오히려 변조설을 인정하는 결과가 되고 말았다. 왜냐하면 6건의 탁본은 대개가 석회 변조 이전의 원석탁본으로 간주되는 탁본들이다. 그러나 회여록본의 오자로 기록된 90여 자와 서건신이 새로이 발견한 탁본의 90여 자를 [표 18]에서와 같이 비교·고증을 한 바에 의하면 90여 자 중 90%에 해당하는 80여 자는 회여록본과 일치하지 않고 10여 자만이 회여록본과 일치하는 것을 발견하게 된다.

따라서 80여 자는 변조된 글자라는 사실이 명백하게 입증이 된다. 10여 자가 일치하는 것에 대하여 추적을 해 본다면 서건신이 새로 발견한 북경대학 소장본도 원석탁본이 아니고 탁본을 한 1881년 이전에 이미 13자가 변조된 탁본이라는 것으로 판단이 되는 것이다. 따라서 여기에서 발견되는 13개 글자가 최초의 변조자가 되는 것이고 그 이후로 수시로 추가로 변조가 되어 최종적으로 『회여록』에는 90여 자의 변조자가 나타나는 것을 알 수 있다.

따라서 석회 변조 이전의 원석탁본은 전술한 바와 같이 이미 모두 회수되어 사라지고 쌍구가묵본으로 변조된 탁본만이 현존하는 것으로 인정되는 것이다.

만약에 북경대학 소장본이 석회 변조 이전의 원석탁본이라면 현재까지 보존될 수가 없다. 교활하고 약삭빠른 일본인들이 원석탁본은 모두 찾아내어 소각을 했을 것인데 어찌 북경대학 소장본을 누락시킬 수가 있었겠느냐. 그러므로 북경대학본이 최초에 석회로 변조한 13자가 되는 것이고 그 이후로 『회여록』이 출판될 때까지 수차에 걸쳐 변조·개찬을 거듭하여 최종적으로 90자가 변조된 비문이 『회여록』에 수록된 것으로 인정되는 것이다.

제 6 장

비문에 대한 논쟁

1. 신묘년조의 쟁점

1) 辛卯년조에 대한 논쟁

　비문에 대한 논쟁의 핵심은 "비문변조설"이라고 할 것이다. 그러나 이에 대하여는 다른 항목에서 이미 다루었으므로 여기에서는 신묘년조에 대한 논쟁을 다루고자 한다.

　신묘년조의 논쟁이라고 하는 것은 시비곡직을 가리기 위한 논쟁이라고 하기보다는 논쟁의 항목도 정하지 아니하고 각자가 막연하게 왈가왈부하는 수준에 불과하다. 하지만 오늘날까지도 결론을 도출하지 못하고 있어 이에 대하여 살펴보고자 하는 것이다.

　신묘년조에 대한 논쟁이라고 하면 신묘년조에 중대한 오류나 왜곡이 있어야 하는 것이다. 그러나 비문에는 1자 1구도 오류나 왜곡이 없이 지극히 정상적으로 작성이 되어 있는데도 불구하고 단순히 한문의 문의를 올바르게 이해하지 못하는 데서 야기되는 논쟁이라는 것이다.

　현재까지 왈가왈부해 오고 있는 문제들을 항목별로 구분하여 정리하면 다음과 같이 8개 항목으로 구분이 된다. 8개 항목의 출처를 이해하기 위해서는 먼저 신묘년조의 기본 문장을 이해해야 한다. 신묘년조의 기본 문장을 제시하면 다음과 같다.

2) 신묘년조의 기본 문장

신묘년조의 기본 문장은 다음과 같이 327자까지를 기起, 승承, 전轉, 결結로 분류하여 완성되는 문장이다. 그러나 현재까지는 일본의 횡정충직이 부정하게 단축해 놓은 32자설에 현혹되어 부화뇌동을 해 오고 있었기 때문에 신묘년조의 문제를 327자까지로 이해하는 경우가 단 한 건도 없었으니 이것이 신묘년조를 풀지 못하는 근본적인 원인이 된 것이다.

이에 논쟁의 문제들을 하나하나 밝히기 위해 우선 신묘년조의 기본 문장부터 제시하고, 8대 쟁점의 항목에는 ①~⑧로 표시하여 이해하기 쉽도록 다음의 [표 21]에서와 같이 제시하여 살펴보고자 한다.

신묘년조의 범위는 [표 21]에서 보는 바와 같이 기起의 12자를 주제 문장으로 하고, 승承은 서론, 전轉은 본론, 결結은 결론으로 하여 327자까지, 즉 '선사환도旋師還都'까지를 범위로 해야 완성되는 문장이다. 그래야 신묘년조에 대한 모든 문제들을 전부 다 풀어낼 수 있는 문장이 완성되는 것이다.

그러나 현재까지는 신묘년조의 범위를 327자까지로 해야 한다는 사실을 아무도 인식하지 못하고 오직 32자를 신묘년조의 전체 문장인 것처럼 오해하고 32자설에만 현혹되어 부화뇌동을 해 왔기 때문에 오늘날까지도 신묘년조의 문제를 풀지 못하는 근본적인 원인이 되었다.

구시속민舊是屬民 유래조공由來朝貢이라고 한 것에 대한 해답은 다음과 같다. 6년 병신년, 즉 396년에 고구려의 공격을 받은 백잔의 아신왕이 광개토왕 앞에 나와 무릎을 꿇고 엎드려 항복하고 "영원히 노객이 되어 조공을 바치겠습니다."라고 맹세한 사실을 "궤왕자서跪王自誓 영위노객永爲奴客"이라고 4자구로 표현한 것이다.

여기에서 문제가 되는 것은 '귀歸'자이다. 『회여록』에는 '귀歸'자로 분명하게 기록이 되어 있으나 현재 기타의 탁본들을 정밀하게 살펴보면 '귀歸'자가 아닌 '궤跪'자라는 것이 육안으로도 확인이 되고 있다.

그런데도 '귀歸'자가 '궤跪'자로 교정이 된 1984년까지 100년 동안이나 단 한 마디의 반론도 없이 오직 『회여록』의 기사만을 믿고 '귀歸'자로 인정하고 "백제왕이 귀순을 했다."라고 번역을 해 오고 있었으니 이는 참으로 부끄러운 일이 아닐 수 없다.

[표 20-1] **고딕체**는 새로이 復元한 글자, **해서체**는 본질을 잘못 이해하는 문자, □은 판독 불능 문자, ①~⑧의 표시는 8대 쟁점을 구분하여 설명하기 위해 설정한 표시이다.

신묘년조의 기본문장

起: 百殘 新羅, ①舊是屬民, 由來朝貢, 12자는 신묘년조의 주제 문장. 주어는 백잔 신라,

承: ②**而倭以辛卯年**, 來③**以寇盜**, 百殘④**破倭**, 新羅⑤**以爲**臣民, 20자. 주어는 백잔

③의 "以寇盜"는 일본의 橫井忠直이 "渡海破"로 변조한 것을 필자가 復元한 것이다.
④의 "破倭"는 삭제된 것을 필자가 復元한 것이다.
일본의 橫井忠直이 이상의 32자가 신묘년조의 전체문장인 것처럼 끊어 노아 신묘년
조에 대한 논쟁의 원인이 되는 핵심문장이다.

轉: ⑦ 以六年丙申, 王窮率大軍, 討伐殘國, 軍侵殘界, 攻取 壹八城, 臼模盧城, 若模盧城 幹弓(氐)利城, □□城, 關彌城, 牟盧城, 彌沙城, □舍鳶城, 阿旦城, 古利城, □利城, 雜珍(彌)城, 奧利城, 勾牟城, 古模(須)耶羅城, 頁鄒城, □□城, □而耶羅城, 瑞(琢)城, 於利城, 農賣城, 豆奴城, 沸城, 比利城, 彌鄒城, 也利城, 大山韓城, 掃加城, 敦拔城, □□□城, □□□(가평)城, 婁賣城, 散那城, 那婁城, 細城, 牟婁城, 于婁城, 蘇灰城, 燕婁城, 析支利城, 巖門至城, 林城, □城, □城, □城, □利城, 就鄒城, □拔城, 古牟婁城, 閏奴城, 貫奴城, 彡穰城, 曾拔城, 宗古盧城, 仇天城, □城, □城, 逼其國城(총58성) 殘不服氣, 敢出交戰, 王威赫怒, 渡阿利水, 遣刺迫城, 殘兵歸穴, (224자. 주어는 고구려. 고딕체는 필자가 복원한 글자)

結: 就便國城, 而殘主困逼, 獻出男女生口一千人, 細布千匹, ⑧**跪王自誓**, 從今以後, 永爲奴客, 太王 恩赦先迷之愆, 錄其後順之誠, 於是取五十八城 村七百, 將殘主弟幷大臣十人, 旋師還都,

71자. 주어는 광개토왕. 총 327字. 跪 자는 교정한 글자
밑줄 친 문장은 今文으로 작성된 자구의 표시

[표 20-2]

번 역 문

起: 백잔과 신라는 예로부터(396년부터) 고구려의 속민으로 조공을 해 온 사실이 있다.

承: 즉 그렇게 된 원인은(而) 왜가 신묘년(391)에 와서 노략질을 함으로써(以) 백잔이 왜구倭寇를 격파하고 그 여세로 신라를 신민으로 삼으려고 하였다.

轉: 때문에(以) 6년 병신丙申(396)에 왕이 몸소 대大군을 거느리고 잔국토벌에 나서니 군사들이 잔계殘界로 쳐들어가 일팔성壹八城 구모노성(총58성 城 이름 생략) 성을 공취하고 그 국성을 포위하였는데도 우리의 기세에도 굴복하지 아니하고 감히 나와 항전을 하므로 광개토왕이 혁노하여 아리수를 건너가 국성(왕궁)을 압박하니 잔병들이 모두 자기들의 소굴로 도망쳤다.

結: 고구려 군사들이 국성을 포위하므로 잔주가 위급해지자 남녀 일천인과 세포 천 필을 바치고 아신왕이 광개토왕 앞에 나와 무릎을 꿇고 엎드려 항복하고 스스로 맹세하기를(跪王自誓) "이후로는 영원히 노객이 되어 조공을 받치겠습니다."라고 하였다.(從今以後 永爲奴客)

이에 태왕은 앞서의 미혹한 행동은 괘씸하나 뒤에 충성을 맹서하므로 은혜로써 그 죄를 용서하고 58성과 촌 700을 취하고, 잔주의 동생과 대신 10인을 볼모로 하고 개선凱旋하였다. 끝

'궤跪'자로 교정이 된 뒤에도 그 번역에는 다만 "무릎을 꿇고 노객이 되겠나 이다."라고 번역을 해 오고 있어 그 의미가 무엇인지도 이해할 수 없어 교정의 효과를 거두지 못하고 있으니 안타까운 노릇이다.

'궤跪'자로 교정을 하였다면 그에 맞도록 번역을 해야 한다는 것이다. 즉 전쟁에서 패배한 왕이 무릎을 꿇었다면 그것은 곧 항복을 의미하는 것이고 항복은 곧 속민屬民관계가 성립되는 것이고 속민은 곧 노객奴客을 의미하는 것이고 노객이 할 수 있는 일은 오직 조공뿐이다.

따라서 이 문장을 "궤왕자서跪王自誓 영위노객永爲奴客"이라고 4자성어로 간략하게 표현을 했으므로 이에 대한 번역을 함에 있어서는 항복과 조공이라는 의미가 표현이 되도록 다음과 같이 의역으로 번역을 해야 하는 것이다.

즉 "아신왕이 무릎을 꿇고 엎드려 항복하고 앞으로 영원이 노객이 되어 조공을 바치겠습니다."라고 번역을 해야 올바른 번역이 되어 '궤跪'자로 교정한 효과를 완벽하게 거둘 수 있는 것이다.

그런데도 위와 같이 번역을 한 경우가 단 한 건도 없으니 어떻게 신묘년조의 논쟁이 종결 될 수가 있겠는가? 이를 이해하기 위해서는 한문에 대한 해박한 지식을 갖추어야 하나 그렇지 못한 것을 보니 한글 전용의 피해가 여기에까지 미치고 있는 것을 느끼게 된다.

[표 21]에서 보는 바와 같이 기와 승은 금문, 전은 고문, 결은 금문으로 작성된 문장임을 알 수 있다. 그런데도 현재까지는 문체에 대하여는 일체 고려의 대상으로 거론되지도 않았다. 모든 문장을 산문으로만 간주해 왔기 때문에 [표 28]에서 보는 바와 같이 20자에 대한 구두점을 34종류로 난발하여 시석을 하고도 단 한 문제도 풀지 못하는 원인이 된 것이다. 이는 문맥을 이해하지 못하는 데 원인이 있는 것이다.

따라서 금문으로 쓰인 부분은 금문법에 따라 구두점을 찍고 번역을 하면 되는 것이고, 고문으로 작성된 부분은 그에 따라 구두점을 찍고 번역을 하면 되는 것이다. 그런데도 금문이라는 것을 무시하고 모든 문장을 고문으로만 간주하고 그에 따라 구두점을 마음대로 찍었기 때문에 100인이 100색으로 해석이 다를 수밖에 없는 것이다.

결의 71자는 기起의 결론에 해당하는 문장이다. 결론이라고 하는 것은 기起의 12자에서 "구시속민 유래조공"이라고 한 것에 대한 해답이다. 그것은 과장이 아니고 역사적인 사실이라는 것을 상세하게 설명을 하기 위해 장문으로 기록하여 궤왕자서 영위노객이라는 4자성어로 결론을 맺고 있는 것이다.

구시라고 표현한 것은 옛날 옛적을 말하는 것이 아니고 396년 병신년에 왕이 백잔을 토벌하여 아신왕의 무릎을 꿇리고 항복을 받아 영원이 노객이 되어 속민으로서 조공을 바치겠다는 서약을 받은 사실을 말하는 것이다. 그런데도 이를 올바르게 이해하지 못했기 때문에 신묘년조에 대한 문제를 풀지 못하게 된 것이다.

광개토왕비문에 대한 논쟁의 원인은 신묘년조의 첫머리에 기록된 "백잔 신라 구시속민 유래조공"이라고 한 12자에 대한 이해를 하지 못하기 때문이다.

3) 신묘년조의 범위는 旋師還都까지 327자다

신묘년조의 범위는 표에서 보는 바와 같이 327자까지로 해야 완성되는 문장이다. 그런데도 불구하고 일본의 횡정충직이 일본에게만 유리한 문장이 되도록 32자에서 끊어 295자를 병신년조의 별개 문장인 것처럼 분리되게 끊어 놓은 것이다. 이로써 서론과 결론이 분리되어 문의를 풀지 못한다는 사실을 아무도 깨닫지 못하고 오히려 32설이 신묘년조의 전체 문장인 것으로 착각을 하고 있어 100년이 넘도록 논쟁을 풀지 못하고 있는 원인이 된 것이다.

이육년병신以六年丙申년조의 문장을 병신년조의 편년 기사인 것처럼 오해하고 있으나 이는 병신년조의 편년 기사의 목적으로 쓰인 문장이 아니고 신묘년조의 구시속민 유래조공에 대한 설명을 하기 위한 목적으로 쓰인 문장이다. 신묘년조의 결론에 해당하는 문장이라는 것을 이해하고 보아야 신묘년조의 본질을 올바르게 이해할 수가 있는 것이다.

그러나 현재까지 130년 동안에는 327자라는 용어가 단 한 번도 거론된 사실이 없었다. 그렇기 때문에 갑자기 327자설을 주장하는 것이 무엇을 의미하는지 조차도 이해하기가 어려울 것이다.

현재까지는 32자설이 옳은지 327자설이 옳은지에 대한 구별도 없이 신묘년조에 대한 연구를 해 온 것이다. 그렇기 때문에 '구시속민 유래조공'이 '역사적인 사실이 아닌 것을 고구려에서 과장하여 허위로 기록한 위서라는 것이 연구자들의 공통된 견해'라는 망언을 거침없이 해 온 것이다.

이와 같이 32자설은 한·중·일 삼국의 연구자들이 단 한 마디의 반론도 없이

130년 동안이나 추종을 해 오고 있는 설이다. 하지만 '327자설은 필자가 최초로 주장하는 새로운 이론이다. 그러나 327자설은 필자가 새로이 창작하여 주장하는 설이 아니고 원석비문에 이미 다 그렇게 기록이 되어 있는 것을 필자가 최초로 밝혀내어 올바르게 해석을 하고 이론적으로 정리하여 주장하는 것뿐이다.'

2. 신묘년조의 본질과 문체

1) 신묘년조의 본질

 비문논쟁의 중심에는 신묘년조가 있고 신묘년조의 핵심에는 8대 쟁점이 있다. 따라서 8대 쟁점을 이해하기 위해서는 먼저 신묘년조의 본질을 살펴보아야 한다.
 '백잔신라 구시속민 유래조공'의 12자를 주제 문장으로 하고 그에 대한 원인과 과정을 상세하게 설명하는 문장을 일러 신묘년조의 범위라고 한다.
 광개토왕의 훈적 중에서는 백잔을 토벌하여 항복을 받아 내고 속민으로 삼아 조공을 받아 온 것이 가장 큰 훈적이 되는 것이다. 그래서 이를 상세하게 설명하기 위해 327자나 되는 장문으로 기록한 것이다. 따라서 "구시속민 유래조공"이라고 한 과정을 다 설명하고 그에 대한 결론으로 말하는 마지막 문장이 "궤왕자서 영위노객"이라는 것이다. 그러므로 이를 모두 다 기록하기 위해서는 선사환도까지 327자를 신묘년조의 범위로 해야 완성되는 문장이다.

 그런데도 불구하고 일본의 횡정충직이 자기 나라에게만 유리한 문장이 되도록 하기 위해 신묘년조의 범위를 서론에 불과한 32자에서 끊고 '이육년병신以六年丙申' 이하의 결론에 해당하는 문장을 병신년조의 편년 기사인 것처럼 분리해 놓았다. 그러므로 결론이 끊겨 나가 반쪽 문장이 되었기 때문에 비문에 대한 논쟁의 원인이 된 것이다.
 그런데도 이를 이해하지 못하고 한·중·일 삼국의 석학들이 100년이 넘도록 논쟁을 벌이고 있는 것이니 이 얼마나 한심한 노릇인가? 횡정충직이야 자기 나라의 이익을 위해서 그렇게 조작을 하였다 하더라도 이를 바로잡아야 하는 것은 우리들의 몫이다. 그런데도 이를 바로잡기는 고사하고 오히려 32자설에 현혹이 되어 부화뇌동을 해 온 지가 100년을 넘기고 있으니 이는 우리 모두가 반성하고 자책해야 할 일이다.

2) 신묘년조의 문장 구성

신묘년조의 문장에 대하여 대개는 문제가 없는 고문으로 간주하고 있다. [표 28]에서 보는 바와 같이 금문이 아닌 산문으로 간주하고, 구두점을 마음대로 찍어 구두점이 30여 종류로 남발되고 있는 것을 볼 수 있다. 그러나 그것은 이 문장이 414년 당시에 유행하던 4자구를 위주로 하는 금문으로 작성된 문장이라는 것을 아무도 이해하지 못하고 있었기 때문이다.

신묘년조의 문장 구성을 살펴보면 신묘년조의 327자 중에서 금문, 즉 4字句 등으로 작성할 수 없는 58성의 성 이름 177자만이 고문으로 쓰였다. 그 외의 150자는 모두 4자구, 5자구, 6자구로 쓰여 있어 금문으로 작성된 문장이라는 것을 쉽게 알 수 있다. 4자구, 5자구, 6자구로 구두점을 찍은 것이 과연 올바르게 찍은 것이냐 하는 것을 검증하는 방법은 각각의 자구로 성어가 되느냐 안 되느냐로 판단을 할 수 있는 것이다.

한 가지 예시를 한다면 32자 중에서 그 첫머리에 '백잔신라 구시속민 유래조공'의 12자는 각각 4자구로 성어가 되어 구두점이 옳게 찍혔다는 것을 알 수 있다. 따라서 그다음의 20자도 다음에서 보는 바와 같이 6, 4, 4, 6으로 찍어야 금문법에 따라 올바르게 번역을 할 수 있는 문장이 되는 것이다.

<u>而倭以辛卯年</u>　　<u>來□□□</u>　　<u>百殘□□</u>　　<u>新羅以爲臣民</u>
　　6字句　　　　　　4자구　　　　　4자구　　　　　　6字句

앞에서 보는 바와 같이 20자에 대한 구두점을 6, 4, 4, 6으로 찍도록 작성된 문장이다. 그러나 두 번째의 '來◯◯◯' 4자구는 래도해파라고 인정을 한다 하더라도 성어가 될 수 없어 변조된 4자구라는 것이 명백하게 드러나는 것이다. 만약에 래도해파를 번역한다면 [와서 바다를 건너가 파했다.]라고 번역이 된다고 할 수 있으나 이는 성어가 될 수 없어 변조된 글자라는 것을 알 수 있다.

그렇기 때문에 래이구도<u>來以寇盜</u>라는 4자구로 복원을 하고 백잔파왜<u>百殘破倭</u>로 교정을 하여 번역을 하면 "와서 노략질을 하므로써 백잔이 노략질하는 왜구들을 <u>격파하고</u>"라고 번역이 되어 완벽하게 성어가 되는 문장이 된다.

그러나 4자구로 작성된 것도 우연히 4자구로 작성된 문장으로 인식을 하고 있을 뿐 그것이 금문으로 작성된 문장이라는 것을 아무도 이해하지 못하고 있기 때문에 문제를 풀지 못하는 것이다.

더욱이 큰 문제는 이 문장을 인용하여 논하는 경우에는 모두들 그 첫머리의 '이而'자를 삭제하고 19자만을 인용하기 때문에 문제를 키우고 있다. '이而'자는 앞의 문장에 대하여 추가로 설명을 더 하겠다는 의미로 접속사로 쓰인 글자이다. 그런데도 불구하고 而 자를 삭제하고 '왜이신묘년' 5자로 인용을 하기 때문에 앞의 문장에 연속된 문장이 아니고 독립된 기사인 것처럼 왜곡이 되어 그것이 바로 문제를 풀지 못하는 원인이 되는 것이다.

이 문장에 대하여 기록을 할 경우에는 "도해파"라는 3자는 원문의 글자가 아니고 변조되어 삽입된 글자라는 것이 공통된 견해이므로 이를 삭제하고 □□□으로 표시를 하여 판독 불능의 글자라는 것이 분명하게 표시가 되도록 하는 것이 상식이라고 할 것이다. 그런데도 모두들 "래도해파"라고 명기하고, 그에 대한 번역을 "바다를 건너와서"라 하고, 한편으로는 변조된 글자라고 주장을 하고 있으니 참으로 한심한 노릇이다.

3) 비문의 서체에 대하여

비문의 서체는 근엄하고 신중하게 단일 서체로 균일하게 써서 존엄함을 보여야 하는 것이 예의이다. 그런데도 광개토왕비의 글씨는 규칙에 얽매이지 아니하고 상박하후, 상후하박, 좌박우후, 우박좌후 가획과 감획과 생략을 자유자재로 구사하고, 이체자와 별체자와 대소혼서 등등 자유분방하게 마음대로 써 내려가 예서체와 해서체와 행서체까지도 수용하여, 그 유례를 찾아보기 어려운 천재 서도인의 독창적인 작품이라고 평하지 아니할 수 없다.

따라서 광개토왕비의 서체는 어떠한 서체에도 속하지 않는 독창적인 서체가 분명하므로 이를 [광개토왕비문체]라고 새로이 명명하여 또 하나의 서체로서의 자리매김을 하는 것이 좋을 것 같다.

3. 문체에 대하여

1) 비문의 문체에 대하여

　광개토왕비문에서 왜 문체론을 끄집어내느냐고 질타하실 분도 계실 것이다. 그러나 신묘년조의 문제를 100년이 넘도록 풀지 못하는 근본적인 원인은 문체를 구분하지 아니하고, 모두 다를 고문으로만 간주하고 마음대로 구두점을 찍었기 때문이라는 것을 밝히기 위함이다.

　물론 광개토왕비문이 어느 특정한 하나의 문체라고 말할 수 없는 것은 사실이다. 그렇다고 문체가 없는 문장도 아니다. 그것은 어느 하나의 문체로 작성된 문장이 아니고 고문과 금문이 다섯 번이나 바뀌면서 작성된 복합문장이다. 특히 비문이 414년에 찬술된 문장이라는 것을 도외시하고 현재의 기준으로 판단을 하기 때문에 문제가 되는 것이다.

　혹자는 "비문에서 간혹 변려문의 문체가 보이기도 하지만 변려문의 수준에 미치지 못하기 때문에 변려문이라고 말할 수 없다."라는 해괴한 괴변으로 논평하는 경우가 있다. 비문이 쓰이던 414년에는 '4, 6문'이나 '변려문'이라는 문체는 아직 태어나기도 이전인데 어떻게 변려문과 비교하는 논평을 하는지 모르겠다.

　광개토왕비문에 쓰인 문체를 밝히기 위해서는 먼저 비문이 작성되던 당시의 문법을 살펴보아야 할 것이다. 비문이 쓰이던 414년에는 현재의 문법과는 비교할 수 없는 문체를 사용하였으므로 비문도 그런 문체로 쓰인 문장이 분명하다. 따라서 414년대에 쓰인 문장을 올바르게 이해하기 위해서는 그 당시에 쓰이던 문체를 밝혀내어, 그에 맞는 문법에 따라 해석을 해야 올바른 해석을 할 수가 있는 것이다.

　비문이 쓰이던 414년대에는 고문에 비해 새로운 문체라는 의미로 금문이라고 하는 문체가 유행하던 시대이다. 따라서 비문도 역시 당시에 유행하던 금문과 고문의 복합문장으로 쓰인 것이 분명하다. 그런데도 금문이라는 문체에 대하여는 일체 고려의 대상으로도 삼지 아니하고 모두 다를 고문으로만 간주하고 고문에 따라 구두점을 마음대로 찍고 번역을 하고 있으니 어떻게 찬술자가 의도한 대로 올바른 번역문이 나올 수가 있겠느냐 하는 것이다.

금문이라고 하는 것은 4자구를 위주로 결구하여 문장을 아름답게 꾸미는 문체를 말하는 것으로 四六문이나 변려문이 아직 태동도 하기 이전의 문체이다. 그런데도 불구하고 다음의 [표 28]에서 보는 바와 같이 한·중·일 삼국의 석학 65인들의 주장은 모두가 다 고문으로만 간주하고 20자에 대한 구두점을 30여 종류로 마음대로 찍었고 결손 된 5자에 대한 보결할 글자로 80여 자를 제시하고 60여 종류의 번역문을 제시하고 있으나 원문에 근접하는 문장은 단 한 건도 없으니 이는 고문으로 쓰인 문장이 아니고 금문으로 작성된 문장이라는 것을 강력하게 입증해 주고 있는 것이다.

20자에 대한 번역은 구두점만 올바르게 찍는다면 3~4종류로 번역이 될 수는 있어도 30여 종류로 번역이 달리 될 수는 없는 것이다. 이는 구두점을 자기 마음대로 달리 찍었기 때문이다. 다시 말해 이는 고문으로 작성된 문장이 아닌 것을 고문으로 간주하고 구두점을 마음대로 찍었기 때문에 문제를 풀지 못하는 것이다.

하나의 비문에는 원문과 번역문이 오직 하나만이 있어야 하는 것이 원칙이다. 따라서 원문이나 번역문이 필요할 경우에는 반드시 최초의 원문이나 번역문을 인용하는 것이 통례이다. 그런데도 최초의 원문과 번역문을 인용하지 아니하고 각자가 마음대로 새로이 번역을 하고 있어 비문이 무려 50여 편에 달하고 있는 것을 볼 수 있으니 이를 어찌 하나의 비문에 대한 번역문이라고 말할 수가 있겠느냐 하는 것이다.

이는 마치 논문의 표절 시비를 피하기 위해 각자가 임의대로 표현을 약간씩 달리 변경하는 것과 같은 현상을 보이고 있다고 할 수 있다. 그러나 논문에는 표절 시비가 있어도 비문의 번역문은 오히려 선행자의 번역문을 반드시 인용해야 하는 것이 관례이다.

왕릉의 비문이나 개인들의 묘비문을 막론하고 하나의 비문에 대한 번역문은 오직 하나만이 있어야 하는 것이다. 그러나 광개토왕비문의 원문과 번역문이 표에서 보는 바와 같이 50여 편이나 있고, 50여 편의 번역문이 모두 다르기 때문에 문제가 되는 것이다.

만약에 한문으로 작성된 『고려사』나 『조선왕조실록』의 번역문을 본 건의 비문과 같이 30여 종류로 각각 달리 번역을 해 놓았다면 우리나라의 역사가 어떻게 되겠는가? 그렇기 때문에 한자로 작성된 문헌의 번역문은 오직 하나만 있어야 하는 것이 원칙이다.

한문 문장을 올바르게 이해하기 위해서는 먼저 그 문장의 구두점을 올바르게 찍어야 한다. 만약에 변려문으로 쓴 문장을 내 마음대로 구두점을 달리 찍는다면 그 문장을 올바르게 번역을 할 수가 없는 것이다. 구두점을 올바르게 찍었느냐 하는 것을 검증하는 방법은 [표 19]에서 보는 바와 같다. 구두점을 찍은 4字句, 5字句, 6字句 등등의 단구가 그것마다 하나의 문장으로 성어가 되느냐 하는 것으로 판단하는 것이다.

제3장의 광개토왕비문에서 보는 바와 같이 금문으로 쓰인 부분과 고문으로 쓰인 부분을 구분하기 쉽도록 금문으로 쓰인 부분의 자구에는 밑줄을 긋고 자구 수를 표시하였으니 참고가 될 것이다.

2) 문체의 변천 과정

금문이 형성되기 시작한 시기는 B.C. 202년부터라고 할 수 있다. 즉 전한前漢 시대부터라고 말할 수 있다. 그러나 이때에는 아직 특정한 명칭도 없이 고문에 비해 새로운 문체라는 뜻으로 今文이라는 이름으로 불리던 시대이다. 금문이 번성한 시대는 A.D. 220~420까지로 이때에는 단순히 4字句, 5자구, 6자구 등등 자구 숫자에만 몰두하던 시대였고 아직 전고典故나 압운押韻이나 사육四六 그리고 대우對偶 등의 문체로 발전되기 이전이다.

따라서 금문이 번성하던 시대에 쓰인 광개토왕비문이 금문이 아닌 고문으로만 쓰였다고 말할 수는 없다. 제3장에서 보는 바와 같이 비문의 전체를 상고해 보아도 금문으로 작성된 것이 분명하다. 다만 백제와의 전쟁 기사 중에서 58성의 성 이름 177자와 수묘에 관한 국연과 간연 등 부득이한 경우의 474자만이 고문으로 작성된 것을 알 수 있다.

이와 같이 651자만이 고문으로 쓰였고 나머지 1,150자는 모두 금문으로 작성된 복합문장이라는 것을 알 수 있다. 문체가 여러 번 바뀌면서도 금문 부분은 금문으로만 작성이 되었고, 고문 부분은 고문으로만 작성된 복합문장이라는 것이다.

문체의 변천사를 정리해 보면 420년 이전에는 금문今文, 금체今體, 금문체今文體 등등으로 불리다가 440년 이후부터는 四六문으로 불리고 청나라(1626~1911)시대에 이르러서야 변문騈文, 변체騈體, 변려문騈儷文, 변려체騈儷體 등등의 이름으로 불리게 되는 것을 알 수 있다.

따라서 비문이 찬술되던 414년대에는 금문今文, 금체今體, 금문체今文體 등등으로 불리며 유행하던 시대이므로 본 서에서도 금문체와 고문체로 기술하였다. 위진시대魏晉時代(220~420)에는 단순히 4字句 또는 5字句, 6字句 등등으로 압축하여 자구수字句數를 맞추어 문장을 아름답게 꾸미는 것에 주안점을 두었을 뿐이고 아직 평칙平仄, 압운押韻, 전고典故나 대우對偶 四六의 형식을 갖추기 이전의 문체를 말하는 것이다.

금문이 발전을 거듭하여 남송南宋시대(420~479)부터는 운문의 형식을 두루 갖추기 시작하여 당송唐宋시대에 이르러 전성기를 이루는 귀족 문장으로 빛을 보이다가 원명시대에는 다시 침체기를 맞았다. 그리고 청淸나라 때에 이르러서야 다시 복고되어 변려문騈儷文이라는 새로운 이름으로 불리게 되었다. 왕력王力의 『고한어통론古漢語通論』(中外出版社, 1976)에 다음과 같은 기록에서 변려문의 발전 과정을 설명하고 있다.

> 위진魏晉시대(220~420)의 변체騈體는 4字句, 5字句, 6字句 등의 자수字數에만 함몰되어 엄격하게 제한을 두므로 일반적으로 4字句가 많았다. 유송劉宋(南朝)시대(420~479)에 이르러 四六의 격식과 추형雛形이 갖추어지고, 제량齊梁(南朝, 479~554) 이후에는 四六의 격식과 전형이 완성되었다. 소이 유시劉勰의 이론에 좇아 설명을 하면 당송唐宋(618~1126) 이후에 四六의 격식이 더욱 체계적으로 정형화되었다.

그러나 위진魏晉시대의 금문今文이라고 하는 것은 변려체騈儷體라고 하는 이름이 아직 생성되기도 이전의 문체이다. 변려문체騈儷文體라고 한다면 대개는 당송唐宋시대의 전성시대에 평칙平仄, 압운押韻, 전고典故와 대우對偶 四六의 형식을 두루 갖춘, 완벽한 변려체騈儷體를 선입관으로 인식하고 그와 비교하여 판단을 한다. 그렇기 때문에 광개토왕비문을 그와 비교를 해서는 안 되는 것이다. 따라서 광개토왕비문을 변려문이라고 해서도 안 되는 것이고 반드시 위진시대의 금문과 고문의 복합문장이라고 해야 옳은 것이다.

신묘년조의 문장이 금문이냐 고문이냐 하는 것을 쉽게 구별하기 위해서는 [표 21]에서 전轉의 224자의 문장을 살펴보면 판단하는 데 도움이 될 것이다. 즉 전轉의 첫머리 도입부에서 18자까지는 5자구, 5자구, 4자구, 4자구로 작성된 것을 볼 수 있고, 19자부터 178자까지는 58성의 성 이름의 고유명사의 나열이기 때문에 부득이 자수에 관계없이 기록이 되다가, 마무리 부분에서는 또다시 4자구 7개 문장 28자로 종결되고 있음을 볼 수 있다.

이와 같이 본문 224자 중에서 금문으로 작성할 수 있는 부분은 모두 금문으로 작성을 하였고 금문으로 작성할 수 없는 58성의 성 이름만을 예외로 한 것이니 이를 어찌 금문이 아니라고 말할 수가 있겠는가?

연구자들이 신묘년조의 문체를 금문체로 인정하지 아니하는 것은 변려문의 전성시대인 당송唐宋시대의 4, 6문과 청나라 때 변려문과 비교하여 그 수준에 미치지 못하기 때문이라는 것은 어불성설이다.

414년에 쓰인 문체로서는 그 당시에 유행하던 4자구를 위주로 하는 금문체의 명문이라 할 것이다. 그런데도 414년대의 금문체와 당송시대의 4, 6문이나 청나라 시대의 변려문과 단순히 비교하여 그 수준에 미치지 못하기 때문에 문체가 있는 문장이라고 말할 수 없다는 것은 무지한 어불성설이다.

표에서 보는 바와 같이 65명의 연구자들이 예시문과 같이 6, 4, 4, 6으로 구두점을 찍고 번역을 한 경우는 단 한 편도 없는 것으로 보아 금문으로 간주한 경우는 단 한 건도 없다. 모두가 다 고문으로만 간주하고 마음대로 구두점을 찍어 36종류로 난발이 되었다. 해석도 각각 달리하여 60여 종류로 번역을 달리하고 있으나 원문에 근접한다고 인정되는 문장은 단 한편도 없다. 이로 미루어 보더라도 이 문장은 산문이 아닌 금문으로 작성된 문장이라는 것이 분명하다. 따라서 금문으로 쓰인 부분은 금문법에 따라 구두점을 찍고 번역을 하면 되는 것이고 산문으로 작성된 부분은 그에 따라 구두점을 찍고 번역을 하면 되는 것이다.

이로 미루어 보아 왕건군도 금문으로 인식하지는 못하고 다만 고문으로만 인식을 했다는 것을 알 수 있다. 만약에 금문으로 인식을 하였다면 앞의 예시문에서 보는 바와 같이 6, 4, 4, 6으로 구두점을 찍고 그에 대한 주장을 하였을 것인데도 <u>고문과 금문의 구별도 못했고, '이위以爲'의 어의도 이해하지 못했고, 신묘년조의 범위도 구분하지 못한 것</u>으로 보인다.

[표 21] **문체의 변천과정**

순	문체명	시대	년도	비고
1	문체의 태동기	前漢시대	B.C. 202~	언어의 표현대로 기록하던 고문시대에서 前漢(B.C. 206~A.D. 23)시대부터는 4자 성구로 함축하여 아름답게 표현하는 방법이 개발되기 시작했다.
2	今文의 전성시대	魏晉時代	A.D. 220~420	4자구로는 모든 언어를 모두 표현할 수가 없으므로 5자구 6자구로 확대하여 유행함으로 이를 고문에 대하여 새로운 문체라 하여 今文, 今體, 今文體라고 하는 이름으로 유행하였다. 廣開土王碑文은 이때(414)에 찬술되어 당시에 유행하던 금문과 고문의 복합문장으로 작성된 문장이다.
3	4, 6문의 태동기	南北朝時代	420~479	이때부터는 단순히 글자의 숫자보다 운문을 더하고 평측 전고의 형식을 더하여 4자구 위주가 아닌 4, 6문의 체계를 갖추기 시작했다.
4	4, 6文의 완성시대	齊梁時代	479~554	4, 6문에 平仄, 典故, 押韻, 對偶를 두루 갖추는 완성시대를 이루었다. 沈約은 『4성보』 劉勰는 『문심조룡』 鍾嶸은 『시품』 蕭統은 『문선』 등의 저서가 유명하다.
5	4, 6文의 전성시대	唐宋時代	618~1126	4, 6문이 꽃을 피운 시대. 崔致遠의 『撒黃巢文』이 가장 유명하다. 古文이 복구되면서 4, 6문이 쇠퇴하기 시작했다.
6	騈儷文의 전성시대	淸나라 시대	1644~1911	쇠퇴했던 4, 6문이 다시 복고되고 대우를 중요하게 여기는 문장이라는 뜻으로 騈文, 騈體, 騈儷體, 騈儷文, 騈儷文體 등등으로 불리기 시작했다.

4. 신묘년조의 쟁점

1) 비문에 대한 논쟁의 원인

비문에 대한 논쟁이 야기되는 근본적인 원인은 앞에서 이미 설명한 바와 같이 횡정충직橫井忠直이 신묘년조의 문장을 변조·개찬하여『회여록』에 발표하였기 때문이다. 횡정충직은『회여록』제5집의「고구려고비고」마지막 항목(제9번째)에서 "비문중유대관계우아자碑文中有大關係于我者 신묘도해辛卯渡海 파백잔신라破百殘新羅 위신민爲臣民 수구시야數句是也"라고 조작했다는 사실을 이미 전술했기 때문에 여기에서는 더 이상의 언급은 피하기로 한다.

현재까지는 누가 어느 부분을 어떻게 변조했다는 논거도 없이, 변조된 글자의 숫자도 올바르게 제시하지도 못하고 막연하게 "변조를 했다."라고만 주장을 하고 있었을 뿐이었다. 그러던 것을 금번에 필자가 횡정충직橫井忠直이『회여록』제5집의「고구려고비고」마지막 항목(제9번째)에서 [渡海破]라는 3자를 변조해서 삽입을 하고, '백잔파왜百殘破倭'에서 '파왜破倭'라는 두 글자를 삭제하고 공란□□으로 하여『회여록』에 발표한 것이 최초의 비문변조의 증거라는 사실을 논리적으로 밝혀낸 것이다.

앞에서의 설명에서 미흡한 점을 추가로 설명하면 다음과 같다.

첫째, 년래**年來**라는 두 글자를 삭제한 이유는 만약에 [년래도해파**年來**渡海破]라고 한다면 "바다를 건너와서"라고 번역을 할 수가 없기 때문이다. 그렇기에 년래**年來**라는 두 글자를 삭제한 것이 분명하다.

둘째, '백잔파왜百殘**破倭**'는 "백잔이 노략질하는 왜구들을 격파하고"라고 해석되는데 이때 [파왜破倭]가 일본에게 가장 치명적으로 불리한 글자가 되므로 이를 삭제하고 공란[□□]으로 표시한 것으로 추정이 가능한 것이다. 뒷날에는 그 자리에 임나任那라는 두 글자를 변조·삽입하여 임나일본부설로 꾸며 조선 침략의 구실로 악용하고 있는 것을 볼 수 있다.

셋째, '이위신민**以**爲臣民'에서 [이**以**] 자를 삭제한 것을 알 수 있다. 이[以] 자를 삭제한 것은 '이위以爲'라는 단어의 어의가 '**생각하다**'이기 때문이다. 그렇기 때문에 '이위以爲'라고 쓰인 단구를 "**삼았다**."라고 번역을 할 수가 없는 것이다. 따라서 횡정충직은 이와 같은 사실을 이미 다 알고 "삼았다."라고 번역이 되도록 조작을 하기 위해 [이**以**] 자를 슬그머니 삭제하고 [위신민爲臣民]이라고 3字句로 변조를 해 놓았으니 횡정충직橫井忠直은 한학에 상당한 조예가 깊은 지략가가 분명하다.

2) 비문논쟁의 8대 쟁점

신묘년조의 8대 쟁점이라고 하는 것은 이미 확정되어 있는 문장이 아니고 필자가 임의로 선정한 것이다. 신묘년조에서 쟁점으로 부각되는 문제들을 사항별로 분류하면 8개 항목이 됨으로 8대 쟁점이라고 명명한 것이다.

신묘년조에서 가장 부각되는 8대 쟁점을 살펴보면 신묘년조를 애당초부터 327자로 이해를 하였다면 부각되지도 아니했을 것이다. 신묘년조의 문장은 지극히 정상적으로 작성된 문장인데도 불구하고 쟁점으로 부각된 것은 횡정충직이 신묘년조의 범위를 32자에서 끊어 놓았기 때문에 결론에 해당하는 병신년조의 295자가 끊겨져 나가 반쪽 문장이 되어 결론을 찾을 수 없게 되었기 때문이다.

그런데도 연구자들은 이와 같은 사실을 전혀 깨닫지 못하고 오히려 32자설에 현혹되어 부화뇌동을 해 오고 있어 오늘날까지도 신묘년조의 문제를 풀지 못하고 있는 것이다.

다음에 열거하는 '8대 쟁점'이라고 하는 것은 그동안에는 단 한 번도 거론된 사실이 없이 막연하게 논란을 벌여 오고 있었던 것을, "필자가 새로이 사항별로 구분하여 8대 쟁점이라고 명명하여 항목별로 논급을 하고자 하는 것이다."라는 사실을 먼저 밝히고 해설을 하고자 한다. 비문변조설과 오기되는 글자에 대하여는 별도로 설명을 하기로 한다.

비문논쟁의 핵심이 되는 8대 쟁점은 다음과 같다.

① '구시속민舊是屬民 유래조공由來朝貢'의 본질을 이해하지 못한 때문이다.
② 이왜이신묘년而倭以辛卯年에서 '이而'자의 자의를 이해하지 못한 때문이다.
③ 래이구도來[**以寇盜**]를 삭제하고 '渡海破' 3자로 변조·삽입한 때문이다.
④ 백잔파왜百殘[**破倭**]에서 '破倭' 2자를 삭제한 때문이다.
⑤ 이위신민以爲臣民에서 '以爲'의 문의를 이해하지 못했기 때문이다.
⑥ 이육년병신以六年丙申에서 '이以'자를 번역에서 배제한 때문이다.
⑦ 신묘년조의 '32자설'에 부화뇌동을 해 온 때문이다.
⑧ '궤왕자서跪王自誓 영위노객永爲奴客'의 본질을 이해하지 못했기 때문이다.
(**고딕체**는 필자가 복원한 글자)

이상의 문제들을 보고 "누구나가 다 해석을 할 수 있는 쉬운 문제들을 왜 이해하지 못한다고 하느냐?"라고 질책을 하실 분도 계실 것이다. 그러나 그것은 피상적인 번역을 할 수 있을 뿐이고 그 본질에 대하여는 이해하지 못한다는 것이다.

5. 8대 쟁점에 대한 해설

1) 구시속민舊是屬民 유래조공由來朝貢에 대하여

'백잔신라 구시속민 유래조공'의 12자는 신묘년조의 주제 문장이다. 그러나 구시속민에 대한 문의를 올바르게 이해하지 못하기 때문에 "<u>이는 역사적인 사실이 아닌 것을 고구려에서 과장하여 허위로 기록한 위서쯤으로 여기는 것이 연구자들의 공통된 견해다.</u>"라고 하는 서글픈 현실을 보게 되는 것이다.

'구시속민'을 '옛날부터 속민'이라고 번역하는 것은 누구나가 다 할 수 있다. 그러나 1년 전도, 10년 전도, 또는 100년 전도 구시舊是라고 말할 수 있기 때문에 그 시점을 특정할 수 있는 것이 문리라는 것이다. 따라서 문리를 터득하지 못하면 그 시점을 특정하지 못한다는 것이다.

북한의 김석형 씨는 『고대한일관계사』 399쪽에서 "고구려에서 백잔과 신라를 속민으로 삼은 사실을 찾기 위해 고구려사를 모두 뒤져 보았지만 그 사실을 찾을 수가 없으므로 이는 역사적인 사실이 아닌 것을 고구려에서 과장하여 허위로 기록한 위서다."라는 취지의 주장을 하고 있는 것을 볼 수 있다. 이것이 연구자들의 공통된 견해라고 하는 데 더욱 큰 충격을 느끼게 된다.

이와 같이 구시의 시점을 특정하지 못하는 것이 현재까지 130년 동안이나 논쟁을 벌여 오고 있는 근본적인 원인이 되는 것이다.

여기에서 구시라고 말한 것은 광개토왕 이전의 옛날 옛적의 고구려의 역사를 말하는 것이 아니고 광개토왕 당시에 야기된 사건, 즉 '이육년병신以六年丙申년' 부터를 말하는 것이다. 즉 396년 병신년에 아신왕이 무릎을 꿇고 항복한 사실을 말하는 것이다. 국가 간의 전쟁, 즉 396년 전쟁에서 아신왕이 무릎을 꿇었다는 것은 곧 항복을 의미하는 것이고, 항복은 곧 속민屬民 관계가 성립된 것을 의미하는 것이고, 속민은 곧 노객이 되는 것이고, 노객이 할 수 있는 일은 오직 조공뿐이다. 그런데도 이를 이와 같이 이해한 경우는 130년 동안에 단 한 건도 없었기 때문에 신묘년조를 풀지 못하고 있는 것이다.

사자성어로 작성된 '<u>跪王自誓 從今以後 永爲奴客</u>' 문장에 대한 올바른 번역은 다음과 같이 해야 한다.

병신년丙申年에 백제의 아신왕이 광개토왕 앞에 나와 무릎을 꿇고 엎드려 항복하고 지금부터 영원히 노객이 되어 조공을 바치겠습니다.

위와 같이 번역을 해야 가장 올바른 번역이 되는 것이다.

그러나 이와 같이 번역을 한 경우는 단 한 건도 없다. 모두가 다 "무릎을 꿇고 이제부터 영원이 노객이 되겠나이다."라고 번역을 하고 있기 때문에 이게 무슨 뜻인지 아무도 이해하지 못하고 있는 것이다. 또한 32자에서 끊어 놓아 신묘년조와 병신년조의 기사가 분리되어 더욱 이해할 수 없게 되어 130년이나 지나도록 풀지 못하고 있는 것이다.

만약에 진즉에 신묘년조의 32자와 병신년조의 295사를 하나의 문상으로 이해를 하고, 병신년조에 기록된 '궤왕자서 영위노객이 구시속민 유래조공'에 대한 해답이라는 사실을 이해하였다면 신묘년조의 논쟁은 야기되지도 아니했을 것이다.

2) 이왜이신묘년而倭以辛卯年에서 '而' 자에 대하여

'이而' 자의 사전적 어의는 '접속사로서 아울러, 곧, 즉, 그것은 등으로 해석한다.'이다. 따라서 이 문장에서 이而 자가 첫머리에 기록된 것은 앞의 문장에서 "구시속민 유래조공"이라고 한 문장과의 연결고리 역할을 하는 접속사로서의 기능을 하기 위해서다. 이는 앞의 사실에 대하여 좀 더 구체적으로 설명을 하겠다는 의미로 '즉' 또는 '그것은'으로 해석을 하도록 쓰인 글자이다.

그런데도 '이而' 자가 왜 그 위치에 쓰였는지를 이해하지 못하고 '이而' 자를 번역에 적용하지도 아니하고 아예 끊어 버려 '구시속민 유래조공'에 대한 구체적인 설명을 더 하지 못하고 독립된 문장인 것처럼 분리가 되어 문제를 풀지 못하는 원인이 된 것이다.

'이왜이신묘년' 이하의 20자는 '구시속민 유래조공'에 대한 구체적인 설명을 더 하기 위한 서론에 해당하는 문장이 되는 것이다. 그리고 병신년조는 그에 대한 본론과 결론에 해당하는 문장이라는 것을 이해하고 보아야 올바르게 이해를 하게 되는 문장이다. 그런데도 불구하고 아무도 이것을 그런 문장으로 인식을 하지 못해 논쟁의 불씨가 된 것이다.

연구자들이 이 문장을 논하고자 인용하는 경우에도 모두들 이而 자를 아예 끊어 버리고 '왜이신묘년倭以辛卯年'으로 시작하여 20자가 아닌 19자로 논하고 있는 것을 볼 수 있다. '이而' 자를 끊어 버림으로써 앞의 문장과는 관계없이 독립된 문장인 것처럼 다루고 있어 신묘년조와 병신년조 문장의 기승전결의 연결고리를 모두 끊어 버리는 결과가 된 것이다.

본 문장의 20자는 앞에서와 같이 6, 4, 4, 6으로 구두점을 찍도록 금문今文으로 작성된 문장이 분명하다. 그런데도 6, 4, 4, 6으로 구두점을 찍은 경우는 단 한 건도 없고 모두가 다 산문으로 간주하고 자기들 마음대로 구두점을 찍어 [표 28]과 같은 문제를 초래한 것이다.

3) 래도해파來渡海破에 대하여

'래도해파'라는 4자구는 4자성어가 성립이 될 수 없는 이질적인 문자들의 조합이라는 것이다. 이 문장의 구성은 414년 당시에 유행하던 금문법에 따라 4자구로 작성된 문장이 틀림없다. 그러나 래도해파라는 4자구의 구성은 문법에 따라 적법하게 작성된 문장이 아니고 잡문의 부정조합이라는 것이다. 왜냐하면 4자구로 작성된 문장이 분명하나 4자구로 성어가 되지 않기 때문이다. 부정조합이라는 근거는 다음과 같다.

첫째, '래도'라는 2자는 성립이 될 수 없는 단어이다. 이를 번역한다면 "와서 건너가다."라고 할 수 있으나 이는 어느 문장에서도 적용이 될 수 없는 어불성설이다.

둘째, '래도해'라는 3자구도 역시 같다. 이를 번역한다면 "와서 바다를 건너가다."라고 할 수 있으나 이도 역시 어느 문장에서도 적용이 될 수 없는 어불성설이다.

셋째, 래도해파라는 4자구를 번역하면 "와서 바다를 건너가서 파했다."라고 번역은 할 수는 있으나 이 역시 어느 문장에서도 적용이 될 수 없는 어불성설이다.

넷째, '래, 도해, 파'라고 구두점을 각각 달리 찍더라도 역시 어느 문장에서도 적용이 될 수 없는 문장이다.

따라서 [래도해파]는 4자성어가 될 수 없어 애당초 비문의 찬술자에 의하여 찬술된 원본의 문자가 아니고 뒷날에 누군가에 의하여 변조·삽입된 이질적인 위서라는 것이 확인이 되는 것이다.

'래도해파'에 대하여서는 좀 더 상세하게 설명을 하기 위하여 다음의 다른 항목에서 추가로 설명을 하고자 한다.

4) 百殘破倭에서 '破倭' 자를 삭제(□□)한 것에 대하여

백잔□□의 [□□]은 박락된 글자가 아니고 원석비문에는 이미 [백잔파왜] 자로 각자가 되어 있었던 것이 분명하다. 그러나 이는 일본에게 가장 불리한 글자가 되기 때문에 이를 삭제해 버리고 자연적으로 파손된 글자인 것처럼 [□□]으로 표시한 것으로 추정되는 것이다.

따라서 '래이구도'라고 복원을 하는 것이 가장 타당하고 문맥의 전체와도 부합되는 문장이다.

5) 以爲臣民에서 '以爲'에 대하여

이위신민以爲臣民에서 '이위以爲'의 사전적 어의는 '생각하다'이다. 그런데도 모두들 "삼았다." 또는 "하였다."라고 번역을 하기 때문에 본질이 왜곡되고 어불성설이 되는 것이다. 앞으로는 "신민으로 삼으려고 생각하다."라고 수정하여 연구를 다시 해야 올바른 해답을 구할 수가 있을 것이다.

정인보는 1930년에 이미 "이위의 어의는 결정사가 아니고 미래어이다. 따라서 신민으로 삼으려고 생각하다."라고 번역을 해야 한다는 사실을 지적한 바 있다. 그런데도 100년이나 지난 오늘날까지도 이에 따르지 아니하고 "신민으로 삼았다."라고 번역을 하고 있으니 아무리 바른 소리를 하더라도 우이독경이 되고 마이동풍이 되면 도리가 없는 것이다.

이제 필자가 또다시 바른 소리를 하기는 했으나 또다시 우이독경으로 흘려보낸다면 비문의 논쟁은 영원히 풀지 못할 것이다.

그러나 담원께서는 "'以爲'의 어의는 미래어이다."라고 해설은 올바르게 하고도 자신은 "백잔이 왜를 끌어다가 함께 신라를 침노하니"라는 엉뚱한 번역을 하고 있으니 참으로 괴이한 일이다.

[표 22]   **以爲에 대한 번역문 사례**

순	譯者	書名	年度	번역문(각자가 주장하는 구두점과 번역문을 수정 없이 전재함)
1	千寬宇	伽倻史硏究	1979	而倭, 以辛卯年來 渡海, 故百殘, 將侵新羅以爲臣民, 以六年丙申 백제가 끌어들인 倭가 신묘년 이래로 바다를 건너가 백제로 온고로, 이 倭와 연계한 백제가 신라를 공격하여 신라를 **신민으로 삼으려고 하였다**. 6년 丙申에
7	李家源	朝鮮文學史 上冊	1995	而倭以辛卯年來渡海, 破百殘, □□新羅, 以爲臣民, 以六年丙申 倭가 신묘년에 바다를 건너와 백잔을 깨치고 따라서 신라에까지 미쳐 **신민으로 삼으려 할 제**, 6년 丙申에
5	李度學	廣開土王碑文南方	2013	而倭以辛卯年來渡, 是破百殘任那加羅, 以爲臣民 以六年丙申 그런데 왜가 신묘년 이래로 건너오자 (광개토왕은) 백제와 임나 가라를 격파하여 **臣民으로 삼으려고 했다**. 6년 丙申에
13	柳承國	韓國思想의 淵源	2008	而倭以辛卯年來, 渡海破百殘□□新羅, 以爲臣民, 以六年丙申, 왜가 신묘년 이래로 매양 바다를 건너서 백잔과 □□신라를 파하여 **신민을 삼으려고 하므로** 그래서 6년 丙申에

[표 22]에서 보는 바와 같이 60여 명 중에서 가장 옳게 번역한 경우라고 할 수는 있으나 시비곡직에 대한 언급이 없이 나 홀로만이 알고 기록을 했기 때문에 많은 연구자들에게 영향을 미치지 못하고 마이동풍으로 사라지고 말았으니 안타까울 뿐이다.

많은 연구자들이 "삼았다.", "하였다."라고 왜곡된 번역을 하고 있는데도 이를 바로잡으려는 노력을 보이지 아니하고 수수방관하고 있었기 때문에 오늘날까지도 정도를 찾지 못하고 있는 것이다. 그렇기 때문에 이와 같은 전철을 밟지 않기 위해 왕 씨의 문제점들을 지적하는 사례를 보인 것이다. 진정한 연구자라면 시비곡직을 널리 알려 바로잡을 수 있도록 선도의 길을 넓히는 것이 올바른 자세라고 말할 수 있다.

그러나 논문 제도가 그렇게 할 수 없도록 제약이 되어 있어 하루속히 논문 제도를 개선해야 한다는 사실을 결론에서 지적해 놓았다.

"이위以爲"라는 단어는 광개토왕이 6년에 백잔을 토벌하는 원인을 밝히는 척도가 되는 단어이다. 왜냐하면 신라를 신민으로 삼았거나 삼으려고 압박을 가한 주체 세력이 누구냐를 밝힐 수 있는 척도가 되기 때문이다.

많은 연구자들이 주장하는 대로 왜가 백제와 신라를 격파하고 신민으로 삼았다고 하는 번역이 옳았다면 6년에 광개토왕은 왜를 토벌하여 신라와 백제를 구하는 것이 옳은 것이다. 그러나 왜가 아닌 백제를 토벌했다는 것은 왜가 백제와 신라를 신민으로 삼은 사실이 없었다는 증거가 되는 것이다.

그렇다면 백제를 토벌한 증거는 무엇인가? 그것은 다음과 같이 변조된 '래도해파'에 대한 올바른 해석에 있다. '래도해파'에 대한 올바른 해석은 본 장의 '3)'에서 이미 설명을 하였으므로 <u>래이구도來以寇盜'로 복원을 할 경우 왜를 도벌하지 아니하고 백잔을 토벌한 원인을 알 수 있게 되어 전체의 문맥과도 상통하게 되고 논리가 정연하여 가장 합리적인 복원이 되는 문장이라는 것을 알 수 있다.</u>

6) 신묘년조의 32자설

32자설은 일본의 횡정충직이 일본에게만 유리한 문장이 되도록 조작해 놓은 것으로 이는 신묘년조의 서론에 해당하는 문장이다. 그런데도 횡정충직이 일본에게만 유리한 문장으로 만들기 위해 32자에서 끊고 병신년조의 295자는 별개의 문장인 것처럼 분리시켜 놓았다. 이렇게 됨으로써 서론과 결론이 분리되어 문장의 의미를 올바르게 풀지 못한다는 사실을 아무도 깨닫지 못하고 오히려 32설에 부화뇌동을 해 오고 있었기 때문에 신묘년조에 대한 문제를 풀지 못한 것이다.

이 문장의 문제는 횡정충직이 비문에서 20자를 인용하면서 번역에 불리한 8개 글자는 삭제하고 12자로 변조하여 주장한 데서 비롯되는 것이다. 그러나 [도해파] 3자는 판독이 불가능한 글자라는 것을 연구자들 모두가 다 공감하는 사실이므로 판독 불능의 '□□□'으로 표기를 해야 할 글자이다. 그런데도 불구하고 횡정충직이 『회여록』에 [도해파渡海破]로 변조하여 기록을 해 놓은 것을 그대로 인용하고 있기 때문에 논쟁의 불씨가 되는 것이다.

이로써 "비문변조의 주범은 횡정충직直이다."라는 사실이 기록으로 명백하게 입증이 되는 대목이다. 그동안에는 변조설만 무성하고 기록으로서의 증거가 충분하지 못해 현재까지도 진위 여부가 논란이 되고 있는 것을 필자가 최초로 명명백백하게 밝혀 놓은 것이다.

7) 以六年丙申에서 '以' 자에 대하여

이육년병신以六年丙申에서 '이以' 자는 신묘년조와 병신년조의 문장이 하나로 연결이 되도록 쓰인 글자로서 반드시 '때문에'로 번역을 하도록 쓰인 접속사이다. 그런데도 모두가 다 '이以' 자가 왜 그 위치에 쓰여 있는지를 이해하지 못하고 번역에 적용하지도 아니하고 아예 끊어 버렸기 때문에 신묘년조의 32자와 병신년조의 297자가 하나의 문장으로 연결되지 못하고 끊어졌다. 이는 마치 각각 다른 두 개의 문장인 것처럼 인식을 하게 되어 이를 하나의 문장으로 인식하는 경우가 단 한 건도 없었던 것이 신묘년조의 문제를 풀지 못하는 근본적인 원인이 된 것이다.

'이以' 자를 "때문에"라고 번역을 하는 것이 타당하다는 논리적 근거는 '이以' 자의 사전적 어의이다. 사전에는 '이以' 자를 "대사, 부사, 전치사, 접속사, 조사 등등으로 이것, 이미, 오직, 써, 때문에, 에서, 에는 등등 상하의 문맥에 따라 적용을 달리한다."라고 정의하고 있다.

그러나 현재까지는 32자만 신묘년조의 범위인 것처럼 인식을 하고 이육년병신以六年丙申 이하의 문장은 병신년조의 편년 기사인 것처럼 분리된 문장으로 인식을 한 것이 신묘년조를 올바르게 번역하지 못하는 원인이 된 것이다.

따라서 현재까지의 연구자들은 '백잔신라 구시속민 유래조공'이 신묘년조의 주제 문장이라는 사실조차도 인식하지 못하여 이는 신묘년조의 문장을 풀지 못하는 원인이 되는 것으로 모두가 다 역사적인 사실이 아닌 것을 고구려에서 과장하여 기록한 위서쯤으로 여기고 무시하거나 그 문장이 왜 그 위치에 쓰여 있는지조차도 이해하지 못하고 있다. 이는 다음의 문장에서 잘 나타내고 있다.

『광개토왕릉비문해석의 재정리』(권경애 1980) 33쪽에 기록하기를 "래도해파[<u>이왜이신묘년 래도해파而倭以辛卯年 來渡海破</u>]의 내용이 여기에 서술되어야 할 이유 <u>또한 알 수 없다는 점이다.</u>"라고 하는 것이 연구자들의 공통된 견해라고 하니 통탄할 일이다.

'구시속민 유래조공'에 대하여 396년 병신년조에서 "아신왕이 궤왕자서跪王自誓 영위노객"이라고 해답을 하고 있는데도 이 사실을 130년이나 지난 오늘날까지도 아무도 이해하지 못하고 있다. "고구려가 건국이 되고 선왕시대까지는 백잔과 고구려 사이는 항상 대등한 적대적 관계로 투쟁의 연속이었다."라고 하면서 '속민이 되고 조공을 했다는 것은 역사에도 없는 사실을 과장되게 왜곡하여 기록한 문장'이라는 이유로 무시를 해 온 것이니 이 얼마나 부끄럽고 서글픈 일인가?

그러나 그것은 왜곡되고 과장된 문장이 아니고 지극히 정당한 역사적인 사실을 말하고 있는 문장이라는 것이다. 그런데도 연구자들이 구시속민에 대한 본질을 이해하지 못하고 곡해하기 때문에 빚어진 오해라는 것을 앞에서 이미 설명한 바 있다.

신묘년조의 기사는 편년 기사를 목적으로 쓰인 문장이 아니고 사건을 중심으로 쓰인 문장이다. 그렇기 때문에 사건의 중요도에 따라 명칭이 붙여질 수밖에 없는 문장이다. 이 문장을 기존의 이론에 따른다면 고구려에서는 병신년에 가해자인 왜구를 토벌해야 할 일이지, 피해자인 백잔을 토벌할 일이 아니다. 그런데도 고구려에서는 왜구를 토벌하지 아니하고 백잔을 토벌하여 항복을 받아 내고 있다.

따라서 이에 대한 설명을 하지 않는다면 고구려에서는 왜 백잔을 토벌했느냐에 대하여 두고두고 의문이 제기될 것이다. 그렇기 때문에 "<u>백잔신라 구시속민 유래조공</u>"이라는 12자를 앞에 내세우고 327자라는 장문으로 설명을 한 것이라는 사실을 먼저 이해하고 보아야 한다. 그래야 신묘년조에 대한 본질을 올바르게 이해할 수가 있게 되는 것이다.

그런데도 현재까지는 어느 누구도 327자로 이해하는 경우는 단 한 건도 없고 모두가 다 32자설에만 현혹되어 부화뇌동을 해 오고 있었기 때문에 130년이나 지나도록 신묘년조에 대한 문제를 풀지 못하는 것이다.

물론 을미년乙未年과 병신년丙申年 사이에 신묘년辛卯年의 기사가 개재된 것에는 문제가 있다고 말할 수도 있다. 그러나 병신년에 고구려가 백잔을 쳐서 항복을 받았다는 기사에 대한 전치사로써의 설명이 없다면 어불성설이 되는 것이다. 왜냐하면 앞의 문장에 문맥으로 보아서는 백잔이 아닌 왜구를 토벌해야 마땅하다고 할 것인데도 왜구가 아닌 백잔을 토벌했다는 것은 논리상으로 맞지 않기 때문에 이에 대한 상세한 설명이 요구되는 것이다.

광개토왕의 훈적 중에서 가장 중요한 것은 병신년에 백잔을 토벌하여 항복을 받아 내고 조공을 바치겠다는 맹세를 받아 낸 것이다. 이것이 가장 큰 훈적이 되는 것이므로 이를 한 점의 의혹이 없도록 소상하게 기록을 해야 한다. 그렇기 때문에 백잔을 토벌하는 원인과 과정을 소상하게 밝히기 위해 전치사의 의미로 "구시속민 유래조공"이라는 신묘년조의 주제 문장을 앞에 세우고 그 과정을 327자나 되는 장문으로 설명을 하고 있는 것이다.

이와 같은 사유로 인하여 을미년조와 병신년조 사이에 신묘년조가 기록된 것이 이해가 될 수 있는 것이다. 병신년조의 315자는 오직 12자에 대한 설명을 하기 위해 존재하는 부수적인 문장이다. 그렇기 때문에 '신묘년' 외에 다른 명칭으로는 대체될 수 없는 문장이다.

8) 跪王自誓 永爲奴客에 대하여

원석비문에는 귀歸 자가 아닌 궤跪 자로 각자가 되어 있는 사실을 현재 육안으로도 확인이 가능하다. 그런데도 횡정충직이 쌍구가묵본으로 만들면서 궤跪 자를 귀歸 자로 변조하여 『회여록』에 수록을 하였기 때문에 100년 동안이나 "귀순했다."라고 번역을 해 오고 있다. 이것이 신묘년조를 풀지 못하는 또 다른 원인이 되었으니 신묘년조에 대한 연구가 얼마나 피상적이었는지를 알 수 있게 하는 것이다.

국가 간의 전쟁에서 패전하는 것은 곧 항복이지 귀순이 아니다. 그러나 1882년에 일본에서 쌍구가묵본으로 조작을 하면서 귀歸 자로 변조하여 『회여록』에 발표를 하였기 때문에 그 후 100년 동안이나 귀순한 것처럼 왜곡된 해석을 하면서도 어느 누구도 이의 없이 받아들이고 있었으니 연구다운 연구가 있었다고 말할 수가 있겠는가?

귀순이라고 하는 것은 패잔병이 개인적으로 백기를 들고 투항하는 것을 말하는 것이지 패전국 왕이 항복한 것을 "귀순했다."라고 표현하지는 않는다. 각종 탁본에서 귀歸 자의 잔획을 관찰해 보면 현재에도 귀歸 자가 아닌 궤跪 자로 판독이 가능한데도 100년 동안이나 귀 자에 대한 비판도 없이 동조를 해 왔다는 것은 비문 연구에 원문을 이용하지 아니하고 추상적으로 연구를 했다는 것을 알 수 있다.

일본에서 1889년에 『회여록』을 출판하면서 궤跪 자를 귀歸 자로 변조하였다. 그로부터 100년이나 지난 1984년에 왕건군 씨가 이를 궤跪 자로 교정을 하였다. 귀歸 자를 궤跪 자로 교정을 하였다면 그 문장의 번역도 궤跪 자의 자의에 부합이 되도록 항복이라는 표현을 했어야 하나 그에 대한 번역을 다음과 같이 하여 교정의 효과를 거두지 못하고 있다.

> 호태왕의 면전에 꿇어앉아 스스로 서약했다. "지금부터 이후로 [나는] 영원히 [당신의] 노객이 되겠소."

'歸王自誓 永爲奴客'의 번역

[표 23] ※ '歸' 자는 跪 자를 변조한 글자다. 즉 1889년에 간행된 『회여록』의 쌍구가묵본에서 최초로 변조한 글자이다.

순	년도	저자명	書名	비문과 번역문 (무수정 전재)
1	1889년	橫井忠直	회여록	細布千匹 歸王自誓 從今以後 永爲奴客
2	1958년	李裕岦	廣開土聖陵碑文譯註	세포 천필을 내바치고 왕께 귀순하여 스스로 맹세하기를 <이제부터 다음에는 영원히 노객이 되겠나이다> 하거늘
3	1961년	張道斌	大韓偉人傳	세포 천필을 바치고 왕께 와서 自誓하기를 영원히 노객이 된다 하거늘
4	1966년	朴時亨	廣開土王碑	細布千匹 歸王自誓 從今以後 永爲奴客 가는 베 천필을 내어 왕에게 항복하고, 이제부터 영구히 고구려 국왕의 노객이 되겠다고 맹세하였다.
5	1970년	文定昌	日本上古史	세포 천 필을 헌납하고 왕에게 귀순하여 스스로 맹서하되 <자금 이후 영원히 노객이 되겠습니다.
60	1973년	金根洙	廣開土王碑	세포 천필을 호태왕에게 헌상하고 스스로 "이제부터 이후엔 길이 노객이 되어지이다." 하고 서약했다.
7	1978년	申奭鎬	增補文獻備考	세포 천필을 내어서 바치고 왕에게 귀순하여 스스로 맹세하기를 "지금부터 이후로는 노객이 되겠습니다."
8	1986년	金鐵埈	韓國文化史(三國遺事)	좋은 베 천필을 바치고 왕에게 歸服하여 맹세하기를 '지금부터 영원이 종이 되겠나이다.'
9	2008	柳承國	韓國思想의 연원과 역사적 전망	세포 천필을 바치고 왕에게 귀순하여 스스로 맹세하기를 "지금부터는 영원이 노객이 되겠습니다."
합계		9편		

이는 패전군주로서 항복하는 태도가 아니고 이 문서를 번역하는 자의 오만한 태도라고 말할 수밖에 없다. 여기에는 일본인들의 주장에 아부하고 고구려를 폄하하려는 태도가 여실하게 표출되어 있는 것을 알 수 있다. 그렇기 때문에 귀歸 자를 궤跪 자로 교정한 공로가 단 1%도 나타나지 못하고 있다.

'귀'자를 '궤'자로 교정을 하였다면 그 문장에 부합되도록 항복과 조공이라는 표현이 나타나도록 번역을 했어야 교정의 효과가 나타난다고 할 것이다. 그러나 앞에서와 같이 오만방자하게 번역을 하였으니 과연 누가 이 문장을 패장의 항복문서라고 판단을 하겠는가?

때문에 이 문장을 인용하는 연구자들은 모두가 다 원작자의 뜻에 따라 의역으로 하지 못하고 모두들 "무릎을 꿇었다."라고 번역을 하여 [표 24, 25]에서 보는 바와 같은 현상을 초래하고 있으니 귀歸 자를 궤跪 자로 교정한 노고에 대하여는 높이 평가를 하고 싶으나 그 번역을 올바르게 하지 못하여 본뜻을 살릴 수 없게 된 것은 심히 유감이 아닐 수 없다.

패장이 무릎을 꿇었다면 이는 곧 항복을 의미하는 것이고, 무릎을 꿇었다면 당연히 엎드려야 하는 것이다. 그리고 패장이 항복을 하면서 "나는", "당신의", "되겠소"라는 등등의 속어를 감히 구사할 수 있는 위치인가? 특히 번역을 할 경우에는 4자성어로 작성된 문장이니 항복과 조공이라는 용어가 반드시 표현이 되도록 의역으로 번역을 했어야 본질이 올바르게 전달이 될 수 있다. 그런데도 항복과 조공이라는 표현을 하지 아니하였기 때문에 무슨 뜻인지도 분별하기가 어려운 문장으로 전락시켜 놓은 것이다.

궤왕자서 영위노객은 곧 구시속민 유래조공에 대한 해답으로서 항복이나 조공이라는 직설적인 표현을 피하기 위해 금문체, 즉 4자성어로 표현한 것이다. 따라서 이를 번역할 경우에는 반드시 항복과 조공이라는 의미가 표현이 되도록 의역으로 해야 여러 사람들이 쉽게 이해할 수 있는 번역이 되는 것이다. 그런데도 이를 직역으로 하였기 때문에 아무도 이를 이해하지 못하고 130년 동안이나 논쟁을 벌이면서도 결론을 찾아내지 못하는 원인이 된 것이다. 따라서 '궤왕자서 영위노객'에 대한 번역은 다음과 같이 항복과 조공이라는 표현이 반드시 나타나도록 의역으로 해야 올바른 번역이 되는 것이다.

즉, "<u>태왕 앞에 무릎을 꿇고 엎드려 항복하고 스스로 맹세하기를 앞으로는 영원히 노객이 되어 조공을 바치겠습니다.</u>"라고 번역을 해야 가장 올바른 번역이 되는 것이다. 그러나 [표 24, 23]에서 보는 바와 같이 그렇게 번역을 한 경우는 단 한 건도 없고 모두가 다 항복과 조공이라는 표현도 없이 100인이 100색으로 달리 번역을 했기 때문에 '궤왕자서 영위노객'이 신묘년조의 '구시속민 유래조공'에 대한 해답이 되는 문장이라는 사실을 아무도 이해하지 못하고 있는 것이다.

물론 원문에는 항복과 조공이라는 용어가 직접적으로 표기되어 있지는 않지만 전체적인 문맥의 흐름으로 보아 이 문장에는 반드시 "항복"과 "조공"이라는 용어가 표현이 되도록 해야 한다. 이것을 품격 있게 표현하기 위해 사자성어로 함축하여 "궤왕자서 영위노객"이라고 한 문장이다.

궤왕사서 영위노객의 번역

[표 24] 1884년에 跪 자로 교정한 이후의 논조

순	연도	저자명	書名	번역문 (무수정 전재)
1	1984	王健群	好太王碑硏究	세포 천 필을 헌납해 보내며 호태왕의 면전에 꿇어앉아 스스로 서약했다. '지금부터 이후로 [나는] 영원히 [당신의] 노객이 되겠소'
2	1988	孫永宗	廣開土王陵碑文硏究	세포 천 필을 바치고 왕 앞에 무릎을 꿇고 스스로 맹세하기를 '이제부터는 영원토록 노객(신하)이 되겠나이다.'
3	1991	李奉昊	廣開土王碑	비단 천 필을 바치면서 대왕 앞에 무릎을 꿇고 지금부터 이후로는 영원히 그대의 노객이 되겠다 하고 맹세하였다.
4	1992	盧泰敦	韓國古代金石文	세포 천필을 바치면서 왕에게 항복하고, 이제부터 영구히 고구려 왕의 노객이 되겠다고 맹세하였다.
5	1992	安春培	廣開土王陵碑文 硏究	세포 천 필을 바치고, 大王에게 무릎을 꿇고 지금부터 이후로 영원히 노객이 되겠다고 스스로 서약하였다.
6	1995	林基中	原石 初期拓本集成	세포 천 필을 내어 바치고 왕 앞에 꿇어앉아 스스로 맹세하기를 '지금 이후로는 영원히 노객이 되겠습니다.'라고 하였다.
7	1996	李亨求	廣開土王陵碑文譯文	세포 천 필을 바치고 大王에게 무릎을 꿇고 스스로 맹세하기를, "지금으로부터 영원히 '왕의 노객이 되겠습니다."라고 하였다.
8	1998	延敏洙	古代韓日關係史	세포 천 필을 바치고 왕이 무릎을 꿇고 스스로 이제부터 이후 영원히 (고구려 왕의) 노객이 되겠다고 맹세하였다.
9	2002	任世權	韓國金石文集成 1889년 채탁 盛昱본	세포 천 필을 바치고 왕 앞에 꿇어앉아 맹세하기를 이제부터 영구히 고구려의 노객이 되겠다고 하였다.
10	2007	權五曄	廣開土王碑文의세계	세포 천 필을 바치고 왕에게 꿇어앉아 스스로 '이제부터 이후에는 영원히 노객이 되겠습니다.' 맹세했다.
11	2011	權仁瀚	廣開土王碑文의국어학적 연구	세포 천 필을 바치고 왕앞에 꿇어앉아 스스로 맹서하기를 이제부터 영구히 왕의 노객이 되겠노라고 하였다.
12	1999	金賢淑	廣開土王碑文의 수묘와 수묘인	세포 천 필을 바치면서 왕에게 항복하고 이제부터 영구히 고구려 왕에게 노객이 되겠다고 무릎을 꿇고 맹세하였다.
				※ 跪王自誓: 왕이 무릎을 꿇었다는 것은 곧 항복을 의미하고, 항복은 곧 屬民을 의미한다. 고로 '舊是屬民'에 대한 답이다. ※ 永爲奴客: 국가 간에 노객이 할 수 있는 일은 조공뿐이다. 따라서 由來朝貢에 대한 답이다.

이 문장을 번역할 때에는 사자성어에 함축되어 숨겨져 있는 항복과 조공이라는 의미를 끄집어내어 표현을 하는 것이 올바른 번역이 되는 것이다.

이와 같이 의역으로 번역을 해야 '구시속민 유래조공'과 하나로 연계되는 문장이라는 것을 쉽게 이해할 수가 있을 것인데도 100인이 100색으로 모호하게 번역을 달리해 놓았기 때문에 아무도 이해할 수 없게 된 것이다.

이와 같이 신묘년조의 범위를 327자까지로 해야 신묘년조의 문제를 다 풀 수

있는 문장이다. 그런데도 불구하고 횡정충직이 일본에게만 유리한 문장이 되도록 서론에 불과한 32자에서 끊어 놓음으로써 결론에 해당하는 병신년조의 문장이 끊어져 나가 결론이 없는 반쪽 문장인 32자 내에서만 결론을 찾아내고자 하였으니 결론을 찾지 못하는 것은 당연한 이치이다.

하나의 비문에는 반드시 하나의 번역문만이 존재하도록 최초의 번역문을 인용하는 것이 예의요, 도리이다. 그런데도 표에서 보는 바와 같이 각각 달리 번역을 하고 있어 수십 종류의 비문과 번역문이 난발되고 있는 것을 볼 수 있다.

이상에서 살펴본 바와 같이 8개 항목들은 문장 자체에는 아무런 문제가 없다. 다만 신묘년조와 병신년조를 두 개의 문장으로 분리를 해 놓았기 때문에 결론이 끊어져 나가 그 본질을 이해할 수 없게 되어 문제가 있는 것처럼 부각이 된 것이라는 사실을 알게 되는 것이다.

이는 과장도 허위도 아닌 역사적인 사실을 사실대로 말한 것이다. 그런데도 130년이나 지나도록 아무도 이를 이해하지도 못하고 논쟁을 벌이고 있었다는 것은 부끄러운 일이 아닐 수 없다. 이를 올바르게 이해하기 위해서는 [표 21]의 기본 문장에서 기승전결의 문장을 이해해야 하는 것이다.

노객이라고 하는 것은 주인집에 동거하는 몸종이 아니고 객가에 별거하는 종을 말하는 것으로 자기를 낮추어 표현하는 용어이기도 하다. 따라서 영원히 노객이 되겠다고 하는 것은 곧 영원히 귀국의 속민이 되겠다는 것이다. 속민이 할 수 있는 일은 오직 조공뿐이다. 그러므로 그 번역에서는 반드시 조공이라는 표현이 나타나도록 해야 하는 것이다.

그런데도 그 번역에서 '조공'이라는 표현을 하지 않고 오직 "영원이 노객이 되겠다."라고만 번역을 하기 때문에 '영위노객'이 '유래조공'의 해답으로 쓰인 문장이라는 것을 아무도 이해하지 못해 역사적인 사실이 아닌 것을 과장하여 기록한 위서쯤으로 여기는 우를 범하게 되는 것이다.

6. 來渡海破에 대한 추가 해설

1) 래도해파來渡海破에 대한 추가 해설

신묘년조의 이왜이신묘년 래[□□□] 백잔[□□] 신라이위신민의 20자는 비문 중에서 가장 최악의 문장으로 지적되는 문장이다. 1889년에 참모본부에서 발행한 『회여록』의 쌍구가묵본에는 도해라는 두 글자가 선명하게 그려져 있으나 바로 그 앞에 원석에서 채탁採拓한 반조음본(1885)과 성욱본(1889)에서는 모두 판독 불능의 공란□□으로 채탁이 되어 있고 일본의 수곡제이랑水谷第二郞본과 구주대학본에도 역시 판독 불능의 공란□□으로 채탁이 되어 있다.

그러던 것이 그다음의 1894년 창십명준倉辻明俊 소장본과 1900년 내등호남內藤湖南본에서는 또다시 도해 자로 선명하게 기록이 되고 그 이후로 1980년대까지 100여 년 동안에는 모두가 다 도해 자로 채탁이 되고 있음을 볼 수 있다.

이로 미루어 본다면 1889년에 발행된 회여록본의 도해 자는 지상에서만 변조한 글자가 분명하고 비면의 글자는 아직 변조하지 아니한 글자라는 것을 쉽게 알 수 있다. 그러던 것이 창십명준 소장본과 내등호남본 등에서 2차에 걸쳐 비면에 석회를 바르고 변조된 것으로 나타나는 것이다.

래도해파 4자의 변조 여부를 검증하는 방법은 먼저 신묘년조의 20자에 대한 문장의 구성을 살펴보면 된다. [표 21]에서 보는 바와 같이 "이왜이신묘년, 래來[□□□], 백잔[□□], 신라이위신민, 이육년병신, 왕궁솔대군, 토벌잔국"라고 구두점을 찍도록 속文으로 작성된 문장이 분명하다. 그러나 앞의 20자에 대한 구두점에 대하여 지나간 100년 동안의 실태를 살펴보면 앞에서와 같이 6, 4, 4, 6, 5, 5로 찍은 경우는 단 한 건도 없다.

따라서 이는 금문으로 보지 아니하고 산문으로만 보았기 때문이라는 것을 알 수 있다. 그러나 단 하나의 문장도 원본에 근접하는 문장이 없으니 이는 산문이 아닌 것을 산문체에 따라 구두점을 찍었기 때문이라는 것을 알 수 있다. 그러므로 처음부터 다시 금문법에 따라 구두점을 6, 4, 4, 6, 5, 5로 찍고 번역을 해야 원문에 근접하는 문장이라는 것을 이해할 수 있게 될 것이다.

한문 문장에 구두점을 찍는 것은 한글에서 띄어쓰기와 같은 것이다. 한글에서 띄어쓰기를 잘못하면 이질적인 문장으로 변질이 된다. 그렇기 때문에 구두점과 띄어쓰기는 대단히 중요한 것이다. 따라서 구두점과 띄어쓰기를 옳게 했느냐에 대한 검증은 각 단구가 올바르게 성어가 되느냐로 판단하는 것이다. 이 때문에 4자성어라는 이름이 붙게 된 것이다. 만약에 4자구가 성어가 되지 않는다면 이는 4자성어가 아닌 것과 같은 이치이다.

來渡海破와 百殘□□에 대한 韓國의 주장 (年度順)

[표 25] 제1면 제9행 **고딕체**는 각자가 주장하는 문자의 표시. □은 판독 불능 문자.

순	성명	연도														출　　　처
1	潘祖蔭	1885	而	倭	以	辛	卯	年	來	□	□	□	百	殘	□	□	新	羅	혜정본
2	盛昱	1889	而	倭	以	辛	卯	年	來	□	□	□	百	殘	□	□	新	羅	한국금석문집성
3	桂延壽	1898	而	倭	以	辛	卯	年	來	渡	海	破	百	殘	東	破	新	羅	광개토왕비의 징실
4	鄭寅普	1931	而	倭	以	辛	卯	年	來	渡	海	破	百	殘	聯	侵	新	羅	비문석략
5	朴時亨	1966	而	倭	以	辛	卯	年	來	渡	海	破	百	殘	抄	倭	侵	羅	광개토왕릉비
6	李進熙	1972	而	倭	以	辛	卯	年	來	□	□	□	百	殘	□	□	新	羅	태왕릉비의 탐구
7	千寬宇	1979	而	倭	以	辛	卯	年	來	渡	海	故	百	殘	將	侵	新	羅	광개토왕비문
8	鄭杜熙	1979	而	倭	以	辛	卯	年	來	渡	海	破	百	殘	侵	攻	新	羅	
9	金永萬	1980	而	倭	以	辛	卯	年	來	侵	盪	破	百	殘	倭	寇	新	羅	비문의 신연구
10	徐榮洙	1981	而	倭	以	辛	卯	年	來	渡	王	破	百	殘	倭	服	新	羅	신묘년조 기사의 원변
11	金瑛河	1984	而	倭	以	辛	卯	年	來	渡	王	破	百	殘	任	那	加	羅	
12	李亨求	1986	而	倭	以	辛	卯	年	不	貢	因	破	百	殘	倭	寇	新	羅	왕릉비 신연구
13	孫永宗	1986	而	倭	以	辛	卯	年	來	渡	浿	破	百	殘	東	□	新	羅	역사과학
14	延敏洙	1987	而	倭	以	辛	卯	年	來	渡	海	破	百	殘	欲	侵	新	羅	광개토왕비문에 보이는 왜관계 기사의 검토
15	朴眞奭	1993	而	倭	以	辛	卯	年	來	渡	□	破	百	殘	往	救	新	羅	호태왕비와 고대 조일관계 연구
16	林基中	1993	而	倭	以	辛	卯	年	來	渡	泗	破	百	殘	□	□	新	羅	광개토왕비
17	李載浩	1995	而	倭	以	辛	卯	年	來	渡	海	唆	百	殘	而	攻	新	羅	
18	李島相	2002	而	倭	以	辛	卯	年	來	渡	王	破	百	殘	倭	寇	加	羅	광개토왕비
19	金在鵬	2012	而	倭	以	辛	卯	年	來	渡	海	破	百	殘	倭	破	新	羅	
20	李道學	2013	而	倭	以	辛	卯	年	來	渡	是	破	百	殘	任	那	加	羅	
21	白承玉	2015	而	倭	以	辛	卯	年	來	渡	泅	破	百	殘	□	□	新	羅	신묘년조 신해석
22	洪在德	2018	而	倭	以	辛	卯	年	來	以	寇	盜	百	殘	破	倭	新	羅	본 서
계																			

來渡海破와 百殘□□에 대한 日本의 주장 (年度順)

[표 26] **고딕체**는 각자가 주장하는 문자의 표시. □은 판독불능 문자

순	성명	년도															출처
1	회여록	1889	而	倭	以	**來**	卯	年	來	**渡**	**海**	**破**	百	殘	□	□	斤	羅	
2	水谷第二郎	1893	而	倭	以	辛	卯	年	來	渡	□	破	百	殘	□	□	新	羅	
3	倉辻明埈	1894	而	倭	以	辛	卯	年	來	渡	海	破	百	殘	□	□	新	羅	고고학연구
4	內藤湖南	1900	而	倭	以	辛	卯	年	來	渡	海	破	百	殘	□	□	新	羅	
5	管政友	1891	而	倭	以	辛	卯	年	來	渡	海	破	百	殘	□	**擊**	新	羅	고려호태왕비명고
6	那珂通世 阿剖弘藏	1893	而	倭	以	辛	卯	年	來	渡	海	破	百	殘	**任**	**那**	**加**	羅	고구려고비고, 사학회잡지 제4권47~49호
7	池內宏	1903	而	倭	以	辛	卯	年	來	渡	海	破	百	殘	**加**	**羅**	新	羅	
8	久米邦武	1903	而	倭	以	辛	卯	年	來	渡	海	破	百	殘	**安**	**羅**	新	羅	일본고대사
9	八木裝二郞	1930	而	倭	以	辛	卯	年	來	渡	海	破	百	殘	**又**	**敗**	新	羅	동아 7-2
10	大原利武	1934	而	倭	以	辛	卯	年	來	渡	海	破	百	殘	**又**	**伐**	新	羅	임나가야고
11	橋本增吉	1956	而	倭	以	辛	卯	年	來	渡	海	破	百	殘	**又**	**服**	新	羅	동양사상
12	三宅米吉	1929	而	倭	以	辛	卯	年	來	渡	海	破	百	殘	**更**	**討**	新	羅	광개토왕비
13	井上秀雄	1983	而	倭	以	辛	卯	年	來	□	□	破	百	殘	□	□	□	羅	고대조일관계
14	藤田友治	1986	而	倭	以	辛	卯	年	來	渡	**每**	破	百	殘	□	□	新	羅	호태왕비논쟁
15	武田幸男	1988	而	倭	以	辛	卯	年	來	渡			百	殘					광개토왕비
16	福宿孝夫	1991	而	倭	以	辛	卯	年	來	**寇**	**每**	破	百	殘	□	□	新	羅	호태왕비
17	林屋辰三郎		而	倭	以	辛	卯	年	來	渡	海	破	百	殘	**故**	**服**	新	羅	
18	王健群	1984	而	倭	以	辛	卯	年	來	渡	海	破	百	殘	□	□	新	羅	광개토왕비연구
19	耿鐵華	1992	而	倭	以	辛	卯	年	來	渡	海	破	百	殘	□	□	新	羅	호태왕비탁본

※ 제1면 제9행의 12, 13, 14번째 글자와 17, 18, 19번째 글자에 대한 각자의 주장을 연도순으로 기록하여 표시한 것이다.

문에서 구두점을 찍기 위해서는 먼저 고문으로 쓰인 문장이냐 금문으로 쓰인 문장이냐를 판단해야 한다. 그러고 난 연후에 그 문체에 따라 구두점을 찍어야 올바르게 번역을 할 수 있는 것이다. 따라서 신묘년조의 문장은 [표 21]에서 보는 바와 같이 기, 승, 전, 결로 작성된 문장이다. 그중에서 기, 승, 결의 밑줄 친 부분 103자는 4자구 위주의 금문으로 쓰인 것을 알 수 있고 '전'의 224자는 금문으로 쓰이지 않았는데 이는 금문으로 쓸 수 없는 성 이름의 나열이기 때문이라는 것을 알 수 있다.

이상에서 살펴본 바와 같이 래도해파 4자는 사자성어가 성립이 될 수 없어 어느 문장에서도 적용이 될 수 없는 변조된 문장이라는 것을 쉽게 알 수 있다. 특히 래도해파는 "바다를 건너와서"라고 번역이 되는 단구가 아니다. "바다를 건

너와서"라고 번역을 하고자 한다면 '도래' '도해래' '도해이래'로 써야 옳은 것이다. 따라서 '래도해'는 변조된 단구라는 것이며 어느 문장에서도 적용이 될 수 없는 부정하게 조합된 단구라는 것이다. 그러므로 이는 애당초 찬술자의 원문이 아니고 뒤에 누군가에 의하여 변조되어 삽입된 이질적인 단구라는 것을 쉽게 알 수 있는 것이다.

도해파 3자 중에서 해海 자는 매每 자에 氵변을 추가로 덧붙여 변조한 글자로 每 자가 원문의 글자라고 주장하는 경우도 있으나 도매파로 인정을 한다 하더라도 어불성설이 되는 것은 매한가지이다. 그렇기 때문에 매每 자도 정자가 아니라는 것이다.

2006년에 고구려연구회의 주최로 동국대학교에서 광개토태왕과 동아시아를 주제로 한 제11회 국제학술회의가 열렸다. 이때 중국의 서건신이 1881년 이전에 제작된(1880년에 제작한 장월章越(關月山)본으로 추정) 묵본을 공개하였다. 그 묵본에서 도해라는 2개 글자는 판독 불능의 공란으로 있었는데 1889년에『회여록』에 발표된 쌍구가묵본에는 도해 자가 선명하게 그려져 있어 이는 변조된 글자가 분명하다는 사실이 명백하게 확인되었다. 이뿐만 아니라 반조음본과 성욱본에도 □□□으로 나타나 있다. 이와 같은 사실들로 미루어 볼 때 우리가 모든 문장에서 '래도해'라는 문장을 기록하게 될 경우에는 반드시 "□□□"라고 표기를 하여 파손되어 판독이 불가능한 글자라는 의미를 강력하게 표현하고 그 번역도 역시 결자로 인하여 번역문이 없는 것으로 표기를 해야 할 것이다.

그러나 현재까지는 모든 문헌에 '래도해'를 명기하고 그 번역을 "바다를 건너와서"라고 기록을 하고 있으면서 한편에서는 "변조된 글자다." 또는 "판독이 불가능한 글자다."라는 주장을 하고 있어 혼란만 가중되고 있다.

2) 래도해파에 대한 李進熙의 비판

'도해파'에 대하여 이진희 씨도 그의 저서『광개토왕릉비문의 미迷』에서 다음과 같이 주장하고 있다.

신묘년래도해파 중 래도해의 3자는 비문에는 없었던 글자이고, '파'자도 거의 취할 수 없다. 아울러 이들의 '비문'은 주구경신이 바꿔 치운 것이 확인된 것이다.

이진희 씨는 제일 문제가 되는 것은 '도해파'라고 하였다.(같은 책 125쪽) 현재 유통되고 있는 비문을 유형별로 분류해 보면 이유립, 임춘택은 계영수의 징실본을 인용하였고, 김영택, 조소앙, 장도빈은 영희본을 인용하였고, 김근수는 폐기된 남연서와 영희본을 인용하였고 기타는 모두가 다 『회여록』의 주구경신본을 인용하고 있을 뿐이다. 우리나라에서 주관적인 주견으로 직접 채탁을 해 왔다거나 우리의 주관대로 오자를 교정하여 이를 우리들의 정본으로 삼아 통일을 기한 비문도 없이 방치되고 있다.

우리의 주관으로 채탁해 온 비문은 하나도 없이 남들이 변조·개삭하여 만신창이가 된 비문만을 마치 정본인 것처럼 인용하고 있었으니 우리가 과연 광개토왕비문에 대한 연구를 온전하게 해 오고 있었다고 말할 수가 있느냐 하는 것이다. 100년이나 지나도록 우리의 손으로 탁본 하나 해 오지 아니하고 방치하여 만신창이가 되고 왜곡된 비문에서 무엇을 찾아내고자 하는 것인가?

신묘년조의 문장은 위진시대의 금문과 고문이 혼재된 복합문장이다. 따라서 이에 맞게 구분하여 구두점을 찍어야 함에도 불구하고 모두를 다 산문으로만 간주하고 구두점을 마음대로 찍고 있었으니 문제가 아닐 수 없다. 신묘년조의 문장은 위진시대의 속文이 분명하기 때문에 찬술 당시에 이미 구두점이 확정이 되어 있어 이제 와서 구두점 논쟁을 할 수 있는 문장이 아니다. 그런데도 불구하고 왜인들이 자기들에게만 유리하도록 이를 산문散文으로 간주하고, 32자로 단축하여 마음대로 해석하는 이론에 이끌려 부화뇌동을 해 오고 있었으니 그 원인은 우리들이 원문의 본질을 올바르게 이해하지 못하고 있었기 때문이라고 자책하고 부끄러워해야 할 일이다.

3) 來渡海에 대한 金錫亨 씨의 비판

김석형 씨도 "'왜가 바다를 건너왔다.'라고 한다면 '도해래'로 써야 옳은데 래도해로 되어 있으니, 이는 왜가 조선으로 왔다가 다시 바다를 건너갔다고 번역이 되는 것이니 그것은 곧 자기 나라로 되돌아갔다는 것이다."(朴時亨,「廣開土王陵碑」, 207~208, 1966) 따라서 '래도해'라는 단구는 성립이 될 수 없는 단구다.

4) 비문논쟁의 핵심문제에 대한 해석

다음의 표 28에서 제시하는 25자가 비문논쟁에 대한 종결여부를 결정지을 수 있는 핵심문장이다. 즉 "<u>而倭以辛卯年 來</u>□□□ 백잔□□ <u>新羅以爲臣民 以六年 丙申</u>" 25자 중에서 박락된 5개 글자를 어떤 글자로 복원을 하고 어떻게 번역을 하느냐에 따라 논쟁을 종결지을 수 있느냐의 여부가 결정되는 중요한 문장이라는 것이다. 그러나 현재까지는 25자가 그렇게 중요한 역할을 하는 문장이라는 사실을 아무도 인식하지 못하고 있다.

때문에 이를 밝히기 위해 되도록이면 많은 연구자들이 각각 주장하는 바를 확인하기 위해 한·중·일 3국의 연구자 68인이 주장하는 바를 집계한 결과 [표 28]의 1~9와 같은 결과를 얻게 되었다. 많은 연구자들이 주장하는 바를 집계하는 이유는 신묘년조의 문장은 금문으로 작성된 문장이 분명한데도 불구하고 연구자들은 금문으로 인식을 하지 아니하고 모두들 다 고문으로만 인식을 하고 있기 때문에 구두점을 각각 달리 찍어 무려 39종류에 달하고 금문으로 인식을 하고 구두점을 6, 4, 4, 6, 5로 찍은 경우는 단 한 편도 발견되지 않는다. 이로 미루어 보아 비문은 산문으로 작성된 문장이 아니고 금문으로 작성된 문장이라는 것이 명백하게 고증이 되는 것이다.

신묘년조의 문장은 위진시대의 금문으로 작성된 문장이 분명하기 때문에 찬술 당시에 이미 구두점이 확정이 되어 있어 이제 와서 구두점을 논할 수 있는 문장이 아니다. 그런데도 불구하고 왜인들이 자기들에게만 유리하도록 이를 산문으로 간주하고, 32자로 단축하여 마음대로 해석한 이론에 이끌려 부화뇌동을 해오고 있었으니 그 원인은 우리들이 원문의 본질을 올바르게 이해하지 못하고 있었기 때문이라고 자책해야 할 일이다.

표에서 보는바와 같이 신묘년조의 문장이 고문으로 작성된 문장이라면 68인이 39종류로 구두점을 달리 찍고 박락된 5개 글자의 보결문자를 75자나 되는 많은 글자를 개발하여 복원을 시도하였으니 그 중에서 한 두 편은 원문에 근접해야 하는 것이 아니냐 하는 것이다. 그런데도 68편 중 단 하나도 근접하는 문장이 없다는 것은 고문이 아닌 금문으로 작성된 문장이기 때문이라는 강력한 입증이 되는 것이다. 라고 단언하지 아니할 수 없는 것이다.

첫 구절의 구두점을 2자에 찍는 경우

[표 27-1] 原文: 而倭以辛卯年, 來□□□(渡海破), 百殘□□, 新羅以爲臣民, 以六年丙申의 25자에 대한 해석

순	書名	年度	번역문 (각자가 주장하는 구두점과 번역문을 수정 없이 전재함)
1	伽倻史硏究	1979	而倭, 以辛卯年來 渡海, **故**百殘, **將侵**新羅以爲臣民, 以六年丙申 백제가 끌어들인 倭가 신묘년 이래로 바다를 건너가 백제로 온고로, 이 왜와 연계한 백제가 신라를 공격하여 신라를 신민으로 삼으려고 하였다. 6년 丙申에
2	廣開土王碑	1984	而倭, 以辛卯年來, 渡海破, 百殘□□新羅以爲臣民, 以六年丙申 그런데 왜가 신묘년 이래로 바다를 건너오므로 격파하고 백잔00신라를 신민으로 **삼았다.** 6년 丙申에
3	廣開土王碑文硏究	1992	而倭, 以辛卯年來, 渡海破, 百殘□□新羅, 以爲臣民, 以六年丙申 왜는 신묘년 이래로 도해하였으며, 백제와 □□신라는 고구려의 신민이 **되었다.** 6년 丙申에
4	廣開土大王碑	2010	而**後**, 以辛卯年**不貢因**破百殘, **倭寇**新羅以爲臣民, 以六年丙申 이후 신묘년에 이르러 조공을 바치지 아니하므로 백잔 왜구 신라를 깨트리고 신민으로 **삼았다.** 6년 丙申에
	합계 4편		구두점 4종류, 보결 글자 9자

첫 구절의 구두점을 6자에 찍는 경우

[표 27-2]

순	書名	年度	번역문 (각자가 주장하는 구두점과 번역문을 수정 없이 전재함)
1	廣開土王碑文	1981	而**後**以辛卯年, **不貢因**, 破百殘**倭寇**新羅, 以爲臣民, 以六年丙申, 그 후 신묘년부터 不貢하므로 (광개토왕은)백잔 왜구 신라를 파하고 신민으로 **삼았다.** 6년 丙申에
2	廣開土王碑	1984	而倭以辛卯年, 來渡海, 破百殘□□新羅以爲臣民, 以六年丙申, 그런데 왜가 신묘년 이래로 바다를 건너오므로 격파하고 백잔□□신라를 신민으로 삼았다. 6년
3	淸溟本	1989	而倭以辛卯年, 來□□破百殘, □□新羅, 以爲臣民, 以六年丙申 왜가 신묘년에 와서 □□ 백잔을 파하고 □□신라 하여 신민으로 **삼았다.** 6년 병신에
4	廣開土王碑	1991	而倭以辛卯年, □□□破, 百殘□□□羅, 以爲臣民, 以六年丙申, 신묘년에 들어 백제□□□하여, 신라□□신민이 되라하므로 6년 丙申에
5	한국고대금석문	1992	而倭以辛卯年, 來渡□破, 百殘□□新羅以爲臣民, 以六年丙申, 그런데 왜가 신묘년에 건너와 백잔을 파하고 □□신라… 하여 신민으로 **삼았다.** 6년 병신에
6	辛卯年條에대한해석	1992	而倭以辛卯年, 來渡海破百殘□□新羅, 以爲臣民, 以六年丙申, 그런데 왜가 신묘년 이래 바다를 건너 백잔 □□ 신라를 치고 신민으로 **삼았다.** 6년 병신에
7	廣開土大王陵碑硏究	1996	而倭以辛卯年, 來□□破百殘, □□新羅, 以爲臣民, 以六年丙申, 왜가 신묘년에 와서 □□ 백잔을 파하고 □□신라 하여 신민으로 **삼았다.** 6년 병신에
8	廣開土王碑재조명	2013	而倭以辛卯年, 來渡海, 破百殘□□新羅, 以爲臣民, 以六年丙申, 왜가 신묘년에 와서 바다를 건너가 백잔 □□ 신라를 파하고 신민으로 삼았다. 6년 병신에
	합계 8편		구두점 8종류, 보결 글자 0자

[표 27-3] **첫 구절의 구두점을 7자에 찍는 경우**

순	書名	年度	번역문 (각자가 주장하는 구두점과 번역문을 수정 없이 전재함)
1	조선어문연구	1930	而倭以辛卯年來, 渡海破, 百殘**聯侵**新羅, 以爲臣民, 以六年丙申 그런데 왜가 신묘년에 쳐들어오므로 바다를 건너가서 (왜를) 쳐부쉈다. 백잔이 (왜를) 끌어다가 함께 신라를 침노하니 '왕이 말씀하시기를 모두 우리의 신민이었다.' 하시면서 6년 丙申에
2	廣開土王碑文譯註	1958	而倭以辛卯年來, 渡海破, 百殘**聯侵**新羅 以爲臣民, 以六年丙申 왜가 신묘년에 침범해오니 바다를 건너 깨뜨렸다. 백잔이 (왜를) 끌어다가 함께 신라를 침노하니 '왕이 말씀하시기를 모두 우리의 신민이었다.' 하시면서 6년 병신에
3	大韓偉人傳	1961	而倭以辛卯年來, 渡海破百殘, □□新羅以爲臣民, 以六年丙申 왜가 辛卯年來에 海를 건너 백제를 파하고 신라로 신민을 **삼거늘** 6년丙申에
4	廣開土王碑資料集	1973	而倭以辛卯年來, 渡海, 破百殘**聯侵**新羅, 以爲臣民, 以六年丙申 왜가 신묘년 이래 渡海하여 와서 백제를 쳐부수고 이와 연합하여 신라를 침범하여 신민을 삼았다. 6년 丙申에
5	增補文獻備考	1978	而倭以辛卯年來, □□破, 百殘□□新羅以爲臣民, 以六年丙申 왜가 신묘년에 왔으므로 □□쳐부수었다. 백잔이 □□ 신라를 쳐부수어 신민으로 **삼았으므로**, 6년 丙申에
6	廣開土王陵碑文	1979	而倭以辛卯年來, 渡海, 破百殘**侵攻**新羅, 以爲臣民, 以六年丙申 그런데 倭는 신묘년 이래 고구려가 도해파하였다. 백잔이 신라를 침공하여 그 신민으로 **삼았다**. 6년 丙申에
7	廣開土王陵碑의…	1992	而倭以辛卯年來, 渡海, 破百殘□□新羅, 以爲臣民, 以六年丙申 그런데 倭가 신묘년 이래 바다를 건너가 백잔, □□, 신라를 치고 신민으로 **삼았다**. 6년 丙申에
8	廣開土王碑初期拓本	1995	而倭以辛卯年來, 渡**泗**破, 百殘□□新羅, 以爲臣民, 以六年丙申 그런데 왜가 신묘년에 와 泗水를 건너서 쳐부수었다. (그리고) 백잔 □□ 신라를 신민으로 **삼았다**. 6년 丙申에
9	廣開土王陵碑文의析疑	1995	而倭以辛卯年來, 渡海**唆**百殘, **而攻**新羅, 以**厲**居民, 以六年丙申 신묘년 이래로 倭人이 바다를 건너와서 백잔을 敎唆하여 [고구려에 대항케 하고] 신라를 攻伐하여 居住民을 侵虐했다. 6년 丙申에
10	軍事史學으로본碑文	1999	而倭以辛卯年來, 渡海破百殘**任那加羅**, 以爲臣民, 以六年丙申 그런데 왜가 신묘년부터 왔다. 고구려가 바다를 건너 백잔과 任那 加羅를 파하고 신민으로 삼았는데, 즉 … 6년 丙申에
11	사라진비문을찾아서	2005	而倭以辛卯年來, **入貢于**百殘□□新羅, 以爲臣民, 以六年丙申 그런데 왜가 신묘년 이래로 백제와 □□와 신라에 대해 조공을 드리기 시작하였으므로 (고구려는) 왜도 고구려의 신민으로 **삼았다**. 6년 丙申에
12	朝鮮上古史(申采浩)	2006	而倭以辛卯年來, 渡海破百殘□□新羅, 以爲臣民, 以六年丙申 그런데 왜가 신묘년에 건너왔으므로, 바다를 건너가 백제를 치고 신라를 신민으로 **삼았다**. 6년 丙申에
13	韓國思想의 淵源	2008	而倭以辛卯年來, 渡海破百殘□□新羅, 以爲臣民, 以六年丙申, 왜가 신묘년 이래로 매양 바다를 건너가 백잔과 □□신라를 파하여 신민을 삼으려고 하므로 그래서 6년 丙申에
14	廣開土大王碑帖	2014	而倭以辛卯年來, 渡□, 破百殘, □□新羅以爲臣民, 以六年丙申 왜가 신묘년 이래로 □을 건너왔기 때문에 백잔을 파하고 □□신라를 신민으로 **삼았다**. 6년 丙申에
15	廣開土王陵碑文 辛卯年條에 대한 신연구	2015	而倭以辛卯年來, 渡**洇**破百殘, □□新羅, 以爲臣民, 以六年丙申 그런데 왜가 신묘년에 (우리 속민의 땅에 침입해오므로) (광개토왕이) 아리수를 건너 백잔을 치고 신라를 □□하여 신민을 **삼았다**. 6년
	합계 16편		구두점 7종류, 보결 글자 15자,

[표 27-4] 첫 구절의 구두점을 7자에 찍는 경우 (북한)

순	書名	年度	번역문 (각자가 주장하는 구두점과 번역문을 수정 없이 전재함)
1	初期朝日關係史研究	1966	而倭以辛卯年來, 渡海破百殘, □□□羅, 以爲臣民, 以六年丙申 왜가 신묘년부터 와서 바다를 건너서 백제를 파하고 신라를 하여 신민으로 **삼았다**. 6년 병신
2	廣開土王陵碑	1966	而倭以辛卯年來, 渡海破, 百殘**招倭**侵羅, 以爲臣民, 以六年丙申 왜가 신묘년에 침입해 왔기 때문에 우리 고구려는 바다를 건너가서 그들을 격파했다. 그런데 백제는 [왜를 끌어들여] 신라를 침략하고 그들을 저희 신민으로 **삼았다**. 6년 丙申에
3	廣開土好太王碑研究	1996	而倭以辛卯年來, 渡海破百殘, **往救**新羅 以爲臣民, 以六年丙申 그런데 신묘년에 왜가 왔다. 고구려는 곧 바다를 건너가서 백제를 격파하고 신라를 구원함으로써 저들의 신민으로 **삼고** 속민으로서의 옛 지위를 회복하였다. 6년 丙申에
4	廣開土王陵碑文研究	2001	而倭以辛卯年來, 渡浿破百殘, **東□**新羅 以爲臣民, 以六年丙申 그런데 왜가(백제의 꾀임으로) 신묘년에 왔기에 (패수를) 건너서 백잔을 격파하고 동쪽으로 신라를 (초유)하여 신민으로 **삼았다**. 6년 丙申年에
	4편		구두점 2종류 보결 글자 6자

[표 27-5] 첫 구절의 구두점을 8자에 찍는 경우

순	書名	年度	번역문 (각자가 주장하는 구두점과 번역문을 수정 없이 전재함)
1	廣開土大王碑文의	1996	而倭以辛卯年來渡 **王破百殘倭 降**新羅 以爲臣民 왜구는 신묘년부터 건너오기 시작하였다. 그러므로 왕은 백제와 왜구를 공파하고 신라는 복속시켜 신민으로 **삼았다**. 6년 병신
2	廣開土好太王辛卯年	2002	而倭以辛卯年來渡, **王破百殘倭降**, 新羅以爲臣民, 以六年丙申 왜는 신묘년부터 건너오기 시작하였다. 그러므로 왕은 백제와 왜를 공파하고 신라는 신민으로 **삼았다**. 6년 丙申에
3	廣開土王碑文의世界	2007	而倭以辛卯年來渡, **王破百殘倭寇**, 新羅以爲臣民, 以六年丙申 왜는 신묘년부터 건너오기 시작하였다. 그러므로 왕은 백잔과 왜를 공파하고, 신라는 복속시켜 신민으로 **삼았다**. 6년 丙申에
4	廣開土大王碑帖	2014	而倭以辛卯年來渡, □破百殘□□ 新羅以爲臣民 以六年丙申 왜구가 신묘년이래로 □를 건너왔기 **때문에** 백잔을 파하고 □□ 신라를 신민으로 **삼았다**. 6년 병신
5	廣開土王碑文南方	2013	而倭以辛卯年來渡, **是**破百殘**任那加**羅, 以爲臣民, 以六年丙申 그런데 왜가 신묘년 이래로 건너오자 (광개토왕은) 백제와 임나 가라를 격파하여 臣民으로 **삼으려고 했다**. 6년 丙申에
6	廣開土大王碑의정복	1984	而倭以辛卯年來渡, **王破百殘任那加**羅 以爲臣民, 以六年丙申 그런데 왜가 신묘년 이래로 건너와서 백잔와 연합하여 임나가라를 거점으로 하여 신라를 신민으로 **삼았다**. 6년 병신에
	합계 6편		구두점 6종류, 보결 글자 13자,

[표 27-6] **첫 구절의 구두점을 9자에 찍는 경우**

순	書名	年度	번역문 (각자가 주장하는 구두점과 번역문을 수정 없이 전재함)
1	광개토왕비의 징실	1898	而倭以辛卯年來渡海, 破百殘**東破**新羅, 以爲臣民, 以六年丙申 왜가 신묘년에 바다를 건너오니 매번 격파하였고 백잔이 왜와 연합하여 신라를 침범하므로 신라도 우리
2	增補 三國遺事	1954	而倭以辛卯年來渡海, 破百殘□□新羅, 以爲臣民, 以六年丙申 그런데 왜가 신묘년에 바다를 건너 백제, □□, 신라를 파하여 신민으로 **하였다.** 이에 왕의 6년 丙申에
3	廣開土大王碑勳績	1970	而倭以辛卯年來渡海, 破百殘□□□羅, 以爲臣民, 以六年丙申 그러한바 왜가 신묘년에 바다를 건너와 백잔□□□羅를 파하고 신민으로 **만들었다.** 6년 丙申에
4	使料로본韓國文化史	1986	而倭以辛卯年來渡海, 破百殘□□新羅, 以爲臣民, 以六年丙申 그런데 왜가 신묘년에 바다를 건너가 백제 □□ 신라를 파하여 신민으로 **하였다.** 6년 丙申에
5	廣開土王陵碑辛卯년조	1989	而倭以辛卯年來渡海, 破百殘□□新羅, 以爲臣民, 以六年丙申 왜가 신묘년에 도래(래침)해 왔으나, (격)파되었다. 백잔이 신라를 쳐서 속민으로 삼았으므로 丙申년에
6	韓國古代金石文	1992	而倭以辛卯年來渡□, 破百殘□□新羅 以爲臣民, 以六年丙申 그런데 왜가 신묘년에 건너와 백잔을 파하고□□신라하여 신민으로 **삼았다.** 6년 丙申에
7	朝鮮文學史 上冊	1995	而倭以辛卯年來渡海, 破百殘, □□新羅, 以爲臣民, 以六年丙申 倭가 신묘년에 바다를 건너와 백잔을 깨치고 따라서 신라에까지 미쳐 신민으로 삼으려 할 제, 6년 丙申에
8	廣開土王陵碑圖錄	1996	而**後**以辛卯年未朝貢, 破百殘**倭寇**新羅, 以爲臣民, 以六年丙申 그 후 신묘년부터 조공을 바치지 않으므로 광개토대왕은 백잔·왜구·신라를 파하여 신민으로 **삼았다.** 6년 丙申에
9	廣開土王碑文 考察	2000	而倭以辛卯年來渡海, 破百殘□□新羅, 以爲臣民, 以六年丙申 신묘년에 왜가 바다를 건너와서 백잔 □□ 신라를 파하여 신민으로 삼았다. 6년 丙申에
10	韓國金石文集成	2002	而倭以辛卯年來渡海, 破百殘, □□新羅, 以爲臣民, 以六年丙申 그런데 왜가 신묘년에 건너와 백잔을 파하고, … 신라 … 하여 신민으로 **삼았다.** 6년 丙申에
	합계 10편		구두점 4종류, 보결 글자 8자,

[표 27-7] **첫 구절의 구두점을 10자에 찍는 경우**

순	書名	年度	번역문 (각자가 주장하는 구두점과 번역문을 수정 없이 전재함)
1	廣開土王陵碑文	1980	而倭以辛卯年來渡侵**洒破**百殘, **倭服**新羅 以爲臣民, 以六年丙申 倭는 신묘년부터 내침하였다. 그래서 왕은 백제와 [ ]를 휩쓸어 격파하고 신라를 [ ]하여 신민을 **爲하였다.** 6년
2	廣開土王碑의재조명	2013	而倭以辛卯年來渡**是**破(助)百殘, **東**□新羅, 以爲臣民, 以六年丙申 그런데 왜가 신묘년 이래 바다를 건너와서 백잔을 파하고 신라를 … 해서 신민으로 **삼았다.** 6년 丙申에
	합계 2편		구두점 1종류, 보결 글자 6자

[표 27-8] 첫 구절의 구두점을 7자에 찍는 경우 (중국)

순	書名	年度	번역문 (각자가 주장하는 구두점과 번역문을 수정 없이 전재함)
1	廣開土王碑研究	1984	而倭以辛卯年來, 渡海, 破百殘□□新羅, 以爲臣民, 以六年丙申 그러나 신묘년 이래로부터 왜구가 바다를 건너가 백잔과 신라를 쳐서 그들을 신민으로 삼았기 때문에 그때부터 백잔과 신라는 우리에게 칭신조공을 하지 않았다. 6년 丙申에 ※ 중국 한학의 대가라고 하는 왕 씨가 "以爲를 삼았다."라고 번역을 하고 있으니… 以六年의 以 자도…?!
2	辛卯年條考證解釋	1993	而倭以辛卯年來, 渡每破百殘□□新羅, 以爲臣民, 以六年丙申 그런데 왜가 신묘년이래로 건너오자, 그때마다 격파하였다. 백제가 배반하여 신라를 파하고 신민으로 삼았다. 6년 丙申에
3	好太王碑發見과釋文研究	1996	而倭以辛卯年 來渡海, 破百殘□□新羅, 以爲臣民, 以六年丙申 왜가 신묘년에 바다를 건너와서 백잔 □□ 신라를 파하고 신민으로 삼았다. 6년 병신에
	합계 3편		구두점 3종류, 보결 글자 1자,

[표 27-9] 첫 구절의 구두점을 9자에 찍는 경우 (일본)

순	書名	年度	번역문 (각자가 주장하는 구두점과 번역문을 수정 없이 전재함)
1	회여록	1884	而倭以未卯年來渡海, 破百殘□□斤羅, 以爲臣民, 以六年丙申 왜가 신묘년에 바다를 건너와서, 백잔□□신라를 파하고 신민으로 삼았다. 6년 병신에
2	회여록本	1889	而倭以未卯年來渡海, 破百殘□□斤羅, 以爲臣民, 以六年丙申 왜가 신묘년에 바다를 건너와서 백제 □□□라를 파하고 신민으로 삼았다. 6년 丙申에 ※ 이 문장을 최초로 변조하여 『회여록』에 발표하였기 때문에 논쟁의 불씨가 되었다.
3	高麗好太王碑銘考	1891	而倭以辛卯年來渡海, 破百殘□擊新羅, 以爲臣民, 以六年丙申 왜가 신묘년에 바다를 건너와서, 백잔을 파하고, 신라를 격하여 신민으로 삼았다. 6년 병신에
4	征韓考	1893	而倭以辛卯年來渡海, 破百殘任那新羅, 以爲臣民, 以六年丙申 왜가 신묘년에 바다를 건너와서, 백잔을 파하고, 임나신라로 신민으로 삼았다. 6년 병신에
5	高麗古碑考	1893	而倭以辛卯年來渡海, 破百殘任那加羅, 以爲臣民, 以六年丙申 왜가 신묘년에 바다를 건너와서 백제와 임나 가라를 파하고 신민으로 하였다. 6년 丙申에
6	日本古代史	1915	而倭以辛卯年來渡海, 破百殘加羅新羅, 以爲臣民, 以六年丙申 왜가 신묘년에 바다를 건너와서, 백잔을 파하고, 가라신라를 신민으로 삼았다. 6년 병신에
7	考古學研究	1929	而倭以辛卯年來渡海, 破百殘更討新羅 以爲臣民, 以六年丙申 왜가 신묘년에 바다를 건너와서 백제를 파하고 다시 신라를 치고 신민으로 하였다. 6년 丙申에
8	補正 大日本史	1943	而倭以辛卯年來渡海 破百殘 □□新羅, 以爲臣民, 以六年丙申 왜가 신묘년에 바다를 건너와서, 백잔을 파하고, 신라와 □□ 신민으로 삼았다. 6년 병신에

9	增補東洋史上	1956	而倭以辛卯年來渡海, 破百殘**又服**新羅, 以爲臣民, 以六年丙申 왜가 신묘년에 바다를 건너와서 백제를 파하고 또 신라를 복속시키고 신민으로 하였다. 6년 丙申에
10	鴨綠江의好太王碑		而倭以辛卯年來渡海, 破百殘**又敗**新羅, 以爲臣民, 以六年丙申 왜가 신묘년에 바다를 건너와서, 백제를 파하고, 또 신라에 패하고 신민으로 삼았다. 6년 병신에
11	任那伽倻考,		而倭以辛卯年來渡海, 破百殘**又伐**新羅, 以爲臣民, 以六年丙申 왜가 신묘년에 바다를 건너와서, 백잔을 파하고, 또 신라를 쳐서 신민으로 삼았다. 6년 병신에
12			而倭以辛卯年來渡海 破百殘 **故服**新羅以爲臣民, 以六年丙申 왜가 신묘년에 바다를 건너와서, 백잔을 파하고, 신라를 굴복시켜 신민으로 삼으려고 하는
13	好太王碑論爭	1986	而倭以辛卯年來渡**每** 破百殘□□新羅, 以爲臣民, 以六年丙申 왜가 신묘년 이래로 매양 바다를 건너가 백제와 □□신라를 파하여 신민을 삼으려고 하므로 6년
14	日本古記銘과호태왕비문	1991	而倭以辛卯年來**寇每** 破百殘□□新羅, 以爲臣民, 以六年丙申
합계 14편			구두점 3종류, 보결 글자 17자

※ 而 자는 '즉', '그것은'으로 번역을 하도록 쓰인 글자이다. '以爲臣民'에 대한 번역은 "신라를 신민으로 **삼으려고 생각하다.**"라고 번역을 해야 하는 것이다. 따라서 왜인들 19인의 번역은 모두 "**삼았다.**"라고 왜곡되게 번역을 하였음으로 모두 폐기하고 다시 번역을 해야 한다.

신묘년조 문장구성 통계표

[표 27-10] ※ 통계 숫자는 같은 문제에 대하여 최초에 주장자 1인만 기록하고 뒤에 추종자는 생략한 숫자다.

국가별	연구인원	구두점 종류	보결문자	비 고
한국	47	31	54	신묘년조의 '而倭以辛卯年 來□□□ 百殘□□ 新羅以爲臣民'의 20자에 대한 번역을 함에 있어 한·중·일 3국의 연구자 68인이 각각 자기의 소신을 주장한 통계표이다. 20자에 대한 구두점을 39종류로 달리 주장하고 변조자와 박락된 5자에 대한 보결 문자를 각각 75자를 제시하고 있으나 정답에 근접하는 복원 글자는 단 한 건도 없어 신묘년조의 쟁점을 풀지 못하고 있다. <u>특히 '以六年丙申'에서 '以' 자에 대한 번역을 하지 아니하고 모두 끊어 버리고 있어 한문에 관한 한 문외한임을 알 수 있다.</u>
북한	4	2	4	
중국	3	3	-	
일본	14	3	17	
합계	68	39	75	

5) 古典에서의 來渡海의 用例

혹자는 후한서 등 여러 고전에서도 '래도해'라는 문구를 사용한 예가 있으므로 문제될 것이 없다고 주장을 하면서 다음의 문장들을 근거 자료로 제시하고 있어 이를 살펴보고자 한다.

(1) 『後漢書』권115, 東夷列傳 倭人條(440년경 편찬)

灼骨以卜 用決吉凶**行來渡海**令一人不櫛沐不食肉不近婦人名曰持衰若在塗吉利則 雇以財物如疾病遭害以爲持衰不謹便共殺之,

(2) 『三國志』권30 魏書 권30, 東夷傳 倭人條(290년경 편찬)

其**行來渡海**詣中國恒使一人不梳頭不去蟣蝨衣服垢汚不食肉不近婦人如喪人名之　爲持衰若行者吉善共顧其生口財物若有疾病遭暴害便欲殺之謂其持衰不謹,

(3) 『通典』邊防一 東夷上 倭條(801년 편찬)

擧大事灼骨以卜 用決吉凶**行來渡海**詣中國常使一人不櫛沐不食肉不近婦人名曰持 衰若在塗吉利則共顧其財物若有疾病遭暴害以爲持衰不謹便共殺之.

앞의 3개설은 각각 다른 3개의 설이 아니고 하나의 설을 각각 다르게 기록한 것이다. 따라서 후한서의 기사를 대표적으로 번역을 할 경우

> 뼈를 불로 태우는 점을 쳐서 일의 길흉에 적용했다. 그 <u>일행들이 한곳으로 와서 모여, 바다를 건너갈 때</u>에는 항상 대표자 한 사람을 정하여 목욕을 하거나 머리를 빗지 아니하고, 고기도 먹지 아니하고, 부인을 가까지 하지 않는 것을 이름하여 持衰(몸가짐을 깨끗이 하여 부정을 타지 않게 하는 것을 말하는 것으로 喪中에 있는 喪主와 같이 해야 한다는 뜻이다.)라고 하였다.
> 만약에 도중에 길한 일을 만나면 여럿이 함께 재물로 보답을 하고, 만약에 질병이 발생하거나 해로운 일을 당하게 되면 이는 지쇠가 정성을 다해 삼가지 아니했기 때문이라 하여 함께 그를 죽였다.(그만두게 하였다.)라고 하였다.

이 문장에서 "행래도해"라고 하는 것은 함께 갈 일행이 와서 한곳에 모여 바다를 건너갈 때에는 항상 대표자를 정한다는 것을 말하는 것이지, 바다를 건너와서 대표자를 정한다는 의미를 말하는 것이 아니다.

그렇기 때문에 '행래도해'는 반드시 "행래, 도해"라고 띄어쓰기를 해야 하는 것으로 붙여쓰기를 해서는 안 되는 문장이다. 따라서 '행래, 도해'의 의미는 '일행이 와서 **바다를 건너가다**'를 의미하는 것이지 '**바다를 건너오다**'를 의미한 것이 아니다. 그러나 중국에서는 띄어쓰기 제도가 없기 때문에 붙여 쓴 것뿐이다. 그러나 우리나라의 문법에 따라서는 반드시 "행래行來", "도해"라고 띄어쓰기를 해야 한다.

앞의 기사들은 '<u>바다를 건너갈 때</u>' 대표자를 정하고 출발한다는 뜻을 표현한 문장이지 '<u>바다를 건너와서</u>' 대표자를 정한다는 의미가 아니다. 따라서 래도해라는 단구는 성립이 될 수 없다. 이와 같이 그 용례에 따라 다른 문장들을 다만 "행래도해"라는 글자가 같다는 이유만으로 같은 뜻이라고 주장을 하여 왜인들의 주장을 방조하는 결과가 되게 하는 것은 무지의 소치라고 해야 할 것이다.

특히 앞에서 열거한 『후한서』, 『삼국지』 등의 기사를 인용하면서 '래도해來渡海'는 일종의 숙어처럼 고서 중에 자주 보이고 있으므로 크게 어긋나는 것으로 볼 수 없다고 주장하는 경우가 있다. 그러나 이는 '행래, 도해'로 띄어쓰기를 해야 하는 문법과 '도해와 도래', 즉 [건너가다]와 [건너오다]를 구분하지 못한 소치라고 해야 할 것이다.

6) 신라에서 조공한 사실

'백잔신라 구시속민 유래조공'에 대한 해설은 앞에서 설명한 바와 같다. 백잔에서의 조공 사실은 396년에 광개토왕이 백잔을 토벌하여 아신왕으로부터 항복을 받고 조공을 받아 왔다는 사실로 설명이 되었으나 신라에서의 조공에 대하여는 설명이 되지 않았다.

그래서 이에 대한 설명은 비문의 제3면 제2행 제10번째 '석신라로부터 제3행 6번째 조공'까지에서 이미 신라가 자진해서 조공을 해 왔다는 사실을 기록하고 있으나, 결손된 글자가 많아 이를 이해하기가 쉽지 않아 아무도 이해하지 못하고 있다.

이 때문에 필자가 이를 이해하기 쉽도록 아래의 비문에서 고딕체로 복원을 시도하여 다음과 같은 비문이 되도록 복원을 하여 공개하는 바이다.

> 옛적에는 신라의 매금이 몸소 와서 조공을 하지 않았다. 그런데 국강상광개토경호태왕조에 이르러 신라의 매금이 드디어 스스로 僕勾하고 이때부터 몸소 와서 조공을 하였다.

> 昔新羅寐錦 未有身來朝貢〔而〕國罡上廣開土境好太王朝至 新羅寐錦 遂自僕勾 自此身來朝貢

라고 복원을 함으로써 신라에서는 자진해서 조공을 한 사실을 알 수 있다.

따라서 '백잔신라 구시속민 유래조공'에 대한 설명이 모두 완료되는 문장이 되는 것이다.

제 7 장

왕건군 씨의 주장에 대하여

1. 래도해파에 대한 해석

1) 비문에 대한 왕 씨의 해석

왕건군 씨는 중국의 길림성 문물고고연구소 교수이시며 광개토왕비문에 남다른 관심과 연구서를 많이 내어 광개토태왕비문의 난해한 문제들에 대하여 명쾌한 해석이 있을 것으로 기대하였다.

더욱이 왕 선생의 역작 『호태왕비 연구』 54쪽에는 다음과 같은 기록이 있어 더욱 기대가 컸다.

> 호태왕비가 발견된 이후 100여 년이 지나도록 중국의 금석학자나 외국의 한학자들이 비문의 많은 부분에 대해 해독을 정확히 해내지 못했다. 몇 개의 글자가 이미 완전 탈락되어 전혀 알아낼 수 없는 경우를 제외하고는 그 주요한 원인이 쌍구본에 나타난 글자나 탁본해서 찍혀 나온 글자가 그 어느 것도 완전히 비문의 원래 글자라고 단정할 수 없는 경우가 있기 때문이다.

이로 미루어 보아 한문의 종주국인 중국의 석학으로써 한문의 번역에 관한 한 타의 추종을 불허할 것으로 믿어 왕 씨의 저서에서의 해석은 모두가 다 올바를 것으로 믿고 오랜만에 올바른 해석을 접할 수 있게 되었다는 데 큰 기대를 가지고 왕 선생의 역작 『호태왕비 연구』를 열독해 보았다.

그러나 기대와는 다르게 오류와 왜곡이 너무 심하고 특히 初天富 부자의 비문 변조설은 일과성으로 한 말이 아니고 38쪽이나 되는 방대한 지면을 할애하여 구체적으로 주장하고 있는 것을 볼 때 더욱 실망감이 컸다. 또한 한자의 문의도 올바르게 해석하지 못하는 것을 접할 때에는 국제적으로도 문제가 될 것으로 우려가 되어 이를 집중적으로 다루어보기로 하였다. 더욱이 논리가 공정하지 못하고 편향적인 주장이 너무 심한 것에는 실망감을 감출 수가 없었다.

이 글을 "무명의 범부가 쓴 글이라면 바른 말을 했더라도 허튼소리이겠지."하고 흘려버리겠지만 국제적으로도 명망이 높은 왕 선생께서 한 말씀은 천금보다도 귀히 여기고 맹목적으로 신봉하고 추종하는 자들이 하나둘 늘어난다면 이는 수습할 수 없는 심각한 문제로 비화될 수도 있어 시비곡직을 분명하게 하여 후학들로 하여금 취사선택의 길을 밝혀주고자 하는 것이다.

그러나 이는 왕 선생의 글을 비판하기 위해서가 아니고 정론을 모색하기 위한 과정이라고 이해하고 보아 주면 고맙겠다.

그뿐만 아니라 오류와 왜곡을 방치할 경우 역사에 중대한 오류를 방관하는 결과가 되기 때문에 이에 대해서도 정론을 유도하고자 다음과 같이 열거하고자 하는 바이니 너그러이 보아주길 바란다.

2) 래도해파來渡海破에 대하여

'래도해파'에 대하여 먼저 언급을 하는 것은 비문논쟁의 핵심이 되는 문제인데도 불구하고 [표 28]에서 보는 바와 같이 이에 대한 올바른 해석을 발견할 수가 없어 이를 밝히고자 하는 것이다. 60여 편의 해석문을 살펴봐도 '래도해파'에 대하여 각각의 주장이 다르고 올바르게 복원된 경우가 단 한 건도 없이 모두가 각각 평행선을 달리고 있어 130년이나 지나도록 결론에 도달하지 못하고 있다.

비문논쟁의 핵심이 되는 문제는 '래도해파'가 분명하다. 따라서 래도해파라는 문장을 올바르게 해석을 한다면 비문에 대한 논쟁의 절반은 해결이 될 수도 있다. 그런데도 100년이 지나도록 논쟁이 계속되는 이유는 '래도해파'에 대하여 올바른 해석으로 결론을 도출하려고 노력하기보다는 각자가 평행선을 달리고 있기 때문이다. 이대로 가면 천년이 지나가도 결론에 도달하지는 못할 것이다. 따라서 왕 씨의 명쾌한 해석을 기대하고 살펴보기 위해 발췌한 결과 다음과 같은 해답을 발견할 수 있어 이에 밝히는 바이다.

Ⓐ 같은 책 158~159쪽에 다음과 같은 주장이 있다.

과거 일제의 관방학자는 "이왜이신묘년래도해而倭以辛卯年來渡海 파백잔파百殘□□ 신라이위신민新羅以爲臣民"라고 하여 왜가 신묘년에 바다를 건너와 백제와 신라를 격파하여 그들(왜倭)의 신민으로 삼았다고 했다. (중략) 만약 일본인日本人의 설명대로라면 왜倭가 바다를 건너왔다는 것은 비문에는 "왜이신묘년도해래倭以辛卯年渡海來"라고 했을 터인데 "래도해來渡海"라고 기록되어 있다. 이는 곧 왜가 바다를 건너온 것이 아니다.

왕 씨의 주장대로 "래도해來渡海" 3자는 성어가 될 수 없는 단구이다. 따라서 이는 완전한 문장이 아니라는 주장에 통쾌함을 느낀다.

Ⓑ 왕 씨는 또 같은 책 236쪽에서는 다음과 같이 주장하고 있다.

역사적으로 볼 때 왜는 당시에 결코 통일된 정권을 형성하지 못하고 있었다. 백제와 신라를 침략한 왜는 다만 북구주 일대의 약탈자라고밖에 볼 수 없으며 그들은 무리를 지어 해적의 방법으로 한반도 남부에 진입하여 살상과 약탈로 그곳 물건을 탈취했을 뿐이다.

이는 지극히 당연한 주장이다. 왜구들은 백잔과 신라와는 영토 전쟁이 아니고 다만 도적질을 하는 해적의 집단이라는 명쾌한 주장에 찬사를 보내는 바이다.

Ⓒ 왕건군王健群은 또 같은 책 238쪽에서는 다음과 같이 주장하였다.

'이왜이신묘년래도해而倭以辛卯年來渡海'에 만약 왜가 바다를 건너 백제와 신라를 깨뜨렸다면 왜 "왔다."라고 표현해 놓고 또 "바다를 건너가"(도해渡海)라고 했겠는가? '래도해來渡海'를 글자 그대로 직역을 하면 **"왜가 왔다가 돌아갔다."** 라고 번역을 하는 것이 가장 올바른 번역이 되는 것이고, **"왜가 바다를 건너왔다."** 라고 번역을 해서는 안 된다는 것이다.

왕 씨가 이와 같이 "'래도해'는 성립이 될 수 없는 변조된 단구다."라는 사실을 명쾌하게 해석하는 것에 대하여 경의를 표하는 바이다. 따라서 비문이나 모든 문장에 "래도해"라는 문장을 기록할 경우에는 반드시 □□□라고 표기를 하여 판독 불능의 글자라는 의미를 강조해야 하는 것이다.

　그런데도 현재까지는 모든 비문이나 논문에 모두 래도해라고 명기를 하고 "바다를 건너와서"라고 번역을 하고 한편에서는 "변조된 글자다." 또는 "박락되어 판독을 할 수 없는 글자다."라는 등등의 주장을 하고 있으니 이는 자기모순이 아닐 수 없다.

　Ⓓ 왕 씨는 또 같은 책 242쪽 ④에서는 다음과 같이 주장하고 있다.

　　일본의 몇몇 학자는 '래도해來渡海'를 붙여 읽어 '래來' 자를 동사로 처리하나 이는 애당초 틀린 방법이다. 두 개의 동사가 함께 쓰였을 뿐 아니라 래來와 도渡 또한 연동식의 구절도 아니어서 헛된 해석일 뿐이다.
　　그래서 어떤 이는 "왜가 이미 한반도에 와서 다시 바다를 건너갔다."라고 했는데 그렇게 번역을 할 수밖에 없는 것이다. 왔다가 다시 바다를 건너 돌아갔다면 어찌 백제와 신라를 깨트렸다고 말할 수가 있겠는가?

　앞에서 살펴본바와 같이 왕 씨가 '래도해파'에 대하여 명쾌하게 해석을 함으로써 '래도해파'에 대하여는 더 이상의 거론에 여지가 없는 것이다. 그렇다면 래도해는 원석의 원본문자가 아니고 제3자에 의하여 변조 삽입된 문자라는 것이 명백하게 고증이 된 것으로 결론을 지으면 되는 것이다.

　그런데도 이에 대하여 아무도 동의를 하지 아니하고 각자가 자기의 주장대로 평행선만 달리고 있어 130년이나 지나도록 아무런 결론도 도출하자 못하고 있는 것이다. 따라서 이와 같은 방법으로는 천년이 지나가도 결론에는 도달하지 못한다는 것이다. 때문에 논문 제도의 개선을 촉구하는 것이다.

2. 신묘년조의 8대 쟁점에 대한 왕씨의 해석

1) 신묘년조의 8대 쟁점이란

　왕 씨는 비문논쟁의 핵심이 되고 있는 신묘년조의 8대 쟁점에 대하여는 어떻게 해석을 하는지에 대하여 살펴보고자 한다. 8대 쟁점이란 이미 확정되어 있는 문제가 아니고 "필자가 신묘년조의 쟁점들을 8개 항목으로 분류하여 새로이 정한 용어이다."라는 사실을 먼저 밝히고 진행을 하고자 한다.

2) 구시속민舊是屬民 유래조공由來朝貢에 대하여

　왕 씨는 '구시속민'에 대하여 같은 책 233쪽부터 237쪽까지 장문으로 해석을 시도하다가 이에 대한 이해(답변)를 할 수 없게 되자 236쪽에서 "<u>구시속민舊是屬民이나 이위신민以爲臣民은 모두 사실이 아니다.</u>"라고 결론을 맺고 있다. 이로 미루어 보아 왕 씨는 '구시속민舊是屬民이나 이위신민以爲臣民'의 문의를 이해하지 못하는 것이 분명하다.
　(구시속민 유래조공에 대한 해답과 8대 쟁점에 대한 해답은 본 서 제6장 3절에 상술되어 있으니 참고하시기 바란다.)

3) 이왜이신묘년而倭以辛卯年에 대하여

　왕 씨는 이왜이신묘년而倭以辛卯年에서 이而 자의 존재 의미에 대하여 같은 책 246쪽부터 248쪽까지에서 장황하게 논리를 펼치면서 "而 자의 존재는 대단이 중요한 글자다."라고 설명을 하고 실질적으로 번역을 하는 304쪽에서는 "<u>그러나</u>"라고 왜곡된 억지 번역으로 而 자의 존재 의미를 훼손시키고 있으니 而 자의 의미를 이해하지 못하는 것이 분명하다.

4) 래도해파來渡海破에 대하여

　왕 씨는 래도해파에 대하여 같은 책 152~159쪽 238쪽, 242쪽 등에서 래도해파는 성문이 될 수 없는 변조된 문장이다. 라는 취지로 주장을 하면서도 원문의 복원을 시도하지 않은 것은 유감이다.

특히 302쪽에서는 래도해파來渡海破를 금문의 4자구로 보지 아니하고 산문으로 간주하여 구두점을 "來, 渡海破百殘,"라고 찍고 그 번역은 "신묘년 이래로부터 왜구가 바다를 건너 백잔과 신라를 쳐서"라고 번역을 하고 있으니 과연 이런 번역이 이 문장에 부합되는 번역이라고 말할 수 있느냐 하는 것이다. 이 문장을 숙文으로 인정하지 아니하고 산문으로 간주하는 것은 유감이다.

5) 이위신민以爲臣民에 대하여

왕씨는 이위신민以爲臣民에서 [이위以爲]의 번역을 "**삼았다.**"라고 번역을 하고 있다. 이는 왕 씨의 가장 큰 실수라고 여겨진다. [이위**以爲**]의 사전적 어의는 '생각하다'이다. 이는 모든 사전에서도 같다. 담원은 1930년에 이미 "삼았다."라고 번역을 해서는 안 된다는 해설을 한 바가 있는데도 이를 무시하고 따르지 않는 것은 유감이다.

6) 이육년병신以六年丙申에 대하여

왕씨는 이육년병신以六年丙申에 대한 번역을 "영락태왕 6년 그해는 병신년이다."라고 하였다. '以'자를 번역에서 배제하였기 때문에 신묘년조와 병신년조의 연결고리가 끊겨졌다. 그렇기 때문에 하나의 문장이 아니고 두 개의 문장인 것처럼 분리가 되게 하여 번역을 할 수 없게 한 것은 유감이다.

7) 跪王自誓 永爲奴客에 대한 해석

『회여록』의 쌍구가묵본에서는 귀왕자서歸王自誓라고 변조되어 있는 글자에 대하여 왕 씨가 '궤跪'자로 교정을 한 것은 높이 평가하고 감사의 뜻을 표한다. 그러나 '궤跪'자로 교정한 것에 비해 그 번역은 너무 부실하게 하여 교정의 효과를 거두지 못하고 있는 것은 유감이다.

궤跪 자로 교정을 하였다면 그 번역에서도 반드시 '항복'과 '조공'이라는 표현이 나타나도록 했어야 교정의 효과를 크게 거둘 수 있는 문장인데도 불구하고 그 번역에서는 다만 "무릎을 꿇고"라고만 자구 번역을 하여 교정의 효과를 전혀 거두지 못하고 있는 것은 유감이다.

같은 책 303쪽 주해 19번에서는 奴客의 주해에서 "奴客은 貴族의 신분이다."라고 하였으니 과연 이 문장에 부합되는 주해라고 말할 수 있느냐 하는 것이다.

이상에서 살펴본 바와 같이 왕 씨는 신묘년조의 8대 쟁점 중에서 단 한 가지 항목도 올바르게 해석을 하지 못하고 있으니 의문이 아닐 수 없다.

3. 난해한 글자에 대하여

1) 주구신라住救新羅에서 住 자에 대하여

주구住救라는 단구는 성립이 될 수 없는 문자이다. 따라서 비문에는 왕구任救라고 쓰여진 글자를 회여록을 만들면서 왕任 자 위에 점하나를 더 찍어 住 자로 변조해 놓은 것이 분명하다. 따라서 주구住救라고 쓰는 것은 오기가 되는 것이고 任救라고 써야 "급히 달려가서 구하다."라는 의미가 되어 사리에도 부합되는 글자이다. 그런데도 왕 씨는 왕구往救라고 쓰고 있으니 왕任 자의 존재 의미를 모르는 것이 분명하다. 왕구往救라고 쓰는 것은 誤記다. 往 자는 '천천히 갈 왕' 자이기 때문이다.

2) 일팔성壹八城과 영팔성寧八城에 대하여

왕 씨는 지난 1989년 6월 5일 연세대학교 국학연구원에서 행한 강연에서 다음과 같은 주장을 하였다.

> 본인은 7개월 동안 탁본을 떴지만, 주운태 씨는 12개월 걸려서 떠 놓은 탁본이 있습니다. 최근에 된 탁본이 주운태 씨 탁본인데, 참 좋았지만 거기에도 어떤 착오가 있습니다. 광개토왕이 백제를 처음 정벌할 때, 8개 성을 정벌한 걸로 되어 있습니다. … 실제로 그 앞 글자는 '일壹' 자가 아니었습니다. 그것은 '영寧' 자였습니다.

백제를 칠 때, 제일 처음 정벌한 성이 '일팔성壹八城'이라고 말씀드렸는데, 잘 떴다고 하는 탁본에도 그렇게 되어 있었습니다. 그래서 그 탁본이 나온 다음에, 본인도 그렇고 주운태 씨도 그렇고 '일팔성壹八城'이 맞다고 쭉 생각해 왔는데 다른 탁본(일본 사람 탁본)에서 '영寧' 자로 나와서 잘못되었다고 생각해서 다시 들여다보았더니 그렇게 자신하고 뜬 우리의 탁본에도 잘못이 있었습니다.
<u>지금은 책이 나왔기 때문에 별수 없고 다음에 낼 때는 분명히 '일팔성壹八城'이 아니고 '영팔성寧八城'이라고 고칠 것입니다.</u>

그러나 그 당시에 연구자들이 일팔성과 영팔성에 대하여 판단하는 바를 집계하기 위해 38건의 논문을 살펴본 결과에 의하면 '일壹' 자로 주장하는 연구자는 30명이고 '영寧' 자로 주장하는 연구자는 4명에 불과하여 논쟁의 대상도 되지 않는다. 그런데도 왕 씨는 다수의 의견을 무시하고 단 4인이 주장하는 소수의 의견을 따라 영寧 자로 수정하겠다고 고백한 것은 유감이 아닐 수 없다.

그렇기 때문에 寧 자로 주장한 비문이 누구의 탁본인가를 추적해 보니 『고고학연구』의 추가본에 기록된 탁본인 것을 밝혀냈다. 그 추가본이라고 하는 자료는 小松宮이 소장하고 있는 접본摺本으로 1884년에 작성된 倉辻明峻본([표 16, 16])으로 알려지고 있는 비문이다. 비록 채탁 시기는 이르다고 하지만 추가본에는 45자나 되는 많은 글자가 변조되어 있어 회여록본 다음으로 가장 불량한 것으로 평가되는 탁본이다.

추가본에 있는 영寧 자를 보고 인용한 비문은 일본에서는 三宅米吉본과 등정우치본이 있고 한국에서는 국립중앙도서관본과 노태돈본만이 있을 뿐이다. 여기에 더하여 왕 씨가 인용하겠다고 나섰으니 총 5개가 되어도 30 대 5에 불과하여 논급의 대상도 되지 못하는 자료이다.

일壹 자와 영寧 자는 파손이 되더라도 그 잔획에 의하여 오독誤讀이 될 수 있는 글자도 아니다. 차라리 판독 불능의 글자로 □로 표시하는 것이 옳은 것이다. 그런데도 왕씨는 '일壹' 자로 명백하게 그려 놓고도 다시 '영寧' 자로 수정을 하겠다고 하였다. <u>특히 같은 시기에 채탁한 자기의 탁본은 숨겨 두고 주운태의 탁본을 근거로 내세우는 것도 심히 의심스러운 작태이다.</u>

7개월 동안 축자추구로 검증을 하여 만든 왕 씨의 탁본에 '일팔성壹八城'으로 명기해 놓고도 일본인이 만든 책에서 '영녕' 자로 기록된 것을 보고 '영녕' 자로 수정하기로 결심을 했다고 하니 과연 정상적인 사고의 판단이라고 말할 수 있느냐 하는 것이다.

7개월 동안에 탁본 한 벌을 했다는 것은 원석에서 탁본을 한 것이 아니고 글자 하나하나를 새로이 그렸다고 보는 것이 옳을 것이다. 왜냐하면 확인되지 않은 글자인 '壹' 자를 그려 넣었다는 것을 자인하고 있는 것이라고 이해할 수밖에 없기 때문이다. 이뿐만 아니라 그 탁본 전체의 글자를 한 글자, 한 글자씩 그렸다는 것을 말하고 있는 것이 분명하다. 그렇지 않고서야 어떻게 탁본 한 부를 하는 데 7개월~12개월이 소요될 수가 있느냐 히는 것이다.

이상에서 살펴본 바와 같이 왕 씨는 비문논쟁의 핵심 문제들은 단 하나도 밝혀내지 못하고 범인들과 다를 바가 없는 논리로 일관하고 있는 것을 볼 수 있다. 그 증거로 일팔성壹八城에서 본래 '영녕' 자인 것을 '일壹' 자로 변조했다는 사실을 왕 씨가 스스로 자백한 사실을 들 수 있다.

영녕 자인지 일壹 자인지 구별이 어려웠다면 판독 불능의 □으로 표시를 하는 것이 학자로서의 도리이다. 그런데도 판독 불능의 글자라는 것을 알면서도 임의로 '일壹' 자로 변조를 했다가 다시 영녕 자로 변조하겠다는 사실을 자백하고 있으니 이것이 학자로서 취할 태도냐 하는 것이다.

한 가지 더 문제가 되는 것은 다음과 같다. 자기가 쓴 글에 문제가 발견되어 수정을 하고자 한다면 만인이 공감할 수 있는 확실한 근거 자료를 제시하고 수정을 해야 하는 것이다. 그렇게 하기 위해서는 석회를 바르고 변조하기 이전의 원석탁본에서 '영녕' 자를 확인했다는 근거 자료를 제시하는 것 외에는 다른 방법이 없다.

그런데도 원석비문에서 확인한 것이 아니고 다만 일본인들이 쓴 책에서 "영팔성녕八城"이라고 쓴 것을 보고 수정하기로 결심을 했다는 것이 문제라는 것이다. 더욱이 중요한 것은 왕 씨의 같은 책 54쪽에는 다음과 같은 기록이 있다.

> 필자(왕건군)가 직접 살펴본 탁본들 중에는 수곡제이랑水谷第二郎이 갖고 있는 것이 비교적 잘된 것이며 비면이 수식되기 전에 뜬 것이다. 탁공의 수준이나 세밀함의 정도도 비교적 높은 편이다.

그렇다면 수곡제이랑水谷第二郞본에 있는 '壹'자를 선택하는 것이 마땅하다고 할 것이다. 그런데도 '壹'자를 선택하지 아니하고 가장 불량한 탁본으로 평가되는 추가본의 '영寧'자를 인용하겠다는 것은 문제가 아닐 수 없다. 『고고학연구』의 추가본이라고 하는 것에 대한 기록은 같은 책 132쪽에 다음과 같이 기록하고 있다.

> 삼택미길三宅米吉은 소송궁창인친왕의 탁본을 보게 되자 즉시 「고려고비고추가」를 써서 소송궁 탁본을 소개하며 끝내 횡정충직 등의 석문에 나타난 오류를 규정하게 된다.
> 소송궁 탁본의 입수 경위는 좌백유청佐伯有淸의 고찰에 의하면 아마도 1893년 통구에 잠입했던 창십명준倉辻明埈이 일본으로 가져간 것으로 보인다. 창십명준은 당시 육군 공병대위로서 참모본부 편찬과 직원이었다. 1893년에 그는 2명의 수행원을 데리고 간첩으로 두 번이나 중국에 잠입하여 안동 만포를 거쳐 통구로 들어갔다.
> <u>이 탁본은 그가 통구에 가서 만들어 일본 참모본부로 가져간 것이다. 1895년 1월 26일 육군 대장 소송궁창인친왕이 참모총장에 취임하면서 이 탁본은 그의 수중으로 들어가 추가본을 쓰게 된 것이다.</u>

이와 같이 추가본에 대하여는 일본인들의 시각으로 볼 때에는 보물로 보일지 모르지만 우리의 시각에서 보면 50여 종류의 비문 중에서 회여록본 다음으로 가장 많은 45자의 변조된 글자가 있는 가장 불량한 비문으로 평가되는 자료이다. 그런데도 왕 씨는 일본인들의 주장에 추종하여 "영팔성寧八城"라고 수정을 하겠다고 하니 공정하지 못하고 편파적인 처신에 문제가 있다는 것이다.

4. 신묘년조의 명칭말살기도

1) 辛卯年條의 명칭에 대하여

역사적인 사건에 대한 논문의 명칭은 연도순으로 하는 것이 아니고 사건의 중요도에 따라 자유롭게 정하는 것이다. 사건의 중요도를 말하자면 비문 중에서 신묘년조의 사건이 가장 중요하기 때문에 327자나 되는 장문으로 작성된 것을 알 수 있다.

신묘년조의 기사는 앞의 기본 문장([표 21])에서 보는 바와 같이 기起에서 "백잔신라 구시속민 유래조공"이라고 하는 주제 문장을 기본으로 하고 승承에서는 그 서론을 말하고 전轉에서는 그 과정을 말하고 결結에서는 그 결론을 말하고 있는 것을 알 수 있다. 따라서 327자를 범위로 하여 기, 승, 전, 결로 이루어진 하나의 문장이라는 것을 쉽게 알 수 있다. 그런데도 327자가 아닌 32자설에 속아 부화뇌동을 해 오고 있는 것이다.

신묘년조의 문장 구조를 살펴보면 "구시속민 유래조공"이라는 문장의 본질은 태왕의 훈적 중에서 백잔을 토벌하여 항복을 받아 내고 속민이 되어 영원히 조공을 바치겠다는 맹세를 받아 낸 것, 즉 '궤왕자서 영위노객'이 가장 위대한 훈적이라는 사실을 상세하게 밝히기 위해 장문으로 쓰인 문장이다. 따라서 신묘년조의 범위는 병신년조의 선사환도까지 327자를 하나의 문장으로 이해해야 완성된다는 것을 필자가 최초로 주장하는 바이다.

신묘년조와 병신년조를 하나의 문장으로 연계하여 327자까지로 해야 한다는 것은 필자가 임의로 주장하는 것이 아니다. 이육년병신에서 그 첫머리에 기록된 '이以' 자가 이미 말해 주고 있는 것이다. '이以' 자는 반드시 '때문에'로 번역을 하도록 쓰인 글자로서 앞의 '백잔신라 구시속민'으로부터 '신라이위신민'까지 32자는 서론에 불과한 문장이기 때문에 그에 대한 과정과 결론을 소상하게 설명을 하겠다는 의미의 접속사로 쓰인 글자이다.

따라서 반드시 "때문에 육년병신에"라고 번역을 해야 신묘년조와 병신년조는 분리될 수 없는 하나의 문장이라는 것을 알 수 있다.

2) 辛卯年條의 名稱말살기도에 대하여

왕 씨는 신묘년조辛卯年條라는 명칭에 대하여 그의 저서 『호태왕비 연구』 제239쪽에서 다음과 같이 주장하는 것을 볼 수 있다.

> 국제적으로 많은 학자들이 "辛卯年條"라고 부르고 있다. 엄격히 말하면 맞지 않는다. 마땅히 "6年丙申條"라고 불러야 한다.

그러나 신묘년조의 주제 문장은 '백잔신라 구시속민 유래조공'의 12자가 되는 것이고 병신년조의 315자는 신묘년조의 주제 문장에 대한 설명을 위해 보조적으로 쓰인 문장이다. 따라서 본 문장의 명칭은 신묘년조를 표제문으로 내세워야 그 내용을 알 수 있게 되는 것이고 병신년을 주제문으로 내세울 경우에는 그 본질이 변질되어 어떠한 경우에도 병신년이 주제문이 될 수는 없는 구조이다.

그런데도 왕 씨가 이 문제를 들고 나오는 것은 본질을 착각했거나 아니면 어떠한 비밀이 내재되어 있는 것이 아니냐 하는 것이다. 그러나 왕 씨는 이미 실천에 옮기고 있다. 그의 역작인 『호태왕비 연구』 목차에서 "신묘년조"라는 목차는 이미 사라지고 없어 찾을 수가 없다.

신묘년에 대한 기사를 찾아보고자 추적해 보니 「六년병신, 八년무술」조 고석考釋이라는 항목 속에 포함시켜 본문에서만 기록을 하고 있다. 목차에서는 찾을 수 없도록 이미 편집을 해 놓은 상태이다. 본문에서 六년병신, 八년무술조의 이름으로 수록된 쪽수는 총 26쪽이다. 그중에서 신묘년조의 기사는 17쪽이나 되고, 병신년조의 기사는 6쪽, 8년 조의 기사는 3쪽에 불과한 것을 알 수 있으니 과연 올바르게 설정된 목록의 명칭이냐 하는 것이다.

더욱이 8년 조는 그 본질이 다르기 때문에 신묘년조의 범위에 포함이 될 수도 없는 별개의 문장이다. 이뿐만 아니라 신묘년조의 명칭을 말살하는 논문을 『학습여탐색學習與探索』(1983)이라는 잡지에까지 발표를 하여 널리 반포를 계획하고 있는 것을 볼 수 있다. 이는 중국의 명예에는 크게 손상이 될 뿐이고 일본에게만 유리한 문장이 되는 기사에 열중하는 것은 이해할 수 없는 처사다.

일본에서는 신묘년조의 변조설이라는 이름을 가장 꺼리므로 그 이름을 사라지게 해 준다면 그보다도 더 큰 선물은 없을 것이다.

다시 말하지만 논문의 명칭을 정할 때에는 연도 순으로 정하는 것이 아니고 사건의 중요도에 따라 정하는 것이다. 비문 중에서 가장 중요한 사건을 논한다면 신묘년조의 사건이 가장 중요하다고 할 것이다. 그렇기 때문에 현재까지 발행된 모든 논문들의 명칭을 살펴보면 모두가 다 신묘년조로 하였고 '병신년조에 대한 연구'라는 논문명칭은 단 한 편도 없다.

그러나 왕 씨는 그의 대표적인 저서 『호태왕비연구』의 목차 분류에 있어서도, "제5장 호태왕비문 중의 몇 가지 중요한 문제에 대한 고석考釋"이라는 세목細目 분류에 있어서도, 신묘년조를 독립된 항목으로 세우지 아니하고 "제2의 「육년병신, 팔년무술조고석」"(233쪽)이라고 하는 해괴한 항목을 만들어 이에 포함시켜 신묘년조의 명칭이 외부로 드러나지 않도록 완전히 삭제하고, 내부의 본문에서만 신묘년조에 대하여 간략하게 기술하고 있다. 이것으로 보아 신묘년이라는 명칭 말살을 이미 실천하고 있는 것을 알 수 있다.

이는 지극히 사소한 문제라고 보이기도 하겠지만 한편으로는 이를 맹목적으로 추종하는 자가 하나둘 늘어난다면 신묘년조의 변조설이 지상에서 사라지는 위기에 처해질 수도 있는 중대한 사건의 시발이 될 수도 있는 것이다. 그렇기 때문에 이 항목을 여기에서 다루어 막고자 하는 것이다. 그러나 왕 씨는 그의 저서 121~123쪽에서 다음과 같이 기록하고 있음을 볼 수 있다.

> 1883년에 중국으로 파견된 일본의 간첩 주구경신이 광개토왕비의 탁본을 입수하여 일본의 참모본부로 가져갔다. … 그 비문 중에서 "而倭以辛卯年來渡海破 百殘□□ 新羅以爲臣民"이라는 구절이 있자 지극히 보물을 얻은 양 즉시 편찬과의 몇몇 한학자들을 조직하여 이 비에 대해 연구를 착수시켰다. 그중에 주요 인물은 청강수青江秀와 횡정충직橫井忠直이다.
> 횡정충직橫井忠直은 일찍이 "비문 중에 우리 일본과 크게 관계있는 것은 '辛卯渡海, 破百殘新羅 爲臣民'의 두어 구절이다."라고 했는데 이것이 바로 그들 연구의 목적이다.

이로 미루어 보더라도 일본이 비문 중에서 가장 중요하게 여기는 항목은 신묘년조이다. "신묘년조가 바로 그들 연구의 목적이다."라고 한 것이니, 비문 중에서 일본에게 신묘년조보다도 더 중요한 문장은 없다는 사실을 왕건군 자신이 스스로 입증을 하고 있으면서도 한편으로는 신묘년조라는 명칭을 말살하고자 기도를 하고 있으니 왕 씨의 편파적인 이중성이 여실하게 드러나는 행동이다.

비문에 대한 논쟁 중에서 가장 격심하게 논쟁을 벌이고 있는 것의 대표적인 명칭이 곧 신묘년조이며 논문의 명칭에서도 가장 많이 인용되는 것도 역시 신묘년이다. 수십 명의 연구자들이 100년이 넘도록 논쟁을 벌여 오면서 거부감 없이 사용해 오고 있는 명칭을 이제 와서 왕건군이 독단적으로 말살을 기도하는 것은 일본인들에게 환심을 사기 위해 아부를 하는 것이 아니냐 하는 것이다.

신묘년조라고 하면 가장 먼저 떠오르는 단어가 변조설이다. 횡정충직이 주장하는 신묘년조가 바로 변조설의 효시가 되는 것이다. 따라서 신묘년조 하면 변조설로 이어지기 때문에 일본인들이 가장 꺼리는 것이다. 왕 씨는 이를 간파하고 신묘년조 말살운동을 펼치고 있는 것이 분명하다.

그것이 아니라면 왜 하필이면 본말이 전도되고 문맥에도 부합되지 않는 명칭 말살에 정력을 쏟고 있느냐 하는 것이다. 신묘년조의 주제 문장은 그 첫머리에 기록된 12자가 되는 것이고 병신년조의 295자는 12자에 대한 설명을 하기 위해 부수적으로 기록된 문장에 불과한 것이다. 따라서 주제 문장의 이름을 버리고 부수적인 문장의 이름으로 교체할 이유는 없는 것이다.

비문에 대한 논쟁 중에서 신묘년조의 기사가 가장 중요하기 때문에 327자나 되는 장문으로 기술된 것이다. 그런데도 왕 씨는 신묘년이라는 이름을 흔적도 없이 지워 버리기 위해 신묘년조를 육년병신조와 본질이 다른 팔년무술년조에 포함시켜 신묘년조의 존재 사실이 표면에 나타나지 않도록 은폐·말살하려고 기도하고 있으니 그 저의를 의심하지 아니할 수 없다.

한·중·일 3국의 석학들이 130년 동안이나 비문논쟁을 벌이고 있는데 비문의 핵심에는 신묘년조가 있다. 수백 편의 논문들의 제목에도 모두가 다 신묘년조라는 명칭이 필수적으로 붙여져 있고 병신년조에 대한 연구라는 논문의 명칭은 단 한 편도 사용된 사실이 없다. 그런데도 불구하고 왕 씨는 신묘년조라는 명칭 자체를 말살하고 병신년조를 내세우려는 불순한 의도를 가지고 있는 것이다.

신묘년조를 표제문으로 내세워야 그 내용을 알 수 있는 것이고, 병신년조를 표제문으로 내세울 경우에는 병신년조에는 '왜倭'라는 글자가 단 한 번도 등장하지 않고 변조설도 없어 무엇을 의미하는 문장인지를 구별할 수도 없다. 다만 6년에 백잔을 토벌하고 개선했다는 것 외에는 아무런 의미가 없는 문장이다. 그런데도 왕 씨는 "신묘년조"라는 명칭을 말살하고 "병신년조"라는 명칭으로 개명을 해야 한다는 억지 주장을 펴고 있으니 그 저의가 심히 의심스러운 것이다.

더욱이 문제가 되는 것은 신묘년조의 명칭을 말살한다면 중국에게는 명예의 흠이 될 뿐이고 오직 일본에게만 절대적인 이로움이 있는 문제이다. 初天富에 관한 문제처럼 일본에게만 유익한 문제들만 선택하여 황당하게 주장하는 저의가 무엇이냐 하는 것이다.

"신묘년조의 변조설"이라고 하면 일본에서는 가장 꺼리는 이름이다. 즉 일본인들의 감정을 가장 크게 상하게 하는 용어이다. 하지만 만약에 "병신년조"라고 표현을 한다면 병신년조의 기사에는 왜에 대한 변조설이 일체 없기 때문에 무엇을 의미하는지조차도 모호해져 그 의미가 희석되는 효과를 노리고 있는 것이 분명하다.

앞서 초천부의 문제도 일본에게 유리한 문제였지만 일본으로부터 환영을 받지 못하고도 또다시 신묘년조의 말살설을 들고 나왔다. 이 역시 일본을 위한 것이 분명한데 왕 씨는 왜 끝까지 일본을 위하는 편향적인 노력을 기울이고 있는지 이해할 수가 없다.

5. 초천부 씨에 대한 왕 씨의 주장

1) 기록에 의한 초천부의 인물

기록에 의하면 초천부(1847~1918)는 중국 산동 문등에서 살다가 1883년에 비석 근처로 이사를 왔다. 그 후 당시의 지현인 진사운陳士芸의 명으로 비석의 관리인으로 일을 하다가 차차 탁본 일을 익혀 종사하게 되었다는 증언을 하고 있다. 그러나 중국 측 자료에는 초천부에 대하여 이 이상의 기록은 없다. 그 이유는 초천부는 저명한 학자가 아니기 때문에 특기할 만한 행적이 없기 때문일 것이다.

그런데도 왕건군이 홀로이 나서서 초천부가 대단한 한학자이며 서예의 대가인 것처럼 과장하고 초천부가 광개토왕비문을 변조한 주모자인 것처럼 내세우고 주구가 가지고 간 탁본도 초천부가 만든 것처럼 주장하고 있다.

그러나 일본인들은 이에 대하여 환영하지 않는 기현상을 보이고 있다. 이는 학자도 아닌 무식한 촌부인 초천부가 90자나 되는 많은 글자를 변조했다는 허황된 주장에 동조할 만큼 일본인들이 어리석지가 않다는 것을 보여 주는 것이라고 하겠다.

2) 왕 씨가 주장하는 초천부의 비문변조설

왕 씨는 그의 저서 40쪽에 일본의 『고고학잡지』에 수록된 관야정關野貞이 초붕도에게서 들은 증언 기사를 인용하여 다음과 같이 기록하고 있는 것을 볼 수 있다.

Ⓐ 初鵬度의 증언

> 비석 옆의 모옥에 초붕도初鵬度라는 사람이 살고 있었는데 탁본을 업으로 살고 있었다. 금년(1913년 당시를 가리킴)에 66세로 30년 전부터(1883년) 이곳에 살았으며 당시의 지현(陳土芸)의 명령으로 탁본 일을 시작했다. 비석에 이끼가 많이 끼어 이를 불로 태우는 바람에 비각에 손상을 가져오게 되었고 또 비면이 꺼끌꺼끌하여 탁본한 글자가 제대로 나타나지 않았으므로 10년 전(1903)부터 비면의 문자 주변 틈바구니에 석회를 칠하여 탁본을 했고 그 후 매년 곳곳마다 이렇게 보수를 해 왔다.(初鵬度의 확인서가 보전되어 있다.)

이 기사를 살펴보면 다만 비면이 거칠어 탁본을 하기가 어렵기 때문에 글자가 없는 주변에 석회 칠을 하여 비면을 고르게 함으로써 탁본이 매끄럽게 나오도록 했다는 것으로 글자의 자획을 수정했다는 기사는 보이지 않는다.

그런데 한 가지 괴이한 점은 關野貞 씨가 初鵬度 씨로부터 앞의 증언 사실에 대한 확인서를 서면으로 받아 보관하고 있으면서, 다음과 같은 자기의 소감을 기록하고 있으니 이는 무슨 속셈이 있어서가 아니냐 하는 것이다.

Ⓑ 關野貞의 소감 기사

<u>우리들의 자세한 관찰에 의하면 글자 주변에 석회 칠을 한 것은 분명할 뿐아니라 왕왕 석회로 자획까지를 보수한 것도 보였다. 어떤 것은 완전히 석회 위에 새로운 글자로 새긴 것도 있었다. 이렇게 보수한 글자는 대체적으로 본래의 자와 비슷하나 완전히 믿기는 어려운 상태다.</u>

이 기사는 關野貞이 初鵬度의 증언을 듣고 비석을 관찰한 소감을 말한 기사이다. 그런데 "<u>어떤 것은 완전히 석회 위에 새로운 글자로 새긴 것도 있었다.</u>"라는 소감을 말하고 있다. 이것으로 본다면 초붕도는 한학과 서예의 대단한 대가라는 것을 알 수 있게 한다. 그러나 중국 측 기록에는 비석거리 주변에 초붕도라는 한학자가 존재하고 있다는 기사는 확인되지 않고 있다.

그러나 Ⓐ의 증언을 살펴보아도 "<u>석회 위에 새로운 글자를 새겼다.</u>"라는 기사는 보이지 않는데도 관야정 씨는 어떻게 앞에서와 같은 소감 기사를 썼느냐 하는 것이다. 그것은 아마도 초붕도보다도 앞선 1882년에 천진탁공 4인들이 이미 쌍구가묵본을 만들면서 많은 글자를 변조하였기 때문일 것이다. 그때 이미 <u>석회 위에 새로운 글자를 새긴 것을 보고 본 대로 말한 것</u>은 틀림없는 사실이라고 느껴지는 것이다.

만약에 초붕도가 석회 위에 새로운 글자를 새긴 것이 사실인데도 그 사실을 말하지 아니한 것인지 아니면 초붕도가 탁본을 하기 이전에 이미 다른 사람이 석회 위에 새로운 글자를 새겨 놓은 것인지는 밝혀야 할 과제이다.

왜냐하면 초붕도가 비석 관리를 시작한 것은 1883년부터라고 하였으나 비석에 석회 칠을 한 것은 10년 후, 즉 1903년부터라고 하였다. 그러나 그보다 앞선 1882년에는 이미 주구경신이 천진탁공 4인들이 만든 쌍구가묵본을 가지고 1883년에 통구를 떠나 일본으로 귀국한 사실이 있기 때문에 이와 혼동이 되는 것 같다.

더욱이 중요한 것은 초붕도가 탁본 일을 시작한 것은 1903년이라고 한다. 1903년까지 20년 동안에는 비석을 관리하면서 잡부 일을 하다가 차츰 탁본 일을 조금씩 익혀 차차 탁본 일을 하게 되었다고 했다. 그리고 비면이 심하게 거친 부분과 글씨가 없는 틈바구니에 석회를 바르기 시작한 것은 1903년부터라고 분명하게 증언한 것은 틀림없는 사실이다. 따라서 비문변조는 1900년 이전에 이미 완료가 되어 더 이상의 변조할 글자가 없는 상태에서 초붕도가 1903년부터 글자가 없는 틈바구니에 석회 칠을 했다고 증언을 한 것이 분명하니 초붕도는 글자를 변조한 사실이 없는 것은 분명하다.

비문변조의 과정을 살펴보면 변조된 글자가 가장 많이 보이는 비문은 일본에서 1889년에 발행한 『회여록』에 실린 비문이다. 『회여록』에 실린 석판본이 90여 자로 가장 많은 변조 글자가 보이는 자료이다. 그런데 90자 모두가 다 원석에서 채탁된 글자가 아니고 회여록본의 종이 위에만 그려진 글자이다. 비석의 글자는 아직 변조하기 이전의 글자이기 때문에 원석의 글자와 회여록본의 글자가 다르다는 것에 문제가 있는 것이다.

이 때문에 참모본부에서는 이를 일치되게 하고자 하였으나 일시에 90여 자를 모두 변조할 수는 없기 때문에 1882년부터 수시로 몇 글자씩 회여록본과 일치되도록 석회를 바르고 변조를 한 것으로 보인다. 1884년에 채탁된 삼택미길三宅米吉(고고학연구)의 추가본에서 45자를 일시에 변조한 것으로 나타나고 있다. 그렇기 때문에 이것이 회여록본 다음으로 오기자가 가장 많은 최악의 불량한 탁본으로 규정되는 것이다. 그 후로 1900년 이전에 비석 전면에 석회를 바르고 비문 전체를 변조하여 총 90여 자가 수정이 되었다고 말할 수 있는 것이다.

여기에서 비문변조에 대하여 분명하게 알아야 할 것은 『회여록』에 변조된 90여 자는 1883년 이전에 천진탁공 4인들에 의하여 이미 확정되어 있는 글자이다. 그러나 그 90자는 단순하게 종이 위의 비문에만 그려진 글자이고 아직 비석의 글자는 수정하지 아니한 상태를 말하는 것이다.

그렇기 때문에 1885년부터 1900년까지에 변조라고 하는 것은 종이에 그려진 90자와 비석에 글자를 일치되게 수정하는 작업을 말하는 것이지 새로운 글자를 추가로 변조했다는 의미가 아니다. 따라서 『고고학연구』 추가본에서 45자가 일시에 변조되었다고 말하는 것은 새로운 글자로 변조했다는 의미가 아니고 『회여록』의 글자와 비석의 45자가 일치되게 석회를 바르고 수정을 했다는 의미를 말하는 것이다. 나머지 글자들은 1900년까지 비석 전면에 석회를 바르고 비석의 글자와 『회여록』의 글자가 일치되도록 수정을 하였다는 것이 비문변조의 과정을 가장 구체적으로 정확하게 설명하는 최초의 기사가 되는 것이다.

왕 씨는 또 같은 책 42쪽에서는 다음과 같은 기록하고 있다.

> 관야정關野貞이 1913년에 집안현에서 조사 사업을 벌일 때 이 사람을 보았다고 했다. 그는 관야정에게 비에 대한 약간의 정황을 설명한 적이 있다. 그러나 설명을 해 준 사람의 이름은 초천부初天富이지 초붕도初鵬度가 아니다.

왕 씨는 아무런 고증도 없이 초붕도初鵬度가 아니고 초천부初天富라는 주장을 거침없이 하고 있으니 과연 신뢰할 수 있는 주장이냐 하는 것이다.

왕 씨는 또 같은 책 58쪽에서는 다음과 같이 주장하고 있다.

> 1913년 관야정關野貞과 금서룡今西龍이 조사했을 때 초전부初天富는 직접 그들에게 석회를 칠한 과정을 설명했다.

왕 씨는 이와 같이 초붕도가 한 증언을 모두 초천부가 증언한 것처럼 주장하고 있다. 왕 씨는 또 "붕도鵬度는 관월산關月山의 자字일 것이다."라고 하여 관월산이 증언을 한 사람인 것처럼 고증도 없이 주장하고 있다.

그런데 여기에서 이 문제를 거론하는 이유는 앞에서 기록한 『고고학잡지』의 기사가 비문변조에 관한 최초의 기사라고 할 수 있기 때문이다. 비문변조에 관한 모든 문제가 여기에서부터 파생되었기 때문에 이 기사를 중요시하는 것이며 이에 대한 진실을 밝히기 위해서이다.

그런데 왕 씨는 이 기사를 인용 하면서 일과성으로 주장하는 것이 아니고 같은 책 39쪽부터 77쪽까지 38쪽이나 되는 방대한 지면을 할애하여 적극적으로 주장을 펴고 있다. 왕 씨는 Ⓐ의 초붕도의 증언과 Ⓑ의 관야정의 소감 기사까지를 모두 초붕도 한 사람이 증언한 기사인 것처럼 조작하여 주장하고 있다. 그리고 증언한 사람이 초붕도가 아니고 초천부다. 라고 바꾸어 주장을 하면서도 그 근거를 밝히지도 아니하고 초천부가 비문변조의 주범인 것처럼 내세운다. 즉 광개토태왕비문에 변조된 글자들은 모두가 다 초천부 부자가 한 짓이라고 주장하고 있다.

왕 씨의 주장대로 모두 초천부가 한 짓이라면 초천부는 대단한 한학자로서 서예에도 일가견이 있는 대가이어야 한다는 것이다. 그러나 초천부는 공부를 제대로 하지 못해 무식하다는 사실을 왕 씨 자신도 익히 잘 알고 있으면서도 여기에서는 초천부가 대단한 한학자이며 서예의 대가인 것처럼 주장하고 있으니 이는 왜곡된 주장이 아닐 수 없다. 다시 말하지만 중국 측 자료를 살펴보아도 비석거리 주변에 초천부라는 한학자가 살고 있었다는 자료는 발견되지 않는다.

여기에서 문제가 되는 것은 Ⓐ의 증언과 Ⓑ의 기사는 누가 보더라도 한 사람의 증언이 아니고 두 사람의 증언이 분명하게 구별이 되는 문장이다. 그런데도 왕 씨는 이를 초천부 한 사람의 증언이라고 주장하고 있으니 과연 이를 판단하지 못해서인지 아니면 계획적으로 조작해서 주장하는 것인지 의심스러운 것이다.

더욱이 증언한 사람이 초붕도가 아니고 초천부라고 주장을 하는 것은 문제가 아닐 수 없다. 그러나 왕 씨는 이에 대한 증거를 제시하지도 아니하고 마음대로 주장을 바꾸고 있는 것이다. 더욱이 중요한 것은 회인현의 지현인 장월과 관월산은 중임 기간의 만료로 인하여 1883년 2월에 이미 회인현을 떠났고 당시의 지현은 1883년 2월에 새로이 부임해 온 진사운陳士芸이다.

따라서 초천부와 관월산은 상면도 하지 못하고 떠난 사이가 분명한 사실인데도 왕 씨는 "초천부와 관월산이 당연히 알고 지냈을 것이다."라는 주장을 펴고 있다. 왕 씨는 자료에 대한 고증도 없이 마음대로 주장을 펼치고 있어 신뢰하기가 어려운 상태다.

특히 문제가 되는 것은 다음과 같다. 주구경신이 천진탁공 4인(진사운설)들이 만든 쌍구가묵본을 가지고 통구를 떠난 것은 1883년 8월이다. 그리고 초천부가 비석거리로 이사를 온 것도 1883년이라고 본인이 직접 증언을 하고 있다. 따라서 초천부는 주구경신이 가지고 떠난 쌍구가묵본은 보지도 못한 것이 분명하므로 주구경신이 가지고 떠난 탁본(쌍구가묵본)에 대하여는 일체 증언을 할 자격이 없는 자이다. 즉 주구경신이 한국을 떠난 이후에 만들어지는 탁본들에 대해서만 증언을 할 수 있을 뿐이라는 사실을 명심하고 이 문장을 보아야 이해가 될 것이다.

왕 씨는 그의 저서 67쪽에서는 다음과 같이 "비문변조의 주범은 중국의 초천부이다."라고 자랑스럽게 주장하고 있는 것을 볼 수 있다.

광개토왕비를 태우고 탁본을 한 것은 초천부初天富이며 그 시기는 광서초년(1875)이다. 그때부터 초천부는 묵본을 제작하기 시작했다. 제4시기의 비면에 석회를 칠하고 또 석회를 이용해서 글자를 고치고 끼워 넣은 것도 역시 초천부이다.

중국에서는 예로부터 탁본을 할 때 그 탁본이 원래의 모습대로 되어 있는 것을 진귀한 것으로 여겼다. … 따라서 석회를 칠해 글자를 고친다는 것은 변방 지방의 약속이 엄하지 않은 곳에서 무식하여 감히 행동으로 옮길 수 있는 졸부 모 씨라야 해낼 수 있다.(같은 책 64쪽)

그리고 이렇게도 말하였다.

우리들의 조사연구에 의해서 가히 인정할 수 있는 것은 호태왕비에 석회를 바르고 글자를 다듬고 보수한 것은 중국의 탁공이다. 구체적으로 말하면 初天富 부자이다.(같은 책 64쪽)

왕 씨는 비문을 변조한 것이 초천부라는 것을 자랑스럽게 주장한다. 그러나 다음과 같은 사유로 인하여 왕 씨의 주장은 성립이 될 수가 없다.

① 광서초년(1875)에는 회인지역의 봉금이 아직 해제되기도 이전이고,
② 회인현懷仁縣이 설치되기도 이전이고,
③ 관월산關月山이 부임하기도 이전이고,
④ 비석이 발견되기도 이전이고,
⑤ 초천부初天富가 문등에서 살고 있으면서 아직 비석거리로 이사를 오기도 8년이나 앞선 이전이다.

그런데도 어떻게 이때부터 초천부가 탁본을 만들기 시작했다고 주장을 하느냐 하는 것이다. 더욱이 초천부 부자라고 했는데 초천부의 아들 초균덕은 1870년생으로 이때에 5세밖에 안 되는 어린아이이다. 따라서 그의 아들이 어떻게 탁본 일을 함께 했다고 말할 수가 있느냐 하는 것이다.

왕 씨는 같은 책 60쪽과 76쪽에서 참모본부와 주구경신酒勾景信은 단 한 글자도 변조한 사실이 없다고 다음과 같이 역설하고 있다.

> 주구경신酒勾景信의 쌍구가묵본은 통구 현지에서 탁공된 것을 입수한 것이다. 샀건 빼앗았건 그가 스스로 탁본 작업을 한 것은 아니다.(같은 책 60쪽)

> 주구경신이 쌍구가묵본을 개찬했다는 상상이나 일본 참모본부가 석회도말작전을 폈으리란 상상은 존재할 수 없다.(같은 책 76쪽)

또 같은 책 72쪽에서는 다음과 같이 주장하고 있다.

> 주구酒勾가 일본으로 가지고 간 쌍구가묵본은 초천부初天富의 손에 의해 제작된 것일 것이다.(같은 책 72쪽)

따라서 이는 왕건군이 이중성으로 그때그때 말을 바꾸어 독자들을 우롱하고 있다는 것이다. 또한 비문변조의 모든 책임을 초천부 부자에게 전가시키고 있으나 초천부는 그 당시에는 문등에 살고 있어 아직 비석거리로 이사를 오기도 이전이다.

초천부가 비석에 석회 칠을 한 것이 1903년부터라는 것은 1913년에 관야정 앞에서 초천부가 직접 증언한 사실이다. 그런데 같은 책 67쪽에서는 1875년부터라고 말을 바꾸어 주장하고 있다.

만약에 왕 씨가 진정으로 중국인이라면 중국 사람들은 탁본에 가묵하지 않는 것을 귀히 여긴다고 하면서도 또 말을 바꾸어 쌍구가묵본을 변조한 주범이 "무식한 졸부 초천부"라고 주장하고 있다.

중국의 경철화耿鐵華 씨도 그의 저서 『중국호태왕비연구의 현황과 추세』에서 다음과 같은 주장하고 있음을 볼 수 있다.

> 왕건군王健群 선생이 광서원년(1875) 혹은 2년(1876)이라고 한 것은 회인현 설치와 관월산關月山이 부임한 해를 2년이나 앞당겨 오인한 것이고, 유영지劉永智가 광서 6년(1880)이라는 해가 바로 완전한 호태왕비문 탁본을 떠 낸 해이다.

이로 미루어 보더라도 왕 씨가 광서원년(1875)을 주장하는 것은 잘못된 주장이라는 것을 알 수 있다. 회인현의 역사는 봉금이 해제된 1877년 7월에 장월이 초대 지현으로 부임하여 업무를 개시한 날로부터 시작되는 것이 당연한 이치이다.

초천부는 1847년 출생으로 1875년에는 28세의 청년으로 처음으로 탁본 일을 접하게 된 초보자이며 더욱이 공부를 하지 못해 무식한 자로서 먹물이나 갈고 청소를 하는 잡부에 불과했을 것이다. 그런데도 장기간 탁본에 종사하여 연륜이 깊은 노련한 탁공인 것처럼 묘사하여 탁본 작업에 주도권자인 것처럼 추켜세우는 주장도 문제이다.

더욱이 초천부 부자가 한 짓이라고 처음부터 주장을 하고 있는데 초천부의 아들인 초균딕은 1870년생으로 이때에 5세 밖에 안 된 어린이이이다. 그기 어떻게 탁본 일을 같이 했다고 주장할 수가 있는 것인가. 일본이 정설이라고 주장하는 1882년이라 하더라고 12세밖에 안 되는데 초천부 부자가 한 짓이라는 주장은 인정될 수 없다. 따라서 초천부 부자가 비문변조의 주범이라고 주장하는 것도 문제다.

특히 문제가 되는 것은 비문변조는 1900년 이전에 이미 완료가 된 것으로 알려지고 있다. 그런데도 왕 씨는 초천부가 증언한 1903년부터 변조가 시작되었다고 다음과 같이 같은 책 57쪽에서 주장하고 있다.

> 1903년경부터 탁본을 할 때 석회를 써서 글자를 보수하기 시작했다. 필획이 분명치 않은 것은 완전한 글자로 만들었고 모호한 글자를 명확히 만들었다.

왕 씨는 초천부가 비문에 석회 칠을 하고 글자를 고친 것에 대하여 1875년부터와 1883년부터와 1903년부터라는 등등 종잡을 수 없는 3개설의 주장을 같은 책 안에서 각각 달리 주장하고 있어 신뢰할 수가 없다.

물론 착오라는 것은 누구나가 다 할 수 있는 일이다. 그러나 왕 씨는 같은 날 같은 책에서 전후가 모순되고 좌우가 충돌되는 황당한 주장을 하는 것이 문제라는 것이다.

이상에서 언급한 사실들을 종합하여 객관적으로 판단해 보자. ⒷⓂ 기사는 1882년에 주구경신과 천진탁공 4인들이 쌍구가묵본을 만들면서 석회 칠을 하고 비문을 변조한 사실에 대하여, 관야정은 그 당사자가 누구인지 모르는 상태에서 다만 변조된 상태를 관찰한 소감을 말한 것일 뿐이다. "초천부가 변조했다."라고 지목하는 논리는 바르지 않다고 판단되는 것이다.

그런데도 불구하고 똑같은 사실에 대하여 왕건군은 초붕도가 아니고 "초천부가 Ⓐ의 증언과 Ⓑ의 기사를 모두 증언한 사람이다."라고 하면서 "초천부가 비문변조를 주도한 장본인이다."라고 주장한다. 이는 사실판단 착오이거나 아니면 다 알면서도 일본을 위한 의도이지 않나 하는 의혹을 일게 하는 것이다.

그러나 초붕도와 초천부에 대한 기사를 종합해서 객관적으로 판단할 경우 초붕도와 초천부는 동일인으로 초붕도는 호적명이고 초천부는 아명이라 일반적으로 사용하는 이름이라고 인정이 되는 것이다. 따라서 관야정에게 써 준 확인서에는 호적명인 초붕도라고 써 준 것으로 판단되는 것이다.

그런데도 왕 씨는 절대로 동일인이 아니고 각각이 다른 두 사람이라고 주장을 한다. 그러므로 Ⓐ의 증언과 Ⓑ의 기사가 모두 한 사람의 증언인 것처럼 왜곡하는 왕 씨의 주장은 사실판단의 착오이거나 특별한 목적을 위한 것이 분명하다고 간주되는 것이다.

만약에 사실판단의 착오라면 공개적으로 인정을 하고 그에 대한 진실을 밝혀야 할 것이고 변함없는 소신이라면 반드시 그에 상당하는 충분한 증거 자료를 제시해야 한다.

6. 쌍구가묵본에 대하여

1) 쌍구가묵본이 최초로 만들어진 경위

광개토왕비문의 쌍구가묵본이 최초로 만들어지기 시작한 경위는 다음과 같이 5개 설이 전하고 있다.

첫째, 일본에서는 「출토기」와 「비문지유래기」에서 다음과 같이 전한다. 성경장군 좌씨가 1882년에 천진에서 탁공 4인을 불러와 2년을 걸려서 탁본 2부를 만들었는데 그중 한 부를 주구경신이 가지고 와서 참모본부에 전한 것이다. 일본은 이것이 정설인 것처럼 주장하고 있으나 이는 원석탁본이 아니고 쌍구가묵본이다.

둘째, 중국에서는 천진탁공 4인설은 일체 모르는 가설이고 다만 회인현의 3대 지현인 진사운이 1882년 9월부터 12월까지 쌍구가묵본을 만든 것으로 전해지고 있다. 그러나 그것도 가설에 불과할 뿐이다. 주구경신이 쌍구가묵본을 만드는 일에 관여한 것은 사실이다. 주구경신은 일본에서 파견한 4인의 탁공들과 합법적으로 탁본을 만들기 위해 회인현의 지현인 진사운으로부터 허가를 받았다. 그 뒤 진사운이 탁본을 하는 것처럼 소문을 냈다. 주구경신이 일본에서 파견한 4인들의 탁공을 감독해서 쌍구가묵본을 만들면서 수십 차에 독촉을 했다는 설도 이 때에 꾸며진 가설이 분명하다.

셋째, 중국의 榮禧 씨가 1882년에 亓丹山을 보내어 정탁본을 얻었다 하였다. 그런데 이것은 정탁본이 아니고 천진탁공 4인이라고 하는 사람들이 이미 만들어 놓은 쌍구가묵본을 구입해 간 것이라는 사실이 밝혀지고 있다.

넷째, 중국의 왕건군은 진사운설은 무시하고 초천부 부자가 1875년부터 비문 변조를 시작한 장본인이라고 주장하고 있다. 그러나 아무도 이에 동조하는 경우는 없다. 중국 측 자료에서도 초천부에 대하여는 일체 기록이 없다.

다섯째, 반조음이 1883년에 이홍예로부터 받은 탁본이 원석탁본이 아니고 진사운본과 꼭 같은 쌍구가묵본이라는 사실이 밝혀졌다. 또 1885년에 이대룡을 보내어 원석탁본 50부를 해 왔다고 하나 그것도 역시 원석탁본이 아니고 천진탁공 4인이라고 하는 사람들이 이미 만들어 놓은 쌍구가묵본을 구입해 간 것이다.

이상의 5개 설의 탁본이 모두 초기에 유행된 쌍구가묵본이다. 이를 종합하여 판단할 경우 쌍구가묵본은 오직 천진탁공 4인이라고 하는 사람들이 주구경신의 감독하에 1882년부터 만들기 시작했다고 하는 탁본 한 가지이다. 그 쌍구가묵본이 영희와 반조음을 통하여 유포되기 시작한 것이라는 사실을 확인할 수 있는 것이다.

그런데도 왕 씨는 천진탁공 4인설을 무시하고 초천부가 비문변조의 주모자인 것처럼 만들기 위해 방대한 분량의 방문 기사와 대담 기사 등등을 수록하여 마치 입증 자료인 것처럼 주장을 펴고 있다. 그러나 그 기사들은 모두가 다 주구가 천진탁공 4인이라고 하는 사람들이 만든 쌍구가묵본을 가지고 일본으로 떠난 1883년 8월 이후의 사실들에 대한 증언만이 될 수 있을 뿐이다. 즉 주구가 가지고 떠난 쌍구가묵본에 대한 증언은 될 수가 없는 기사들이다.

그런데도 초천부가 주구본의 변조에 대한 산증인이며 주범인 것처럼 묘사하고 있는 것은 독자들을 기만하는 위증이며 초천부에 대한 인권 모독이다.

이에 대하여 등전우치藤田友治는 왕건군의 연구 태도에 대하여 원전의 직접 확인이 미비하다는 점을 지적하며, 다음과 같이 비판하고 있다.

> 선행설先行說의 무시 내지 오해는 왕 씨 자신의 잘못된 연구사의 이용법에 있는 것이 아닐까?(好太王碑論爭의 解明, 신천사, 1986년, p. 215)

등전은 이와 같이 왕건군의 연구의 기본자세가 잘못되었음을 비판하고 있다.

또한 등전은 왕건군이 앞에서 주장한 사실들이 모두 일본에게 유리한 주장인데도 불구하고 일본에서는 이를 사실로 받아들이지 않고 있다고 했다. 이는 신뢰성이 없는 낭설의 수준으로 보았기 때문인 것 같다.

또한 왕 씨는 초천부 부자가 비문변조의 증인인 것처럼 과장하고 있으나 초천부 부자는 탁본 작업에 있어 주도권자의 위치에 있지도 못하고, 탁본 작업에 종사하는 잡부에 불과했다고 할 수밖에 없다. 왜냐하면 다른 비문 사본에 의하면 제1면 제9행 17번째 글자는 모두가 다 삭제되어 판독 불능의 문자로 간주되어 공란□□으로 처리하고 있다.

그런데도 초천부의 아들인 초균덕의 필사본에는 [동東] 자로 기록이 되어 있다. 그렇다면 초천부 부자가 한 탁본들에는 [동] 자로 탁본이 되었을 것인데도 모두가 다 공란□□으로 되어 있다. 이로 미루어 보더라도 초천부는 무식해서 글자를 변조할 만한 능력이 없는 자이며 주도적으로 탁본을 한 것이 단 한 편도 없다는 데 입증이 되는 것이다.

50여 편의 판독문 중에서 [동] 자로 기록된 탁본은 오직 손영종의 판독문이 유일하다고 할 것이나 그것은 초천부가 직접 탁본한 것이 아니고 초천부가 사망한 후에 손영종이 1988년에 초균덕의 필사본에서 [동] 자를 인용하여 기록한 것에 불과하다는 것이다.

왕건군은 또 같은 책 69쪽에 다음과 같이 기록하고 있다.

> 초균덕이 보관하고 있던 필사본 비문(釋文)을 '그가 스스로 베낀 것인지 아니면 남에게 부탁해서 베낀 것인지 지금으로서는 알 길이 없다.'

이로 미루어 보더라도 초균덕은 무식해서 비문도 자필로 필사할 능력이 없는 인물이라는 것이다. 왕건군 자신이 이를 스스로 인정하고 있었다는 진심을 토로한 것이라고 말할 수 있는 자료이다. 즉 이와 같이 무식해서 東 자 하나도 그리지 못하는 사람이 어떻게 감히 90여 자나 되는 많은 새로운 글자들을 마음대로 변조를 할 수가 있었겠느냐 하는 것이다. 비록 한평생을 탁본하는 일에 종사를 했다 하더라도 종사자로서 있는 글자를 그대로 탁본해 낼 수는 있어도 새로운 글자로 변조는 할 수 없는 것이며 오독할 능력도 오기할 능력도 없는 것이다.

특히 『회여록』에 발표된 쌍구가묵본은 주구경신(성경장군 좌씨설)이 1882년에 만들어 1883년 8월에 통구를 떠나 우장으로 가서 일본의 참모본부장 大山巖과의 서신 교환([표 21])으로 일본으로 가지고 간 탁본이다. 그런데 왕건군은 초천부 부자가 비문의 변조 글자를 모두 만든 주범이라고 주장을 펼치며, 초천부 부자를 비문변조의 주범이며 증인인 것처럼 내세우고 있는 것은 문제가 아닐 수 없다.

이상에서 살펴본 바와 같이 회인의 탁공들로서는 쌍구가묵본을 만들 만한 능력자가 없다는 것이다. 따라서 일본의 참모본부에서 파견한 4인의 탁공들을 지휘·감독해서 쌍구가묵본을 만들면서 90여 자를 변조한 것이 틀림없는 사실로 확인이 되고 있다. 그런데도 불구하고 왕건군이 "참모본부와 횡정충직과 주구경신은 단 한 글자도 변조하지 않았다."라고 대변을 해 주는 이유는 무엇일까? 그런데 왕건군은 또다시 말을 바꾸어 같은 책 64쪽에서는 다음과 같이 주장하고 있다.

역사는 객관적으로 존재하는 것이기 때문에 "역사를 연구함에도 반드시 실사구시實事求是에 근본을 둬야 한다."라고 전제하고, '<u>우리들의 조사연구에 의해서 가히 인정할 수 있는 것은 호태왕비에 석회를 칠하고 글자를 다듬고 보수</u>(변조? 필자 주)<u>한 것은 중국의 탁공이다. 구체적으로 말하면 초천부初天富부자이다.</u>'

주구경신이 일본으로 가지고 간 탁본에는 많은 비밀스러운 문제가 있다. 처음부터 외부인들의 접근을 철저하게 차단하고 오직 천진에서 왔다고 하는 4명의 탁공들에 의해서만 비밀스럽게 만들어진 것이 사실일 것이다. 그런데도 왕건군은 "주구가 가지고 간 탁본은 초천부가 만든 것이다."라고 주장하고 있다.(72쪽)

2) 쌍구가묵본의 제작에 대한 왕 씨의 주장에 대하여

원석탁본을 뜨는 일은 일반 탁공이면 누구나 다 할 수 있는 작업이지만 쌍구가묵본을 제작하는 건 한학과 서예의 대가가 아니고서는 할 수 없는 엄중한 작업이다. 그렇기 때문에 비용이 많이 소요되어 특별한 목적, 즉 비석이 오래되어 비문의 파손이 심하여 판독이 어려운 경우 비문을 교정·변조하는 등의 특별한 목적이 아니면 하지 않는 작업이다.

왕 씨는 같은 책 54, 66쪽(원전 羅振玉 저, 俑盧日札, 1909년)에서 쌍구가묵본이 최초로 나타난 것에 대하여 다음과 같이 기록하고 있다.

> 이운종李雲從의 탁본 제작 때에 <u>다른 종류의 쌍구본을 갖고 왔다는 것이다.</u> 그래서 그의 <u>상점엔 두 가지 탁본이 팔리고 있었다.</u> 여기서의 쌍구본은 그 스스로가 제작한 것이 아니었기에 <u>탁본과 달랐으며 오류가 있었던 것이다.</u> 수량으로 따져 보더라도 가져온 쌍구본이 이 탁본보다 많았다. <u>이전 쌍구본은 곧 '해동공인海東工人, 불선탁묵不善拓墨'의 초천부初天富의 손에서 나온 것이다.</u>

쌍구가묵본의 제작 시기는 1875년부터 1889년까지로 초기의 탁본은 모두가 다 쌍구가묵본이 주류를 이루었다. 그러므로 기타의 탁본은 논할 것도 없이 모두가 다 초천부의 손에서 나온 변조된 탁본만이 유행이 되고 변조되기 이전의 원석탁본들은 모두 흔적도 없이 사라졌다는 것이다.

 비석에 우분을 바르고 불로 태우고 탁본을 한 것이 초천부라고 하는 것에는 중대한 의문과 모순이 있어 살펴보고자 한다. 왕 씨는 탁본을 하기 위해 비면에 우분을 바르고 불로 태우는 발상을 해낸 것이 장기간 탁본에 종사하여 경륜이 많은 초천부라고 하였다.(같은 책 67쪽) 그러나 초천부는 1847년생으로 그 당시에는 28세밖에 안 되는 젊은이였다. 공부도 하지 못해 비문도 판독하기 어려운 처지라 심부름이나 하는 잡부에 불과했을 것이다. 하지만 그런데도 장기간 탁본에 종사하여 경륜이 높은 노련한 주관자인 것처럼 과장하는 이유가 무엇인가.

 그러나 이는 초천부가 주관자로서 한 일이 아니고 탁본자의 지시에 따라 잡부로서 심부름을 한 일에 대한 기록으로 보는 것이 옳을 것이다. 그 이유는 앞에서 이미 언급한 바이다. 여기에 더하여 초 씨는 본래 산동 문등 사람으로 1883년에 삶을 찾아 통구로 이사를 와서 탁본 일을 처음으로 시작했다는 사실을 같은 책 42쪽에서 이미 밝혔다. 하지만 다시 말을 바꾸어 1875년부터 묵본을 만들기 시작했다고 하는 것은 모순이 아닐 수 없다.

 왕 씨는 초천부가 탁본의 전문가인 것처럼 주장하고 있지만 필자의 판단으로는 보조자인 잡부에 불과했다고 판단된다. 왜냐하면 그 이유는 첫째는 무식하다는 것이다. 둘째는 초천부의 초본이라고 하는 비문에 유독 '동東'자가 있는 것이 대단한 자료인 것처럼 내세우고 있으나 그 필사본을 초천부가 직접 자필로 쓸 수 있는지도 회의적이라는 사실을 왕 씨가 스스로 토로한 사실도 있다. 그러나 초천부가 진실로 탁본 제작의 주도권자로서의 능력이 있고 석회를 바르고 글자를 변조하는 기술에 능숙한 인물이라면 초천부가 만든 모든 탁본에는 모두 다 '동東'으로 복원을 했을 것이다. 그러나 '동東' 자로 새겨진 탁본은 단 한 편도 없고 오직 영희본 하나에서만 영희가 인용했을 뿐이다.

 <u>이를 통해 초천부는 자기 비첩에 있는 東 자 하나도 자기 손으로 직접 복원할 능력이 없다는 것을 알 수 있다. 자기가 주관적으로 만든 탁본에 동東 자 하나를 복원하지 못하는 인물이 어떻게 90자나 되는 많은 글자를 새겼다고 말을 할 수가 있느냐 하는 것이다.</u>

 또한 왕건군은 1989년 6월 5일 자에 연세대학교 국학연구원에서 행한 강연에서도 다음과 같이 주장을 한 사실이 있다.

제가(왕건군) 보기에 두 父子(초천부)는 좀 무식했던 사람인 것 같습니다. 학문적으로 글자도 많이 아는 것 같지는 않습니다.(같은 책 6쪽, 주석(3))

이와 같이 많은 청중들 앞에서 직접 공개 증언을 한 사실도 있다. 초천부 부자는 무식한 사람이라는 사실을 왕건군 스스로가 인정을 하면서도 어떻게 비문에 90여 자나 되는 오자는 모두가 다 초천부가 변조한 짓이라고 누명을 씌울 수가 있느냐 하는 것이다. 무식한 사람이 탁본을 할 경우에는 원석에 새겨진 글자를 그대로 탁본하는 작업은 할 수 있어도, 원석의 글자를 무시하고 새로운 글자로 새로이 그려서 만들어야 하는 쌍구가묵본은 한학漢學과 서예書藝의 대가大家가 아니고서는 할 수 없는 작업이다.

3) 왕 씨의 주장에 대한 총평

왕 씨가 주장하는 바를 살펴본 결과 처음의 기대와는 달리 실망이 너무 크다. 왕 씨가 올바르게 설명한 문장은 "래도해파"와 "임나일본부"라는 두 개의 문장일 뿐이고 기타의 문제들에 대하여는 그 문장들의 문의 자체를 이해하지 못하는 것이 분명하므로 단 한 가지도 추종할 가치가 없다고 하겠다.

'귀歸'자를 '궤跪'자로 교정한 것은 높이 평가할 만하다고 하겠으나 그 문의에 맞도록 번역을 하지 못하여 교정의 효과를 거두지 못하는 것은 심히 유감이 아닐 수 없다.

게다가 초전부 부자에게 "비문변조의 주범"이라는 누명을 뒤집어씌우고, "신묘년조"라는 명칭을 지우려는 주장을 펼치는 것은 신묘년조의 본질을 왜곡하려는 데서 비롯된 것이 분명하다. 이는 중국의 명예를 실추시키는 결과가 되는 것이고 일본에게만 유리한 문장이 되도록 편향되고 왜곡된 주장에 불과한 것이며, 무엇보다도 이는 우리 국민들로 하여금 분노를 일게 하는 작태이기도 한 것이다.

왕 씨의 주장에 대하여 시비곡직을 가리기 위해 평을 하다 보니 너무 심하게 한 것 같으나, 이는 다음의 결론에서 언급하는 바와 같이 후학들로 하여금 옳고 그름에 대한 취사선택을 용이하게 할 수 있도록 하기 위함이다. 또한 [표 18]에서 ⓑ를 선택하는 우를 범하지 아니하도록 시범적으로 길을 열어 주기 위함이며 논문 제도의 개선을 촉구하기 위함이라는 것을 이해하고 보아주기 바란다.

제 8 장

고구려 왕릉의 고증

1. 왕비에 대한 고증

1) 비문 하단의 기사로 광개토왕비 확인 가능

고구려가 패망한 지 700년이 지난 1369년에 주원장이 남경에서 봉기하여 파죽지세로 북상하니 북경에 있던 원나라 순제가 북경에서 쫓겨나 바이칼호로 도망쳤다. 이때 이성계 장군이 분발하여 동북의 6진을 회복하고자 길림성 간도 지방에 진출하여 두만강 북쪽 700리의 선춘령까지 점령했다. 선춘령은 고려 예종 때 윤관 장군이 점령한 우리의 땅이다. 이성계 장군은 다시 압록강의 만포진을 출발하여 진안현을 탈환하고 북으로 환인 무순을 거쳐 철령까지 점령하고 봉천, 요양, 해성, 개평성을 점령했다. 조선 성종 때 편찬한 『동국여지승람』에도 북간도와 서간도는 우리나라 영토로 기록되어 있다.

1370년 8월에 이성계 장군이 北元의 동녕부를 토벌하기 위해 출진하는 길에 이 비를 바라보면서도 금황제의 비로 오인하여 『용비어천가』에도 대금황제성으로 기록을 하였고, 1486년에 간행된 『동국여지승람』 강계도호부조에도 "황성평 거만포30리 금국소도황제묘"라고 기록하였다.

중국의 역대 왕조의 지리지의 능묘나 유물 유적 항목에도 일체의 기록이 없어 비의 존재 자체가 문헌적으로 밝혀지지 않고 있었으니 이는 1,400년 동안에 비의 하단의 비문을 읽어 본 인사가 단 한 사람도 없었다고 할 수 있다. 비의 규모가 너무 웅대하여 발판을 가설하지 않고는 윗부분의 글자는 확인하기가 어렵다 하더라도, 2m 이하에 있는 하단의 글자는 누구라도 마음만 먹으면 쉽게 확인이 가능할 것인데도 말이다. 확인이 가능한 하단의 비문을 정리하면 다음과 같다.

　제1면 제2행 25번째 이하에 "하백여랑추모왕"이라는 일곱 글자는 육안으로도 확인이 가능하고,
　제1면 제4행 33번째 글자 이하에 "광개토경평안호태왕"이라는 9자가 확인이 가능하고
　제1면 제8행 34번째 글자 이하에 "백잔신라"라는 4자도 가능하고,
　제2면 제8행 28번째 글자 이하에 "신라성"이라는 3자도 확인이 가능하고,
　제2면 제9행 31번째 이하에도 또 "신라성"이라는 3자도 확인이 가능하고,
　제3면 제2행 25번째 글자 이하에 "광개토경호태왕"이라는 7자를 확인할 수 있다.

　이와 같이 고구려와 관련이 있는 비석이라는 사실을 알 수 있는 글자가 6곳에 26자가 있다. 그런데도 비석을 세운 지 1,600년이나 지나도록 누구의 비석인지를 모르고 지내 왔다는 것은 관심을 가지고 판독을 시도해 본 사람이 단 한 사람도 없었다는 것을 말해 주는 것이다.
　만약에 회인의 주민들 중에서 향토사학자가 있어 비문의 하단부를 읽어 보았다면 고구려 광개토호태왕의 비석이라는 사실을 쉽게 알아낼 수가 있었을 것이다. 그랬다면 주민들 사이에서 회자가 되었을 것이므로 그 소문이 널리 전해졌을 가능성이 있다. 하지만 그런 사실이 없었기 때문에 김정호(1786~1856)가 변방의 국경지대까지를 현지답사하여 대동여지도를 작성할 때에도 광개토왕비의 존재 사실을 인지하지 못한 것이다.
　특히 이 지역 주민의 60%가 우리나라 평안도 지역에서 이주해 간 정착민인데도 말이다. 이때에 김정호가 비문의 아랫부분을 읽어만 보았더라도 광개토왕비라는 사실을 쉽게 밝혀낼 수가 있었을 것인데도 그러지 못한 것이 참으로 아쉬운 것이다.

　1830년(순조 30년)에 편집된 강계읍지에도 금나라 황제비라 하였고, 1860년(철종 11년)에 완성된 대동여지도에도 황제비라 하였다. 그로부터 20년 후(1877)에

관월산에 의하여 발견이 되고 1880년에 탁본이 나옴으로써 일본인 밀정에게 먼저 발견되어 비문이 변조되는 수난을 당하게 된 것이니 이 어찌 한스러운 일이 아니겠는가?

 1,400년이라는 기나긴 세월 동안이나 망각의 숲속에 파묻혀 있다가 하필이면 이런 때에 나타나 또다시 적대국 일본인 밀정의 手中으로 먼저 들어가는 비운을 맞게 된 것이다. 만약에 50년만 일찍이 우리가 먼저 발견하여 탁본을 떴다면 오늘날과 같이 비가 만신창이가 되는 수난을 당하지는 아니하였을 것이라는 아쉬움이 있는 것이다.

2. 국내성의 주산과 국강상의 위치

1) 주산과 국강상國岡上의 위치

 국내성의 주산에 대하여 살펴보고자 한다. 앞에서 이미 살펴본 바와 같이 국내성의 주산에 대하여 대개는 우산을 주산으로 간주하는 경우가 있으나 이는 크게 잘못된 판단이다. 왜냐하면 주산의 판단은 왕궁의 좌향으로 판단을 해야 하는 것이나 현재로서는 왕궁의 좌향을 알아내기가 어려우므로 국내성의 정문의 방향으로 판단을 할 수밖에 없다.

 국내성의 정문의 방향은 현재 도면상으로 볼 때 통구하의 약진교를 건너 성의 서문으로 진입하여 승리대로를 통과하여 후문인 동문으로 나가 직진하면 용산으로 이르게 된다는 것을 알 수 있다. 이로 미루어 보아 국내성의 좌향은 간좌곤향이며 이를 바탕으로 시가지가 설계된 것을 알 수 있어 왕궁의 좌향도 역시 간좌곤향이 틀림없다는 것을 알 수 있다. 따라서 서문이 곧 국내성의 정문이 되는 것이고 용산이 주산이 되는 것이고 우산은 우백호가 된다는 사실에 이론이 있을 수 없다.

 우산이 주산이 되기 위해서는 국내성에 남문이 있어야 하는 것이나 남문이 없다는 것도 우산이 주산이 아니라는 반증이 되는 것이다. 국내성의 주산은 용산(토구자산)이 분명하고 용산의 내룡을 따라 그 일직선상에 국내성이 세워진 것을 알 수 있다. 그러나 그것은 단순하게 볼 때 그렇게 보이는 것일 뿐이고 정밀하게 관찰을 한다면 그렇지 않다는 것을 발견하게 된다. 풍수 이론에 근거하여 검토를 해 본다면 장군총이 있는 위치는 조산이 되는 것이고 우산하 0540호분(이하에서는 540호분으로 약칭)이 있는 위치가 곧 국강상의 정위치가 된다는 것을 알 수 있다. 왜냐하면 장군총으로부터 비석에 이르기까지가 하나의 내룡의 연속인 것처럼 보이지만 정밀하게 살펴보면 그렇지가 않기 때문이다.

왜냐하면 장군총의 내룡은 광개토왕비 앞으로 흐르는 소하천이 이를 가로막고 있어 여기에서 단절이 되는 것이다. 광개토왕비와 540호분과 태왕릉이 있는 내룡은 장군총의 서북쪽 골짜기에서 발원하여 흘러내리는 소하천의 서쪽에서 새로운 산맥이 형성되어 내려와 용산의 산맥을 가로막고 있는 형국이다. 그러나 그 산맥이 너무 미약해서 별도의 산맥으로 인식이 되지 못하고 용산의 연맥으로 간주되기 때문에 무시되어 온 것이다.

그러나 엄밀하게 논한다면 국내성의 진정한 주산은 540호분이 있는 위치가 되는 것이고 장군총이 있는 용산은 조산이 되는 산세이며 540호분이 있는 위치가 제1의 국강상의 위치가 되는 것이고 장군총이 있는 위치는 제2의 국강상의 위치라고 해야 할 것이다. 물론 조산을 제2의 국강상이라고 말할 수는 없는 것이나 주산이 너무 미약하기 때문에 부득이하다고 하겠다.

국강상의 위치에 대하여 광개토왕 당시에도 문제가 된 것이 분명하다. 왜냐하면 제16대 고국원왕의 왕호를 처음에는 국강상왕國罡上王이라고 했다가 뒤에 고국원왕으로 개칭하였기 때문이다. 이것으로 보아 장군총이 곧 16대 고국원왕릉이라는 것을 알 수 있다.

왕호를 개칭하게 된 이유는 처음에는 그 위치를 국강상의 위치로 착각을 하고 국강상왕이라고 했다가 뒤에 그 위치는 국강상의 위치가 아니고 조산에 해당한다는 것을 알게 되었기 때문일 것이다. 그렇기 때문에 조산의 국강상의 위치이므로 그에 걸맞은 고국원이라고 개칭하는 것이 옳다는 공론에 따라 고국원왕으로 개칭한 것이 분명하다.

따라서 제1의 국강상의 위치에 있는 540호분이 광개토왕릉으로 지목이 되어야 할 조건을 모두 갖추고 있는데도 불구하고 현재까지는 단 한 번도 광개토왕릉으로 거론된 사실이 없다. 다만 2008년에 유독 정호섭 씨가 가능성을 언급했을 뿐이다.

2) 광개토왕릉廣開土王陵의 소재지

광개토왕이 승하하신 사실에 대하여 비문에는 다음과 같이 기록을 하였다.

> 왕은 천명이 다해 39세에 승하하시니 갑인년(414) 9월 29일 乙酉일에 산릉으로 옮겨 모시고 이내 비석을 세우고 훈적을 새겨 후세에 전하노라
> 昊天不弔 卅有九 宴駕棄國 以甲寅年 九月二十九日乙酉日 遷就山陵 於是 立碑 銘記勳績 以示後世焉

따라서 능비가 아닌 훈적비로 세운 것은 분명하나 비석이 서 있는 주변에는 왕릉으로 인정할 만한 능묘가 존재하지 않고 비석만이 홀로이 서 있어 현재까지도 왕릉의 소재지를 특정하지 못하고 있으니 안타까운 일이다.

이 비가 능비가 아닌 신도비나 훈적비의 목적으로 경외에 세워진 비가 분명하다면 비석의 방향이 건좌손향으로 세워져 있으므로 반드시 그 건방에 능이 있어야 하는 것이다. 그러나 비석의 건방(서북쪽)에는 왕의 능으로 인정할 만한 능이 없어 왕의 능을 특정하지 못하고 있는 것이다.

왕릉의 위치를 가늠해 볼 수 있는 것은 왕의 시호에서 추적을 할 수밖에 없다. 왕의 시호를 "국강상광개토경평안호태왕"이라고 하였다. 시법에 따르면 시호의 첫머리에 국강상國罡上이라고 한 것이 왕릉의 소재지를 의미한 것이다. 따라서 왕릉의 소재지는 국내성의 주산 아래의 국강상의 위치에 있는 것이 분명하나 국강상은 일반적인 지명을 말하는 것이 아니고 상징적으로 표현하는 지역을 말하는 것이다.

국내성에서 국강상이라고 할 수 있는 위치는 국내성의 주산인 용산(토구자산)으로부터 국내성 방향으로 흘러내리는 서남향의 내룡에서 왕릉을 설치할 수 있는 가장 높은 지점을 말하는 것으로 현재 장군총의 위치가 바로 국강상의 위치라고 할 수 있다.

그렇기 때문에 현재까지는 장군총을 광개토왕릉으로 비정해 오고 있었다. 그렇다면 비석이 현재의 위치에 있어서는 안 되는 것이고 장군총에서 손방에 있어야 하는 것이다. 하지만 장군총과 비는 아무런 관련이 없는 위치에 서 있다는 것이다.

풍수 이론에 근거하여 엄밀하게 살펴본다면 장군총의 위치는 주산의 국강상의

위치가 아니고 조산의 위치라는 것이다. 즉 현재 우산하 540호분이 있는 위치가 국내성의 주산인 동시에 국강상의 위치가 된다. 우산하 540호분이 있는 능선이 주산임에는 틀림이 없으나 그 높이가 30m에 불과하여 주산이라고 말하기도 어려운 것은 사실이다. 그렇지만 지형지세로 판단할 경우 어쩔 수 없다.

(1) 古書에 기록된 왕릉의 위치

우산하 540호분이 과연 광개토왕의 능인가를 판단하기 위해서는 등고선이 있는 지도에 의하여 정밀하게 검토를 해 보아야 할 것이다. 등고선이 있는 지도에 의하면 540호분은 정상에 있는 것이 아니다. 정상에는 자오선 방향으로 또 다른 타원형의 봉우리의 등고선이 형성되어 있다. 두 번째 등고선이 남쪽이 아닌 건좌손향의 방향으로 위치하고 있어 540호분의 방향은 건좌손향으로 설치되어 있는 것이 분명하다.

그러나 그것은 풍수 이론상 지형지세가 그렇게 형성이 되어 있다는 것을 말하는 것이다. 실제로는 건좌손향으로 설치가 되어 있지만 이를 풍수 이론에 근거하여 자좌오향으로 간주하고 자좌오향의 건좌손향의 방향은 정동쪽이 되므로 현재 태왕비가 540호분의 신도비를 세울 수 있는 정확한 위치에 세워져 있다는 것이다.

이와 같은 이론에 근거하여 훈적비는 540호분의 신도비의 목적으로 세워진 것이 분명하다는 논리가 성립되는 것이다. 이를 역으로 추적을 한다면 현재 비가 건좌손향으로 서 있어 이를 자좌오향으로 간주하고 이에서 건방을 살펴보면 정서쪽이 되는 것이다. 그리고 정서쪽으로 약 160m 지점에 540호분이 있어 이 묘가 광개토왕릉이라는 사실이 명백하게 확인이 되는 것이다.

이에 대하여 각종 고서에 기록된 기사들을 수집하여 살펴본 결과에 대하여 연도별로 기록하면 다음과 같다.

첫째, 1877년에 저술된 王志修의 『高句麗永樂太王碑考』에는 다음과 같은 태왕비와 태왕릉의 위치에 대한 기록이 있다.

Ⓐ 번역문: 비석은 고성의 동북쪽 5리쯤 되는 곳에 세워져 있으니 압록강가의 동향으로 서 있다. 높이는 2장쯤 되고 두께는 8척이 넘는다. 두께의

절반쯤 되는 머리에는 贔屭盤螭飾(머리장식)이 없다.

원석을 다듬어 4면으로 글자를 새겼는데 동으로부터 시작하여 북에서 끝맺음을 하였다. 모두 42행이고 일행에 41자씩 모두 1,722자이다. 내용은 상세하고 글자는 엄정하니 한예의 유형이다. <u>비석의 서쪽 1리쯤 되는 곳에 그의 능이 있다.</u>

원문: 碑立古城東北五里 鴨綠江岸東向 高二丈餘 寬八尺强 厚得半無 贔屭盤螭飾 就石原質 四面環刻之文 起東訖北 共42行 41字 共計 一千七百二十二字 敍事詳愼 書亦嚴整 類漢隸 碑<u>西里許卽其陵</u>

따라서 이는 우산하 540호분을 지칭하는 것이 분명하다는 것을 알 수 있다.

특히 왕지수는 1895년에 만천정사萬泉精舍에서 광개토왕비를 주제로 경시대회를 열고 영락대왕비가永樂大王碑歌를 직접 작시하여 유생들에게 시범을 보였다. 또 『영락대왕비고』를 저술하여 광개토왕의 능은 비의 서쪽 1리쯤 되는 곳에 있다는 것을 140년 전에 밝힌 것이니 신빙성이 가장 높은 기록이다. 또 다른 태왕릉이라고 전해지는 능은 비의 남쪽에 있어 논의의 대상이 아니다.

둘째, 일본의 關野貞이 1914년에 『고고학잡지』 제5권 제4호에 기고한 「만주집안현과 평양부근의 고구려시대의 유적」에서는 다음과 같이 주장하고 있다.

Ⓑ 번역문: 광개토왕비의 뒤쪽 약 200m(2町許)쯤 지점에 고분군이 있다. 그중에서 가장 큰 석총이 붕괴돼 있는데 그것이 광개토왕의 묘이다.

원문: 碑の 後方古墳 廣開土王碑の 後方に 約 2,30許の 大小の 古墳群わり, 中に 稍 大なゐ 石塚の 崩壞せる 者おれども,….

이도 역시 우산하 540호분을 지칭하는 것이 분명하다. 또 하나의 태왕릉은 비의 남쪽에 있다.

셋째, 중국으로 망명한 김택영金澤榮 씨가 1922년에 저술한 『韓國歷代小史』에는 다음과 같은 기록이 있다.

ⓒ 번역문: 묘의 크기는 1묘(240평)쯤 되고 동쪽으로 5리쯤 되는 곳에 비석이 있는데 비의 이름은 고구려 영락태왕비라고 한다. 永樂은 왕의 생시의 별호이다. (1묘畝는 240步 1步는 4방 6척 = 1,440평방척)
원문: 墓大畝餘, 東距墓五里有碑, 曰高句麗永樂太王碑, 永樂者 廣開土王之生時別稱也

이 기사도 역시 우산하 540호분을 지칭하는 것이 분명하다.
비의 위치와 명칭에 대하여 가장 정확하게 표현한 기사이다. 이 기사는 중국으로 망명하여 중국에 거주하면서 현장을 직접 살펴보고 가장 정확하게 기록한 기사로 인정된다.

넷째, 1931년에 간행된 『집안현지輯安縣志』 제114쪽에 의하면 다음과 같이 기록하고 있다.

ⓓ 번역문: 호태왕好太王의 묘墓는 국내성의 동쪽 9리쯤에 있고 호태왕비好太王碑의 서쪽 약 200보(1,200척) 지점에 있다.
원문: 好太王墓 在城東九里 好太王碑 西約二百步

이로 미루어 보아 우산하 540호분을 광개토왕릉으로 지목한 것이 분명하다.
그런데 문제가 되는 것은 "비의 서쪽 약 200步에 묘가 있다."라고 해 놓고도, 또 그 부연 설명에서는 비의 남서쪽에 있는 태왕릉과 동북쪽에 있는 장군총까지를 거론한 것이다.
여기에서 한 가지 문제가 되는 것은 묘의 위치에 대하여

첫째, 왕지수는 비의 서쪽 1리쯤 되는 곳에 묘가 있다 하였고,
둘째, 관야정은 비의 뒤쪽(서쪽) 200m(2町) 지점에 묘가 있다 하였고,
셋째, 김택영은 墓의 동쪽 5리쯤 되는 지점에 비가 있다 하였고,
넷째, 『집안현지』에서는 비의 서쪽 200步되는 지점에 묘가 있다 하였다.

이로 미루어 보아 비와 묘와의 관계에서 동쪽과 서쪽으로 표현하는 곳에는 오

직 540호분 외에 다른 묘는 없다. 따라서 540호분이 광개토왕릉이라는 것은 틀림없는 사실로 인정되는 것이다. 이때 거리에 대하여는 각각 추측으로 기록한 것이기 때문에 크게 문제 삼을 일은 아니다. 지도상의 축척 거리로는 약 160m 정도로 추정되고 있다.

앞에서 보는 바와 같이 우산하 540호분이 광개토왕릉이라는 사실을 여러 가지 고서에서 분명하게 밝히고 있다. 그런데도 이를 이해하지 못하고 현재까지도 광개토왕릉의 소재지를 특정하지 못하고 있다. 고서의 기사를 이해하지 못하는 원인은 너무 짧고 간략하게 기록이 되어 있기 때문이기도 하다는 것이다. 우산하 540호분을 정화하지도 아니하고 방치하였으므로 민간 주택들에 둘러싸여 완전히 파괴된 상태로 버려져 있다.

3) 우산하 540호분에 대한 고증

이곳은 희귀한 지형일 뿐만 아니라 다른 지역에 비해 귀족들의 묘군이 형성되어 있었다. 그러나 세월이 지남에 따라 묘군들마저 사라지고 서민들의 주택이 밀집되어 달동네를 이루고 있다. 이것으로 볼 때 아마도 이곳이 옛날부터 명당지로 이름이 나 있었던 듯하다. 그렇기 때문에 귀족들의 묘와 서민들의 주택이 집중적으로 몰려들어 더욱 심하게 묘가 파손 된 것 같다.

더욱이 고구려가 멸망한 뒤로 각국의 정부에서 관리를 방치한 상태이기 때문에 540호분 주변은 물론이고 태왕릉과 비석의 주변까지도 서민들의 주택이 들어차 있던 것이다. 1997년에 이르러서야 중앙정부에서 정비에 나서 태왕릉과 비석 주변의 서민 주택들을 모두 철거하였으나 540호분의 주변은 정비하지 아니하고 방치하여 현재까지도 정화되지 않고 있는 상태다.

540호분은 6기의 묘군 중에 하나이기 때문에 왕릉으로 인정될 수 없다고 하는 경우도 있다. 그러나 6기의 묘가 고구려 당시에 축조된 묘인지 아니면 고구려가 멸망되고 1,600년 동안에 관리자도 없이 방치됐던 시대에 명당지로 소문이 나 불법으로 투장된 묘인지를 어떻게 구별할 수가 있겠는가.

또 혹자는 540호분이 태왕릉의 경계에 너무 가까이 설치된 것을 문제로 지적하기도 하나 540호분은 평탄지에 있는 것이 아니고 구릉지 정상에 위치하고 있기 때문에 그 위치를 벗어날 수는 없다. 애당초 왕릉으로서 위엄을 갖추어 단일

묘구로 보전이 되다가 고구려가 멸망되고 관리인도 없이 무주 상태로 방치되자 명당지를 추구하는 모리배들에 의해 투장된 묘일 가능성이 있는 것이다. 또 몇 백 년이 지나 그 묘주들이 몰락한 후에는 그 묘들은 자연스럽게 파손되고 민가들이 대신 들어서서 달동네를 이룬 것으로 보인다.

140년이나 지난 현재까지도 우산하 540호분이 광개토왕릉일 것이라는 비정이 단 한 번도 거론되지 않았다는 것은 앞에서 이미 거론한 고서들이 모두 순 한문으로 작성이 되어 있기 때문일 것이다. 그렇기에 이를 해독하지 못해 현재까지도 태왕릉을 특정하지 못하고 있는 것이 분명하다.

이제부터라도 제1의 국강상의 위치는 540호분이 있는 위치로 인식을 전환하고 장군총이 있는 위치는 조산의 위치로 인식을 전환해야 한다. 이를 달리 표현하면 540호분이 있는 산맥을 국내성의 주산이라고 해야 한다는 것이다. 그러나 그 능선이 너무 미약하고, 장군총과 비가 서 있는 내룡과의 사이에 작은 수로 하나만으로 경계를 이루고 있어 안산이라고 말하기도 어렵고, 국내성의 주산이라고 말하기도 어려운 희귀한 지형임에는 틀림이 없다.

따라서 이제부터라도 우산하 0540호분을 광개토태왕릉으로 지정하여 주변을 정화하고 새로이 치산을 하여 보전하는 것이 가장 사실에 부합되는 합리적인 방법이라고 할 것이다.

대개의 기록에는 540호분이 있는 위치를 독립된 내룡으로 보지 아니하고 장군총 내룡의 연장선상의 평탄지에 있는 것으로 보는 경우가 있다. 그리하여 이를 등고선이 있는 지도에 의하여 정밀하게 살펴보고자 한다.

등고선이 없는 평면지도에 의하면 광개토왕비와 540호분과 태왕릉이 모두 평탄지에 있는 것처럼 보이지만 등고선이 있는 지도와 위성사진으로 살펴보면 그렇지 않다는 것을 알 수 있다.

등고선이 있는 도면에 의하면 540호분의 서북쪽의 산봉우리가 더 높았다. 그러나 그곳은 황토의 취토장이 되어 주변에서 건축을 할 때마다 황토를 파내었다. 이로 인해 높았던 지형이 흔적도 없이 사라지고 현재는 540호분의 지형보다도 오히려 더 낮은 지형으로 변해 있다.

540호분의 내룡은 두 물줄기, 즉 하나는 장군총 옆 골짜기에서 발원하여 비석 앞으로 흐르는 실개천이고 또 한 물줄기는 백년사로 넘어가는 고개 밑에서 발원하여 태왕릉 옆으로 흐르는 동천東川 사이로 형성된 소형산맥이다. 540호분이 있는 지점에 이르러 약간 솟아올라 소형 구릉을 이루고 그 정상에 540호분이 건좌손향乾坐巽向으로 설치되어 있다. 다시 남쪽으로 완만하게 흘려내려 그 아래에 태왕릉이 있는 지점에서 끝이 나는 내룡이다. 그 폭은 대략 500m에 불과한 소형 구릉지대의 내룡을 독립적으로 형성하고 있어 평탄지가 아니라는 것을 알 수 있다.

그곳이 평지라면 540호분이 있는 주변의 주택들은 모두가 다 같은 한쪽 방향으로만 향해 있어야 하는 것이다. 그러나 위성사진에서 보는 바와 같이 540호분을 중심으로 타원형의 동서남 방향으로 각각 달리 건축된 것으로 보더라도 상당한 높이의 구릉지대 위에 있다는 것을 알 수 있다. 달동네를 연상케 하는 구릉지대 위에 있는 것이 분명하다.

동쪽 경사지에는 1997년 이전까지 주택이 들어차 있었으나 1997년에 태왕릉과 비석의 주변을 정화하면서 모두 철거되었다. 그러나 540호분 주변은 철거하지 아니하고 현재까지도 방치되고 있다. 이와 같은 지형지세로 볼 때 540호분이 있는 이곳이 가장 높게 솟아 있는 구릉지대가 틀림없으므로 제1의 국강상國岡上의 위치라고 해도 무방하여 광개토왕릉으로 비정하는 데 무리가 없다고 하겠다. 그러나 현재까지는 이곳을 별도의 내룡으로 인식하지도 아니하고 장군총 내룡의 연장으로 보아 온 것이 사실이다.

이를 바꾸어 말하면 장군총의 우백호가 길게 흘러내려 장군총의 앞을 가로막고 감싸안은 안산의 형국이 되어 있고 국내성은 그 안산 밖에 건설된 것이니 참으로 기이한 산세이다. 그러나 그 형세가 너무 미약하여 안산 구실도 못 하고 국내성의 주산 구실도 못 하는 존재로 있었던 것이다.

이 산세의 형국은 계룡산 신도안의 형국과 꼭 같으나 다만 국내성의 540호분의 주봉은 30m에 불과한 반면에 계룡산 신도안의 임금봉의 높이는 400m에 이르고 있어 그 높이가 주봉으로서의 규모를 갖추고 있다는 것이 다르다. 따라서 신도안에 도읍을 정한다면 국내성의 100배의 효력이 발휘된다는 것이다.

540호분의 위치를 30m라고 기록한 것은 등고선의 높이를 확인할 수 없기 때문이다. 지도상에 등고선이 10개 정도가 그려져 있다. 이를 우리나라의 등고선의 높이인 20m로 계산할 경우 200m가 된다. 그러나 필자의 시각으로 30m 정도로 보이기 때문에 3m로 추정한 것이니 등고선의 고도에 대한 교정이 있기를 기대한다.

4) 540호분의 규모에 대하여

비와 가장 가까이에 있는 능묘는 비의 서쪽 160m 지점에 있는 540호분이다. 그 규모는 39m × 39m × 9m가 되는 능묘로서 왕릉으로 인정하기에 부족함이 없어 제1순위로 꼽혔어야 할 묘이다. 그러나 현재까지도 이를 왕릉의 범주로 거론조차 되지 아니하고 오히려 왕족묘로 분류하는 것은 참으로 괴이한 현상이다.

왕릉으로 거론되지 않는 이유가 능의 규모가 왕릉급에 미치지 못하기 때문이라고 한다. 그리하여 왕족묘로 분류한다고 하였다. 그러나

부친인 고국양왕의 능은 55m×55m×9m이지만,

조부인 소수림왕의 능은 38.5m×36.1m×6.5m이고,

증조부인 고국원왕의 능은 38m×38m×6m이다.

이로 미루어 보아 부친의 묘가 조부와 증조부의 묘보다 더 크게 조성된 것에 대하여 심히 불경스럽게 생각하고 자기의 묘는 조부와 증조부의 묘보다도 더 작게 조성하고자 유명을 내린 것 같다.

따라서 능의 규모는 35m×35m×6m로 확정하는 것이 왕의 유지를 받드는 도리가 될 것이다.

또, 묘가 평지에 있어 국강상에 해당하지 않기 때문이라고도 한다. 그러나 능의 규모는 각 보고서마다 달리 기록이 되었으며 가장 크게는 39m×39m×9m로 기록이 되었다. 이는 왕릉으로 분류하는 데 부족함이 없다고 할 규모인데도 이를 왕릉의 규모에 미치지 못한다는 이유로 귀족묘로 분류한다고 하니 무슨 의도인지 알 수가 없다.

540호분의 규모를 보고서마다 달리 주장하는 기록을 살펴보면 다음과 같다.

① 2002년도 「JYM0540분의 규모에 관한 洞溝古墳群보고서」 39m×39m×9m,
② 2004년도 『集安高句麗王陵』(吉林省文物考古硏究所 編著) 35m×35m×6m,
③ 2007년도 『高句麗王陵統鑒』(張福有, 香港亞洲出版社) 35m×35m×5m,
④ 2009년도 『吉林集安高句麗墓葬報告書』(吉林省文物 考古硏究所 編著)에서는 34.5m×31.5m×5.2m로 표시하고 있다.

이상에서 보는 바와 같이 540호분의 규모에 대하여 4개 보고서에서 각각 달리 주장하고 있음을 볼 수가 있다. 그러나 아무리 심하게 파손된 묘라 하더라도, 단의 수와 높이는 일정하게 예측할 수 없다 하더라도, 밑변의 길이만은 다를 수가 없다. 그런데도 보고서마다 규모를 달리 기록하고 있으니 그 조사 방법이 어떠했기에 각각 다른 수치로 보고가 되느냐는 것이다. 아무리 파손 상태가 심하다 하더라고 4차에 걸친 측정에서 매번 다른 수치로 측정이 될 수는 없는 것이다.

부장품도 별로 없고 초라하기 때문이라는 주장도 있으나 540호분은 다른 왕릉들과는 달리 달동네의 한가운데 정상에 위치하고 있다. 즉 어린이들의 놀이터가 되어 매일같이 어린이들이 드나들어 부장품이 남아 있을 수가 없었을 것이다. 따라서 540호분에 대하어는 유류품으로 논힐 수는 없는 싱태다.

또한 제대가 없어서 왕릉으로 인정이 될 수 없다고 주장하는 경우도 있으나 위성사진에 의하면 제대가 있어야 할 위치인 능의 북쪽은 도로와 주택이 들어서 있어 모두 흔적도 없이 사라졌다. 동쪽에는 주택이 봉분까지 연접하여 세워져 있고 그 주택 밖으로 제대나 배장묘가 설치될 수 있는 공간에 계좌정향癸坐丁向으로 약 50m의 일직선의 유구가 남아 있으며 그 밖으로 도로가 개설이 되어 있다. 그런데도 각종 왕릉조사보고서에서는 그 유구에 대하여는 일체 언급이 없다.

정부나 단체에서 조사를 시작한 것은 540호분의 묘역과 봉분까지도 모두 파괴되어 흔적이 거의 다 사라진 뒤인 1997년이다. 그때에야 조사가 시작되어 파괴되기 이전의 기록이나 사진, 유물, 도면 등 모습은 일체 남아 있는 것이 없다. 즉 540호분의 이전의 실체는 확인할 길이 없는데도 어떻게 제대가 없다고 단정할 수가 있겠는가?

특히 540호분 가까이에 잡다한 묘들이 근접해 있어 왕릉일 수가 없다고 하나 이 묘들은 고구려와 발해가 망국이 된 이후 만주 지방의 봉금이 해제될 때까지 800년 동안이나 돌보는 이 하나 없어 폐묘가 된 곁에 마구 투장된 것이 분명하다. 이런 사실을 고구려 당시에 설치된 묘로 간주하는 것은 옳지 못하다.

3. 훈적비와 주변의 능묘와의 관계

1) 태왕릉과의 관계

훈적비와 가장 근거리에 있는 것으로 느껴지는 태왕릉과의 거리는 약 350m가 된다. 훈적비는 태왕릉의 서북쪽 350m 지점에 있는 것이니 훈적비와 태왕릉과의 관계는 논급할 대상도 아니다. 그러므로 태왕릉을 광개토왕릉으로 비정하는 것은 성립이 될 수 없는 이론이다. 앞에서 언급한 고서에서의 기록과 같이 왕의 능은 비의 서쪽에 있어야 하는 것이다.

(1) 태왕릉의 피장자는 동천東川王으로 비정하는 것이 타당하다

『삼국사기』에 기록하기를 "왕이 돌아가시므로 시원에 장사하고 동천왕이라 호하였다."라고 하였으니 태왕릉이 동천에 가장 근접해 있다는 것이다. 또한 그 아버지가 산상왕 그 아들이 중천왕中川王, 그 손자가 서천왕西川王인 것으로 보아도 동천왕이 분명하다. 이로 보아 산상왕으로부터 동천왕, 중천왕, 서천왕 등 4대의 능이 일직선상에 배치된 것도 우연이 아닐 것이며 능의 규모도 모두 일정하게 최대 규모로 동일하다는 것이다.

그런데 시원柴原이라고 이름이 붙여진 것은 묘의 위치가 고산지대의 불량한 토질의 지대가 아니고 평원지대에 있어 토질이 양호하여 나무가 무성하게 숲을 이루고 있기 때문일 것이다. 특히 1913년 조사 시에 "願太王陵 安如山固如岳"이라는 명문 벽돌이 출토되어 태왕릉이라고 명명하게 된 것으로 보아 백성들로부터 가장 높은 숭배의 대상으로서 순사자가 가장 많은 왕이다. 따라서 그 참배객들의 발길이 끊이지 아니했을 것이므로 자기의 소원을 돌에 새겨 무덤 앞에 묻거나 놓아두었을 것이다. 명문 벽돌도 그중에 하나일 것이며 왕호를 높여 태왕이라 기록하여 태왕릉으로 호칭하게 된 것이 분명하다.

그러나 현재에는 태왕릉의 옆으로 흐르는 동천의 규모가 중천이나 서천에 비해 실개천에 불과하여 동천이라 말할 수 없다는 주장이 있기도 하다.

그러나 동천이란 현재의 상태를 말하는 것이 아니고 능묘를 설치하던 당시의 상태를 말하는 것이다. 국내성의 동쪽에 있는 하천 중에서 4~5km가 되어 북쪽 끝에서 남쪽으로 관통하여 장마철에는 상당량의 물이 흘러 압록강으로 합류하는 가장 큰 하천임에는 틀림이 없어 동천이라고 명명하는 것에 부족함이 없다.

2) 장군총과의 관계

앞에서 언급한 고서에서 보는 바와 같이 왕의 능은 비의 서쪽에 있어야 하는 것이다. 그런데 장군총은 비의 북동쪽에 있다. 따라서 장군총은 왕의 능으로 비정될 수가 없는 것이다.

장군총의 신도비를 세워야 할 입지는 장군총에서 손방(동남쪽), 즉 장군총의 뒷산 밑으로 통과하는 터널의 남쪽 입구 삼거리 주변에 있어야 하는 것이다. 그런데 신도비는 삼거리에 있지 아니하고 현재의 위치, 즉 장군총으로부터 서남 방향에 위치하고 있어 장군총과 훈적비와는 상관관계가 성립되지 않는다.

현재 비는 장군총의 좌향인 서남향, 즉 간좌곤향의 일직선상에 위치하고 있다. 현재의 위치를 묘정으로 간주하고 비를 묘정에 세운 것으로 가정해 볼 수도 있으나 비의 앞으로 흐르는 소하천의 수계로 인하여 장군총과의 연관성이 단절되어 그것도 아니다.

만약에 비각 앞의 소하천을 건너가기 이전에 세웠다면 장군총의 묘역으로 간주하는 데 무리가 없었을 것이라고 할 수도 있으나 수계를 건너가서 세웠기 때문에 애당초부터 장군총과는 관계없이 세워진 것이고 장군총과 일직선상에 세워진 것은 우연의 일치일 뿐 어떤 목적에 의하여 의도적으로 일직선상에 세운 것은 아닌 것이다. 따라서 장군총이 광개토왕릉일 것이라는 비정은 성립될 수 없다.

(1) 장군총의 피장자는 고국원故國原으로 비정하는 것이 타당하다

장군총의 피장자는 고국원왕으로 비정하는 것이 가장 합리적이다. 왜냐하면 고국원왕의 초기 왕호는 국강상성태왕이었기 때문이다. 객관적으로 볼 때 누가 보더라도 장군총의 위치가 국강상의 위치로 간주되는 곳이므로 처음에는 그렇게 인정을 하고 국강상왕이라고 하였으나 뒤에 540호분이 있는 위치가 국내성의 주산이 되고 국강상의 정위치가 된다는 사실이 밝혀지고 장군총의 위치는 조산에 해당된다는 사실이 밝혀짐으로써 국강상왕의 왕호를 고국원왕으로 개칭한 것이 분명하다.

특히 고국원이라는 명칭도 국도의 근원이 되는 조산의 능선이라는 의미를 담고 있어 조산의 국강상의 위치라는 의미가 되는 것이다. 따라서 국강상왕으로 했다가 고국원왕으로 개칭한 것은 지극히 당연한 개칭이다.

4. 왕호와 장지와의 관계

1) 각 왕릉의 비정에 대하여

고구려 28왕의 능묘에는 피장자의 신원을 확인할 수 있는 문물이나 명문 기록이 모두 도굴이 되어 남아 있는 것이 일체 없다. 그렇기 때문에 피장자의 신원을 확인할 방법이 없다. 따라서 연구자들의 토론으로 추정하여 비정할 수밖에 없어 사실과 다른 경우가 허다하여 안타까움을 금할 수 없다.

그러나 앞으로 밝혀질 희망이 없는 경우라면 추정으로라도 일찍이 확정을 했어야 할 것이나 그러지 아니하고 고구려가 멸망한 지 천 년이나 지나도록 갑론을박을 하고 있는 것은 학자로서 취할 도리가 아니다. 밝혀질 수 있는 가능성이 단 1%라도 있는 문제라면 끝까지 추적을 해서라도 밝혀야 하겠지만, 그럴 가능성이 전혀 없는 문제라면 단호히 결단을 내려 매듭을 짓는 것이 도리인 것이다.

그 대표적인 예가 고구려를 세운 동명성왕의 능을 오늘날까지도 확정하지 못하고 논란을 벌이고 있다는 것이다. 이는 동명성왕이 환생하여 "내가 여기에 있노라."라고 질책을 하기 이전에는 어느 누구도 밝힐 수 없는 문제이니 이는 진즉에 추정으로라도 확정을 하여 논란이 없도록 했어야 했다.

560년에 고구려의 평원왕이 졸본에 있는 동명성왕릉을 찾아가 제사를 올렸다는 기록을 마지막으로 하고 그 후로는 언급이 없다. 그 이후로 평양으로 이장을 모신 것이 분명하나 기록이 없어 연도를 확인할 수 없을 뿐이다. 『고려사』 지리지와 『조선왕조실록』에도 이미 동명왕의 능과 사당이 평양 용산에 있어 조선의 고종 28년, 즉 1891년에 사초를 모셨다는 기록이 명기되어 있는데도 이제 와서 실전되어 미상未詳이라고 논란을 야기하는 것은 도리가 아니다.

중국에서는 집안시 용산의 속칭 장군총을 동명왕릉으로 비정하다가 이제 와서는 장수왕릉으로 비정하고 있으니 이는 무례의 극치이다. 왜냐하면 그의 아버지인 광개토왕이 412년에 사망하고, 비석을 414년에 세웠으며, 묘는 우산하 540호분으로 비정이 되고 있다. 그런데 아버지의 능과 비석이 있는 상단에 아들의 묘를 설치했다는 것은 있을 수 없는 일이다.

장수왕은 491년 12월에 평양에서 사망하여 평양의 경신리 1호분에 장사된 것으로 인정하는 것이 옳은 것이며 그곳의 지명을 장수원이라고 명명한 것도 이를 입증하고 있는 것이다.

현재에는 장군총을 광개토왕릉으로 비정하는 경우가 있으나 비석과의 입지 조건과 부합되지 않아 이도 성립이 될 수 없는 것이다. 광개토왕의 능은 540호분으로 비정하는 것이 가장 타당한 것이다.

2) 장지명과 왕호에 대하여

고구려의 왕호 중에 일부는 장지명을 왕호로 하는 특이성을 보이고 있다. 왕호에 적용한 지명은 고국천왕(9대), 고국원왕(16대), 고국양왕(18대), 국강상왕(19대), 등이 있고, 산상왕(10대), 봉상왕(14대), 등이 있고, 동천왕(11대), 중천왕(12대), 서천왕(13대), 미천왕(15대), 모본왕(5대) 등 11개 능이 있다. 그러나 왕호에 적용된 지명이 실지로 사용되는 지명이 아니고 상징성으로 표현한 지명이기 때문에 정확한 위치를 알 수가 없다. 이에 모든 왕들의 장지를 특정하지 못하여 안타까움을 더하고 있어 이를 밝히고자 한다.

앞에서 제시한 28왕 중에서 11개 왕릉이 확정된 소재지가 아니고 여러 연구자들의 난상 토론으로 추정한 장지이기 때문에 사실과 다른 왕릉이 있을 수 있다는 것이다. 고구려의 왕릉에는 피장자의 신원을 확인할 수 있는 명문 기록이 일체 없기 때문에 우리들이 단지 추정할 수밖에 없는 것이다.

그 한 가지 예로 "동천왕의 능을 시원에 장사하였다."라고 하였으나 '시원'이라는 지명을 찾을 수가 없어 특정하지 못하고 있다. 현재까지 우리가 칠성산의 871호분과 용산의 임강총으로 비정하고 있으나 이는 어불성설이다.

왜냐하면 왕호가 동천왕이라면 당연히 국내성의 동편에 있는 동천에 근접한 곳에 있어야 할 것인데도, 칠성산의 871호분은 중천이라고 하는 통구하에 근접해 있고 임강총의 주변에는 하천도 없는 산상에 있다. 그런데 어떻게 동천왕이라는 왕호가 부여될 수가 있느냐 하는 것이다.

국내성의 동쪽에는 중천이나 서천과 같은 대형 하천이 없으므로 동천은 없는 것으로 간주할 수도 있으나 동천왕이라는 왕호가 존재하는 한 동천이 없는 것으로 상정할 수는 없는 것이다.

국내성의 동쪽에서 동천을 찾고자 한다면 현재 백년사로 넘어가는 고개 밑에서 발원하여 태왕릉 옆으로 흐르는 소하천이 비록 규모는 작다고 하지만 하천의 물이 흐르고 있는 것은 분명한 사실이다. 그렇기 때문에 당시에도 이를 유일한 동천으로 인정하고 동천왕으로 명명한 것이 분명하다고 할 수 있다.

따라서 이 동천에 가장 가까이에 있는 유일무이한 태왕릉(우산하 0541)이 아니고서는 달리 상정할 수가 없다.

[표 28] **국내성시대 왕릉의 소재지**

代	왕호	기간	능의 규모	「삼국사기」 기사	필자의 새로운 비정(고딕체)	왕릉통고 비정
1	鄒牟王 동명왕	B.C. 37~19	41m×45m×7.2m	龍山에 장사	초창 홀본 용산 560년 이후 평양의 용산으로 이장	만강루 4호
2	瑠璃王 추모왕의 아들	19~A.D. 18	37m×28m×4.5m 전창 36호분	豆谷 東原에 장사	**전창 36호분** 우산의 서편판 1세기	전창 0호
3	大武神王 유리왕의 3자	18~A.D. 44	46m×30m×4m 마선 2378호	大獸林原에 장사	**마선지구 2378호분** 높은 언덕 정상 절벽 1세기	마선 626호 1세기
4	閔中王 대무신왕의 아우	44~48	閔中原의 石窟,	민중원에서 사냥 閔中原 石窟에 장사	閔中原의 石窟	石廟子 石窟
5	慕本王 대무신왕의 원자	48~53	41m×48m×5m 건강촌 626호	慕本原에 장사 弑害者 杜魯의 고향	**건강촌 626호** 높은 언덕의 경사지 1~2세기	마선 2381호 1세기
6	太祖大王 유리왕의 손자	53~146	48m×40m×9.2m 칠성산 871호분	146년 遂成에 禪位	**칠성산 871호분** 산기슭 경사지 2세기	칠성산 871호 2세기
7	次大王 태조의 아우	145~165	18m×18m×2.1m 마선 2381호분	答夫가 弑害하고 차대왕이라 함	**마선 2381호분** 2378호 위 2세기	마선 2378호 1세기
8	新大王 태조왕의 아우	165~179	35m×29m×3m 전창 1호분	故國谷에 장사	**전창 1호분**	전창 36호분 1세기
9	故國川王 신대왕의 2자	179~197	66.5m×45m×5.5m 우산하 2110호	故國川原에 장사	**우산하 2110호분** 완만한 경사지. 이때부터 장지명을 왕호로 사용하는 제도를 시행함	우산 2110호 남대묘 2세기
10	山上王 고국천왕의 동생	197~227	70m×60m×4.5m 임강총 용산	山上陵에 장사	용산하 상단 **43호** 속칭 임강총 절벽 아래로 압록강이 흐르고 있어 산의 정상으로 느껴지는 위치	임강총 4세기
11	東川王 산상왕의 아들	227~248	66m×66m×14.8m 우산 541호 태왕릉	柴原에 장사	**용산하 541호분** 247년에 평양성을 쌓고 다음 해에 죽어 시원에 장사 속칭 **태왕릉**	蒿子溝 1호 4세기
12	中川王 동천왕의 아들	248~270	66m×58m×7m 칠성211호	中川原에 장사	**칠성산 211호분** 완만한 경사지	전창 1호 3세기
13	西川王 중천왕의 2자	270~292	85m×80m×11m 천추총	西川之原에 장사	**마선구 1000호분** 모용의가 도굴함 도망 속칭 **천추총**, 낮은 평탄지 4세기 고국천왕까지의 규모가 모두 最大	칠성산 211 중산에 있음 4세기
14	烽上王 서천왕의 태자 폐위 자살	292~300	30m×30m×3m 마선707	烽山之原에 장사 國相 創造利가 弑害	**마전 707호분** 山麓 高地 4세기 전, 폐위왕이라 규모 축소	마선 2100호
15	美川王 봉상왕의 동생 졸고의 아들	300~331	30m×30m×5m 속칭 황니강대총	美川之原에 장사 모용황이 342년에 도굴해 간 유해를 344년에 찾아옴	**황니강대총** 장군총 서쪽 골짜기에서 발원하여 태왕비 앞으로 흐르는 徽川	서대총 평양 이장 북대묘 4세기
16	故國原王 미천왕의 태자	331~371	38m×38m×6m 용산 1호분 장군총	故國之原에 장사 조산의 꼭강상의 위치 고국지원과 부합되는 명칭	**용산하 1호분** 제2의 國岡上지점 속칭 **장군총** 산중턱 구릉지 4세기 371년 10월 백제군이 평양성을 공격하여 전사	우산 992호 안악 3호설 5세기
17	小獸林王 고국원왕의 태자	371~384	38.5m×36.1m×6.5m 992호분	小獸林에 장사 4세기	**우산하 992호분** 부왕의 묘와 상망지점, 규모동일	천추총 4세기
18	故國壤王 소수림왕의 동생	384~391	55m×55m×9m 서대총	故國壤에 장사	**건강촌 500호분** 속칭 서대총 산기슭 경사지 4세기	우산 540호 4세기 초
19	廣開土王 고국원왕의 아들	391~413	39m×39m×5.8m 우산 540호		**용산하 0540호분** 마을중심 작은 구릉지 상단 4세기 후	태왕릉 5세기
계	19왕	450년간				

[표 29] **고구려 평양시대 왕릉의 소재지**

	왕호	기간	묘의 형식	기존 피장지	비고	중국에서의 추정한 장지
20	長壽王 광개토왕의 아들	413~491	무단 봉토분	평양 경신리 1호분	427년 평양으로 천도 (98세에 사망) 491년12월 사망 장수원에 장사	지안시 용산의 장군총을 장수왕릉으로 비정하는 것은 어불성설
21	文咨明王 장수왕의 손자	491~519	무단 봉토분	평양 진파리 4호분 전 동명왕릉	문자명왕이라 호하였다.	우산하 2112호분 직경 40m 고 8m
22	安藏王 문자명왕의 태자	519~531	무단 봉토분	평양 진파리 1호분 토포리대총	안장왕이라 호하였다.(521) 王幸辛本祀始祖墓	우산하 2101호분 오회분1호 직경 30m 고 8m
23	安原王 안장왕의 아들	531~545	무단 봉토분	평양 호남리 사신묘	안원왕이라 호하였다. 성문리 호남부락	우산하 2102호분 오회분2호 직경 55m 고 15m
24	陽原王 안원왕의 태자	545~559	무단 봉토분	평양 진파리 7호묘? 전동명왕릉 고분1호	양원왕이라 호하였다.	우산하 2114호분 직경 28m 고 7m
25	平原王 양원왕의 태자	559~590	51.60m	전동명왕릉 고분9호	평원왕이라 호하였다. (560)王幸辛本祀始祖墓	우산하 2113호분 사신총 직경 35m 고 8m
26	瓔陽王 평원왕의 아들	590~618	45.45m	평양 강서 대묘	영양왕이라 호하였다.	우산하 2103호분 오회분3호 직경 35m 고 8m
27	榮留王 영양왕의 서자	618~642	40.90m	평양 강서 소묘 (중묘는 대왕묘)	연개소문에 피화	우산하 2104호분 오회분4호 직경 28m 고 8m
28	寶藏王 왕족으로 계대	642~668		중국 서안	682년 유배지 중국 공주(邛州)에서 사망 頡利墓 左편에 장사하고 비를 세웠다.	대왕릉 우산하 2105호분 오회분 5호 직경 25m 고 8m
계	9왕	B.C. 413~ 668 255년				평양시대의 왕릉은 평양에 있다. 국내성으로 귀장했다는 주장은 어불성설이다.

5. 역대 왕릉의 소재지

1) 동명왕릉의 소재지

  동명성왕은 홀본에서 사망하였다. 홀본의 용산에 그의 능을 세우고 치제를 해온 것은 사실이나 그의 아들 유리왕의 능은 국내성에 있다. 또 장수왕이 427년에 도읍지를 다시 평양으로 천도를 함으로써 홀본과의 거리가 더욱 원격하였다. 장수왕이 천도를 하면서 동명왕릉도 함께 이장을 하고자 하였으나 뜻을 이루지 못하였다. 평원왕이 2년(560년)에 성묘한 것을 마지막으로 하여 그 당시의 교통상의 불편 등으로 인하여 새로운 도읍지인 평양으로 이장한 것이 분명하다. 따라서 『고려사』 지리지와 『조선왕조실록』에도 이미 동명왕의 능과 사당이 평양시

역포구역 용산리 용산에 있다 하였고 조선의 고종 28년, 즉 1891년에 개축이 되고 능의 규모는 직경이 34m, 높이가 11m로 북한의 문화유물 제36호로 지정되었다. 1994년에는 북한에서 대대적인 개축을 시행하여 고구려의 시조 동명왕릉의 성역화 작업을 완성하였다.

현재 중국에서 망강루 4호분을 동명왕릉이라고 주장하는 것은 잘못이다. 따라서 망강루 4호설에 대하여는 단호하게 부정을 해야 하는 것이다. 이와 같은 문제가 야기되는 것은 우리가 단호하게 결단을 내려 확정하지 못하고 논란만 벌이고 있었기 때문이다. 장수왕 이하의 왕들의 무덤을 모두 집안시로 귀장했다는 중국의 주장에 빌미를 준 것이다.

고구려의 마지막 수도가 평양에서 200년 동안이나 유지되어 왔는데도 왕릉의 존재 사실 하나도 확보하지 못하고 우유부단한 논란만 벌이는 것이 논문제도의 부실 때문이다. 몇백 년, 몇천 년이나 지나 새로운 자료가 발견될 희망이 없는 일이라면 일찍이 결단을 내리고 확정을 해야 사실로 굳어질 수 있는 것이다. 그런데도 불구하고 결단을 내리지 못하고 논란만 벌이고 있었기 때문에 모두를 잃게 되는 우를 범하게 되는 것이다. 따라서 논문제도의 개선이 필요하다는 것이다.

2) 유리명왕릉의 소재지

유리명왕에 대한 『삼국사기』의 기록에 의하면 "B.C. 19년에 즉위하고, A.D. 3년 10월에 국내성으로 천도를 하고, 위나암성을 축조하였다. A.D. 10년 7월에 두곡豆谷에 이궁(만보정기지일 가능성)을 지었다. A.D. 17년 7월에 두곡豆谷에 행차하여 10월에 두곡의 이궁에서 돌아가시므로 두곡의 동원에 장사하였다."라고 하였다.

그러나 유리왕의 능에 대하여 현재까지는 전창지구 0호분으로 지목을 하였으나 0호분의 소재지는 두곡의 동원이라고 표현될 수 있는 위치가 아니다. 왜냐하면 0호분의 위치는 우산의 최남단 초입 밖에 해당되고 국내성의 북쪽에 위치하고 있어 오히려 "국내성의 북원에 장사하였다."라고 표현이 되어야 할 위치라는 것이다.

특히 유리왕은 "A.D. 17년 7월에 두곡豆谷에 행차하여 10월에 두곡의 이궁에서 돌아가시므로 두곡의 동원에 장사하였다."라고 한 것으로 보아 국내성은 본궁이 되는 것이고, 두곡의 이궁은 여름철의 별장과 같이 이용되는 이궁이라는 것을 알 수 있다. 본궁과는 상당한 거리가 있는 것이 분명하다. 따라서 두곡의 동원이라고 하는 것은 두곡에서 36호분으로 비정하는 것이 가장 합리적이라고 판단된다.

3) 제9대 고국천왕故國川王의 장지에 대하여

고국천왕은 신대왕의 둘째 아들로 고구려 제9대 왕이다. "197년 5월에 왕이 돌아가시므로 고국천원 장사하고 고국천왕이라 호하였다."라고 하였다. 그러나 고국천이라고 하는 하천은 현존하지 않는 하천명이다. 그렇기 때문에 고국천이 어느 하천을 지적하는 것인지를 가늠하기가 어려운 것이다. 현재까지 고국천왕릉으로 지목되어 오는 곳은 전창 36호분과 칠성산 871호분과 우산 2110호분 등이다. 그러나 전창 36호분과 칠성산 871호분은 서천이 아닌 중천, 즉 통구하 주변에 있는 것이 분명하므로 논의의 대상이 되지 못하고 오직 우산하 2110호분만이 가능한 것이다.

국내성에서 국천이라고 지적할 수 있는 하천은 우산의 동쪽 우산촌 골짜기에서 발원하여 오회분을 지나고 우산하 2110호분을 지나는 물줄기이다. 그 물줄기에 국내 시가지의 당수塘水라는 연못의 물이 합류가 되고 또 荷花泡(연꽃연못, 연화공원)라는 연못의 물줄기도 합류하게 된다.

이 하천은 동서로 관통하고 국내성 동문 앞의 열화교閱花橋(연꽃다리)라는 다리를 지나 국내성의 남쪽 성벽을 통과하고 통구하와 합류하여 압록강으로 유입된다. 비록 그 하천의 길이는 짧다고 하더라도 수량은 풍부하다. 국내성 시가지를 동서로 관통하는 하천이므로 고국천故國川이라고 명명하는 것에 부족함이 없는 하천이다.

그러나 현재까지는 이 하천을 찾아내어 고국천이라고 명명한 경우가 단 한 건도 없었다. 필자가 최초로 찾아내어 고국천이라고 명명하는바, 이 하천에 근접해 있는 우산하 2110호분을 고국천왕의 무덤으로 비정하는 것이니 가장 사실에 부합되는 비정이라고 할 수 있다.

이로부터 16대 고국원왕까지 8대 동안에는 모두가 장지를 왕호로 삼은 것을 [표 29]에서 확인할 수 있다. 왕릉의 규모에 있어서도 9대 고국천왕으로부터 13대 서천왕까지의 왕릉의 규모가 가장 웅대하고 균등하게 조성된 것을 볼 수 있어 5대의 왕릉 비정이 착오 없이 정확하게 비정되어 있다는 입증이 되는 것이다.

고국천의 지도상에 표시는 『中國城市地圖集』集安市區圖에 잘 나타나 있다.

4) 제10대 산상왕의 능

산상왕이라는 왕호로 보아 높은 산 위의 봉화대가 있는 산에 위치하는 것이 분명하다. 따라서 현재까지에는 그의 능을 마선의 626호분, 칠성산 871호분, 임강총, 장군총 등으로 지목해 왔다. 626호분 등은 다소 높은 위치에 있는 것은 사실이지만 객관적으로 볼 때 높은 산상으로 느껴지는 위치가 아니다.

국내성의 왕릉 중에서 가장 높은 위치에 있는 것으로 느껴지는 왕릉은 임강총 뿐이다. 임강총의 옆 절벽 아래로 멀리 압록강이 흐르고 있는 것이 까마득하게 보여 상당히 높은 산 위에 있는 것처럼 느껴지는 곳이다. 실지로는 장군총이 더 높은 위치에 있지만 장군총은 산상이 아닌 일반 구릉지에 있는 것으로 느껴지는 곳이다.

이로 미루어 보아 산상왕의 능은 임강총으로 확정하는 것이 가장 합리적이다. 특히 능의 규모에 있어서도 부왕인 고국원왕릉과 비슷하고 상호 마주하고 있어 더욱 그러하다.

5) 제11대 동천왕東川王의 장지에 대하여

동천왕은 산상왕의 아들로 "시원에 장사하였다."라고 하였으나 시원은 실재하지 않는 지명이다. 현재까지는 동천왕릉을 임강총, 경신리 1호분, 호자구 1호분 등등으로 지목해 왔다. 그러나 임강총 주변에는 하천이 없다. 그 하단에 동천이 흐르고 있는 것은 사실이지만 동천 곁에는 이미 태왕릉이 자리하고 있어 임강총이 동천왕릉으로 비정이 될 수는 없는 것이다.

따라서 태왕릉을 동천왕릉으로 비정하는 것이 가장 합리적이다. 특히 고구려의 왕릉 중에서 고국천왕, 산상왕, 동천왕, 중천왕, 서천왕까지 5대의 능의 규모가 균등하게 가장 큰 왕릉인 것으로 보더라도 직계의 5대 왕릉이라는 것을 쉽게 이해할 수 있다.

일각에서는 동천과 미천과 고국천은 수량이 중천인 통구하에 미치지 못하므로 중천과 대등한 하천으로 다룰 수 없다는 주장도 있으나 국내성 자체의 규모가 협소한 지역에서 통구하와 같은 대규모의 하천인지를 논하는 것은 옳지 못하다. 동천과 미천과 고국천은 협소한 국내성을 동서로 또는 북남으로 관통하는 최대의 하천이다. 따라서 협소한 국내성 안에서 더 큰 하천이기를 요구하는 것은 무리이다.

6) 제12대 중천왕릉에 대하여

중천왕은 동천왕의 아들이다. "중천원에 장사하였다."라고 하였으나 중천원의 위치를 특정하지 못하고 현재까지는 칠성산 211호분, 우산 2110호분, 전창 1호분 등등으로 비정해 왔다. 그중에서 칠성산 211호분만이 중천으로 인정이 되는 곳이다. 따라서 <u>칠성산 211호분을 중천왕릉으로 비정하는 것이 가장 타당하다.</u>

7) 제13대 서천왕릉에 대하여

서천왕은 중천왕의 둘째 아들이다. "서천지원에 장사하였다."라고 하였으나 서천원 중에서 어떤 분묘인지를 구별하지 못하고 현재까지는 칠성산 871호분, 칠성산 211호분, 서대총 등등을 지목해 왔다. 871호분과 211호분은 중천에 있는 무덤이 분명한데도 서천왕릉으로 주장하는 우를 범하고, 서천에 가장 가까이에 있는 무덤은 속칭 천추총이 분명한데도 천추총을 서천왕릉으로 비정한 경우가 단 한 건도 없었다. 이는 왕릉의 비정에 얼마나 무지했는지를 알 수 있게 하는 것이다. 따라서 <u>서천왕릉은 천추총이 당연한 것이다.</u>

8) 제14대 봉상왕릉에 대하여

봉상왕의 왕호는 봉화대가 있는 산 위에 있다는 것을 의미하는 것으로 현재까지는 임강총, 마선구 2100호분, 칠성산 211호분, 마선 2378호분 등을 비정하고 있었다. 그러나 마선구 2100호분과 칠성산 211호분은 봉화대가 있을 수 없는 구릉지대이다.

봉화대가 있을 수 있는 산의 능으로서 임강총과 626호분과 마선의 2378호분으로 지목이 될 수 있으나 임강총과 626호분은 논의의 대상이 될 수 없고 마선의 2378호분이 가능성이 있다고 할 것이다. 그러나 폐위된 왕의 무덤을 대로변에 그렇게 대형으로 조성을 했다고 볼 수 없는 것이 문제이다.

따라서 시해됐거나 폐위된 왕의 무덤은 되도록이면 국내성으로부터 멀리 위리안치 하는 형식을 취했을 것이므로 서천 주변일 가능성이 매우 높다. 즉 마선구 홍성촌의 707호분일 가능성이 크다는 것이다. <u>707호분은 그 규모가 30m × 30m × 3m이고 산록고지山麓高地에 있다 하였으니 봉산왕호에 부족함이 없다고 하겠다.</u>

9) 제15대 미천왕릉에 대하여

봉산왕이 왕위에 올라 그의 동생인 돌고를 시기하여 살해하자 돌고의 아들 을불(뒤에 미천왕이 됨)은 화가 미칠 것을 두려워하여 도망을 쳐 소금 장수로 연명을 하고 살았다. 8년 후인 300년에 국상 창조리가 봉상왕을 폭정으로 폐위시키자 봉상왕은 자결을 하였고 창조리가 을불을 찾아내어 왕으로 옹립하였다.

"332년 2월에 왕이 돌아가시므로 미천에 장사하고 미천왕이라 호하였다."라고 하였으나 미천微川(美川)이라는 지명은 현존하지 않는 지명이다. 그런데 광개토왕비가 서 있는 앞으로 흐르는 실개천(細川)이 있으나 특별한 이름이 없는 소규모의 하천이다.

이 하천은 장군총의 서쪽 골짜기에서 발원하여 비석 앞으로 흘러 동천과 합류하여 압록강으로 유입되는 소규모 하천으로 소천小川 또는 실개천細川 미천微川이라는 등의 명칭이 붙여질 수 있는 하천이다. 이 하천의 발원지 주변에 속칭 황니강대총黃泥崗大冢이라고 하는 대형 고분이 있으나 누구의 분묘인지를 밝히지 못하고 있다.

따라서 필자는 이 하천을 미천美川(微川)이라 명명하고 황니강대총을 미천왕릉으로 비정하는 것이 가장 타당하다고 사료되는 것이다. 왜냐하면 황니강대총만

한 입지 조건을 달리 찾을 수가 없기 때문이다. 특히 미천왕릉의 소재지는 반드시 소천小川, 세천細川, 미천微川이라는 명칭이 붙여질 수 있는 소규모 하천 주변에 있는 것이 분명하기 때문이다.

소천小川이나 미천微川이라는 명칭은 왕호로 하기에는 적합하지 아니하므로 이를 아름답게 승화시켜 미천美川이라고 글자를 달리한 것이니 고구려인들의 지혜가 돋보인다. 또한 미천微賤한 소금 장수 신분에서 왕위에 올려진 왕이라는 의미까지도 담고 있어 여러 가지의 의미를 종합적으로 내포하고 있는 명칭이다. 특히 폐위당한 미천왕의 능이므로 그 규모도 최소한의 규모로 축소하고 최대한으로 격하시켜 산골짜기 개울가에 조성된 것으로 보인다.

10) 제16대 고국원왕릉에 대하여

"고국원왕은 처음에는 국강상왕國罡上王이라고 하다가 개칭한 것이다."라고 하였다. 이로 미루어 본다면 처음에는 국강상이라고 할 수 있는 위치에 있었다는 것을 알 수 있다. 객관적으로 볼 때 국강상의 위치는 현재 용산의 제1호분(우산하 1호분), 즉 장군총이라고 말할 수 있다. 그러나 엄밀하게 따진다면 국강상의 정위치는 540호분이 있는 위치가 되는 것이고 장군총의 정위치는 고국원의 위치가 되는 곳이라 할 것이다.

다시 말해서 540호분이 있는 위치가 주산의 국강상의 정위치가 되는 것이고 장군총의 위치는 조산의 고국원故國原이라고 할 수 있는 위치라는 것이다. 아마도 그 당시에도 국강상의 위치에 대하여 찬반양론이 있었던 것이 분명하다.

그러므로 처음에는 장군총을 국강상의 위치로 착각을 하고 국강상왕이라고 호하다가 이론이 제기됨에 따라 고국원왕릉으로 개칭하게 된 것으로 보는 것이 옳을 것이다.

6. 고분군의 분포지구

1) 고분군의 분포지구 설정에 대하여

　묘역의 구분은 풍수 이론을 근거로 하여 고분군이 소재하는 지역지구를 구분해야 하는 것이다. 묘구를 지정하는 경우 다음과 같은 삼 대 요소를 갖추어야 한다. 첫째는 주산이 같아야 하고, 둘째는 좌향이 같아야 하고, 셋째는 水界를 같이하는 구역을 하나로 구분하여 [도 1]과 같이 10개 지구로 구분해야 한다. 현재 국내성 주변의 묘구를 6개 지구로 구분하고 있으나 이는 삼 대 요소를 무시하고 기준과 원칙도 없이 임의적으로 설정한 것에 불과하다.

　특히 용산지구와 우산지구를 하나의 지구로 설정하여 장군총을 우산하 제1호분으로 설정한 것은 어떠한 기준도 원칙도 없이 설정된 최악의 설정이다. 왜냐하면 장군총의 좌향은 간좌곤향艮坐坤向인데 반해 우산의 992호분은 坤坐艮向으로 정반대의 위치에서 마주 보고 있는 좌향이다.

　이뿐만 아니라 동천이 가로막고 있어 어떠한 이유로도 같은 묘역으로 성립이 될 수 없는 위치이다. 그렇기 때문에 이를 바로잡기 위해 이 항목을 설정한 것이다. 집안시의 묘구를 설정하기 위해서는 먼저 국내성의 입지 조건을 살펴보아야 한다.

　우산과 용산의 묘구를 구분함에 있어서는 수계를 경계로 해야 하는 것이다. 통구시의 북쪽의 끝에 있는 백년사로 가는 고개 밑에서 발원하여 태왕릉 옆으로 흐르는 동천은 수량이 통구하와 비견될 수는 없다 하더라도 통구시의 북단에서 남단까지 관통한 후 압록강으로 유입되는 것으로 시내를 북남으로 관통하고 있다. 즉 동천이라고 명명하는 데 부족함이 없다. 따라서 동천을 경계로 하여 그 동쪽은 용산묘구로 하고 그 서쪽은 우산묘구로 구분하는 것이 3대 요소를 모두 갖춘 올바른 구분이 되는 것이다.

　그러나 현재까지는 이를 하나로 묶어 우산하묘구라고 하여 장군총을 우산하 1호분으로 하였으니 이는 3대 요소를 무시한 잘못된 구분이다. 따라서 우산하 1호분이 아닌 용산지구 1호분으로 하여 새로이 수정을 해야 할 문제이다.

왕릉과 묘역의 위치도

[도 1] 중국 길림성 회인현 지안시(국내성)

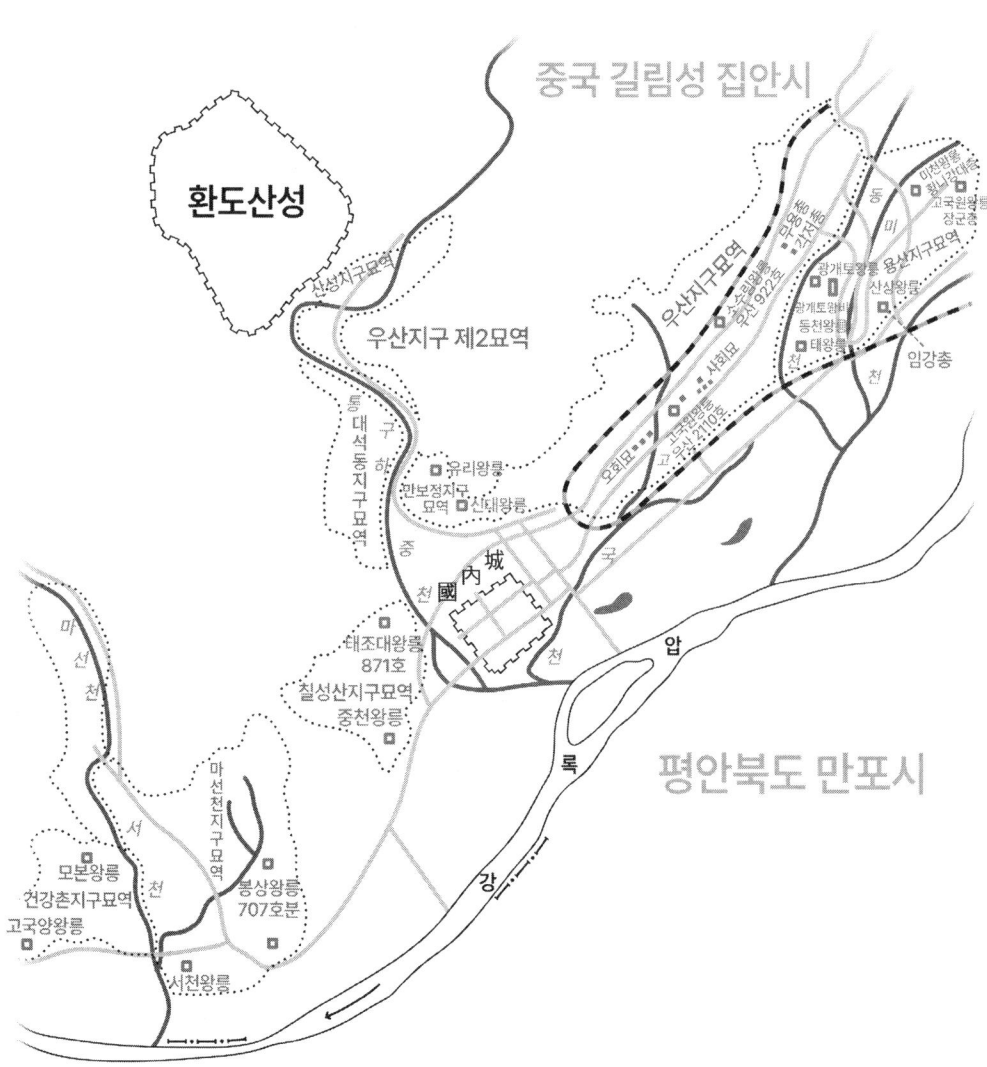

2) 국내성의 주산과 계룡산 신도안의 주산

국내성의 주산이 너무 낮아 조산인 용산의 내룡으로 간주되어 주산과 조산, 조산과 주산을 구별하기가 매우 어렵고 특이하고 희귀한 산세이다. 그러나 이와 꼭 닮은 산세가 있으니 계룡산 신도안의 주산인 제차봉과 조산인 천황봉의 산세가 이와 매우 흡사하여 살펴보고자 한다.

조선 태조 2년(1393) 1월 2일 자에 삼사좌복야 권중화가 임금에게 양광도 계룡산의 도읍 지도를 바치고 "조선의 도읍지로 할 만한 길지"라고 아뢰자 태조가 이달 19일에 안종원, 김사형, 이지란, 남은과 왕사 자초를 대동하고 계룡산을 직접 간산하기로 하였다.

2월 8일에 계룡산 밑에 이르러 9일부터 성석린, 김주, 이괄李适에게 조운과 로정을 살피게 하고 이화, 남은에게 성곽과 지세를 살피게 했다. 10일에는 권중화가 종묘사직 궁전 조시를 만들 지형을 그림으로 그려서 바치니 이양달, 배상충, 김사행 등에게 살피게 하고 그대로 시행하도록 하였다. 11일에는 왕이 직접 중봉에 올라 지세를 두루 살폈다.

2월 13일에는 계룡산의 간산을 마치고 김주, 박영충, 최칠석은 남아서 공사를 감독하게 하고 송도로 어가가 출발했다. 2월 15일부터 신도읍지의 공사가 시작되었다.

신도읍지의 공사가 진행된 지 10개월째인 태조 2년 12월 11일에 태조가 대장군 심효생沈孝生을 계룡산으로 보내어 신도의 공사를 중단하게 하였다. 그 이유는 경기관찰사 하륜河崙이 계룡산의 신도안은 풍수 이론상 불길한 땅이라고 상언하여 공사의 중단을 요청했기 때문이었다.

그러나 공사를 중단한 사유에 대하여는 공개하지 아니하여 아무도 모르고 있다. 하륜이 주장하기를 천황봉을 주산으로 하는 곳이 좌청룡 우백호의 풍수 이론을 모두 갖춰 천하 제1의 명당으로 왕궁의 터전임에는 틀림없는 사실이나, 계룡산의 또 다른 산맥이 내려와 천황봉을 가로막고 있는 안산의 역할을 하고 있어 국도로는 합당치 않다는 것이다. 왕궁의 기지는 천하제일의 명당임에는 틀림이 없으나 대궐 터는 그 안산 밖에 설치를 해야 하기 때문에 불길하다는 것이다. 그러나 그럴 경우에는 주산이 바뀌는 것으로 천황봉은 조산이 되고 제차봉이 주산이 되어 대궐 터가 설정이 되는 것이니 이중으로 명당지가 성립되는 것이다.

따라서 안산의 역할을 하는 제차본(임금봉)의 높이가 401m에 달하고 있어 또 하나의 주산을 이루고 있다고 보아야 하는 것이다. 이는 중국의 길림성에 있는 고구려의 수도 국내성의 주산과 평면지도상으로는 동일한 지형으로 보기 드문 명당임에는 틀림없는 사실이다. 그러나 계룡산의 또 다른 주산은 401m에 달하는 반면에 국내성의 주산인 우산하 540호분이 있는 주산의 높이는 30m에 불과하다는 점이 다를 뿐이다. 따라서 하륜은 이 점을 간과하는 착오를 범했다는 것이다.

이와 같은 산세는 고구려 국내성의 용산과 꼭 같은 형국으로 우리나라에서 오직 이 두 곳에서만 볼 수 있는 희귀하고도 독특한 산세임에는 틀림없는 대명당이다. 국내성은 이미 지나간 국도가 되었고 계룡산은 미래의 국도로 예정되어 있는 곳이므로 관심을 가지고 살펴보아야 할 일이다. 계룡산에 국도가 성립되는 시기는 우리나라의 국력이 세계 5대 강국의 반열에 진입하는 시기가 될 것으로 그 시기가 이미 성숙되고 있다.

국내성 주산의 높이는 30m에 불과한데 비하여 신도안 주산의 높이는 401m에 달하고 있어 고구려의 국력보다 100배의 효력이 발현된다는 것이 풍수가들의 공통된 견해이다. 그러나 계룡산에는 권중화가 지적한 명당이 아니고 계룡산을 주산으로 하는 새로운 명당이 발견되었다.

7. 세계문화유산에 등재

1) 세계문화유산에 등재된 고구려 유적

중국에서는 2004년 7월 1일자에 중국 길림성 집안시에 있는 고구려의 유적들을 '세계문화유산'으로 등재하였다. 집안시의 인구는 현재 24만 명의 규모이다.

[표 30] **세계문화유산에 등재한 광개토왕비 1기**

	명칭	고유번호	규모	비고
	광개토왕비	용산 하 1-2	높이 6.39m	

[표 31] **세계문화유산에 등재한 산성 3기**

순	명칭	내역	규모	비고
1	국내성	성문 6개	총길이 2,741m	고구려역사공원조성
2	환도산성	성문지 7개소, 남문지 성벽	총길이 6,395m	궁궐유적발굴
3	오녀산성	고구려고분 유적		

[표 32] **세계문화유산에 등재한 왕릉 11기**

순	명칭 및 부호	내 역		규모	필자의 비정
1	태왕릉 1-1	YM0541호	용산 하	66 × 66 × 14.8m	(11대 동천왕)
2	장군총 (용산 0001호분)	YM0001호	용산 국강상	31 × 30 × 12m	(16대 고국원왕)
3	마선구 626호분	MM0626호	마선구	40 × 40 × 7m	(3대 대무신왕)
4	천추묘, 마선구1000호분	MM1000호	마선구 고분군	55 × 55 × 9m	(18대 고국양왕)
5	서대묘 건강촌 500호분	MM500호	건강촌	55 × 55 × 9m	(13대 서천왕)
6	마선구 2,100호분	MM2100호	마선구 고분군	39 × 39 × 6m	
7	마선구 2,378호분	MM2378호	마선구 고분군	50 × 22 × 2.5m	(7대 차대왕)
8	칠성산 0871호분	QM0871호	칠성산 고분군	35 × 35 × 5.5m	(6대 태조대왕)
9	임강총 용산43호분	YM0043호	용산	70 × 60 × 4.5m	(10대 산상왕)
10	우산 2110호분	YM2110호	우산	66 × 38 × 7m	(9대 고국천왕)
11	우산 992호분	YM992호	우산	38 × 38 × 6m	(17대 소수림왕)
1	장군총의 배총	YM0002호	배총1호		

[표 33] **세계문화유산에 등재한 귀족묘 26기**

순	명칭	고유번호	규모 및 외형	비고
1	각저총(씨름무덤)	YM0457호	봉토석실벽화묘	
2	무용총(춤무덤)	YM0458호	봉토석실벽화묘	
3	말구유묘(통구12호)	YM1894호	단이 있는봉토석실묘	
4	王字墓(성산하332호)	SM0332호	봉토석실벽화묘	
5	환문총環紋塚(고리무늬묘)	XM033호	봉토석실벽화묘	
6	염모묘(모두루묘)	XM0001호	봉토석실벽화묘	
7	산연화묘散蓮花墓	YM1896호	봉토석실벽화묘	
8	장천1호분	JCM001호	봉토석실벽화묘	
9	장천4호분	JCM004호	봉토석실벽화묘	
10	장천2호분	JCM002호	봉토석실벽화묘	
11	우산3319호분	XM3319호	계단적석 전실벽화묘	인형석각
12	오회분(五盔墳)1호	YM2101호	봉토석실벽화묘	
13	오회분(五盔墳)2호	YM2102호	봉토석실묘	
14	오회분(五盔墳)3호	YM2103호	봉토석실묘	
15	오회분(五盔墳)4호	YM2104호	봉토석실벽화묘	
16	오회분(五盔墳)5호	YM2105호	봉토석실벽화묘	TV카메라 설치
17	사신총(四神冢)	YM2113호	봉토석실벽화묘	
18	사회분(四盔墳)1호	YM2106호	봉토석실묘	
19	사회분(四盔墳)2호	YM2107호	봉토석실묘	
20	사회분(四盔墳)3호	YM2108호	봉토석실묘	
21	사회분(四盔墳)4호	YM2109호	봉토석실묘	
22	우산하2112호	YM2112호	계단적석광묘	
23	꺽인천정무덤	SM1298호	계단적석석실벽화묘	
24	형무덤	SM0635호	계단적석석광묘	
25	아우무덤	SM0636호	계단적석석광묘	
26	구갑묘龜甲墓	SM1304호	보통석살벽화묘	

북한에 현존하는 고구려유적

[표 34] 북한에서 세계문화유산에 등록한 고구려 유적63기

소재지구	소재지와 호수	기수	비고
평양시지구 49기	1. 진피리 1~15호 무덤	15기	합계 49기
	2. 호남리 1~16호 무덤	16기	
	3. 호남리 사신무덤	1기	
	4. 금실무덤	1기	
	5. 토포리 1~15호 무덤	15기	
	6. 토포리 큰 무덤	1기	
평안남도지구 3기	1. 덕화리 1, 2, 3호 무덤	3기	합계 3기
남포시지구 8기	1. 강서 세 무덤	3기	합계 8기
	2. 덕흥리 벽화 무덤	1기	
	3. 약수리 벽화 무덤	1기	
	4. 수신리 벽화 무덤	1기	
	5. 용강 큰 무덤	1기	
	6. 쌍기둥 무덤	1기	
안악지구 3기	1. 안악 1,2,3.호 무덤	3기	합계 3기
합계 63기		63기	총계 63기

8. 광개토왕비와 장군총과 태왕릉을 파괴하려는 음모가 진행되고 있다

1) 광개토왕비의 파괴공작

중국의 길림성 회인현 집안시集安市에는 광개토왕릉비를 비롯하여 태왕릉, 장군총 등 고구려를 대표하는 유적과 13,000여 기의 고분이 1,600여 년이 지나도록 보전이 되어 오고 있다. 그런데 최근에 이르러 중국에서는 고구려의 흔적을 지우기 위한 음모가 진행되고 있다.

최근에 새로운 도로를 개설한다는 구실을 내세워 [도 2]와 [도 3]에서 보는 바와 같이 광개토왕비와 장군총을 통과하도록 하는 새로운 도로를 설치하는 계획을 세우고 있어 머지않아 비석과 장군총이 파괴될 위기에 처해 있다는 것을 알 수 있다.

태왕비와 장군총이 있는 위치는 도심지도 아니고 과수원촌에 둘러싸여 있어

귀중한 유적을 피해 도로를 설계할 수 있는 지역이다. 특히 태왕비 앞으로는 이미 기존의 도로가 있어 이를 확장하면 될 일이다. 하지만 구태여 구도로를 그대로 중심지에 방치하고, 바로 그 좌측과 우측의 양쪽 옆으로 50m에 불과한 거리에 새로운 도로가 비석을 통과하도록 설계를 한다는 것은 도로 개설이 목적이 아니고 비석을 파괴하는 것을 목적으로 하는 음모가 분명하다.

비석 앞 약 100m 지점에는 이미 직선으로 개설된 기존의 도로 Ⓐ가 있고 또 그 곁으로 소규모 하천 Ⓑ가 평행선으로 흐르고 있어 이를 복개하면 더욱 넓은 도로부지를 확보할 수 있다. 그런데도 불구하고 구도로와 하천을 방치하고 Ⓒ 지점에서 그 좌측에 Ⓓ, 우측에 Ⓔ로부터 50m 간격으로 새로운 도로를 개설하여 비각을 통과하도록 설계를 한 것은 도로개설이 목적이 아니고 오직 비석을 철거하기 위한 구실을 만들기 위함임을 알 수 있다.

이뿐만 아니라 구도로 우측으로 또 하나의 도로 Ⓕ를 신설하여, 중앙에는 구도로, 좌측에는 앞서 말한 비각을 통과하는 신설도로 등 3개 노선이 약 300m를 평행선으로 달리다가 비각을 지나 약 50m 지점에서 좌우의 도로가 하나로 연결이 되고 우측에서는 장군총으로 가도록 새로운 도로 Ⓗ가 개설되어 있다.

이를 알기 쉽게 다시 설명을 한다면 中 자를 세로로(縱書) 300m를 길게 쓴 것과 꼭 같은 형체로 설계가 되었다는 것이다. 이는 필자가 임의로 주장하는 것이 아니고 누구나가 다 볼 수 있는 인터넷 Google 지도상에서 확인이 가능한 지도의 설명이다.

이는 구도로를 중심에 그대로 방치해 두고 양쪽으로 각각 약 50m 간격을 두고 2개의 차로를 신설하여 결국은 3개 차로가 약 300m를 평행선으로 달리다가 다시 3개 차로가 하나로 합류하는 방법으로 설계가 되어 있으니 이는 오직 비석을 파괴하기 위한 목적이라 하더라도 너무나 유치하고도 무지한 설계이다.

비석의 철거가 목적이라면 다른 구실을 만들 수도 있고 비석을 통과하도록 도로 하나만 증설을 하더라도 철거가 가능한 것을, 中 자로 설계를 했다는 것이 더욱 가관이다. 이마도 이와 같은 해괴한 도로개설은 전 세계적으로도 그런 유례를 찾아볼 수가 없는 설계이다.

[도 2]의 도면을 살펴보면 태왕릉의 동쪽에서 비각과 장군총 방향으로 가도록 분기되는 지점에서, 태왕릉 방향으로 약 10m 정도가 돌출되고 끊겨 있다.

이는 앞으로 태왕릉을 통과하도록 예정된 도로의 첫머리에 해당되는 설계도라는 것을 쉽게 알 수 있다. 앞으로 설치될 도로를 예측하여 점선으로 표시를 하면 태왕릉을 통과하도록 되어 있다. 즉 태왕릉을 파괴하려는 계획이 예정되어 있다는 것을 알 수 있다.

광개토왕비각과 태왕릉을 통과하도록 설계된 도로

[도 2] 길림성 지안시 국내성

2) 장군총의 파괴공작

 유적이라고 하는 것은 최초에 설치된 장소에 그대로 보존이 되어야 그 빛이 더 한다고 할 것이다. 그런데도 1,600여 년이나 보존되어 오던 장군총을 특별한 이유도 없이, 단순히 고구려의 흔적을 지우기 위한 목적으로 파괴하려는 계획은 그 의도가 심히 불순하다고 하겠다.

 [도 3]에서 보는 바와 같이 중국 집안시 용산 아래에 있는 장군총을 새로운 도로가 통과하도록 계획이 되어있다. 즉 새로운 도로로 인하여 장군총이 곧 파괴될 위기에 처하게 되었다. 장군총의 주변은 과수원 제3조지구로 둘러싸여 있어 도로의 설치를 마음대로 변경할 수 있는 지역이다. 그런데도 불구하고 구태여 장군총을 통과하도록 설계를 한 것은 도로의 개설을 목적으로 한 것이 아니고 장군총을 파괴하기 위한 구실을 만들기 위해 계획적으로 설계된 도로가 분명하다.

장군총을 통과하도록 설계된 도로

[도 3] 중국 길림성 회인현 지안시 장군총

제 9 장

비문 연구의 140년사

1) 서 론

　광개토왕은 373년에 태어나 18세(391년)에 즉위하여 22년간 재위하면서 남정북벌로 국토를 넓히고 국정을 강화하여 우리나라 역사상 가장 강력했던 군주로 추앙되고 있는 왕이다. 412년에 승하하시므로 414년에 집안시 국내성 동강에 능묘를 설치하고 훈적비를 세워 기리고 있다.

　훈적비가 세워진 지 1,600년에 이르고 있으나 청나라에서 만주 지방에 봉금제도를 시행하여 200년 동안이나 인적이 끊긴 산간 오지의 숲속에 방치되어 있다가 1877년에 봉금이 해제됨에 따라 비의 존재 사실이 우리들에게 알려지게 되었다.

　비석이 발견됨에 따라 1874년부터 채탁이 시작된 것으로 기록은 전하고 있으나 활자화되어 널리 유포된 것은 1889년에 일본에서 출판된 『회여록』제5집에 발표된 것이 최초의 것으로 알려지고 있다.

　그러나 『회여록』에는 내용이 같지 않은 두 가지 비문이 동시에 수록이 되어 있어 우리들을 놀라게 하고 있다. 더욱이 놀라게 되는 것은 비문에는 단 한 글자라도 오기가 있어서는 안 되는 것인데도 불구하고 『회여록』의 석판본에는 오기된 글자가 무려 90여 자나 있어 이는 착오에 의한 오기가 아니고 계획적으로 변조한 글자가 분명한데도 이에 대한 규명이나 고증도 없이 막연하게 변조설만 난무하고 있다. 비문에 대한 논쟁의 원인은 비문에 왜곡이나 오류가 있어서가 아니고 비문에는 지극히 정상적으로 기록이 되어 있으나 논쟁이 야기되는 근본적인 원인은 첫째, 1889년에 일본에서 『회여록』제5집에 비문을 비롯한 4대 악서에서 비문의 변조·개삭된 사실이 발견되어 논쟁의 발단이 된 것이다.

둘째, 한자의 자의와 문의를 올바르게 이해하지 못해 비문의 진실을 올바르게 이해하지 못하기 때문이다.

따라서 필자는 앞에서 지적한 사실과 다음에서 거론하는 사실들을 모두 다 밝혀 논쟁의 종식을 기하고자 이 글을 쓰는 것이다.

첫째, 『회여록』의 4대 악서의 전모를 밝히고
둘째, 비문변조설의 원인을 밝히고
셋째, 신묘년조의 범위는 327자로 해야 완성되는 문장인데도 불구하고 일본의 횡정충직이 32자로 조작해 놓은 사실을 밝히고
넷째, 신묘년조의 핵심 문제들을 8개 항목으로 분류하여 명료하게 밝힘으로써 논쟁의 종식을 기할 수 있다는 자신감으로 이 글을 쓰는 것이다.

필자가 본서에서 주장하는 바는 지난 130년 동안에 아무도 상상하지도 못했던 새로운 해석이라는 사실을 발견하게 될 것이다. 그러나 그것은 필자가 창작해 낸 사견이 아니고 비문에 이미 다 그렇게 기록이 되어 있는 사실들을 현재까지 아무도 해석하지 못했던 것을 필자가 최초로 올바르게 해석을 하고 이론적으로 정리해 놓은 것뿐이다. 라는 사실을 먼저 밝혀 두고 진행을 하고자 한다.

2) 비문 연구 140년사

비석이 세워진 지는 약 1,600년이 흘렀으나 비석이 재발견되어 연구가 시작된 것은 1880년부터 현재까지 약 140년이 지나고 있다. 1,600년이라는 장구한 세월 동안 변함없이 그 자리를 지키고 서 있는 세계에서 가장 크고 가장 오래되고 가장 고귀한 비석의 비문을 불순한 세력들이 변조·개삭을 자행하여 비문이 만신창이가 된 것을 발견하고 이를 밝히기 위한 연구가 시작되었으나 현재까지도 아무것도 밝혀내지 못하고 있는 상태다.

140년이 지난 오늘날까지도 논쟁이 계속되는 원인과 그 과정을 단편적인 논문으로는 실감하기가 심히 어려운 것이 사실이다. 그렇기 때문에 140년 동안 한·중·일 삼국에서의 비문에 대한 관심과 연구의 강도가 얼마나 높았느냐 하는 것을 시대별로 쉽게 알아볼 수 있도록 다음과 같이 도표로 작성하여 시대별로 연구의 실태를 일목요연하게 알아보기 쉽도록 제시하였다.

다음의 [표 35-1]에서 보는 바와 같이 일본에서는 1880년부터 연구를 독점적으로 시작하여 1900년까지 20년 동안에 무려 37편이나 되는 연구논문을 쏟아내면서 열을 올리고 있었다. 그런데도 우리나라에서는 비문이 발견된 사실조차도 모르고 있어 단 한 편의 연구논문도 내지 못한 것을 볼 수 있다. 중국에서는 연구논문이 아니고 다만 비석이 현존하고 있다는 발문 정도의 기록만이 전하고 있을 뿐이다.

표35에서 보는 바와 같이 우리나라에서는 1905년에 이르러서야 『황성신문』에서 광개토왕 비문의 존재 사실을 보도하므로 비로소 널리 알려지게 되었다. 이에 앞서 1898년에 계연수 씨가 탁본을 한 사실이 표에 잘 나타나 있으나 그것은 개인적으로 소장하고 있었기에 널리 알려지지는 못한 것이다.

1909년에는 『서북학회월보』에 발표된 바 있고 1936년에는 정인보 씨가 「고구려 패업과 영락태왕」을 『동아일보』에 연재하다가 일장기 말살사건으로 인하여 『동아일보』가 폐간됨에 따라 연재가 중단되는 비극을 맞기도 했다.

1945년 광복이 됨에 따라 36년간 참아 왔던 감정의 폭발로 일본인들의 왜곡된 주장에 대한 반박 논문이 쏟아져 나올 것으로 예상하였으나, 아직 민족사학자들이 배출되지 못하여 우리나라에는 역사학자가 없는 시대인 것처럼 25년간이나 침묵을 지켜오다가 1972년에 이르러서야 재일본 사학자 李進熙 선생이 비문변조설을 제기함으로써 우리나라에서도 광개토왕비문에 대한 연구가 불붙기 시작하여 현재에 이르고 있는 것이다.

다음의 표에서 보는 바와 같이 우리나라에서 비문에 대한 연구가 치열하게 일어난 1972년부터 2020년까지 380편의 논문이 발표되었고 일본에서도 200편의 논문이 발표되었다는 사실을 확인할 수 있다.

3) 광개토왕비에 관한 저술현황

광개토왕비의 1600년사 (414~2020)

[표 35-1] ⊙비와 관련된 논문과 기사를 포함하였다.　⊙같은 내용의 중복을 피하였다.　⊙수정보완 기대.

년도	한 국	북 한	중 국	일 본
414	1. 고구려 광개토왕비의 건립		東晋 義熙10년	倭寇라고 불리던 時代
668	고구려, 羅唐연합군에 패망		618년 唐나라 성립	701년 日本이라는 명칭 최초로 사용
918	고려시대		960, 북송시대	966, 攝關정치시대
115	三國史記		1,127, 남송시대	1147, 鎌倉막부시대
1283	三國遺事		1,206, 원나라시대	1336, 室町막부시대
1392	조선시대		1,678 청나라 만주의 봉금제실시	1,600, 德川幕府時代
1876	한일 수호조약		1,876 만주지역 봉금해제	1,867, 明治시대 개막
1877			회인현 설치 업무개시	1,868 명치유신 1870년 정한논 대두
1878			1. 廣開土王碑 재발견	참모본부설치하고 간첩양성
1879			2. 關月山이 최초탁본 추정	조선과 중국에 밀정파견
1880			3. 李超瓊의「遼左日記」	1. 밀정들이 탁본입수 참모본부에 전달 2. 參謀本部「任那考」1882 3. 酒勾景信 밀정으로 북경에 파견
1881			4. 육심원「담덕기훈비발」	4.佐川小佐「廣開土王碑拓本參謀本部傳達 5.酒勾景信 만주에서 밀정활동개시
1882	임오군란		5. 陳士芸 拓本說 6. 榮禧의 拓本 (쌍구가묵본 구입)	6. 盛京副將軍 左氏 拓本說 7. 酒勾景信 쌍구가묵본 제작유포
1883			1883년 初天富 비석거리로 이사옴	酒勾景信 임기를 마치고 10월에 귀국 8. 酒勾景信「碑文之由來記」
1884	갑신정변 한성순보 발간		7. 王志修 拓碑 8. 섭창치「로도로일기」 9. 1885, 潘祖蔭의 拓本50본 李大龍 천지탁공사인본 50본 구입 10. 오대징「종용탄보석문」 11. 양 이「호태왕비고정」	9. 青江秀「東夫餘永樂大王碑銘之解」 10. 青江秀「高句麗19世王墓誌解考證」 11. 橫井忠直「高句麗古碑考」 12. 橫井忠直「高句麗古碑考」 13. 橫井忠直「高句麗古碑考」 14. 橫井忠直「高句麗古碑考」 15. 橫井忠直「高句麗古碑考」 16. 橫井忠直「高句麗古碑考」 17. 井上賴國「高句麗古碑考」 18. 谷森善臣「高句麗廣開土王墓碑銘」
1886			12. 葉昌熾의 跋語 13. 張延厚의 跋語 14. 吳大澂「鐘鼎拓本釋文」 15. 吳大澂「皇華紀程」 16. 楊 頤「好太王陵碑考訂」	19. 荻原巖雄「東夫餘永樂大王碑銘」 20. 飯田武卿「東夫餘永樂大王碑銘附竹里」 21. 阿部弘藏「征碑考」 22. 頓岡良弼「高句麗古碑」 23. 橫井忠直「高句麗古碑文」
1889			17. 盛昱 拓本製作 18. 오증희의 후발 19. 崔友年의 跋文 20. 徐榕鈞「高句麗好太王碑釋文」	24. 中村忠誠「高句麗古碑銘」 25. 橫井忠直「高句麗古碑文(第一惡書)」 26. 橫井忠直 高句麗古碑釋文(第二惡書) 27. 橫井忠直 高句麗古碑考(第三惡書) 28. 橫井忠直 高句麗碑出土記(第四惡書) 會餘錄에 四大惡書발표 29. 酒勾景信 高句麗古碑雙鉤本」
1890			21. 숙 문「태왕담덕기훈비발」	

[표 35-2] **광개토왕비 연구 140년사** (1880~2020)

년도	한 국	북 한	중 국	일 본
1891				30. 管政友「高句麗好太王碑銘考」
1893	1894 동학혁명 갑오경장		22. 王志修「高句麗永樂好太王碑歌」	31. 管政友 「任那考」 32. 邢珂通世「高句麗古碑考」
1895	1896, 양력사용 1897, 국호를 대한제국황제		23. 王志修「高句麗永樂好太王碑歌」 24. 鄭文焯「永樂好太王碑文 拔」 25. 왕지수「고구려영락대왕비가」 26. 왕지수「고구려영락대왕비가고」 27. 왕지수「고구려영락대왕비고」	33. 邢珂通世「高句麗古碑考」 34. 古田東五「高句麗及遼東鮮卑」
1898	2. 桂延壽 拓本「碑文徵實」 황성신문 창간		28. 鄭文焯「高麗國永樂好太王碑文贊古」 29. 鄭文焯「永樂好太王碑釋文纂考」	35. 三宅米吉「高麗古碑考」 36. 三宅米吉「高麗古碑考追加」
1900			30. 吳重憙「高麗國永樂好太王碑歌」 31. 吳重憙「永樂好太王碑文 後拔」 32. 盛昱「好太王碑釋文纂考」 33. 丁少山「好太王碑考釋」 34. 정문작「고구려영락호태왕비발」	37. 참모본부에서 석회도부작전
1901			輯安縣 新設 35. 陸心源「高句麗廣開土大王跋」	
1902			36. 楊伯馨「潘故(高麗墓碑)」 37. 王彦莊「高句麗王碑文」 38. 왕언장「봉천성집안고적비문」 39. 야백향「고려묘비」	
1903			40. 榮禧「高麗國永樂好太王碑蘭言」	38. 백조고길「조선사광개토왕비」
1905	3. 皇城新聞에「碑銘敍記」 4. 皇城新聞에「碑銘幷註解」			태왕비 일본으로 반출계획 39. 白鳥庫吉「滿洲地名談附好太王碑文」 40. 구미방무「高句麗好太王碑」
1906				41. 兵田耕策「高句麗好太王碑の話」
1907			41. 羅振玉「高麗好太王陵碑跋」	42. 管政友 「任那考」
1908	5. 增補文獻備考에 碑文 수록		42. 羅振玉「好太王陵碑」	프랑스인 샤반느 광개토왕비 조사
1909	西北學會月報의 기사 6. 高句麗永樂太王墓碑文(榮禧本) 7. 墓碑文 발견한 사실(인용문) 8. 朴殷植「讀高句麗永樂太王碑」 9. 朴殷植「廣開土王의 伐燕拓地」		43. 葉昌熾「奉天一則」 44. 楊守敬「高麗好太王碑雙鉤本」 45. 楊守敬「高麗好太王碑談德碑跋」 46. 羅振玉「高麗好太王碑跋」 47. 羅振玉「好太王碑釋文及拓本」 48. 榮禧「高麗國永樂太王碑墓文」 49. 張鳳臺「釋高句麗碑文」 50. 張鳳臺「按說」 51. 정문작「고구려영락호태왕비석문」	프랑스인 샤반느「조선고대왕국 고구려의 유적 발표」
1910	왜정암흑기 ~ 1945년	왜정암흑기	52. 傅雲龍「釋高句麗碑跋」	43. 鳥居龍藏「滿洲調査報告」

[표 35-3] **광개토왕비 연구 140년사** (1880~2020)

년도	한 국	북 한	중 국	일 본
1911	10. 桂延壽 桓檀古記		53. 張鳳台「장백휘정록」「고구려고비문」	
1913				44. 진전좌우길「好太王정복지역고」 45. 전내와「高句麗강역연혁고」
1914	11. 金澤榮「韓國歷代小史」(碑文)		1912, **중화민국** 성립	46. 關野貞 「滿洲國輯安縣 遺蹟」 47. 조선총독부「高句麗古碑考」
1915			54. 吳光國「고구려고비문」	48. 種村宗人「高句麗好太王碑說明」 49. 今西龍「好太王碑文」 50. 今西龍「高句麗好太王碑に就て」 51. 那珂通世「高句麗古碑考」
1916			55. 楊寶鋪「好太王碑跋」	52. 總督府 高句麗好太王碑縮本說明
1918			56. 顯燮光「好太王碑, 몽벽이석언」	53. 黑板勝美「高句麗好太王碑縮本解說」 54. 藤田亮策「輯安縣高句麗遺蹟調査」
1919	3.1독립운동			55. 黑板勝美「好太王碑に就て」 56. 前間恭作「高句麗廣開土王陵碑」
1920	조선일보창간, 동아일보창간		57. 羅振玉「好太王碑跋」	57. 조선총독부 朝鮮金石總覽 광개토왕비문 발행
1922			58. 鄭文焯「高麗國永樂好太王碑석문」 59. 羅振玉「高麗好太王碑跋」 60. 劉承幹「補遺按」	X, 權藤成卿「南淵書」
1923			61. 歐陽輔「高麗好太王碑, 집고구진」 62. 유은갑 해동금석연보유	58. 葛城末治「朝鮮金石文」 59. 葛城末治「廣開土王陵碑圖版解說」
1925			63. 金毓黻「진高麗好太王碑釋文」 64. 金毓黻「진高麗好太王碑안어」 65. 金毓黻「按語」 66. 羅叔言「好太王碑跋」 67. 羅叔言「俑盧日札」 68. 葉鞠裳「語石」 69. 談國桓「手札」 70. 顯燮光「夢碧栘石言」 71. 張延厚「跋語」	
1927	중앙일보 창간		72. 金毓黻 遼東文獻徵略 73. 談國桓의 手札	60. 금서룡「광개토경호태왕비」 61. 靑柳南冥「好太王古碑의 說明」
1928			74. 劉節「好太古碑考釋」	62. 大田亮「高麗好太王碑」
1929			75. 秦文錦「好太古碑集聯拓本」 76. 談國桓「好太古碑拓本跋語」 77. 진문금「호태왕비집연탁본」	63. 八木奘三郎「好太王碑將軍塚」 64. 진문금「호태왕비집연탁본」
1930	12. 鄭寅普「朝鮮語文研究」(碑文)		78. 島田好「高句麗好太王碑考」	65. 도전호「고구려호태왕비고」
1931			79. 劉天成「好太王碑」 80. 劉天成「釋高句麗碑文跋」 81. 于雲峰「高句麗好太王碑文」 82. 于雲峰「跋說」 83. 蘇顯揚「好太王碑賦」 84. 陳東「永樂太王墓碑文誌感」 85. 別金相「瞻好太王碑」 86. 양임공「好太王古碑考釋」 87. 담국환「수찰」	66. 小川琉波「丸都城考」

[표 35-4]   **광개토왕비 연구 140년사**   (1880~2020)

년도	한 국	북 한	중 국	일 본
1933			88. 劉承幹「晉高麗好太王碑」 89. 榮 禧「好太王碑と南淵書」	67. 葛城末治「호태왕릉비와 남연서」 68. 죽전영희「호태왕릉비와 남연서」 69. 중도이일랑「남연서는 위서다」
1934			90. 藏式毅「好太王碑釋文」	70. 大原利武「任那伽倻考」
1935			91.「봉천통지」, 호태왕비 92. 滿鐵資料課「好太王碑」 93. 銅 中「高麗國永樂好太王碑」	71. 葛城末治「高句麗廣開土王陵碑」 72. 末松保和「好太王碑의 辛卯について」 73. 三宅米吉「輯安縣高句麗의 遺蹟과 遺」
1936	13. 鄭寅普「高句麗霸業과永樂太王8월4일부터 8월26일까지 東亞日報에 연재.	1. 전창명「호태왕의 비와 평양」	94. 羅振玉「高句麗好太王碑釋文」 95. 羅振玉「滿洲金石誌序文」 96. 羅福頤「高麗好太王碑釋文」	74. 藤田亮策「輯安縣高句麗遺蹟의 調査 빈전양책 현지조사」 75. 송본산풍「집안광개토경평안호태왕」
1937			97. 鄭文焯「高麗國永樂好太王碑 考」 98. 劉承幹「海東金石苑補遺按」 99. 羅福頤「만주금석지」 100. 라진옥「고구려호태왕비석문」 101. 라진옥「만주금석지서문」 102. 라진옥「고려호태왕비발」	중일전쟁 발발 76. 지내굉「고구려인모두루의묘」
1938			103. 高裕燮「高句麗古都遊觀記」	77. 池內宏「輯安縣高句麗遺蹟」 78. 池內宏「廣開土王碑」 79. 池內宏「王碑發見由來」 80. 지내굉「통구 상하」 81. 藤田亮策「輯安縣高句麗遺蹟」
1941				82. 義山泰秀「高麗好太王碑」 태평양전쟁 발발
1943	14. 崔南善「高句麗廣開土王陵碑 삼국유사 부록에			
1945	광복 大韓民國	南北 분단		세계2차대전 일본패전으로 종전

왜정 암흑기에는 유구무언이었으나 광복이 됨으로 억제되었던 감정이 폭발하여 봇물이 터지듯 광개토호태왕비문에 대한 논문이 쏟아져 나올 것으로 기대하였으나 광복 된지 30년이나 지나도록 모두 침묵하고 있었다.

1970년대에 이르러서야 민족사학자들이 배출되고 1972년에는 재일사학자 이진희씨가 <광개토왕비의 迷>와 <광개토왕릉비의 탐구>를 발표하므로 비문 변조설이 제기되어 다음의 표에서 보는바와 같이 현재까지 논쟁을 벌이고 있어 2020년까지의 연구 실태를 살펴 볼 수 있다.

1970년대부터의 한·중·일 삼국의 연구자들이 이를 밝히기 위한 열기의 실태를 일목요연하게 볼 수 있도록 다음과 같이 표로 작성하여 제시하는 것이다.

285

[표 35-5] **광개토왕비 연구 140년사** (광복이후 1880~2020)

년도	한 국	북 한	중 국	일 본
1945	광복 大韓民國			
1946	15. 崔南善「新訂三國遺事」碑文			
1948	16. 金載元「廣開土王壺杅」 17. 신채호『조선상고사』 18. 최남선 통구의 고구려유적 19. 최남선 통구의 모두루묘지			
1949				83. 末松保和「任那興亡史」
1955	20. 鄭寅普「廣開土王碑文釋略」			84. 酒井改藏「好太王碑面の地名について」
1959	21. 李裕岦「廣開土聖陵碑文譯註」 22. 金龍國「廣開土과海路作戰」 23. 김용국 집안통구비문	2. 리지린「廣開土王碑발견 전말」	104. 유 절「호태왕비고석」	85. 水谷第二郎「好太王碑考」 86. 松井如流「好太王碑小引」 87. 末松保和「高句麗好太王碑文
1962			105. 1961 통구고묘군 전국중 문물 보호단위로 공포	88. 青梧桐生「高句麗好太王碑文 89. 三品彰英高句麗廣開土王陵碑
1963		3. 북한에서 비의 현지조사 4. 金錫亨「三韓三國日本列島內 5. 朴時亨「廣開土王陵碑」 6. 이준영「구려의 국가기원」	106. 장명선 탁본제작	90. 末松保和高句麗광개토왕비文 91. 촌산정웅「고대조일관계」
1966	24. 李進熙「南朝鮮經營論」 25. 이진희『조선문화와 일본』	7. 박시형 능비 발견경위 8. 박시형「광개토왕비의 」 9. 박시형「광개토왕릉비」 10. 박시형「광개토왕릉비의」 11. 박시형「광개토왕릉비」 12. 박시형「광개토왕릉비」 13. 김석형「碑문에나타난조일관 14.김석형「초기조일관계연구」 15. 김석형「고대조일관계사」 16. 주영헌「고구려발해유적」		92. 末松保和「高句麗廣開土碑文研究」 93. 梅原末治「韓秋好太王碑」
1969				94. 梅原末治「한일방문간고본발굴조사」 95. 정수영「일본부의 재조명」
1970	26. 文定昌「廣開土王勳績碑」		107. 葉昌熾「高句麗好太王碑」	96. 井上秀雄「任那日本府 再検討」 97. 평범방광개토왕비 문제집 98. 등산생「김석형과고대일본사」
1971	27. 李丙燾 高句麗永樂太王의 위업			99. 旗田巍「好太王碑の讀み方」 100. 中新「廣開土王陵碑をめぐって」 101. 佐伯有精「참모본부한국연구
1972	28. 李進熙「廣開土王陵碑의 迷」 29. 李進熙「廣開土王陵碑研究史上」 30. 李進熙「廣開土王陵碑탐구」 31. 金貞培「古代韓日關係史」 32. 金貞培「廣開土王陵碑文」 33. 김정배「日本학계의 대논쟁」 34. 金達壽「日本人學者に根づよい皇」 35. 김달수「광개토왕비문」 36. 이가백「광개토왕비의 연구」	17. 박진석「호태왕비의 」	108. 王健群 비석을 실측하고 저술함	102. 旗田巍「恩想史的意味 103. 가쓰연「호태왕비문과 남연 104. 佐伯有精「廣開土王碑をめぐ ナシ」 105. 佐伯有精「廣開土王碑 再検討」 106. 佐伯有精「廣開土碑機のための痛」 107. 前軍内「廣開土碑めぐなこ」そ問題 108. 古田武彦「廣開土王碑文の新實」 109. 井上秀雄「伊日本政に倭」 110. 정남영「고구려 남하와 왜비」

[표 35-6] **광개토왕비 연구 140년사** (1880~2020)

년도	한 국	북 한	중 국	일 본
1973	37. 李丙燾「韓國碑文의 해석」 38. 千寬宇「廣開土王碑文新解釋」 39. 千寬宇「廣開土王碑와 任那問題」 40. 李進熙「廣開土碑와 酒勾景信」 41. 李進熙「井上光貞氏의 小論에 答」 42. 李進熙「廣開土王陵碑のこと」 43. 李進熙「廣開土王陵碑歷史と虛構」 44. 李進熙「なぜ廣開土王碑文」は改ざんさ 45. 李進熙「謎に包また廣開土王碑」 46. 李進熙「古代朝日關係研究の歪」 47. 이진희 고대일본문화의 성립 48. 이진희 정상광정의 소론에 답함 49. 이진희 비문 NHK TV출연 50. 金在鵬「好太王碑書法考」 51. 李裕岦「廣開土王聖陵碑文義註」 52. 任昌淳「廣開土大王碑釋文譯文」 53. 金雄顯「高句麗 文書法考」 54. 大韓國學研究所「廣開土王碑관계자료」 55. 김정배「광개토왕비의 연구」 56. 김근수「광개토왕비문 번역문」 57. 김근수「광개토왕비연구 자료집」 58. 박진석「호태왕비 개찬설에」			111. 上田正昭「碑文の謎」 112. 永井哲雄「高句麗廣開土王碑文の將來者」 113. 梅原末治-李進熙氏の同碑の新說につい 114. 原島禮二「大和王權」 115. 佐伯有清「靑江秀と廣開土王碑文研究」 116. 佐伯有淸 高句麗廣開土王碑を李進熙所論 117. 坂元義種「論文評」 118. 古田武彦-李進熙氏の廣開土王陵碑の研究 119. 古田武彦 高句麗土碑と倭國の展開 120. 고전무언「호태왕비문찬개설」 121. 고전무언「호태왕비문주구본래력」 122. 고전무언「고구려호태왕비문장래자」 123. 中塚明「參謀本部と歷史硏究」 124. 中塚明「李進熙著 好太王碑の謎」 125. 旗田巍「廣開土王碑文の諸問題」 126. 旗田巍「古代朝日關係研究」 127. 빈田耕策「廣開土王碑文の虛實」 128. 井上光貞「朝鮮史家の日本古代史批判」 129. 井上光貞「王碑のナゾ」每日新聞 130. 山尾幸人「任那日本府と倭について」 131. 武田幸男「廣開土王の碑文と日本」 132. 정상수웅「광개토왕비의 연구」
1974	59. 金在鵬「好太王碑と日本國家の起原」 60. 李進熙「廣開土王碑をめぐる諸問題」 61. 李進熙「廣開土王陵碑研究現狀課題」 62. 李進熙「古代朝日關係の問題」 63. 이진희「광개토왕비와 고대」 64. 이진희 임나일본부설 65. 이진희 고대조일관계 문제 66. 이진희 謎의 4세기 67. 이진희 광개토왕비의 제문제 68. 이진희「광개토왕비와 과제」 69. 이진희 광개토왕비와동아시아 70. 중앙대「광개토왕비관계자료」 71. 이유립「호태왕비와 일본의 기원」 72. 崔書勉「太王陵古博將來記」			133. 西嶋定生「廣開土王碑辛卯年條讀法」 134. 鈴木靖民「古代日朝關係研究の現狀」 135. 中塚明「參謀本部と歷史硏究」 136. 中塚明「日本近代史展開朝鮮史」 137. 古田武彦「好太王碑文酒勾本來歷」 138. 빈田耕策 고구려廣開土王碑文의연구 139. 좌백유청 고구려廣開土王碑文의연구 140. 무전행남 광개토왕비와 고대동아시아 141. 성아양작「廣開土大王碑」의 논쟁 142. 성아양작「廣開土大王碑」의 연구 143. 鬼頭淸明「近年の古代日朝關係研究」 144. 村山光一 古代日朝關係研究の現狀 145. 後藤孝典「李進熙論證反應」
1975	73. 千寬宇「廣開土王陵碑의 해석문제」 74. 李進熙「任那日本府說と近代史論」 75. 『호태왕비와 근대사학』 76. 金在鵬「好太王碑文の敍法と解釋」 77. 金在鵬「私の日本古代史研究」			146. 林屋辰三郞「古代の日本と朝鮮」 147. 平野邦雄「廣開土王陵碑の問題點」 148. 沽勝美「廣開土王陵碑の謎」 149. 佐伯有清「高句麗古碑考の成立」 150. 佐藤治郞「研究史廣開土王碑」 151. 정상수웅「광개토왕비문해설」 152. 정상수웅 중국고전에 조선과 왜
1976	78. 李進熙「好太王碑와 近代史學」 79. 李進熙「古代史論爭」 80. 李丙燾「廣開土王의 雄略」 81. 高斗東「廣開土王陵碑文 詳釋」 82. 고두동「광개토왕비문 정해」 83. 자유「광개토왕비문의 모든 것」	18. 리지린「고구려사 연구」	109. 임지덕 비각을 헐고 신축	153. 犬丸義一「近代史家のみた古代史論爭」 154. 岡田英弘「廣開土王と仁德天皇」 155. 植村淸二「古代史覺書」 156. 佐伯有清「廣開土王碑と參謀本部」 157. 좌백유청 횡정충지과고구려고비출 158. 좌백유청 횡정충지과 고구려고비유

[표 35-7] **광개토왕비 연구 140년사** (1880~2020)

년도	한 국	북한	중 국	일 본
1977	84. 文定昌「廣開土王勳績碑文論」 85. 문정창「별책 고증문건」 86. 李進熙「好太王碑와 任那日本府」 87. 金廷鶴「高句麗의 廣開土王碑」 88. 金仁顯「廣開土王碑의 改ざんについて」 (金鍾武の新しい見解は誤り)			159. 水谷第二郎「好太王碑考」 160. 末松保和「好太王碑考」解說 161. 中塚明「近代朝鮮史學における朝鮮問題」 162. 佐伯有淸「七支刀と廣開土王碑」 163. 佐伯有淸「廣開土王碑文硏究への警醒」 164. 星野良作「廣開土王碑の謎」 165. 중총명「호태왕비와 임나일본부」 166. 좌백유청「모두루총과 묘지」 167. 좌백유청「고구려모두루묘지재검토」 168. 귀두청명「근에 고대조일관계사」
1978	89. 金仁顯「好太王碑文改ざんの直接證據」 90. 이진희『호태왕비와 칠지도』 91. 문정창「광개토왕훈적비문논」 92. 문정창「별책 고증문건」 93. 정두희「광개토왕릉비문 신묘년기사」 94. 정두희「호태왕비문 改 直接證據」 95. 천관우「광개토왕비 재론」 96. 천관우「광개토왕비문 증보문헌」			169. 末松保和「好太王碑と私」 170. 笠井倭人「廣開土王碑に對する石灰塗付」 171. 武田幸男「高句麗好太王碑文…」 172. 武田幸男「廣開土王碑文辛卯年條再照明」 173. 井上秀雄「任那日本部と倭」 174. 정상수웅「광개토왕비지명비정도」 175. 정상수웅「조일관계사적재조명」 176. 정상수웅「중국문헌의 조선·한·왜」 177. 정상수웅「5세기중국과조선」 178. 좌백유청「고대의 일본과조선」
1979	97. 千寬宇「廣開土王碑文再論」 98. 鄭杜熙「廣開土王陵碑文辛卯年記事」 99. 朴性鳳「廣開土王時期南進의 性格」 100. 박성봉「북한의 고구려사 서술」 101. 이진희「호태왕비와 칠지도명문」 102. 이진희「고대일본과 조선문화」 103. 도수희「백제의 지명연구」 104. 조동원「한국금석문대계」	19. 사회과학원「朝鮮전사」	110. 方起東 문물고고공작30년 111. 張雪岩 집안우산고구려고묘 112. 王健群 묘비재조사	179. 末松保和「好太王碑文硏究の落穗」 180. 武田幸男「廣開土王紀對外關係記事」 181. 武田幸男「廣開土王碑」 182. 무전행남「호태왕비문」 183. 무전행남「고구려광개토왕기」 184. 友吉之助「好太王碑文と顓項曆年法」 185. 田中俊明「古代日本の南朝鮮經營說」 186. 기전위「광개토왕비문의 해석」 187. 무전길지조「호태왕비문과 전욱역년법」
1980	105. 沈載完「廣開土王碑書體考」 106. 金永萬「廣開土王碑文의 新硏究」 107. 權悳敎「廣開土王碑文解釋재정리」 108. 李進熙「廣開土王碑と七支刀」 109. 千寬宇「廣開土王의 征服活動」 110. 鄭杜熙「辛卯年記事의 再檢討」 111. 朴魯姬「碑文字考述及其硏究」 112. 李宇求「廣開土王碑辛卯年記事」		113. 李殿福 집안고구려연구 114. 王健群 7개월간 채탁 115. 周雲台 신탁본 12개월완성 116. 북경국무국 비석실측조사 117. 집안현 비석 채석장 조사	188. 坂元義種「好太王碑文 辛卯年記事」 189. 鈴木靖民「ヤマト政權と朝鮮」 190. 大山誠 「任那日本剖の成立」 191. 무전행남「고구려중원비」 192. 입정왜인「문국논과 도래인」 193. 전중준명「고대일본의 남조선경영설」 194. 덕야영신「호태왕비 일조관계」 195. 평산관일「호태왕비문」
1981	113. 金永萬「廣開土王碑에 對하여」 114. 金廷鶴「廣開土王碑文에 나타난」한일 115. 단성계「호태왕비 약술」 116. 李宇求「僞作「倭字考」 117. 朴魯姬「廣開土王碑文의 辛卯年記事」 118. 千寬宇「廣開土王 인물로본 한국사」	20. 朴眞奭「시론 辛卯年記事」	118. 집안현 묘지발굴조사 119. 길림성 비각을 새로건설 120. 유영지「호태왕비 신묘년기사」 121. 유영지「비간고구려사회」 122. 유경문「호태왕비여 호태왕릉」 123. 단성계「호태왕비 약술」	196. 末松保和「好太王碑文硏究의 流れ」 197. 田中俊明「高句麗의 金石文」 198. 전준명「김석형 논문을 중심으로」 199. 오전상「고구려호태왕비문해석안」 200. 중촌신태랑「4,5세기의조선광개토왕비문의」
1982	119. 李進熙「廣開土王碑의 探究」 120. 李進熙「탐모본부의 석회도부작전」 121. 이진희「광개토왕비 무슨말을」 122. 서영수「광개토왕릉비문의 정복기사」 123. 이기동「광개토왕릉비의 탐구」	21. 徐榮洙「廣開土王碑의 征服記事」	124. 劉永智「辛卯年記事初探」 125. 왕건군「호태왕비 을미년기사고석」	201. 兵田耕策「好太王碑文の一,二の問題」 202. 고전무언「호태왕비」 203. 등전우치「호태왕비의 개방을 구한다.」 204. 전중통언「고구려의 신앙과 제사」

[표 35-8] **광개토왕비 연구 140년사** (1880~2020)

년도	한국	북한	중국	일본
1983	124. 千寬宇「廣開土王」 125. 千寬宇「廣開土王高句麗領域에대하여」 126. 이진희「임나일본부설의 허구」 127. 이진희「임나일본부설의제문제」 128. 강무학「광개토대왕」		126. 王健群「好太王碑的發現」 127. 王健群「好太王碑六年丙申」 128. 왕건군「호태왕비문 역주」 129. 高明士「臺灣新藏拓本」 130. 高明士「好太王碑」 131. 劉永智「好太王碑爭論問題」	205. 長正統「九州大學所藏好太王碑」 206. 星野良作「廣開土王碑文연구의새로운전」 207. 星野良作「李亨求의新說에 接して」 208. 성아야짓「주고갯시장광개토왕비문」 209. 白崎昭一郎「廣開土王碑의 問題點」 210. 旗田巍「廣開土王碑文의 問題點」 211. 등전우치「호태왕비연구의 시사점」 212. 백기소일랑「광개토왕비의 문제점」
1984	129. 李亨求「廣開土王碑文 王健群의論文」 130. 金英河「廣開土王碑와 신묘년기사」 131. 李進熙「日本에서의廣開土王碑研究」 132. 李進熙「任那日本府說의諸問題」 133. 이진희「광개토왕비문의 변조」 134. 이진희「광개토왕비의 공동조사」 135. 이진희「광개토왕비와전방후원분」 136. 서영수「중국의광개토왕릉비연구」 137. 金貞培「任那日本府說의虛構性」	22. 徐榮洙「中國의廣開土王碑研究」 23. 전호천「광개토왕비문개찬」	132. 王健群「好太王碑研究」 133. 王健群「好太王碑發見採拓」 134. 王健群「丙申年戊戌年考釋」 135. 鈴清「廣開土王碑論爭」 136. 高明士「好太王碑拓本」 137. 高明士「好太王碑를 談하다」 138. 섭창치「록독로일기」 139. 유영지「호태왕비문석략」 140. 경철호「고구려호태왕비 겸기」	213. 井上秀雄「古代朝日關係史觀」 214. 井上秀雄「廣開土王碑의現地에立」 215. 白崎昭一郎「廣開土王碑は何を語るか」 216. 笠井倭人「石灰塗付作戰」 217. 久保田穰「李進熙氏의廣開土王碑의研」 218. 田村晃一 고구려적석총 219. 등전우치「호태왕비논쟁의 결착」 220. 백기소일랑「광개토왕비 하어」 221. 上田正昭「李進熙懸獄 好太王碑と近代史學」
1985	138. 閔泳珪「碑文釋就就誤抒折」 139. 尹乃鉉「任那日本府說의반귀」 140. 李亨求「廣開土王碑文 僞作考」 141. 崔文誠「廣開土王碑研究動向」 142. 李進熙「廣開土王碑論爭」 143. 이진희「광개토왕릉」 144. 이진희「호태왕비」 145. 이진희「왕건군씨의」 146. 이진희「광개토왕릉비문의」 147. 이진희「광개토왕릉비」 148. 이진희「호태왕비 장춘토론회」 149. 이진희「최근 광개토왕릉비」 150. 이진희「광개토왕릉비문 해석」 151. 이진희「호태왕비의 현지방문」 152. 이진희 광개토왕릉비문의과학적조사 153. 이진희「광개토왕릉비문의 공동조사」 154. 임동석「광개토왕릉비 연구」 155. 박동석「광개토왕릉비문 문제점」 156. 박창대「광개토왕릉비문 해석의 문제」		141. 王健群「關于九州大學藏好太王碑拓」 142. 왕건군「광개토왕비 연구」 143. 왕건군「호태왕비문중 왜적실제」 144. 왕건군「호태왕비유관적기개문」 145. 왕건군「관어구주대장호태왕비」 146. 왕건군「관어호태왕비저기개정항」 147. 왕건군「호태왕비 4~5세기적」 148. 왕건군「호태왕비와 호태왕릉」 149. 왕건군「호태왕비연구관계문제」 150. 왕건군「호태왕비와 고구려유적」 151. 왕건군「호태왕비문중 왜적실태」 152. 耿鐵華「高句麗好太王碑及」 153. 경철화「과」신어호태왕비신묘년조 154. 方起東 고구려적석묘연진 155. 유영지「호태왕비적 발현기타」 156. 유본저「호태왕비연구」 157. 고명사「고구려호태왕비 연구」 158. 방묘「아연구호태왕비주요학술」 159. 색개연「중일학자호태왕비토론회」	222. 白崎昭一郎「高句麗王都論爭」 223. 藤田友治「好太王碑論爭의 解剖」 224. 千歲龍彦「好太王碑論爭의 解明」 225. 고전무언「호태왕비와 주왕조」 226. 고전무언「고구려호태왕비재론」 227. 고전무언「의고호태왕건군설」 228. 고전무언「중국의호태왕연구」 229. 좌백유청「광개토왕비연구 100년」 230. 무전행남「5~5세기의 조선제국」 231. 영목정민「호태왕비문의 왜가사」 232. 등전우치「호태왕비을 기반」 233. 백기소일랑「고구려왕도 논쟁」 234. 사전응산「호태왕비비방」 235. 궁기아흥「고구려광개토왕비」 236. 영목영부「조선사료의 왜안왜곡」 237. 산전종목「호태왕비」 238. 기전위「광개토왕비문과고대조일」 239. 고전무언「한왕과 호태왕의 궤적」 240. 고전무언「왜지의 사료비판」
1986	157. 李亨求 신묘년기사와 경자년기사	24. 김유철「고구려광개토대왕비」 25. 손영종「광개토대왕릉비문」 26. 손영종「광개토대왕릉비를」	160. 유영지「호태왕비 출토추의」 161. 유영지「호태왕비 신묘년기사」 162. 왕건군「신제호태 호태왕비적」 163. 고명사「고구려호태왕비」 164. 경철화「호태왕비 신고」 165. 경철화「호태왕비 논쟁지해명」 166. 나계조「간담호태왕비자제」	241. 고전무언「고구려호태왕비연구」 242. 무전행남「광개토왕비의 백제와 왜」 243. 무전행남「호태왕비의 난」 244. 무전행남「호태왕비의 주변」 245. 등전우치「호태왕비논쟁」해명 246. 등전우치「호태덕 잔 비문 초본」 247. 영목영부「광개토왕비문리현개가사」
1987	158. 李鍾恒「廣開土王陵碑文의수수께끼」 159. 李鍾恒「好太王碑文의 實과 虛」 160. 이기동「광개토왕릉비문에백제기사」 161. 이진희「한국속의 일본」 162. 홍순창「재상성화고」 163. 윤일영「관미성위치고」 164. 연민수「광개토왕비의 왜」	27. 朴眞奭「任那日本府」 28. 朴眞奭「北京大本考證」 29. 조희승「廣開土王陵碑의 문제」	167. 양춘길「조씨부자여 호태왕비」	148. 比田井南谷「わか好太王碑拓本考」 149. 藤田友治「好太王碑文改竄」 250. 좌백유청「고구려광개토왕시대의 묘지」 251. 무전행남「광개토왕비원설남보지성」 252. 세용언「호태왕비의 문제점」 253. 세용언「호태왕비논쟁의 해명」 254. 고전철「광개토왕비발견탁본」

[표 35-9] **광개토왕비 연구 140년사** (1880~2020)

년도	한국	북한	중국	일본
1988	165. 이진희「광개토왕비현지답사」 166. 연민수「광개토왕릉문의 왜」 167. 이형구「광개토왕릉문의 특징」 168. 최문성「광개토왕릉문의 해석」 169. 박종대「광개토왕릉문의동향분석」 170. 이종환「광개토왕비의 왜」 171. 이기백「광개토왕비」 172. 서영수「광개토왕릉문의정복기사」 173. 조인성「광개토왕비의 수묘제」 174. 이도학「영락6년광개토왕의 남정」	30. 孫永宗「碑文의解釋」 31. 박진석「호태왕비문증」 32. 손영종「광개토왕릉비 왜관계기사」 33. 채희국「광개토왕비문의 해석」	168. 耿鐵華「好太王碑火前無完整拓本」 169. 유영지「종 호태왕비간」 170. 유영지「호태왕비 종술」 171. 경철화「호태왕비화전무완전탁본」 172. 경철화「호태왕비적국연간연」 173. 경철화「호태왕비 발현신담」 174. 경철화「호태왕비화소이전몰유완전」	255. 武田幸男「廣開土王碑原石拓本集成」 256. 武田幸男「廣開土王碑文解釋의 鍵」 257. 武田幸男「廣開土王碑おえかき下」 258. 武田幸男「廣開土王碑의 拓本을 求めて」 259. 武田幸男「碑文由來記」 260. 武田幸男「好太王碑爭點」 261. 횡정충작「고구려비문」 262. 횡정충작「고구려고비문」 263. 횡정충작「고구려고비고」 264. 빈전경책「호태왕비문의 쟁점」 265. 영목정민「호태왕비문의 왜실제」 266. 빈곡보현「국제계 요 호태왕비」
1989	175. 李成珪「任那記錄と問題性」 176. 金昌鎬「辛卯年條의 再檢討」 177. 이기동「연구의 현황과 문제점」 178. 오재성「광개토왕릉비의 연구」 179. 홍정우「추모왕에 대한 일고」 180. 김현숙「수메인의 성격」	34. 박진석「관여조선」 35. 박진석「호태왕비문중 임나」 36. 손양구「고려사람들」	175. 왕건군「광개토호태왕비문고석」	267. 笠井倭人「廣開土王碑水谷拓本의 考察」 268. 武田幸男「廣開土王碑의 發見과 酒匂本」 269. 영목정민「호태왕비의 왜실동향」 270. 횡정충작「고구려고비고」 271. 성아영자「광개토왕비문연구의궤적」 272. 백기소일랑「호태왕비문고증」 273. 산미행그「4세기 고구려 왕권 형성」
1990	181. 윤석호「任那日本府說의검토」 182. 최재석「任那倭國史비판」 183. 이형구「광개토왕릉비문 논쟁」 184. 이형구「광개토왕릉비문 변조고증」 185. 공석구「광개토왕릉비의 동부여」 186. 박종대「광개토왕릉비문의나문제」 187. 서수균「고구려호태왕비문」 188. 서수균「광개토왕비연구」 189. 이정자「신라와 왜의 관계」	37. 손영종 고구려건국연대 38. 박진석「관여호태왕비적 주몽왕」 39. 손영종「광고구려국전대준 삼국사기와」 40. 조희승「분국론 일본」	176. 王仲殊「관어신묘년조의해독」 177. 경철화「호태왕비적보호여현황」 178. 유봉지「관여호태왕비문신묘년조」 179. 진증명「고구려서법」 180. 왕종수「관여호태왕비문신묘년조」	274. 橫山昭一「廣開土王陵碑寫眞集」 275. 兵田耕策「福山高狄所藏廣開土王碑石本」 276. 兵田耕策「文獻備考碑文의 淵源」 277. 白琦昭 「廣開土王陵碑拓本의 編年」 278. 武田幸男「廣開土王碑と日罳黑所藏石本」 279. 무잔함니「광개토왕비복지산고고장품목록」 280. 영목정민「호태왕비문의 왜관계사」 281. 백기소일랑「광개토왕비탁본의 편년」 282. 백기소일랑「광개토왕비문의 연구」
1991	190. 高寛敏「辛卯年條について」 191. 李奉昊「廣開土王陵碑」(번역문) 192. 김장호「廣開土王碑의 연구」 193. 서수균「광개토왕비」 194. 서수균「광개토왕비연구」 195. 김택균「고대 한일관계와 왜」	41. 전대준 숙신국기	181. 耿鐵華「중국학계의 高句麗史認識」 182. 陳大爲 시론고구려적석묘 183. 유영지「중국학계의 고구려사인식」 184. 왕순신 「고구려호태왕비」 185. 진유국「호태왕비급기서법」 186. 진유국「각재관동제일석」	283. 星野良作「酒匂景信將來의 廣開土王碑文」 284. 복숙효우 「일본고기명」
1992	196. 盧泰敦「廣開土王陵碑釋文과金石文」 197. 金昌鎬「임나일본부설의 반론」 198. 李進熙「廣開土王陵碑をめぐる論爭」 199. 이형구「광개토왕비 논쟁」 200. 劉相鐘「日本古代 南韓支配說」 201. 서길수「유럽학계의 비에대한조사연」 202. 안춘배 광개토왕비문 연구 203. 이종욱 광개토왕비문의 왜의 정체 204. 이종욱 광개토왕비문의 신묘년조해석	42. 박진석「관어고전선」 43. 박진석「관우소외조선 반도내위지」 44. 박진석「관어호태왕비적 동부여」 45. 손영종 「광개토왕릉비문과 덕흥리」 46. 손영종「고구려영토확장에 대하여」	187. 耿鐵華「辛卯年條考證解釋」 188. 왕건군「집안고구려광개토왕비」 189. 진유국「호태왕비밀법잔담」 190. 주영순「호태왕비서법잔담」 191. 정종제「호태왕비」탁본	285. 武田幸男「傅雲龍と王志修의 研究」 286. 邢珂通世「高句麗古碑考」 287. 조일헌삼랑「호태왕 고대조선과 왜」 288. 천본방소「4·5세기의 중국과 조선·일본」

[표 35-10] **광개토왕비 연구 140년사** (1880~2020)

년도	한국	북한	중국	일본
1993	205. 李鍾旭「辛卯年條에 대하여」 206. 이진희『고구려유적보존 나설때』 207. 이진희「고대한일관계사의 제문제」 208. 김현구「임나일본부연구」 209. 이종학「광개토왕비의 왜의 고찰」 210. 이도학「광개토왕비의 신묘년의 해석」 211. 최재석「가야사연구」	47. 박진석「호태왕비여 고대조일관계」	192. 王鈞「遺箴堂藏本好太王碑」 193. 徐建新「好太王碑原石拓本新發」 194. 경철화「집안고구려역사여호태왕」 195. 경철화「광개토왕비신묘년구절」 196. 경철화「호태왕비」 197. 경철화「중국고구려문화연구」 198. 서건신「고구려호태왕비연구」 199. 서건신「호태왕비원석탁본」 200. 왕배진「호태왕비 원석탁본적」 201. 전석박「고구려호태왕비연구」 202. 목극기「광개토왕비명훈점」 203. 주영순「호태왕비명서법잔담」	289. 橫山昭一「廣開土王陵碑と古代日本」 290. 牧克己「廣開土王碑銘訓点と解說」 291. 兵田耕策 고구려廣開土王碑 연구 292. 무전행남「광개토왕비 연구」 293. 영목정민「광개토왕능비와 고대일본」 294. 영목정민「4~5세기의 고구려와 왜」 295. 백기소일랑「광개토왕비문의 연」 296. 횡산소일「동경도목구소장탁」
1994	212. 林基中「北京에서 調査한 拓本」 213. 한국역사문제연구회「비문변조되었는가?」 214. 閔泳珪「高句麗史論文選集」 215. 이형구「광개토왕비문안자고증」 216. 서수균「신묘년기사의 원상과 변상」 217. 이진희「비문개체설」 218. 박성봉「고구려금문의 연구」 219. 연민수「고대한일관계사」 220. 임기환「광개토왕릉비의 국연 간연」 221. 林基中「廣開土王碑 拓本의 問題」 222. 林基中「廣開土王碑 拓本集成」 223. 東洋考古學「廣開土王碑 拓本硏究」 224. 趙葵硅「好太王基碑集釋校勘記」 225. 李亨求「國內所藏廣開土王碑 拓本」 226. 李亨求「國內所藏拓本調査硏究」	468 林眞奭「辛卯年條記事爭點」 49. 玄明浩「辛卯年記事」 50. 조희승「가야국기」 51. 박진석「중국대호태왕비적 연구」 52. 박진석「광개토왕비」 53. 박진석「관어호태왕」 54. 강인숙「광개토왕릉비문의 고구려의 건국」	204. 耿鐵華「好太王碑新考」 205. 耿鐵華「輯安博物館藏好太王碑拓本」 206. 耿鐵華「高句麗硏究文集」 207. 耿鐵華「好太王碑保護硏究大記事」 208. 경철화「호태왕비에대한중국학자」 209. 경철화「호태왕비건립급상관관계」 210. 경철화「호태왕비고석집해」 211. 경철화「고구려호태왕비」 212. 경철화「호태왕비 연구」 213. 徐建新「北京現存好太王碑拓本硏究」 214. 서건신「북경현존호태왕비원석탁본」 215. 서건신「북경수장전호태왕비탁본」 216. 서건신「북경수장전호태왕비탁본」 217. 서건신「왕소재구장본」 218. 유자민「관어호태왕비신묘구적」 219. 방응철「고구려광개토왕개원년적」 220. 서덕원「고구려호태왕비를세운역사적」	297. 鈴木靖民「北京所在의 拓本 調査意義」 298. 정상수웅「고대조일관계사」 299. 정상수웅「중국조선사료」 300. 영목정민「서건신씨북경소재광개토왕비」
1995	227. 李亨求「拓本 特別展 圖錄」 228. 이형구「북경대학소장 비문」 229. 이형구「광개토왕릉비문의 진실」 230. 만연「광개토왕비문석약」 231. 조계규「호태왕묘비집석」 232. 林基中「새로발견된 탁본 해독문제」 233. 이종학「광개토왕비의 신묘년조의 검」 234. 임기환「고구려집권체제성립과정」 235. 임범식「4,5세기 가야대외관계」 236. 조법종「광개토왕릉비의 수묘제」 237. 조법종「고구려국내성의 공간과」 238. 이재호「광개토왕릉비의 서의」 239. 박범식「4,5세기 가야대외관계」	55. 朴眞奭「好太王碑文疑難文字」 56. 박진석「호태왕비문의 일부 의난문자」 57. 박진석「중국경내고구려 유적」	221. 서건신「관어북경대학도서관」 222. 서건신「호태왕비자적재고찰」 223. 서건신「관어북경대학소장호태왕비」 224. 방기동「호태왕비명문삼개지명」 225. 조복향「청말요동구세여호태왕비적」	301. 武田幸男「高句麗史論文選集」 302. 坂元義種「朝鮮史料의 倭意味」 303. 좌백八청「광개토왕비연구여론」 304. 영목정민「고대조선과동아시아」

[표 35-11] **광개토왕비 연구 140년사** (1880~2020)

년도	한 국	북 한	중 국	일 본
1996	240. 국립문화재박물관 「國內所藏圖錄」 241. 林基中 「廣開土王碑研究100年」 242. 林基中 「廣開土王碑特別展」 243. 徐吉洙 「廣開土王碑研究100年」 244. 徐吉洙 「유럽학계의 太王碑研究」 245. 徐吉洙 「北韓에서廣開土王碑研究」 246. 李鍾學 「辛卯年條記事의 檢討」 247. 李221求 「廣開土王碑人研究」 248. 이도학 「광개토왕비의 전쟁기사」 249. 박성봉 「광개토왕비의 문제점」 250. 박범식 4,5세기 가야대외관계의성격 251. 연민수 「광개토왕비 연구와」 252. 서수균 「신묘년기사의 원상과변상」 253. 임기환 「광개토왕릉비의 민의성격」 254. 이인철 「광개토왕비와 남방경영」 255. 이인철 「4~5세기의 수묘제」 256. 서연수 「신묘년조의 원상과 변상」	58. 朴眞奭 「好太王碑之研究」 59. 朴眞奭 「辛卯年記事再論」 60. 박진석 호태왕비문에 대한 탁본 61. 박진석 호태왕비문자 62. 박진석 독 서건신 63. 박진석 독 고명사 64. 박진석 후꾸다선생의 65. 박진석 광개토호태왕 66. 박진석 신묘년기사재 67. 박진석 북경신발현적 68. 徐榮洙 「辛卯年記事원상과 변상」	226. 高士明 「臺灣의好太王碑 研究」 227. 劉永智 「好太王碑之發見」 228. 徐建新 中國에서好太王碑文拓本 229. 趙福香 清末遼東局勢與碑發見 230. 왕건군 「광개토왕비문중왜적실체」 231. 서건신 중국학계고구려호태왕비 232. 서건신 북경현존호태왕비원석탁 233. 조복향 호태왕비연구적신성과 234. 임춘길 「호태왕비재집안」 235. 총문진 관어고구려호태왕비문자 236. 부양운 「호태왕비」 237. 이낙영 「종담모묘지화호태왕비」 238. 인걸 「추기중신적호태왕비신고」	305. 동경국립박물관 「廣開土王碑 拓本」 306. 末松保和 「高句麗와朝鮮古代史」 307. 말송보화 집안광개토경호太王능碑 308. 鈴木靖民 「廣開土好太王碑 研究100年」 309. 鈴木靖民 「일본에서 王碑 탁보과研究」 310. 홍중방남 왜 정복왕조 광개토왕비
1997	257. 金太植 「廣開土王碑文 論爭과任那」 258. 任世權 「廣開土王碑研究」 259. 조복향 「호태왕비의 발견」 260. 조희승 「고구려의 남방진출」 261. 장세경 「광개토왕비문의 성이름」 262. 임세권 「광개토왕비의 안나인수병」 263. 이종학 「광개토왕비의 왜의 연구」	69. 朴眞奭 「北京大好太王碑 採拓年代」 70. 박진석 「북경대학소장」 71. 조희승 「고구려의 남방 진출」	239. 서덕원 「호태왕비명문삼개지명」 240. 등홍암 「고구려여왜적관계」	311. 신장정도 「광개토왕비문영락6년조」
1998	264. 崔孟植 「高句麗廣開土王碑文一考」 265. 李鍾學 「廣開土王碑文의眞實」 266. 이도학 「광개토왕비의 역사적 성격」 267. 이진희 「한일교류사」 268. 남재우 『안나국의 성장』	72. 박진석 「관어호태왕비중」 73. 박진석 「관어호태왕비문」	241. 高明士 「好太王碑拓本 乙本」 242. 임춘길 왕지수역략탁앙고비가 243. 탕연 북경대학도서관호태왕비	312. 부전일로 「왜·고구려전쟁」 313. 문전성일 「고구려왕르역 광개토왕릉」 314. 조을여아백 고구려광개토왕비
1999	269. 池炳穆 「廣開土王碑文 體制文章」 270. 김현숙 「광개토왕릉비문의 수묘제」 271. 김현숙 「대민관의 변화」 272. 李鍾學 「碑文의 征服戰爭」 273. 이종학 광개토왕비문의 신연구 274. 이종학 광개토왕비문의 체제와문장 275. 이도학 「광개토왕비문의 지명검토」 276. 이진희 「한일 고대사의 제문제」 277. 정수암 「광개토왕비문의 서법」 278. 이병선 「한반도에 없던왜에대하여」	74. 박진석 「고구려호태왕」 75. 박진석 「통과호태왕비」 76. 박진석 「북경대학도서」	244. 高明士 「高句麗好太王碑史學價値」 245. 고명사 「고구려호태왕비을본원석」 246., 서건신 「호태왕비논쟁여원석탁본」 247. 서건신 「호태왕비의 미」 248. 박찬규 「광개토왕비문의 신화기」 249. 손보문 「호태왕비」탁본	315. 笠井倭人 「古代의 日朝關係와 日本書紀」 316. 武田幸男 「天理圖書館藏廣開土王碑 拓本」
2000	279. 李進熙 「廣開土大王碑는 조작되었나」 280. 강현숙 고구려고분연구 281. 이병선 「가야사의 재구와 왜」 282. 권오엽 광개토왕비문에 대한 기본 283. 김순숙 「중구교 역사교과서」 284. 이도상 「일본의 한국침략논리」 285. 문상종 「광개토왕비 무훈기사」 286. 노병환 「광개토왕릉비문 왜관계기사」	77. 박진석 「관어호태왕비 탁본적 초기」	250. 경철화 「염모묘지와 중원고구려비」	317. 武田幸男 「廣開土大王碑의 토난수재화재설」 318. 武田幸男 「천리도서관장廣開土大王碑탁본」 319. 武田幸男 「수곡구장탁본의 실상」 320. 상원무지 「병마용광개토왕비(호태왕비)」

291

[표 35-12] **광개토왕비 연구 140년사** (1880~2020)

년도	한 국	북 한	중 국	일 본
2001	287. 이진희「잘못알려진몇가지사실」 288. 권오엽「광개토왕비문과일본의기기」 289. 문상종「광개토왕비 영락17년」 290. 홍윤기「일본의 역사왜곡」	78. 孫永宗「廣開土王碑硏」 79. 박진석「호태왕비탁본」 80. 현명호「광개토왕비문 연구」	251. 손수호 고구려고분연구 252. 경철화「왕소잠구장호태왕비」 253. 진종원「호태왕비 을미세준문보식」 254. 진유국「호태왕비자첩」	321. 武田幸男「廣開土大王碑火災說の批判」
2002	291. 徐吉洙「廣開土王碑文의 眞實」 292. 徐吉洙「九里市高句麗遺蹟」 293. 서길수 광개토왕비문신묘년조기사 294. 金一權「九里市廣開土王像碑建立」 295. 金현구「백제는 일본의 기원인가」 296. 서수규「광개토왕의 한강유역진출」 297. 서수규「광개토왕의 재조명」 298. 이도학「광개토왕비의 국연과간연」 299. 이종학「광개토왕비문 경자년조」 300. 박성봉「광개토왕비의 문헌목록」 301. 박성봉「광개토왕과 남진정책」 302. 고관민「고구려와 왜」 303. 임세권「금석문집성」 304. 권 정「한중일 고대수묘성격」 305. 백승충「광개토왕비문」		255. 경철화「호태왕비탁본수장저록」 256. 박찬규「광개토왕대 고구려와」 257. 이수영「호태왕비문연호」 258. 손여평「흑룡가박물관장호태왕비」	322. 사찬반「임창순씨소장광개토왕비탁본」 323. 산카이염「광개토왕시대 고구려 남진」
2003	306. 이진희「호태왕비연구와 그후」 307. 이도학「광개토왕비의 건립배경」 308. 백승옥「광개토왕비의, 건비목적」 309. 최범영「광개토왕비문의 지명연구」 310. 안병우「중국의 동북공정」		259. 경철화「호태왕비 1580년제」 259. 박찬규「광개토왕비문에」 260. 손인걸「호태왕비현황관측여」 261. 임석곤「호태왕비문인고」	
2004	311. 열린문화사「고구려사 연구총서」 312. 任世權「廣開土王碑의 硏究」 313. 서길수「구리시 광개토왕 동상입」		262. 왕건군「광개토왕비 연구」 263. 경철화「호태왕비 1590년제」 264. 경철화「호태왕비」탁본 265. 서건신「고구려호태왕비조기묵본」 266. 서덕원「호태왕비문삼개지명」 267. 방기동「호태왕비문일득」 268. 방기동「호태왕비석독일견」 269. 조옥민「호태왕비재고구려족원신화」 270. 장복유「호태왕비잡식급비문고잔」 271. 장복유「호태왕비」탁본 272. 양계정「약술중외학자대호태왕비」	324. 전중준명「고구려의북방진출과광개토왕」
2005	314. 金榮官「東明王陵重修記」 315. 이진희「호태왕비연구와그후」 316. 박성봉「광개토왕비의 연구」 317. 서수균「광개토왕과 동아시아」 318. 김태식「4세기의 한일관계」 319. 김병기「사라진 비문을 찾아서」 320. 백승옥「광개토왕비문의 왜관계」 321. 여호규「고구려왕비에 중국인식」		273. 徐建新「好太王碑初期石本세로운자료」 274. 耿鐵華「中國好太王碑研究現況」 275. 고명사「호태왕비 원석탁본」 276. 고명사「광개토왕비의 제문제」 277. 경철화「중국호태왕비 연구추세」 278. 서건신「고구려호태왕비」 279. 서건신「고구려호태왕비초기탁본」 280. 서건신「호태왕비 발견과 초기탁본」	325. 영목영부「광개토왕비문과 대방계」 3265. 조읗에이박「동경대학소장 광개토왕비탁본」

[표 35-13] **광개토왕비 연구 140년사** (1880~2020)

년도	한 국	북 한	중 국	일 본
2006	322. 이 용「광개토왕릉비의 이두적요소」 323. 이용현「광개토왕릉비의 동아시아」 324. 김락기「수묘인의 구분」 325. 김선민「고구려의 건국신화」			
2007	326. 백승옥「광개토왕비의 성격」 327. 權五曄「廣開土王碑文의 眞實」 328. 權五曄「廣開土王碑文의 世界」 329. 徐吉洙「中國의 高句麗王陵比定考察」 330. 정호섭「고구려적석총의 피장자」 331. 심호택「광개토왕릉비문의 구조」		281. 徐建新「好太王碑拓本の研究」 282. 김육불「東北通史」 283. 장복유 고구려왕릉통고	327. 武田幸男「廣開土大王碑와의 대화」
2008	332. 이도학「집안지역고구려왕릉」 333. 이도학「정복의 법칙」 334. 공석구「집안지역고구려왕릉조영」 335. 여호규「광개토왕비의 성격」 336. 서철원「광개토왕비문의 수사방식」 337. 오기환「광개토왕비문의 수묘인연호」 338. 오기환「광개토왕비문의 기년기사」 339. 류승국「한국사상의 연원과 역사」			
2009	340. 여호규「광개토왕비와 주변속국」 341. 백승옥「사료로서의 묵본을」 342. 윤병모「장수왕대 고구려의 서방진」 343. 강재광「고구려광개토왕의 요동확보」 344. 홍성화「석상신궁 칠지도에」			328. 武田幸男「廣開土大王碑 묵본의 연구」
2010	345. 洪性和「日本書記 神功·應神紀分析」 346. 공석구「廣開土王의 왕릉관리」 347. 기경량「고구려국내성시기의」	81. 현명호「광개토왕비문」	284. 손인걸 집안고구려묘장	
2011	348 윤병조「광개토왕비」 349. 이승호「광개토왕비에....」			329. 산근구미자「광개토왕비문 장례」
2012	350. 權五曄「廣開土王文의 신화」 351. 조법종「國內城과 廣開土王陵」 352. 김영하「廣開土王碑文의 정복기사」 353. 김태식「廣開土王碑 부왕의 운구」 354. 연민수「廣開土王碑文의 남방관」 355. 공석구「廣開土王碑文의 요서지방」 356. 서수균「광개토왕릉비와 정탁본」 357. 임기환「광개토왕릉비의 신라비」 358. 권인한「광개토왕비문의 국어학적」 359. 최영성「광개토태왕릉의 병신년조」 360. 정호섭「광개토왕비의 성격과」		285. 경철화「고구려호태왕비」	330. 武田幸男「廣開土大王碑원석탁본의 연구」

[표 35-14] **광개토왕비 연구 140년사** (1880~2020)

년도	한 국	북 한	중 국	일 본
2013	361. 余昊奎「廣開土王陵 構成과 敍事構造」 362. 연민수「廣開土王碑의 재조명」 363. 연민수「고대일본의 대한인식」 364. 이도학 광개토왕비문의 남방 365. 이성재「광개토왕비의 성격과」 366. 임기환「광개토왕릉비와 고구려비」 367. 임기환「광개토왕릉비의 서술법」 378. 남재우「광개토왕릉비문과 송서」 369. 서수균「광개토왕릉비의 재조명」 370. 공석구「광개토왕비 수묘인 연호」 371. 여호규「광개토왕비의 문장구성과 서사」		286. 耿鐵華「통화시소장好太王碑탁본」	
2014	372. 김현숙「광개토왕비 집안고구려비」 373. 여호규「광개토왕릉비의 문장구성」 374. 이용현「광개토왕릉비의 왜」 375. 전규호「광개토왕비첩」 376. 정호섭「광개토왕비와집안고구려비」 377. 해정본「광개토태왕 원석탁본」		287. 경철화「통화사범소장호태왕비」	
2015	378. 李求求「廣開土大王陵碑」 379. 權仁瀚「廣開土王碑文 新硏究」 380. 李鎔賢「任那日本府說에 批判」 381. 徐亨杰 대한제국기광개토왕릉비문접근 382. 백승옥「광개토왕비문 신묘년조」 383. 여호규「중국의 동북공정」 384. 정호섭「광개토왕비의 형태와위치」 385. 김현숙「김육불 광개토왕비연구의」 386. 조영광「광개토왕비에 보이는」 387. 조우연「중국학계의광개토왕비연구」 388. 노병환「광개토왕릉비문왜관계기」			331. 고뇌내지자「광개토왕비문탁본신연구」
2016	389. 강진원「고구려 수묘비 건립의」 390. 김락기「광개토왕비 수묘인연호」 391. 서형걸「구한말 광개토왕릉비문접근」 392. 양시은「고구려성연구」 393. 이천우「집안고구려비」 394. 전재희「광개토왕릉비문신묘년조」 395. 주보돈「광개토왕과 장수왕」			
2017	396. 신가영「安羅人戍兵에 대한 재해석」 397. 이기동「廣開土大王陵碑문에 백제」 398. 임기환「광개토왕릉비의 북부여」 399. 강진원「고구려석비문화의 전개」 400. 안정준「정치적인 광개토왕비」			
2018	401. 洪在德「廣開土王碑文論爭의終結宣言」			
2020	402. 李道學「새롭게 解釋한廣開土王碑文」 403. 金炳冀「사라진 碑文을 찾아서」			
총계	403편 (37%)	81편 (7%)	287편 (26%)	331편 (30%)

[표 35-15] **광개토왕비에 대한 연구** (1880~2020)

국가명	연구자명	년도	연구내역	비고
프랑스	모리스 꾸랑 Maurice Courant	1898	광개토왕비 연구	
프랑스	에두아르 샤반느 Edouard Chavannes	1907	광개토왕비 답사와 탁본	프랑스어로 번역 출판
러시아	짜를가시노바 Jarylgasinova R. Sh.	1979	광개토왕비의 연구	
3국	3인		3편	

앞의 표35에서 보는바와 같이 비문에 관한 기사를 집계한 결과 총1,102편으로 한국에서 403편(38%) 북한에서 81편(7%), 중국에서 287편(26%), 일본에서 331편(30%)에 달하고 유럽에서도 3편이 있는 것을 알 수 있어 국제적으로 관심이 높은 대상이었다는 사실을 알 수 있다.

그러나 직접 당사자인 우리나라에서는 비가 존재한다는 사실도 모르고 있다가 비석이 발견된 지 30년이나 지난 1905년에야 황성신문의 기사를 통하여 최초로 접하기는 하였으나 시국의 혼란으로 인하여 무관심 속에 흘려지고 왜정암흑기에는 물론 광복이 된 지 30년 동안에도 침묵으로 일관해 오다가 1972년에 이르러서야 재일사학자李進熙씨가 변조설을 제기함으로써 이에 힘입어 비로소 연구가 시작되어 비문이 발견된 지 근 100년이나 지난 뒤에야 한·일 양국 간에 논쟁에 불이 붙어 현재에 이르고 있으나 일본에서는 2000년 이후로는 중단상태에 있으나 우리나라에서는 끊임없이 이어지고 있어 다행으로 여기는 바이다.

한일 양국 간에 비문변조에 대한 논쟁은 1972년부터 2020년까지 근50년 동안이나 이어져 오다가 일본에서는 2000년 이후로는 답변이 궁색해지자 중단상태에 있고 우리나라에서는 현재까지도 이어지고 있다.

현재까지 논쟁 중에 저술된 논문의 편수는 한국에서 400편 일본에서는 230편이 발표된 것을 표35에 의하여 확인할 수가 있어 그 열기가 대단했음을 알 수 있다. 600여 편의 논문이 발표되기는 하였으나 현재까지도 그에 대한 결론을 도출하지 못하고 있는 것을 필자가 이 한권의 책으로 말끔하게 정리를 끝내고 이에 비문논쟁에 대한 종결을 선언하기에 이른 것이다.

결 론

　비문에 대한 논쟁의 원인은 비문에 왜곡이나 오류가 있어서가 아니고 1889년에 일본에서 『회여록』 제5집에 비문을 비롯하여 변조되고 조작된 4대 악서를 발표함으로부터 비롯된 것이다. 비문에는 단 한 글자라도 오자가 있어서는 안 되는 것이 정통한 법도요, 예의이다. 그런데도 『회여록』의 비문에는 90여 자나 되는 많은 글자가 변조·왜곡되어 비문이 만신창이가 되었다. 또 횡정충직이 비문 중에서 20자의 문장을 인용하면서 일본에게 불리한 글자들은 모두 삭제·변조하고 12자로 단축하여 발표함으로써 비문에 대한 논쟁의 불씨가 된 것이다.

　그러나 비문에 관한 기사가 고구려에 국한되지 않고 한·중·일 삼국에 관계가 되어 있어 삼국의 학자들이 연구에 나서고, 프랑스와 러시아의 학자까지 참여하여 연구에 열을 올리고 있으면서도 결론을 도출하지 못하고 있는 상태이다.
　[표 35]에서 보는 바와 같이 단 하나의 비문의 기사로 인하여 5개국의 학자들이 동원되고 1,100편이나 되는 많은 관계 문헌과 논문이 발표되고 130년이라는 기나긴 세월 동안 논쟁을 벌이면서도 결론을 도출하지 못하는 사건은 아마도 그 유례를 찾아보기가 드문 일일 것이다.
　더욱이 문제가 되는 것은 서평자들의 왜곡된 서평으로 인하여 더욱 혼란을 가중시키고 있다. 현행 논문 제도를 살펴보면 우리나라의 논문 제도가 잘못되었음을 절감하게 된다. 왜냐하면 현재와 같은 방법으로 논문을 쓴다면 1,000년이 지나가도 결론에는 도달하지 못할 것이기 때문이다. 왜냐하면 선행자의 논문에 대하여 옳고 그름을 지적하여 올바른 이론에 대하여는 적극 동조하고 잘못된 이론은 바로잡도록 토론의 형식으로 논문을 작성해야 쉽게 결론에 도달할 수 있게 되는 것이다. 그런데도 각자가 시비곡직에 대한 취사선택도 없이 각각 자기의 주장만을 하는 평행선을 달리고 있기 때문에 결론에는 도달하지 못한다는 것이다.
　학위논문과는 달리 일반논문에서는 선행자의 옳은 주장은 적극 수용하고 잘못된 주장에 대하여는 바로잡도록 지적을 한다면 그 문제는 쉽게 종결이 될 것이다. 그런데도 선행자의 논문에 대하여 정오를 지적하는 것은 무례인 것처럼 제도가 잘못되어 있어 각자가 선행자의 주장에 시비를 지적하지 못하고 평행선만 달리고 있기 때문에 [표 17]에서 보는 바와 같은 결과를 초래하게 되는 것이다.

따라서 하루속히 논문 제도를 개선하여 선행자의 명예에 흠이 되지 않는 범위로 시비곡직에 대하여 토론의 형식으로 개선되기를 기대하는 바이다. 그래야 후학들도 옳고 그름을 쉽게 판단할 수 있어 취사선택을 하는 데 크게 도움이 될 것이다.

이와 같이 난해한 문제들로 인하여 130년 동안이나 지나도록 5개국의 학자들이 아무도 이에 대한 문제를 풀지 못하고 막연하게 논란만 벌이고 있는 국제적인 난제를 2018년부터 80이 넘은 나이에 홀로이 나서서, 사상 최초로 논쟁의 핵심 문제들을 모두 다 말끔하게 밝혀 논쟁의 종식을 기할 수 있게 된 것을 필생의 큰 보람으로 여기면서 이에 붓을 놓고자 한다.

참고 목록

權仁翰 2012년 『광개토왕비문의 국어학적 연구서설』
金根洙 1973년 『광개토왕비문 번역문』
金永萬 1980년 『廣開土王碑文의 新研究』
金瑛河 1984년 『광개토대왕비와 왜 辛卯年記事의 결자보입을 중심으로』
金仁顯 1977년 『廣開土王碑の改ざんについて-金鍾武博士の新しい見解は誤り』
金貞培 1972년 『古代韓日關係史의 一斷面, 廣開土王陵碑의 問題點』
金泰植 1997년 『廣開土王陵碑문 논쟁과 任那日本府說』
盧泰敦 1992년 『譯註 韓國古代金石文』
柳承國 2008년 『한국사상의 연원과 역사적 전망』
朴殷植 1909년 『廣開土王의 伐燕拓地史論』
文定昌 1977년 『廣開土大王勳績碑文論』
徐吉洙 1992년 『유럽학계의 광개토왕비 조사와 연구』
徐榮洙 1996년 『辛卯年記事의 원상과 변상』
申奭鎬 1978년 『廣開土王碑文』
申采浩 1948년 『朝鮮上古史』
沈浩澤 2007년 『광개토왕비문의 구조』
安春培 1992년 『廣開土大王陵碑文 研究』
余昊圭 2014년 『광개토왕능비의 문장 구성과 서사구조』
延敏洙 2013년 『廣開土王碑의 재조명』
李基東 1982년 『廣開土王碑의 탐구』
李島相 2002년 『광개토왕비문 신묘년기사검토』
李道學 1993년 『廣開土王碑의 신묘년 句節의 고증과 해석』
李丙燾 1976년 『한국고대사연구』
李裕岦 1973년 『國岡上廣開土境平安好太聖帝陵碑文譯註』
李鍾學 1995년 『廣開土王碑文 辛卯年記事의 검토』
李進熙 1972년 『廣開土王陵碑文의 迷(수수께끼)』

李進熙 1982년 『廣開土王陵碑의 探究』
李亨求 1981년 『廣開土大王陵碑文의 所謂 辛卯年記事에 대하여』
李亨求 1985년 『廣開土大王陵碑文의 僞字考-中共王健群論文을 보고』
林基中 1994년 『북경에서 조사한 廣開土王碑 拓本과 釋文 13종에 대하여
林基中 1995년 『廣開土王碑原石初期拓本集成』
任世權 2002년 『韓國金石文集成』
전희재 2016년 『廣開土王陵碑文 신묘년조 연구사 고찰』
鄭杜熙 1978년 『광개토왕릉비문 辛卯年記事의 재검토』
鄭寅普 1930년 『朝鮮語文研究』 (광개토왕비문 고증)
鄭寅普 1955년 『廣開土境平安好太王陵碑文釋略』
정호섭 2008년 『고구려 적석총의 피장자에 관한 재검토』
千寬宇 1975년 『廣開土王碑의 解釋問題』
崔文誠 1985년 『최근 廣開土大王碑 硏究의 動向과 그 論爭鮎』
崔英成 2012년 『광개토 태왕능비 병신년조의 재검토』
해정본 2014년 『광개토태왕 원석탁본 해정 소장본』